玄洋社
封印された実像

石瀧豊美
Ishitaki Toyomi

海鳥社

まえがき

五木寛之『日本人のこころ 5』(講談社、二〇〇二)に、若い世代では玄洋社を知らない人がほとんどだろうが、「知っている人でも、ある種の先入観を持っているのではあるまいか」という言葉がある(九〇ページ)。私のこの本を手に取り、現にひもといている人は玄洋社に何らかの関心を持っている人にちがいない。しかし、それゆえに「ある種の先入観」があるかもしれない。先入観を横に置いて、虚心坦懐に本書に目を通してほしいというのが、筆者の願いである。その先に、どのような玄洋社像が実を結ぶだろうか。

こうした先入観を率直に吐露した文章に最近出会った。『Voice』二〇一〇年二月号(PHP研究所)に掲載された田原総一朗「大アジア主義者の夢と蹉跌　第五回　頭山満――自由民権論の根底に流れる『尊王攘夷』」である。今から二十五年以上も前になろう、私は玄洋社に関連するある事柄について、田原氏からじかに電話を受けたことを思い出す。

　頭山満という人物を、私は長いあいだ、戦前の右翼の巨頭であり、日清戦争や日露戦争を敢行すべきだと提唱した軍拡派の典型で、当然ながら満洲事変や日中戦争も黒幕として推進させた、戦後派の表現では「大陸侵略の先兵」だと考えていた。
(略)
　私は、二〇〇一年一月に、幕末から太平洋戦争勃発までを取材して記した『日本の戦争』(小学館)という書を刊行したが、玄洋社のことも頭山満についてもまったく触れなかった。これは私の無知ゆえなのだが、数多くの書籍を読み、一〇〇人以上の学者や研究者を取材したのだが、頭山満の名前は出てこなかったのである。

田原氏は「無知」どころか、玄洋社についても頭山満についても、もちろん豊富な知識を持っていたことはまちがいない。私が電話を受けた事実がそれを裏付ける。しかし、否定的な評価が先行し、歴史を語る上で無視できない大きな存在であることに、それまで思い至らなかったとわざわざ断っているのである。田原氏は井川聡・小林寛『人ありて——頭山満と玄洋社』（海鳥社、二〇〇三）を読んで、「頭山満という人物に、あらためて強烈な関心を抱いた、いや抱かざるをえなくなった」と告白している。そうして頭山満をテーマにした一文が最近発表されたというわけである。

読売新聞西部本社主催「回顧展　大アジア！　燃ゆるまなざし——頭山満と玄洋社」が福岡県立美術館で開催されたのは二〇〇一年十月のことであった。それに関わる記者の連載をまとめたのが『人ありて』であり、図録として『大アジア　燃ゆるまなざし——頭山満と玄洋社』（海鳥社、二〇〇一）が発行された。同書には私も「頭山満と玄洋社——その封印された実像」を寄せていて、この文章は本書に採録している。

さて、「血塗られた秘密結社『玄洋社』」という一文が、別冊宝島『陰謀のニッポン100年史——歴史の陰で隠されてきた真実』（宝島社、二〇〇九）に掲載されているという情報を得て、早速取り寄せてみた。「玄洋社は、ホップ・ステップ・ジャンプというプロセスをへて誕生したという人がいる」と書かれている。これはたまげた。私のことである（右の図録掲載の文章の一節、本書二三一ページ参照）。

読んでみたところ、ちっとも「血塗られ」ていないし、「秘密結社」でもなかった。売らんかなの商魂がおどろおどろしいタイトルを生み出したもののようで、取材者はわずか二ページだが、玄洋社の歴史や人物をほぼ偏見なく描いている。しかも、「玄洋社の草創期には奇跡とも思えるような熱を持った人材が集まっている」(傍点石瀧)というのだから、実は誉めているのである。看板に偽りあり。典型的な羊頭狗肉であった。これなど、企画段階では先入観にとどまっていたが、調査・執筆する過程で先入観から解き放たれたということになろうか。

しかし、まだまだ安心はできない。リチャード・ディーコン『日本の情報機関(シークレット・サービス)——経済大国・日本の秘密』(時事通信社、一九八三)は玄洋社をれっきとした「情報機関」に位置付けている。「秘密結社」から出世してとうとう堂々たる「情報機関」の仲間入りである。著者は元イギリス情報部員。同書に先行してイギリス、ソ連、中国、イスラエルについての著作があるという。玄洋社をKGBやモサドと同列に論じようという姿勢には相当な違和感がある。同書から玄洋社に言及した部分を抜き出してみよう。

日本の諜報活動の本格的な海外支部として最初に生まれたのは、玄洋社のそれである。この団体は、九州と朝鮮半島とを隔てる玄界灘にちなんで命名された。(三六ページ)

「玄洋社はテロ集団であり、スパイ養成学校であった」と、日本の国家主義団体の思想と活動を研究したG・R・ストーリー教授は述べている。(三七ページ)

玄洋社の会員が中国の秘密結社の幹部を操っていた証拠もある。(略)玄洋社の指導者たちは、中国の秘密結社の幹部を「極楽楼」へと誘惑するために、日本と中国に売春宿をつくった。(略)こうして、酒と女に湯水のごとく金を使わせることにより、中国秘密結社の資金を奪うと同時に、玄洋社の資金に当てることができたのである。(三九・四〇ページ)

玄洋社の活動は、秀吉が朝鮮征服を企てて失敗して以来、日本が組織的な情報収集によって戦争への道を開いた最初のケースである。（四二ページ）

実際には、黒竜会は玄洋社のやり残した仕事を引き継いだのである。玄洋社のような赫々たる成果を誇った団体の有力会員が、自らの功績をまったく新しい秘密結社に譲り渡すというのは奇妙に思うかもしれない。その理由は、玄洋社があまりにも成果を上げすぎたためである。（四四ページ）

一方、玄洋社はスパイ養成所としての役割を保持し、東京だけでも、諜報技術の講座をもつ国家主義者養成校と外国語学校の二つの学校を擁していた。（一六二ページ）

新たな先入観を生むといけないので断っておくが、売春宿のあがりが「玄洋社の資金に当て」られたというのは全くのデタラメである。玄洋社のメンバーひとりひとりを問題にせずに、〝玄洋社〟というイメージのみが肥大し、断定的に語られている。玄洋社を「不道徳」的に描いているのもそうだが、あらかじめ想定された結論（情報機関）に反する玄洋社についての事実は一切捨象されることになる。玄洋社が「スパイ養成学校だった」などというのは、その事実を証明すること自体が困難なはずである。

この本の中で、ディーコンが日本近代史をかなり忠実にたどっていることは認めるが、「情報機関」玄洋社が手段を選ばぬ諜報活動に手を染めたとして高い〝評価〟を与えたのは明白な過ち、見当違いというものである。そもそもディーコンにおいては、玄洋社の名で表現されている叙述の対象が、ほんものの玄洋社とは明らかにちがう。そのことは本書によって確認していただきたいが、玄洋社は秘密結社ではないし、まして情報機関・スパイ組織ではない。

ここで「国家主義者養成校」と言われているのは国士舘（現国士舘大学）かと思われるが（国士舘を英訳した

ことによる意味のズレがあるのではないか）、玄洋社が「擁した」学校というわけではない。「外国語学校」とあるのは、想像するに「興亜専門学校」（現亜細亜大学）であろうか。もしそうだとすれば、玄洋社との関係は国士舘以上に薄い。陸軍中野学校ではあるまいし、「諜報技術の講座」を持っていたかどうかも、わざわざ論じるまでもなかろうと思う。このように、根拠を示さずに結論を断定的に導き出すという論法が取られていることは明らかで、これでは反論すら容易ではない。

最近では福岡大学人文学部歴史学科編『歴史はもっとおもしろい　歴史学入門12のアプローチ』（西日本新聞社、二〇〇九）に次のような一節を見つけた。

> 玄洋社は、一八八一年旧藩校修猶(献)館（現在の修猶(ママ)館高校）出身の多くの福岡藩士を中心に結成された政治結社で、一九三〇年代になると、近代化の先んじた日本を盟主として欧米列強に対抗していこうとする、大アジア主義を盛んに宣伝することになり、これが、その後の大東亜共栄圏の思想を下支えすることとなるのです。
>
> （一九六ページ）

誰であれ、一九三〇年（昭和五年）以降に玄洋社が「大アジア主義」を〝盛んに宣伝〟した事実を見出すことはできないだろう。のみならず、玄洋社の「大アジア主義」を〝近代化の先んじた日本を盟主として〟と要約できるかどうか、はなはだ疑問である。玄洋社は西欧追随を意味する「近代」という価値に疑問をつきつけたはずではなかったか。したがって、玄洋社の動向を直接に、第二次世界大戦中の大東亜共栄圏構想と結びつけることもできない。在野を貫いた玄洋社が〝日本を盟主と〟する大東亜共栄圏構想に、安易に与(くみ)しなかったことこそ注目されるべき点である。この記述にも、やはり無前提に受け入れられた「ある種の先入観」が見え隠れすると言わざるを得ない。

なお付け加えておけば、「旧藩校修猷館出身の多くの福岡藩士を中心に結成された」玄洋社——という表現も事実に合わない。玄洋社がもと福岡藩に属した士族によって結成されたことに異論の余地はない。しかし、その中に「旧藩校修猷館出身者」はおそらく皆無に近いだろう。福岡藩の場合、藩士が藩校の出身だとは必ずしも言えないのである。

福岡藩には修猷館（東学問所）と甘棠館（西学問所）と二つの藩校があった（時代を異にして数えると、文武館と賛生館〔医学校〕を加え四つとなる）。修猷館は貝原益軒の学統を伝える朱子学の竹田家が代々館長を務め、甘棠館は古学（徂徠学とも言う）の亀井南冥が館長となったが、やがて廃校となった。このため亀井南冥・昭陽父子の学問は私塾を通じて伝わることになる。その一つが高場乱の興志塾（通称・人参畑塾）で、ここが玄洋社の母体としての役割を果たす。

玄洋社員は反・修猷館とは言わぬまでも、非・修猷館であることはまちがいない。彼らの多くは下級士族の出身で、身分の序列に厳しい修猷館とは相容れぬものがあっただろう（後の伯爵金子堅太郎は少年時代、屈辱的な思いに耐えながら修猷館に通った）。ただし、玄洋社員の内、進藤喜平太と奈良原至については、藩校文武館の出身だったことが知られている（「玄洋社員の面影」〔『玄洋社社史』〕）。文武館は洋式調練を取り入れた第十一代藩主黒田長溥が、藩士の不満をおさえるために、言わば妥協の産物として、古武道鍛錬の場として幕末期にもうけた藩校である。

私が玄洋社の研究に着手したのは二十歳代の半ばだった。この本の核を成す「玄洋社発掘——福岡近代史のある断面」を、「西日本新聞」夕刊に毎週一回連載したのが、一九七九年五月から翌八〇年七月まで。それに資料や玄洋社社員名簿（五八二名）を加えた『玄洋社発掘――もうひとつの自由民権』を西日本新聞社から刊行したのが一九八一年五月のことである（これは地方出版物であったが三刷までいった）。戦後社会で誤解され、埋没した玄洋社像を正そうとする意図が私にあったことはまちがいないが、まずは事実のみを提示する姿勢を堅持した。その二年後に出されたディーコン『日本の情報機関』は私が〝誤解〟とみたものを一層増幅する立場に立っていたのである。

『玄洋社発掘――もうひとつの自由民権』の初版刊行から十六年後、『増補版　玄洋社発掘――もうひとつの自由民権』を刊行した（西日本新聞社、一九九七年八月）。初版との主な違いは「高場乱小伝――玄洋社を育てた女傑」、「補論　玄洋社成立年をめぐる最近の研究状況」を加え、新出の「玄洋社社員名簿」を資料編に補ったことである。

その増補版も品切・絶版となって久しく、来たる二〇一一年、玄洋社が深く関わった辛亥革命から百年を迎えるに当たり、玄洋社の歴史を知るための本が容易に入手できないことが残念でならなかった。そこに、海鳥社からの働きかけもあり、新たに本書を刊行することとなった。初版・増補版では、六十回の新聞連載を「筑前民権運動と玄洋社」、「福岡からアジアへ」の二部に分けたが、本書ではその区別をなくし、連載当時のまま「玄洋社発掘――福岡近代史のある断面」（本書Ⅱ）とした。

また、巻頭に書き下ろし「Ⅰ　今なお、虚像がまかり通る玄洋社」を置き、「Ⅲ　玄洋社史の周辺」にやはり書き下ろしで「中野正剛『戦時宰相論』と発禁処分」を加え、「朝日新聞」東京本社版掲載の「戦時宰相論」を付載した。信頼できるテキストとして「戦時宰相論」に接することは意外にむずかしいことに配慮した。「玄洋社関係史跡一覧」はできるだけ広く史跡を紹介することにした。福岡市の変貌は著しい。今の時点でわかっていることを書きとめておくことだけでも、大きな意義があるはずである。

本書では増補版まで収録していた筑前共愛会の国会開設建白書・条約改正建白書を割愛したが、これらは有馬学・石瀧豊美・江島香共編『福岡県史　近代史料編　自由民権運動』（福岡県、一九九五）に譲ることにした。同書には向陽社・筑前共愛会関係の史料が豊富に収録されている。また、（社）玄洋社記念館発行の館報『玄洋』には石瀧が「玄洋社関係史料の紹介」の連載を継続している。これらは本書と補い合う関係にある。

本書が辛亥革命百年を意識した出版であることはすでに述べたが、このため私が孫文と福岡の関係について述べたいくつかの文章を意図的に収録した。主なものとして、「西日本新聞」の前身である「福岡日日新聞」に掲載された、大正二年の孫文の福岡訪問を追った記事の一覧とその一部の復刻（資料「孫文と福岡」）がある。当初の構想としては、同時期の「九州日報」の記事も含め、孫文と玄洋社の関わりを広く明らかにするつもりだったが、いまだ果たせないままである。しかし、同時代の証言を重視しようとする姿勢は今も変わらない。

私は本書刊行にあたって、それぞれの原稿は初出のまま採録することを心がけた。ただし、「西日本新聞」掲載の「玄洋社発掘――福岡近代史のある断面」を最初に単行本化する際に若干の加削を行っている。新聞連載時には注を付していなかったが、増補版刊行に当たって注を補い、今回の新版でさらに注を増やしたが、増補版の注との区別は行っていない。

最も頭を悩ましたのが執筆時点と本書刊行時点の、言わば時制に関わる表現である。一例を上げれば、「玄洋社発掘――福岡近代史のある断面」の書き出しで、「玄洋社が福岡に誕生したのは明治十二年（一八七九）十二月――今から百年前のことである」と表現している。この部分は二〇一〇年の〝今〟では百三十一年前のことである、と書き換えるのが当然である。しかし、これらはあえて書き直さないことにした。書き直すことがさまざまな齟齬を引き起こすことにならざるを得ないと気づいたからである。これも一例を示せば、執筆時点で存在していた玄洋社記念館は、今は建物自体が存在していない（社団法人としては存続している）。建物は存在していても名称が変わっているとか、当時の生存者で今は鬼籍に入った方もある。これらを完璧に把握することは困難である。したがって、時制に関わる表現はおおむね執筆時点のものであり、特に必要な場合のみ注記を加えることにした。

もうひとつ、本書の校正段階で気づいたことがある。私はある場所では玄洋社は政治結社ではないと言い、他の場所では政治結社であることを前提に記述している。これもあえて統一を図らなかった。厳密に言えば矛盾しているが、私の言わんとしていることは文脈で理解してもらえるであろう。単純化して言えば、玄洋社が政治結社であることはまちがいない。しかし、玄洋社を多面的に見ようとすると、玄洋社は「政治結社」であることを超えた存在なのである。玄洋社のこの重層的な性格こそが見抜かれなければならない。玄洋社への「先入観」とは、煎じ詰めれば、玄洋社を政治結社とする一面的な決めつけに他ならないのである。

本書の刊行にあたり、出版のお誘いをいただいた海鳥社社長西俊明氏、終始編集を担当された別府大悟氏、他社での再刊に快く同意下さった西日本新聞社にお礼申し上げます。また、本書が社団法人玄洋社記念館をはじめ、長年にわたり取材・資料提供にご協力いただいた各位のたまものでもあることを肝に銘じ、感謝の意を表します。

平成二十二年(二〇一〇)五月

石瀧豊美

玄洋社・封印された実像◉目次

玄洋社・封印された実像

I

今なお、虚像がまかり通る玄洋社

広田は玄洋社の正式な社員でなく、生涯、そのメンバーにはならなかった（略）
（城山三郎『落日燃ゆ』新潮社、一九七四、一五ページ）

広田は玄洋社の正式メンバーではない。
（同二三七ページ）

『落日燃ゆ』は広田弘毅の生涯を描いた小説として高い評価を受けている（吉川英治文学賞、毎日出版文化賞を受賞、一九七六年と二〇〇九年の二度のテレビ・ドラマ化）。しかし、城山のこの断定は正しくない。私の作成した玄洋社員名簿から明らかなように（『玄洋社発掘』第一版所収、西日本新聞社、一九八一――本書に追補・再録）、広田は外務大臣当時の昭和九年（一九三四）、れっきとした玄洋社員であった。それは昭和十一年に総理大臣になっても、その後の重臣（総理大臣経験者として重臣会議に列する）の期間も変わらない。

小島直記が、「いま広田弘毅のことを調べている」という「ある作家」に、広田は「同郷の炭坑資本家松本健次郎から、たしか資金援助をうけていたはずだ」と告げた。すると「信じられない！」とニベもなく否定され、後味の悪いおもいをした、と書いている（『無冠の男』上巻、新潮社、一九七五、二二〇ページ）。

相手は、広田と炭坑資本家のスキャンダルと受け止めたのだろう、と小島は推測している。「広田ファン」の「ある作家」が城山三郎を指していることは疑いなかろう。城山の考える広田は炭坑資本家とそのような付き合いの生じる人ではない、「信じられない！」となったのだ。

劉寒吉の次の文章を引いて、小島直記は自説の背景を説明する（二二二ページ）。「玄洋社の精神に共鳴するものを（安川――石瀧）敬一郎は持っていたし、その気持は健次郎にも引き継がれていたのであろうと想像される」[1]。貴族院議員・男爵安川敬一郎（炭鉱経営の成功者で、麻生・貝島と並ぶ筑豊御三家の一）の次男が松本健次郎、五男が安川第五郎である。敬一郎と第五郎は玄洋社員名簿に見える。健次郎は社員ではないが、父敬一郎の志を受け継いで玄洋社の理解者であった。少なくともそういう空気の中に育った人であり、劉の想像は間違っていない。

広田も玄洋社員だったのであるから、広田と松本健次郎の関係は、表面的にそう見えるような、利権で結ばれた、官僚と資本家の癒着などではない、という小島直記の指摘が当たっている。

『落日燃ゆ』では玄洋社について次のように説明していた。

それに広田が玄洋社の柔道場に出入りしていたころから、玄洋社はすでに政治行動団体であることをやめ、子弟を集めて武道を教えたり、郷里の英傑志士の顕彰をしたりといった修養団体に変っていた。さらに進藤（一馬――石瀧）が社長になってからは、中国語やマレー語の講習会を開き、あるいはアジア各地からの留学生の面倒を見るなどというのが、主な活動になっていた。（二三七ページ）

進藤一馬その人に取材したこともあって、当時の玄洋社の実態は正しくとらえられている。広田弘毅が玄洋社員だったという事実を認めたとしても、広田が侵略主義者であるとか、A級戦犯に指名されて当然だ、とはならない。一般に流布している「玄洋社」に対するイメージの方を書き換えなければいけないのだ。城山がやっきになって広田と玄洋社の関係を否定しようとするのも、彼自身に玄洋社を侵略主義的な団体とする強い思い込みがあるからであろう。

もう少し広田弘毅にこだわってみよう。広田は福岡市の石屋の家に生まれ、中学修猷館に進んで、玄洋社付属の柔道場明道館で学んだことから玄洋社との関係が生じた。東京帝大を卒業して外務省に入り、外相を経て、二・二六事件直後に総理大臣に就任した。福岡県出身の初めての首相だった。戦後、A級戦犯に指名され、東京裁判で死刑判決が下って刑死した。死刑になった七人の内、六人は軍人（大将五、中将一）で、広田だけが文官だった。広田は東京裁判で自ら弁明することを拒み、あえて極刑をも受け入れた。広田の妻静子は判決に先立って自殺していた。

静子の父は玄洋社員月成功太郎で、これも『落日燃ゆ』に、「妻の静子が玄洋社志士の娘であることも、検事には、ただの人間的なつながり以上のものに映ったようであった」（三三九ページ）と書かれることになる。広田は玄洋社員ではなかったが、明道館、月成功太郎という二つの接点で、占領軍によって玄洋社員と誤解されたのだ、というのが城山三郎の理解であった。

広田を玄洋社員と認めた上で、だから国士でもあるという、城山三郎の裏返しのような本が、服部龍二『広田弘毅――「悲劇の宰相」の実像』（中公新書、二〇〇八）である。このサブタイトルの力点は「悲劇の宰相」という、『落日燃ゆ』で刷り込まれた広田弘毅像（すなわち虚像）をひっくり返そうということにある。服部は多くの文献を駆使していてその努力は敬服に値するが、「玄洋社という名称からして、福岡の玄界灘を越えて大陸に臨むという意味である」[2]（一六ページ）と言われるとがっかりする。それは玄洋社を超歴史的存在とすることに他ならない。私が本書で強調しているように、自由民権運動の結社として身近な自然景観を社名としたに過ぎない。当時、山・海・川の名を社名とすることは他の地域でもふつうに行われていた。今でも福岡市では玄洋小学校・玄洋中学校・玄洋高校と一通りそろっている。玄洋公民館があり、「玄洋タクシー」があり、要するに「玄洋」には大陸侵略という大それた意図など、昔も今も含まれていない。玄洋社が誕生した明治時代をとってみても、福岡市医師会の前身・玄洋医会があった。玄洋社三傑の一人、平岡浩太郎の号が玄洋であったことはよく知られているが、安政六年（一八五九）に亡くなった福岡の漢方医にすでに三原玄洋がいる（荒井周夫編『福岡県碑誌 筑前之部』一九二九）。号・玄洋は平岡の発明でも何でもないのである。

服部『広田弘毅』から関連する部分を引いてみる。

のみならず広田は、玄洋社という福岡の国家主義的団体とも深くかかわっていた。広田には国士としての一面があり、いわば政客ともいうべき政治家的な資質を備えてもいた。エリート外交官でありながら政客でもあるという意味で、広田には二つの顔があった。

とりわけ重要なのが、玄洋社との関係であろう。広田弘毅伝記刊行会編『広田弘毅』には、「広田は玄洋社の流れを汲み、早くからその思想に馴染んでいたことは争われないが、終生玄洋社の正式社員にはならなかった」と記されている。これに依拠した『落日燃ゆ』も、「広田は玄洋社の正式メンバーではない」とした。

しかしながら、そのような記述が事実に反することは、東京裁判の研究からも知られるようになってきた（『東京裁判への道』下巻）。つまり広田は、玄洋社の一員だったのである。（五ページ）

しかり、広田は玄洋社員だった。だからと言って、国士だ、政客だ、ということになるのかどうか。私は〝国士〟、〝政客〟という言葉の持つイメージが一人歩きし、玄洋社にオーバーラップすることがこわい。玄洋社＝国家主義的団体という規定も、それによってどんなイメージが喚起されるか、が問題である。社名は「玄界灘を越えて大陸に臨む」という（侵略的）意図を秘めたものではない、ということはすでに述べた。

服部『広田弘毅』二二九ページ以下では、A級戦犯の罪に問われた広田に対する国際検察局の尋問内容が紹介されている。フェルプス大尉の尋問に「あっさりと広田は、玄洋社の社員だったことを認めたのである」。何か「あっさりと」認めてはいけないような口ぶりである。広田の名は財団法人玄洋社[3]の社員名簿に登載されており、月刊の機関紙「玄洋」でそのことは公にされていた。「あっさり」もなにも、そもそも広田にとって隠さねばならぬ理由がなかっただけのことだ。同書には昭和二十一年二月四日、フェルプスと広田の一問一答が引用されていて興味深い。以下の引用に際して、三カ所に石瀧の注記をはさんだ。なお、「あらためて社員になった」（傍点石瀧）と述べたのは、これ以前に「玄洋社の一員となったのはまだ青年だったころで、外交官になってから説得されて再び加わったのである」（傍点石瀧）と認めていたからである。先の「あっさりと（略）認めた」ときのことだ。

「玄洋社の会員は秘密なのか」とフェルプスは問うた。

「玄洋社は政府から認可されており、地方の青年をはぐくみ育成する法人（財団法人であったことを言っている――石瀧）である」と広田は答えた。

「頭山は玄洋社の中心人物か」

「そうだと思う」

「一九四四年一〇月に頭山の葬儀委員（実は葬儀委員長――石瀧）にならなかったか」

「そう、私は委員だった」

「あなたは、玄洋社の一員であったということで間違いないか」

「以前にも話したように、イギリスから帰ったとき[4]青年教育のために入社するよう求められ、あらためて社員になった」
「玄洋社のほかにもどこかに（黒龍会を暗示するのであろう――石瀧）属していたか」
「玄洋社だけである」

このように広田は、玄洋社について率直に供述した。国際検察局は、超国家主義団体として玄洋社や黒龍会の活動を重くみたが、それらの団体による実際の運動は昭和に入ってから衰えていた。国際検察局が玄洋社を過大に評価していた感は否めない。

「衰えた」という言い方は〝以前なら該当していた〟という言外の意味を含むが、玄洋社を超国家主義団体（ニュアンスとしては、ほとんど侵略主義団体と言うに等しい）と見ること自体がむりで、過大評価というよりも、GHQの認識に根本的な誤りがあったと私は思う。昭和二十一年一月四日、連合軍総司令部は玄洋社を超国家主義団体に指定し、活動禁止、解散を指令していた。

広田と頭山の親密な関係については、昭和十三年六月一日の米紙「クリスチャン・サイエンス・モニター」（*The Christian Science Monitor*）が取り上げたことがある。

私が訪ねた時には、別にこれと云つた名士の訪問客は無かつた。然し一般に了解されてゐるところに依れば、広田外相の如き著名な政治家もこの日本国粋主義の崇敬すべき予言者（原文はprophetで頭山満をさす――石瀧）と親しき関係を培養することを、こよなき事と考へてゐる人の一人である。

（ウイリアム・ヘンリー・チエンバリン、朝日新聞欧米部神古百市訳「汎亜細亜主義の代表者頭山満翁と語る」[5]／藤本尚則編『頭山精神』一九三九）

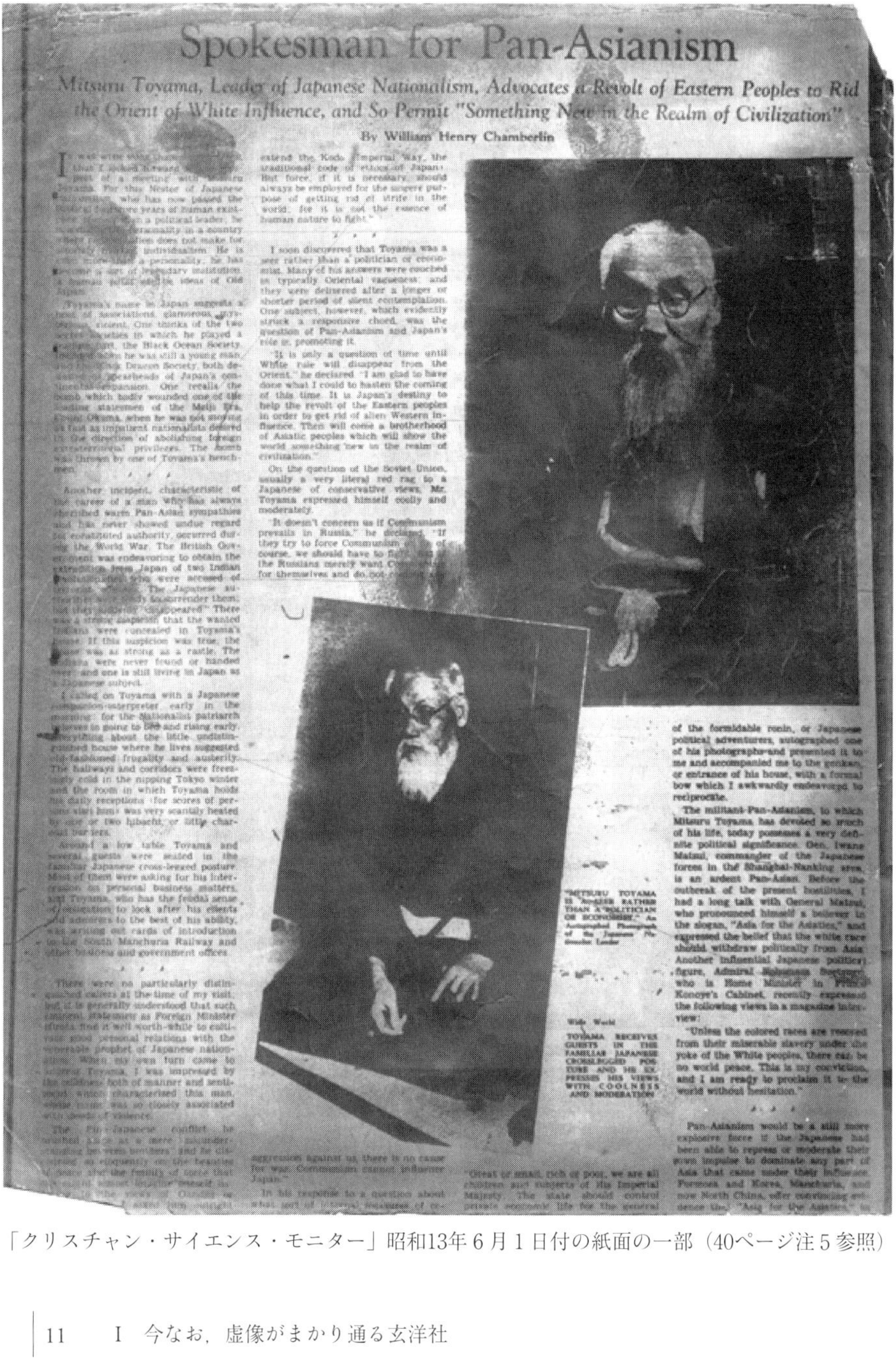

Spokesman for Pan-Asianism

Mitsuru Toyama, Leader of Japanese Nationalism, Advocates a Revolt of Eastern Peoples to Rid the Orient of White Influence, and So Permit "Something New in the Realm of Civilization"

By William Henry Chamberlin

extend the Kodo (Imperial Way), the traditional code of ethics of Japan. But force, if it is necessary, should always be employed for the sincere purpose of getting rid of strife in the world, for it is not the essence of human nature to fight."

* * *

I soon discovered that Toyama was a seer rather than a politician or economist. Many of his answers were couched in typically Oriental vagueness, and they were delivered after a longer or shorter period of silent contemplation. One subject, however, which evidently struck a responsive chord, was the question of Pan-Asianism and Japan's role in promoting it.

"It is only a question of time until White rule will disappear from the Orient," he declared. "I am glad to have done what I could to hasten the coming of this time. It is Japan's destiny to help the revolt of the Eastern peoples in order to get rid of alien Western influence. Then will come a brotherhood of Asiatic peoples which will show the world something new in the realm of civilization."

On the question of the Soviet Union, usually a very literal red rag to a Japanese of conservative views, Mr. Toyama expressed himself coolly and moderately.

"It doesn't concern us if Communism prevails in Russia," he declared. "If they try to force Communism on us, of course, we should have to fight. But if the Russians merely want Communism for themselves and do not commit

of the formidable ronin, or Japanese political adventurers, autographed one of his photographs and presented it to me and accompanied me to the genkan, or entrance of his house, with a formal bow which I awkwardly endeavored to reciprocate.

The militant Pan-Asianism, to which Mitsuru Toyama has devoted so much of his life, today possesses a very definite political significance. Gen. Iwane Matsui, commander of the Japanese forces in the Shanghai-Nanking area, is an ardent Pan-Asian. Before the outbreak of the present hostilities, I had a long talk with General Matsui, who pronounced himself a believer in the slogan, "Asia for the Asiatics," and expressed the belief that the white race should withdraw politically from Asia. Another influential Japanese political figure, Admiral Nobumasa Suetsugu, who is Home Minister in Prince Konoye's Cabinet, recently expressed the following views in a magazine interview:

"Unless the colored races are rescued from their miserable slavery under the yoke of the White peoples, there can be no world peace. This is my conviction, and I am ready to proclaim it to the world without hesitation."

* * *

Pan-Asianism would be a still more explosive force if the Japanese had been able to repress or moderate their own impulse to dominate any part of Asia that came under their influence. Formosa and Korea, Manchuria, and now North China, offer convincing evidence that "Asia for the Asiatics," to

aggression against us, there is no cause for war. Communism cannot influence Japan."

"MITSURU TOYAMA IS A SEER RATHER THAN A POLITICIAN OR ECONOMIST."

Wide World

TOYAMA RECEIVES GUESTS IN THE FAMILIAR JAPANESE CROSSLEGGED POSTURE AND HE EXPRESSES HIS VIEWS WITH COOLNESS AND MODERATION

「クリスチャン・サイエンス・モニター」昭和13年6月1日付の紙面の一部（40ページ注5参照）

「一般に了解されてゐる」というのだから、外国特派員の耳に入る程度には、日本では広く知られた事実だったことになる。そしてそれが、アメリカの新聞で報じられてもいた。

昭和二十年九月十三日付、神奈川県知事から内務大臣への報告に、「外秘一号外」と指定した「連合軍ニ対スル通訳ノ言動ニ関スル件」(6)がある。同月三日から八日まで、米第八軍第十□(紙汚損)落下傘部隊第五一一部隊メービー中佐に随行した通訳永井清が、米軍将校との会話内容を警察官に通報したものである。冒頭に次の会話が記録されている。

米将校　現在米軍ハ日本国民ノ全部ヲ軍国主義者ト見テ居ルガ其ノ代表的人物デアル黒龍会ノ頭山満ハ今何処ニ居ルカ?

永井通訳　彼ハ既ニ死ンダ

米将校　其ノ後ヲ継グ人物ハ誰カ?

永井通訳　私ハ知ラヌ

敗戦からまだひと月も立っていないのに、日本に乗り込んできたばかりの米占領軍末端の一将校に至るまで、頭山満の名が軍国主義者の代表的人物として鳴り響いていたようだ。頭山は玄洋社でも黒龍会でも主要メンバーだったにはちがいないが、ここでの会話はそれを弁別した上でのものというより、玄洋社(ダーク・オーシャン・ソサエティ)(7)も黒龍会(ブラック・ドラゴン・ソサエティ)も同列視した上でのことだろう。

日暮吉延『東京裁判』(講談社現代新書、二〇〇八)に、次の記述がある。IPSとはキーナン(東京裁判における首席検事)を局長とする国際検察局のこと。

東京のＩＰＳも当初は「組織の起訴」を予定したが、調べてみると、玄洋社や大政翼賛会はナチの組織とは違う「宣伝」機関だと気づいた。イギリスも「組織」の起訴には反対だった。

（九二ページ）

「調べてみると」というのが滑稽でもある。当初は〝ドイツとの類比〟で、玄洋社全体にＡ級の戦争犯罪の嫌疑がかけられていた、そういう強い思い込みがあったということである。事実、終戦時の玄洋社社長進藤一馬（後に衆議院議員、福岡市長）もＡ級戦犯容疑者として巣鴨プリズンに収監された。Ａ級戦犯とは〈「平和に対する罪」＝Ａ級犯罪の責任者〉である（日暮『東京裁判』一九ページ）。連合国側の意図としては「平和に対する罪」を犯したのだからＡ級戦犯に指名したということになるが、戦後の玄洋社に対する受け止め方は、広田や進藤がＡ級戦犯になったのだから（頭山が生存していたら間違いなく同じ扱いを受けていた）――、あるいは玄洋社が超国家主義団体に指定されたのだから――、玄洋社は「平和に対する罪」を犯したにちがいない、と逆立ちした見方が定着することになった。

　戦時中、政府機関は玄洋社をどうとらえていたのであろうか。玄洋社は政府に監視される立場であり、そもそも戦争指導に責任を問われるいわれはなかった。「大日本帝国政府」用箋にタイプ印字し、手書きの書き込みのある『主要国家主義団体及中心人物』(8)（昭和十七年六月十七日）という史料がある。原表紙には「秘」の角印（「カクヒ」）が押されているが、作成した機関名は書かれていない(9)。収録した団体は、

一、政治結社ヨリ思想結社ヘ改組セルモノ

二、当初ヨリ思想結社タリシモノ

に分けられ、二はさらに思想系統ごとに、

所謂全体主義派
所謂国体明徴派（純正日本主義系）
所謂国体明徴派（所謂浪人系）
所謂農本主義派
其ノ他

に分けられている。玄洋社の名は二の第三、浪人系の先頭にある。次が黒龍会である。黒龍会創立者の内田良平はすでに亡く、頭山満の名がまっさきに書かれている。記載事項は思想系統のほか、次のように（）を付した五項目があり、最後の（備考）はどちらも空欄である。

（団体名）玄洋社　（創立年月日）明治一四、二、―　（党員数）一二〇　（主要人物）頭山満・広田弘毅・吉田庾（廣）　（備考）

（団体名）黒龍会　（創立年月日）明治三四、二、―　（党員数）四〇〇　（主要人物）頭山満・葛生能久・佃信夫・田鍋安之助・吉田益三　（備考）

玄洋社の創立年月日は『玄洋社社史』の説を踏襲している（本書でふれているように誤りである）。ここで注意したいのは玄洋社の主要人物三名。頭山満とならんで広田弘毅（当時、重臣・元首相）の名がある。広田は「生涯、そのメンバーにはならなかった」（『落日燃ゆ』）どころか、単なる社員を超えて、三人の主要人物の一人なのだった。残る吉田は当時の玄洋社社長である。

治安当局（おそらく特別高等警察）の認識では、玄洋社は、〝政治結社ヨリ思想結社ヘ改組[10]〟（改組は昭和十七年五月に集中）と分類を異にする、「当初ヨリ思想結社」であった。大衆運動を組織するような〝政治結社〟ではない、という意味だ。広田を尋問したフェルプスが疑ったように、秘密結社でなかったことはわざわざ断るまでもなかろう。

『昭和天皇独白録』（文春文庫、一九九五）は、昭和二十一年三・四月、昭和天皇が「張作霖爆死事件から終戦に至るまでの経緯」を五人の側近に語り、その内の一人、寺崎英成（ひでなり）御用掛の手元に残った記録が公開されたものである。開戦前夜の昭和十六年十一月二十九日、開戦について重臣の意見を聞いた際の広田弘毅の発言は、昭和天皇によって次のように記憶されていた。

玄洋社出身の関係か、どうか知らぬが、戦争をした方がいゝと云ふ意見を述べ、又皇族内閣を推薦したり、又統帥部の意見を聞いて、内閣を作つた方が良いと云つたり、全く外交官出身の彼としては、思ひもかけぬ意見を述べた。（八七ページ）

統帥部というのは陸軍参謀本部、海軍軍令部のことで、開戦した場合、作戦を立案し軍を指揮する部門である。当時、内閣から独立した機関とされていた。広田はまさに国士的にふるまった好戦主義者・開戦主義者として語られている。これについては半藤一利の注が行き届いていて、陪席していた木戸幸一（内大臣、侯爵）

の日記[11]によって、広田の発言は実際には次のようなものであったとする（ここは原文通りでなく意訳されている）。

「今日[回]危機に直面して、ただちに戦争に突入するのは、どうであろうか。たとえやむを得ず開戦した後であっても、常に細心の注意をもって機会をとらえ、外交交渉によって解決の道をとるべきである」

（八八ページ）

広田は戦争を最後の手段とし、開戦後も外交的解決を放棄すべきではないと述べたのだが、昭和天皇の記憶の中では外交官出身として「思ひもかけぬ意見」へと変化した。半藤によると、広田の発言の内「統帥部」以下は別の重臣会議（昭和十六年十月十七日）のときのもので、これに天皇は出席していなかった（つまり、直接聞いたことではない）。

文庫版の後ろの方には「解説にかえて」として、伊藤隆・児島襄・秦郁彦・半藤一利が出席した座談会〈「独白録」を徹底研究する〉が収められている。伊藤が「ちょっと天皇の言ってるのは事実と違ってるんじゃないか、そこもぼくはこれから検討してみたいですね。広田（弘毅）さんの開戦のときの発言、これはどうなんですか」と口火を切って、今引用した部分が検討の俎上に上った（二四一ページ以下）。

秦　（略）これは天皇の側に基本的に不信があるわけですよ。つまり、広田が軍部に対して期待したほどの抵抗らしい抵抗をしてないということに対する不信感が積もり積もってる。で、広田は何やかや言ってもやはり玄洋社出身かと、これは非常に痛烈です。この基本観念にもとづいて誤解やら記憶違いが出てくるんでしょう。

伊藤　でもね、果たしてその当時からこういうふうな関連づけがなされていたのかどうか。戦後、黒龍会や玄洋社が大変な悪者になった段階で関連づけられたのではないか、という気もするんですね。

児島　玄洋社、黒龍会は、ある時期は横暴をきわめたし、昭和天皇のお人柄はファッショに近いものは嫌いですからね。

伊藤　しかし、このいわゆる伝統的な右翼が太平洋戦争に積極的であったかというと、必ずしもそうは言えない。木戸さんもどちらかというと東条のような人が好きだったでしょう。東条の背景にあるのは、だいたいがぼくの言う革新派ですよ。玄洋社、黒龍会系統とか、田中義一内閣のときの小川平吉、平沼などはいわばそれの反対派なんですね。ですからね、ちょっと皇道派の史観の解釈みたいなものが比較的妥当だという感じになってきはしませんか。

秦の、昭和天皇は「広田は何やかや言ってもやはり玄洋社出身か」という認識だったのではないかという発言に対し、伊藤は「戦後、黒龍会や玄洋社が大変な悪者になった段階で関連づけられたのではないか」と言う。つまり、GHQの玄洋社＝超国家主義団体という規定と、広田がその一員であったとして戦争責任を追及されている現実を前に、過去の広田の行動や発言が歪んで思い出されたのではないか、ということであろう。これに対し、児島は伊藤の発言の真意を理解できないまま、玄洋社が「ある時期は横暴をきわめた」と事実とは思えないことを対置し、昭和天皇が「ファッショに近いものは嫌い」だと言うことで、言外に玄洋社をファッショの側に追いやっている。まったく見当違いの発言である。

そこで再び伊藤が歴史的事実に立ち戻ろうとする。玄洋社など「伝統的右翼」は開戦を主導したわけではなかったということ、開戦に責任があるのは東條ら革新派で（あえて分類すれば、こちらの方が「ファッショに近いもの」になる）、伝統的右翼はこれと対立する側にいたということ、である。伊藤の指摘は極めて穏当・的確だと思うが、戦後の教科書的理解では、天皇にシンパシーを感じる伝統的右翼や皇道派（東條を中心とする〈統制派〉と対立した陸軍内の派閥）の側が開戦への道筋を付けたことになっていた。その前提には天皇制を悪の根源と見る、固定した歴史観がある。天皇を崇敬する＝好戦主義という図式である。[12] 児島はそうした立場を無条件に受け入れているように思える。秦の発言の中にも、「広田が軍部に（略）抵抗をしていない」ことと、「やはり玄洋社出身」が当然のように結びついていることに注意したい。

ためしに戦前・戦中を対象にした二冊の通史、北岡伸一『政党から軍部へ 1924〜1941』（『日本の近代 5』中央公論新社、一九九九）と有馬学『帝国の昭和』（『日本の歴史 23』講談社、二〇〇二）の索引を調べてみた。意外かもしれないが、玄洋社も黒龍会も全く言及されていない。伊藤隆が「戦後、黒龍会や玄洋社が大変な悪者になった」というのはそういうことだ。〈なかったこと〉が〈あったこと〉にされてしまったのである。城山三郎の言う通り「玄洋社はすでに政治行動団体であることをやめ」た「修養団体」であり、あるいは服部龍二の言う通り「国際検察局が玄洋社を過大に評価していた」のだ。こうして、戦争が終わった後、玄洋社にいわれなき「超国家主義」のレッテルが貼られ、虚像が一人歩きすることになったのである。

さて、『昭和天皇独白録』を残した寺崎英成は、旧福岡藩士で貿易商だった寺崎三郎の二男で、兄太郎ともども外交官であった。半藤の「はじめに」に次のように書かれている。日米開戦前夜、兄は外務省のアメリカ局長で、弟はワシントンの日本大使館に勤務していた（野村大使を補佐する一等書記官）。

日米関係が破局を迎えるまで、寺崎兄弟が太平洋をはさんで、しきりに電話で情報を交換したことは有名になっている。戦争回避の願いをこめて、日米関係を意味する暗号名「マリコ」を二人だけのものとして、「マリコは元気になりそうです。希望をもってもいいと思います」というように、情報を伝え合ったのである。

（六ページ）

寺崎英成の妻はアメリカ人で、マリコは夫妻の娘の名である。『昭和天皇独白録』がマリコ・テラサキ・ミラーによって世に出た後、当のマリコが祖父のルーツを探しに福岡に来たことが新聞で報じられたことがある。柳田邦男の『マリコ』（新潮文庫、一九八三）によると、

（英成の――石瀧）父寺崎三郎は福岡藩士族の出身で、横浜で貿易商を営んでいた。同郷の頭山満、後藤新平、渋沢栄一ら政財界に知己が多く、事業にも成功していた。とくに大陸浪人の頭山満とは、家族が行き来するほど親しくしていた。

（二四ページ）

『昭和天皇独白録』を記録ないしは筆写した寺崎英成もまた、玄洋社を身近な環境として成長した人だったのである。マリコ・テラサキ・ミラーの福岡来訪を報じた「西日本新聞」の記事では、（私の記憶では）来福の目的は祖父寺崎三郎の足跡を確かめることだった。三郎は明治十年（一八七七）の福岡士族の反乱「福岡の変」の参加者で、朝鮮に逃れた人物であった、と書かれていた。私はすぐ、手元にある「福岡の変」関係者の名簿を繰ってみたが、寺崎三郎の名は発見できなかった。しかし、そういう事実はあったのであろう。それが寺崎家と頭山家の家族的交際につながったとすれば、単に同郷というだけの関係にとどまらなかったのである。

＊＊＊

しかし、彼らには思想がなかった。

（中島岳志『中村屋のボース――インド独立運動と近代日本のアジア主義』白水社、二〇〇五、一二九ページ）

「彼ら」とは玄洋社・黒龍会メンバーであり、中でも頭山満・内田良平である。この本ではしばしば「玄洋社・黒龍会」というふうに両者を連結して語るのだが、玄洋社と黒龍会とを全く区別しないで論じるのは乱暴で、私の立場からは大いに疑問を感じざるをえない。中島が玄洋社のメンバーとする佃信夫、田鍋安之助、葛生能久（八九ページ）はいずれも玄洋社員名簿に上がってこない。すでに引いた『主要国家主義団体及中心人物』からも、三人が黒龍会の〝主要人物〟であることは間違いないが、玄洋社のメンバーとは言えない。

頭山満も内田良平も、時事評や戦略論、精神論は盛んに講じていても、後世に残るほどの思想を提示していない。いや、正確に言うならば、彼らは意図的に思想を構築することを放棄していた。彼らは「思想」というものに対して、積極的に無頓着たろうとしていた。

それは、彼らの人的交流にもはっきりと表れている。頭山は思想心情的には相容れない部分が多くあったであろう中江兆民と生涯の友人であり、アナーキストである大杉栄や伊藤野枝らにも資金提供をしている。彼らにとって重要なのは、思想やイデオロギー、知識の量などではなく、人間的力量やその人の精神性・行動力にこそあった。

（一二九ページ）

私の頭は混乱する。頭山が中江と友人であったことが無思想の証拠であれば、中江も無思想になりはすまいか。大杉栄・伊藤野枝に資金援助したことがイデオロギーを超えたものであれば、援助されている側にも同じことが言えないのか。中江・大杉・伊藤のいずれもが、頭山同様に思想に〝無頓着〟だったというのなら筋が通っていると思うが……。それに、そもそも「人間的力量やその人の精神性・行動力」を重視する人がいたとしても一向にかまわないのではなかろうか。

右翼と左翼というレッテルで人間を割り振れば、頭山満と中江兆民が理解し合えるはずはない、となる。しかし、来島恒喜は明治十六年（一八八三）、「中江兆民の仏学塾に入り政治学を研究した」という（『東亜先覚志士記伝』、同様の記事は「玄洋社員の面影」〔『玄洋社社史』〕にもある）。これはルソーの民権思想を学んだという以外のなにものでもない。まだ右翼と左翼が姿を現す以前から、玄洋社員と兆民の間には行き来があったのである。頭山と兆民が信頼し合っていただけでなく、来島らも兆民に親しんでいた。そして、頭山が思想の違いを理由に、古い友人と断交するような人物でなかったことは確かである。

頭山と伊藤野枝の間には野枝の叔父・代準介が介在している（本書二四一ページの「思想の寛容」の項で少しふれている）。アナーキストと無原則に交際していたというだけでなく、もっと奥深いところで日常的な結びつきがあったのである。頭山満の実家筒井家ははるかな昔、代家から分かれた同族であったという[13]。全国水平社書記長だった井元麟之（りんし）によると、代準介は水平社の指導者松本治一郎とも親交があり、頭山と松本との対面を実現したいというのが、代の悲願となっていた（思想の垣根を作らない人がここにもいる）。代は二人のことを、思想や立場を超えて理解し合える人物と見込んでいたわけだ。頭山がぜひ会いたいと言っていると取り次いでも、その度に、松本は「理由がない」とはぐらかしたものだという。

ついでにふれておこう。昭和十五年（一九四〇）五月、福岡市岩田屋で「頭山精神顕揚展覧会」が開かれた時、その出品物の中に「大杉栄遺子魔子嬢の結婚祝に頭山翁が揮毫されし対幅」があった（同展覧会資料出品目録）。頭山は大杉栄・伊藤野枝の遺児の成長を見守っていたわけである。なお魔子は代準介の配慮で戸籍上は真子と改名しているが、このキャプションでは魔子と表記している。

さらにまた、次のことにふれないわけにはいかない。中島は「頭山は（略）アナーキストである大杉栄や伊藤野枝らにも資金提供をしている」ことを「思想がない」ことの現れとしていた。しかし、頭山満が大杉・伊藤に資金提供をした事実はないのである。瀬戸内晴美「美は乱調にあり」の中に、代準介の妻キチの談話が引用されている。ここにはキチ自身の体験ではなく、準介を通じて聞いた、あるいは後日得た知識も交じっているので、そして当然ながら取材者によるフィルターもかかっているはずであるから、一つ一つの事実は検証せねばならないが、問題の〝資金提供〟についてふれた箇所がある。

はあ、主人もそうでしたが、頭山さんも主義はちがっても人物というものには敵ながら惚れこむというようなところがありましたのでしょうか。野枝なんかも可愛がって下さって、時々お小遣いなどもらっていたようでございます。いつかも頭山さんのお世話で後藤新平さんのところへ野枝がお金をもらいに上りましてねえ。その後、野枝が、机の上に出されたお金を、頭も下げず当然のようにつかみ取って、悠々と立ち去ったというので、おもしろい女だと、後藤さんが頭山さんに笑って話されたというような話も聞かされたように覚えております。

（傍線石瀧、「美は乱調にあり」〔『瀬戸内寂聴全集』第十二巻、新潮社、二〇〇二〕二六・二七ページ）

キチの談話には事実の核が含まれているが、事実そのままではない。「敵ながら惚れこむ」などという表現ははたして談話の通りだろうか。この点については大杉栄自叙伝の方が率直に事実を語っている。

僕は神近（市子――石瀧）に、雑誌の保証金が、それがどうしてできたかということは言わずに、ただできたというだけのことを話した。（略）

金の出道は彼女（神近――石瀧）には話してなかった。それも彼女には不平の一つらしかった。が、その頃にはもう、僕は彼女に同志としてのそれだけの信用がなかったのだ。僕はその金を時の内務大臣後藤新平君から貰って来たのだ。

その少し前に、伊藤（野枝――石瀧）がその遠縁の頭山満翁のところへ金策に行ったことがあった。翁は今金がないからと言って杉山茂丸君のところへ紹介状を書いた。伊藤はすぐ茂丸君を訪ねた。茂丸君は僕に会いたいと言い出した。で、僕は築地のその台華社へ行った。（略）

茂丸君は無条件では僕に一文も金をくれなかった。が、その話の間に時々出た「後藤が」「後藤が」という言葉が、僕にある一案を暗示してくれた。ある晩僕は内務大臣官邸に電話して、後藤がいるかいないかを聞き合わした。後藤はいた。が、今晩は地方長官どもを招待して御馳走をしているので、何か用があるなら明日にしてくれとのことだった。

「なあに、いさえすればいいのだ。」

僕はそう思いながらすぐ永田町へ出かけた。

（傍線石瀧。「自叙伝」〔『大杉栄全集』第十二巻、現代思潮社、一九六四〕一九二、二一五・一六ページ）

後藤との対面があり、少々の会話がある。かんじんなのは次の箇所である。

「そうですか、分りました。で、いくら欲しいんです。」
「今急のところ三、四百円あればいいんです。」
「ようごわす、差しあげましょう。が、これはお互いのことなんだが、ごく内々にして戴きたいですな。同志の方にもですな。」
「承知しました。」

金の出道というのは要するにこうなのだ。そして僕は三百円懐ろにして家に帰った。

（右同書、二一九ページ）

内務大臣は危険思想取締りの大元締めである。現に大杉は雑誌の発売禁止に困って新しい雑誌を始めようとし、そのために資金を必要としていた。発売禁止を命じている側の長が、ひそかに次の雑誌のための資金援助をしているというのだから、この話自体興味深いものがある。が、本題へもどろう。

野枝は親類の縁を頼って頭山を訪ねたものの、頭山は杉山茂丸に紹介状を書いただけだった。頭山は時に巨万の富を動かす。しかし、彼自身は資産家ではない。実際、そのときは手持ちの金がなく、杉山に紹介状を書いただけでも、野枝や大杉に誠意を見せたのである。杉山は頭山を補佐する金庫番のような役割の人物である。ただ、杉山は大杉に転向するよう条件を付けた。〝軟化せよ、国家社会主義くらいのところになれ〟と。「無条件ではなかった」のだ。大杉は妥協しなかった。そして誰の紹介もなく後藤のもとを訪ねた。しかし、そこに杉山が大杉に与えた「暗示」はあったようだから、杉山が事前にお膳立てしていたと考える余地はありそうである。そして内務大臣後藤新平が即座に提供した三百円は、もちろんポケット・マネーであったはずはない。おそらくは内務省の機密費に類するものであっただろう。後藤新平が内務大臣になるのは大正五年（一九一六）十月九日の寺内内閣発足においてであり、大杉が神近市子に刺される「日蔭の茶屋事件」が起きるのが同年十一月九日。大杉が後藤を訪ねたのはその間の出来事となる。

このように、資金援助をしたのは後藤新平であって、頭山満ではない。そのことは「美は乱調にあり」でも明示されていた。先の引用で違っていたのは、借りに行ったのが野枝ではなく大杉の方だったということだ。もっとも、「美は乱調にあり」の末尾部分、「日蔭の茶屋事件」を描いた場面の直前では、「大杉栄自叙伝」のままに、大杉が後藤を訪ねた経緯は正確に描かれている（『瀬戸内寂聴全集』第十二巻、二五一ページ）。

中島岳志は、頭山らには「思想がなかった」と言い、それを「後世に残るほどの思想」、「観念的で高尚な『思想』」とも言い換えている。そして思想的アジア主義者に対して、心情的アジア主義者だったと規定する。前者を高く評価し、後者をおとしめる立場から。

さて、ラス・ビハリ・ボースはインドの著名な独立運動家で、爆弾テロや武装蜂起を指導し、大正四年（一九一五）インドから日本へ逃れた（第一次世界大戦中のことである）。イギリスは日本政府にボースの強制送還を要求した。日英同盟のもと、イギリスの圧力に屈した政府は、ボースに五日以内（十二月二日まで）に国外へ退去するよう命令した。イギリス官憲に拘束されることを意味する「この国外退去命令は、R・B・ボースに対する実質上の死刑宣告だった」（『中村屋のボース』八三ページ）。

国外退去を命じられた二人のインド人革命家、ボースとグプタは十二月一日、頭山邸に隣接する寺尾亨（元東京帝大教授、福岡出身）の家に入った。やがて頭山邸へと移った二人はそのまま隣の的野半介邸（的野は当時、代議士、玄洋社員）を抜けて、用意された自動車（「東京一馬力の強い杉山茂丸さんの自動車」――ボース）に乗り込み、新宿中村屋へと匿われた（『中村屋のボース』九三～九五ページ、ラス・ビハリ・ボース「頭山先生に助けられた話」[14]／藤本尚則編『頭山精神』一九三九、〔復刻版〕葦書房、一九九三）。二人には尾行の警官が付いていたが、頭山とその周囲の人々の用意周到な手際のよさ、一糸乱れぬすぐれた連携、そして完璧な秘匿性が功を奏し、国外退去を翌日に控えてまんまと逃亡・潜伏に成功した。

頭山邸の前に待ちかまえていた刑事は、女中が門を閉めに来て、初めて異変に気づいた。「もう警視庁、外務省、内務省等の役人が来て（頭山邸を――石瀧）取囲んで居るけれども、罪人ではない、行政的の命令で司法上の命令でないから、家宅捜索をする訳にいかぬ。私（ボース――石瀧）が外に出れば捕へることは出来るが、誰かの家に入ればそれが出来ない。殊に頭山先生の家には迂かり入れない。内務省からも決して頭山翁の家に入つてはならぬ。若し入れば大人物の首が飛んでしまふから、といふ命令になつて居る」（ボース同前[15]）

こうして「Ｒ・Ｂ・ボースは確かに玄洋社のメンバーによって助けられた」（『中村屋のボース』一三一ページ）。その事実は誰もが認めるところである。ここから、中村屋のボース、新宿中村屋のインドカリーという物語が始まるのである。

私は頭山満が思想の体系的な完結を重視し、それにもとづいて演繹的にものを見る、狭量な原理主義者であったなら、こういうことは起きなかったと思う。ボースが頭山満と初めて会ったのが十一月二十四日。グプタをともなって二度目に訪ねたのが、（当日を含む）五日以内の国外退去を命じられた十一月二十八日のことだった。[16]〈思想〉を持った頭山満が――多くの良識ある人々と同様――なす術もなくボースとグプタを見殺しにするか、〈思想〉のない頭山満やその仲間たちが義侠心にかられて、見返りを求めず命がけで二人を救うか、[17]二つに一つのストーリーしかなかったのではないだろうか。

そもそも「後世に残るほどの思想」や「観念的で高尚な『思想』」がないからダメだ、と切って捨てる理由がわからない。思想は自由に脱ぎ着できる。一方を脱ぎ捨てて、他方へ早替わりすることのできる人たちがいかに多いことか。〈思想〉がなくとも――それは、単にひけらかさないだけかもしれないが――、私には着せ替え可能な〈思想〉よりはよほど好ましい。

頭山を「君(くん)言はずして而(しか)して知れり」と評したのは他ならぬ中江兆民である（中江篤介『一年有半』博文館、一九〇一）。頭山らに体系的な思想がなかったとしても、全く無思想・無原則だったわけではない。根本には西郷隆盛を理想像として表現される、東洋的な道徳観があった。漠然とした共感でしかないそれを〝心情的〟というならそう呼んでもかまわない。高尚でないとか、ことさらに価値を付与することに疑問を感じるのだ。そんな生き方もあった、というだけのこと。今日の目で、他と比較して、価値の軽重を問う必要はない。

『中村屋のボース』の眼目とも言えるのは、命に替えて助けたはずのボースに、頭山らが非難される箇所である。脱出劇から十一年後、大正十五年（一九二六）三月に発表されたボースの次の文章である。

> 我らの最も遺憾とする所は、声を大にしてアジアの解放、有色人種の大同団結を説く日本の有識階級諸公にして、猶中国人を侮蔑し、支那を侵略すべしと叫び、甚だしきに至りては、有色人種は性来(ママ)、白人に劣るの素質を有するが如くに解することこれである。従来の支那通なる人々を点検するに比々(ひひ)皆然り。真に自らを知り、同時にアジアを認識するの士は暁の星の如く実に寥々(りょうりょう)たるものである。　　（一七五ページ）

これに対し、中島は次のように付け加える。

彼（ボース――石瀧）がここで非難する「従来の支那通なる人々」は、玄洋社・黒龍会のメンバーを含んでいると考えられる。この時、R・B・ボースは、頭山を筆頭とする日本のアジア主義者たちが「アジアの解放」やアジア民族の団結を訴えながら中国に対して帝国主義的態度をとっていることに対して、率直に非難の声をあげた。（同）

いったいどうして「従来の支那通なる人々」が玄洋社・黒龍会のメンバーとなるのか。それはボースの真意をほんとうに反映した理解なのだろうか。「と考えられる」という、その解釈の当否を、私たちは何によって判断すればいいのだろう。

ボースが批判しているのは、「支那を侵略すべし」と叫ぶ人たち、「有色人種は（略）白人に劣る」と考える人たちである。とすれば、少なくとも頭山満や玄洋社はその対極にいたはずではないか。一歩譲って、前段（支那云々）は論者によって意見が分かれるとしても、後段（有色人種云々）は明らかにあてはまらない。頭山らが有色人種と比較して白人を讃美するなど、想像すらできないことだ（これでは、アジア主義ですらない）。私はボースが「暁の星の如く実に寥々たる」と表現した側に、頭山を想定していたとすら思うがどうだろう。

ボースがこの文章を発表したのと同じ年、八月に全亜細亜民族会議が開かれた。この場でボースは、十五人の「亜細亜運動功労者」に〝賞賛の意〟を表したが、中華民国からは孫文、日本からは頭山満と犬養毅の名が挙げられていた（一八九ページ）。中島は続けて言う。

「亜細亜運動功労者」の中に頭山と犬養を挙げているのは、R・B・ボースの彼らに対する敬意と配慮の表れであるのと共に、この二人の有力者を巻き込む形で今後の全亜細亜民族会議を進展させたいというしたたかな狙いがあったのであろう。

（一九〇ページ）

中島の理解によれば、三月に頭山を「支那を侵略すべしと叫び、甚だしきに至りては、有色人種は性来(ママ)、白人に劣るの素質を有するが如くに解する」、「従来の支那通なる人々」に分類したボース、「率直に非難の声をあげた」はずのボースは、八月にはなんと「亜細亜運動功労者」として頭山に敬意を表していたというのだ。この矛盾を解消するために、ボースには頭山の名声を利用しようとする「したたかな狙いがあった」と言うが、それはあくまでも想像でしかない。むしろ、三月も八月も、ボースの頭山に対する信頼に揺るぎはない、と見るべきだろう。[18] したがって、次のような表現も事実に即したものかどうか、疑わしい。要するにここでは史観が表明されているだけではないか。

玄洋社・黒龍会のメンバーは、事が思い通りに運ばないと、その非難の矛先を現地（中国・朝鮮——石瀧）の民衆や活動家たちに向け、彼らが日本のアジア主義者たちの高潔な理想を理解しようとしないことに苛立った。

（一二七ページ）

玄洋社・黒龍会メンバーは「日本政府の侵略政策の手先として拒絶され、反発の対象となることもしばしばであった」（一二七ページ）とも書かれるのだが、「日本政府の侵略政策の手先」という表現に、GHQによる玄洋社の規定「超国家主義団体」の影響が見られる。これまでも他の人々によってしばしば繰り返された手垢のついた表現であり、誤解にもとづいた戦後の価値観で、過去の玄洋社を断罪するという過ちを犯すものだ。

＊＊＊

『国史大辞典』は「最高最大の定本的歴史大百科」と言われる（吉川弘文館のホームページから）。その「玄洋社」についての記述は「定説」と見てさしつかえないだろう。次に部分的に引用したが、《》内は石瀧の補足である。創立年や社名についての解釈の誤りは、すでに述べていることと重なるので繰り返さない。年次を追っての事実に関わる部分は略し、歴史的評価を中心に引用していることをお断りする。『国史大辞典』では戦後、玄洋社が超国家主義団体として解散を命じられたこと、(19) 最後の玄洋社社長進藤一馬がA級戦犯の容疑をかけられたことにはふれていない。また昭和期に政治の表舞台で活躍することになる玄洋社員広田弘毅、中野正剛、緒方竹虎の名も上がっていない。

玄洋社　日本で最初に大アジア主義を標榜した明治時代の国家主義団体。（略）同社《＝向陽社》は同《＝明治》十四年に玄洋社と改称し、はじめは民権論と国家主義の主張を掲げていたが、次第に自由民権運動から離れ、対外強硬策を主張する国権主義団体の色彩を強めていった。（略）創立時の玄洋社の憲則は「皇室の敬戴、本国の愛重、人民権利の固守」であったが、同二十年ごろから日本の大陸進出を主要なモットーとするようになった。（略）しかし、玄洋社の本領は、玄界灘をこえてアジア大陸に進出する意思を表わしたとされるその社名のとおり、東アジア各地における大陸進出論の実践行動にあった。（略）その後もかれらは軍部（ことに参謀本部）と関係の深い民間志士として、満洲経略や韓国併合などのための裏面工作・謀略工作に従事した。（略）しかし、かれらの第一の関心は民族の独立であったから、国内的不満があればそれだけ一層日本の対外膨張を望み、国家の大陸進出政策に同一化していったのである。玄洋社のさまざまな活動が明治政府への一定の批判を含みながら、結局国家や軍部による大陸進出の尖兵となったのはなぜか。その答えは、玄洋社の民権論から国権論への転回が明治二十年代の初期に発生したという事実のなかに求められる。すなわち、日本国家はこの時期に一応の統一と独立を達成し、アジア唯一の近代的国家として、また後発帝国主義国家としてアジア大陸への進出を本格化したのである。玄洋社の大陸経綸は国権派による民族独立運動の必然的な発展形態であった。（略）しかし、玄洋社の影響力はこれらの団体《＝黒竜会・大日本国粋会》を通じ、また、右翼の大御所として政界に隠然たる勢力をもった頭山を通じ昭和時代にまで及んでいる。（傍線石瀧、『国史大辞典』第五巻、一九九四、第一版第四刷）

玄洋社は国家主義団体、国権主義団体であり、「日本の大陸進出」をモットーとし、その活動は裏面工作・謀略工作とされる。ここでは、明治二十年代以降、日本が「一貫して」大陸進出政策を維持・実行してきたという歴史観が自明の前提となっている。そうでなければ、玄洋社の寄り添う対象が存在しないことになってしまう。

その〈歴史観〉ゆえに、玄洋社は国家の大陸進出政策と同化できるのであり、「国家や軍部による大陸進出の尖兵となった」という言葉が引き出されることにもなる。中島岳志『中村屋のボース』一二七ページの「日本政府の侵略政策の手先」は同じことを別の言葉で言い表したに過ぎない。「侵略政策」と「手先」はいとも簡単に結びつけられる。いずれにせよ、これら類似する表現が、ハーバート・ノーマンが玄洋社について述べた、「日本帝国主義の前衛」、「招かれざる水先案内」に由来することは確かである。

ノーマンの長文の論考「日本政治の封建的背景」（『ハーバート・ノーマン全集』第二巻〈増補〉、岩波書店、一九八九）は「玄洋社と黒竜会の成長過程を述べる」ために書かれ、最終章が「第五章　福岡玄洋社――日本帝国主義の源流」である。序は戦時中の昭和十九年（一九四四）十二月に書かれている。第五章の末尾「十　日本帝国主義の前衛」に、玄洋社の歴史がこのようにまとめられている。

玄洋社と黒竜会ならびに無数の派生団体は過去六〇年にわたって、日本帝国主義の前衛であった。これらの団体は侵略路線の海図を引き、そのうえ自らその招かれざる水先案内となり、きわめて危険かつ不安定な時代において、引かれた進路の方向に日本の政策を導いていくうえに決定的な役割を演じた。侵略に対する賛成的な世論を形成したのは、特定の政党または一連の諸政党ではなくて実にこれらの反動団体である。これら反動団体は日本の膨脹政策の戦術が展開されるおのおのの段階を通じて一貫性をしめしていた。

（二七六ページ）

一貫性が成り立つように見えるのは、〈予定調和〉として歴史を描いているからに過ぎない。だから、ノーマンにおいては、発足当初から玄洋社は侵略の意図を社名に表したという考え方があってもおかしくない。玄洋社があらかじめ海図に描いた進路の通りに、実際の歴史が進行したと言われて納得できるものだろうか（これはほとんど「陰謀史観」と言うべきものである）。

竹内好が、ノーマンの『日本における近代国家の成立』日本訳序文を引いた上で、これに論評を加えている。

日本の学界でほとんど問題にされない右翼、とくに玄洋社を分析対象に取りあげたのは、ノーマンの慧眼だろうし、総括的評価としては、ほぼ妥当だろう。しかし、ノーマンはある意味で玄洋社を過重評価しているように私には思われる。日本の対外膨張を、すべて玄洋社の功（または罪）に帰するのは、行き過ぎである。初期ナショナリズムと膨張主義の結びつきは不可避なので、もしそれを否定すれば、そもそも日本の近代化はありえなかった。問題は、それが人民の自由の拡大とどう関係するかということだ。そしてこの回答は単純ではない。

玄洋社（および黒竜会）が、当初から一貫して侵略主義であったという規定は、絶対平和論によらないかぎり、歴史学としては、無理がある。また、頭山なり内田（良平――石瀧）なりの個人の思想的経歴に照らしても、無理がある。中国革命への干渉と、満蒙占領の時期だけを固定すれば、日本の国策はあきらかに侵略的だが、この責任を玄洋社＝黒竜会だけに負わせるのは、やはり無理があるだろう。

（傍線石瀧。「〔解説〕アジア主義の展望」〔『アジア主義』〈現代日本思想体系 9〉筑摩書房、一九七四、初版第一〇刷〕六〇・六一ページ）

竹内はノーマンによる「玄洋社（および黒竜会）が、当初から一貫して侵略主義であったという規定」に懐疑的である。[20]そこに竹内のすぐれた洞察力があるが、その竹内にしてなお、当時、その玄洋社観は『玄洋社社史』（同編纂会、一九一七）のレベルにとどまっていたことは否めない。竹内は『社史』を玄洋社の自画像と考え、それをもとに玄洋社を論じる過ちをおかしている。黒龍会の『東亜先覚志士紀伝（記）』の文章を引いた後、「これが悪名高い玄洋社＝黒竜会イデオロギイによる膨脹＝侵略主義の思想的系譜づけである（この原型は『玄洋社社史』にある）」（『アジア主義』二一ページ）と述べた文章などがそれにあたる。

あるいは、「玄洋社は『大陸侵略政策を隠蔽』したのでなくて、先取（さきどり）したのであり、むしろ政府の『隠蔽』に反対したのである」（一一ページ）という一節。文脈的には玄洋社が「大陸侵略政策を先取した」と認めることになって、見かけの上でノーマンに接近してしまう。もっとも、この直後に「そもそも『侵略』と『連帯』を具体的状況において区別できるかどうかが大問題である」という、有名な文章が置かれることになる。

このため朝鮮東学党の乱へ、玄洋社が民間人有志として参加した天佑俠については、「この時点ではともかく農民との結合が考えられており、やはり一種のアジア主義の発現形態と見なければならない。少なくとも主観的には、挑発だけが目的ではなく、連帯の意識がはたらいていた。そして利欲は眼中になかった」（二八ページ）と、ここでは「侵略」ではなく「連帯」と評価する立場に傾いている。

こうも述べている。「本物の玄洋社流のアジア主義は、見方によっては徹頭徹尾、侵略的ではあるが、その侵略性を平野（義太郎――石瀧）のように隠してはいない。そして時勢におもねるのではなくて、時には政府に反抗して主張されたものである」（一九ページ）。要するに竹内の文章は見る角度によって、玄洋社が違った色に見えるような二重性、三重性を持った文体となっているのである。

竹内も玄洋社と黒龍会を区別しないで論じ、次のように述べた。

> 玄洋社と黒竜会とはこのころには一体化されて、歴史の古さと実績においてぬきん出た別格的な位置を自他ともに認めざるを得ないようになっていたことがわかる。
>
> 玄洋社と黒竜会とは、組織としては別々だが、人的にも、思想的にも、姉妹関係または親子関係にあった。一体としてあつかわれるのに不思議はなかった。この二団体は、実質的な活動はほぼ明治期でおわっていて、昭和の右翼再興の時期にはあまり積極的に動いていない。いわば名門としての、重鎮的存在だった。名声だけは高かったが、昭和期に輩出した他の団体のように表面には出なかった。（五六・五七ページ）

もちろん玄洋社は黒龍会とはちがう。両者を一体として扱うのは間違いである。ここはどのような立場を取るにせよ、議論の出発点として確認しておかねばならない。

ところで、「彼らには思想がなかった」という中島岳志の見解に対しては、竹内好があらかじめ答えを用意しているように、私には思われた。アジア主義について竹内は言う。「アジア主義は多義的だが、どれほど多くの定義を集めて分類してみても、現実に機能する形での思想をとらえることはできない」、「たとい定義は困難であるにしても、アジア主義とよぶ以外によびようのない心的ムード、およびそれに基づいて構築された思想が、日本の近代史を貫いて随所に露出していることは認めないわけにはいかない」（一二・一三ページ）。竹内の尻馬に乗って言えば、問題は頭山や玄洋社が、思想を表明したり、構築したりすることによってではなく、行動によって、歴史研究で無視できない、なにがしかを成し遂げているというそのこと自体なのではなかろうか。

頭山のそのような行動を促すことになるのは、アジアがヨーロッパ列強に侵蝕されているという現実そのものである。現実は動いている。無口な頭山がたまに発する言葉は、状況や相手に応じて機知や諧謔で表される（頭の回転が早い、ということでもある）。そうした短い発言を並べてみても確かに思想は見えない。「思想がない」のではなく、その行動の源泉となっているものを、私たちが定義しづらいということであろう。〈無口〉というのは、「君言はずして而して知れり」（中江兆民）とあるように、頭山が選んだ生き方、美学とも言うべきものであることも付け加えておこう。書かれなかった余白に目を向けねばならないのだ。

ノーマンの「日本における特定政党・団体・結社の解散[21]」（同第二巻〈増補〉所収）はGHQによる解散指令（玄洋社を含む）の解説を意図して書かれているが、玄洋社・黒龍会について「この両結社は太平洋戦争の期間を通じて活動をつづけ、かなり衰えながらも有害な陰の勢力でありつづけてきた」（傍点石瀧、三六八ページ）と述べる。こうなると、ノーマン自身が自分の学説に縛られて現実を見失っているとしか言いようがない。

すでに引いたように、城山三郎『落日燃ゆ』でも、服部龍二『広田弘毅』でも、玄洋社が太平洋戦争期に政治的活動を停止していたことについては一致した認識を示していた。竹内好も「この二団体（玄洋社と黒竜会――石瀧）は、実質的な活動はほぼ明治期でおわっていて、昭和の右翼再興の時期（「昭和維新」が叫ばれていた昭和初期と言い換えることができるだろう――石瀧）にはあまり積極的に動いていない」と書いていた。現実にもこの時期は財団法人玄洋社としての活動でしかなかった。これに対し、「この両結社は太平洋戦争の期間を通じて活動をつづけ」と述べたノーマンは、玄洋社の蜃気楼を見ているかのようである。その自信満々の断定が東京裁判に引き継がれ、やがて広田弘毅の運命に暗い影を落とすことになるのだ。

頭山満の人間像についてノーマンは言う。「頭山は生涯を通じて浪人に通有の野暮くさい資質をもっていた」、「かれは、日本の最も無骨な田舎者を規準に判断してさえ粗野猥雑であり、趣味や作法の点では『最上』のナチ型と驚くほどの類似を示している」（二五七ページ）。語感については翻訳の質も考えねばならないが、こうした文章が読者に予断や不快感を与えることをねらっているのは事実だろう。頭山を神格化したものはもちろん信用できないが、ことさらに矮小化することにも賛成できない。何はともあれ、等身大の頭山を対象に論じなければ意味がない。

ところで、すでに引いたように、ハーバート・ノーマンに先行して、昭和十三年（一九三八）六月一日付・米紙「クリスチャン・サイエンス・モニター」に、同紙東京特派員の頭山満会見記が掲載されていた。

頭山翁の名前は日本においては魅力的な、神秘的な、暴力的な一群の連想を暗示せしめる。人々は翁が首領的役割を演じた二つの秘密結社を思ひ浮べる。翁が未だ青年であつた頃創られた玄洋社と今一つは黒龍会これである。両者とも日本の大陸的発展の急先鋒として計画され出現したものである。

（ウイリアム・ヘンリー・チエンバリン、朝日新聞欧米部神古百市訳「汎亜細亜主義の代表者頭山満翁と語る」／藤本尚則編『頭山精神』一九三九）

このときすでに「秘密結社」と「日本の大陸的発展の急先鋒」という二つの言葉が用意され、ノーマンと瓜二つの見解が示されている。玄洋社と黒龍会を同列に論じている点も注目される。もっとも、実際に会見した頭山の印象はと言えば、「日支事変に就いて訊くと、翁は『これは単なる兄弟同志の誤解だ』と苦もなく云つてのけられ、そして平和の好ましきこと、武力の無益なことを滔々と説かれ、恰もガンヂ（ガンジー）かトルストイの意見でも傾聴して居りでもするかの如き感に打たれた」のであった。「私は先づ翁を特長づけるその物腰と感じの和（なご）やかなことに印象づけられ、この人がかくも暴力行為と密接に連想される名前の人かといぶかる位であつた」とも言う。世評によってあらかじめ持っていた印象と、目の前の人物とのあまりにも大きい落差が語られているのだ。これと比べると、ノーマンの頭山評は悪口雑言の類にしかみえない。ノーマンが、実際に頭山に会っていれば、玄洋社像もずいぶんちがったものになっていたことだろう。外国人記者を相手に「滔々と説」いたのは頭山にしては珍しいことにちがいない。しかし、「無口」一辺倒でなかったことはこれによってもわかる。

『国史大辞典』「玄洋社」には、他に疑問を禁じ得ない箇所がある。

国内では、来島の大隈外相襲撃に代表されるように、政府の欧化傾向に反対して対外硬の政策をとらせようと試み（略）

玄洋社に関することはすべて対外硬、膨張主義に見えるという典型とも言える記述だ。明治二十二年（一八八九）十月、来島恒喜が大隈重信外相に爆弾を投じたことを是認するかどうかは別として、来島の行為は大隈の推進する不平等条約改正案を葬り去ることに目的があった。不平等条約の「改正」なら反対する理由はなさそうだが、問題はそれが国家主権を損なう屈辱的な内容、「改正」という名の退行だったことである。大隈案は治外法権（外国人の裁判はその国の領事が自国の法にもとづいて行うこと＝領事裁判権）の撤廃をめざし、その交換条件として外国人裁判官を大審院（現在の最高裁）に任用するという内容を含んでいた。交渉には妥協も必要だが、譲れない一線もある。大隈案が国民にもれると、反対の声が盛りあがった。その延長上に来島事件が起きた。

来島の行為を「政府の欧化傾向に反対して対外硬の政策をとらせようと試み」と要約するのは見当違いというものである。この年、二月には大日本帝国憲法が発布されていて、裁判官の任用は当然ながら「日本臣民」に限ることが前提となっていた（「第二章　臣民権利義務」の内、第十九条「日本臣民ハ法律命令ノ定ムル所ノ資格ニ応シ均ク文武官ニ任セラレ及其ノ他ノ公務ニ就クコトヲ得」）。大隈案は憲法に違反する疑いがある上、大審院判決はその後の判例となることを考えれば、国家の独立性、主権の問題として、譲れない一線であったことは明らかである。大隈案は政府内でも孤立していたし、まして〝政府〟の欧化傾向でかたづけられるものではなかった。来島事件は対外硬とは一切関係がない。

玄洋社の活動は、確かに国内政治だけでなく国際関係にも及んでいた。玄洋社の組織は明治・大正・昭和（戦前・戦中）と激動する時代を超えて存在し、各界に著名な人材を送り出し続けた。それは歴史における巨大な足跡と言ってよいだろう。まだまだ明らかになっていないことは多く、玄洋社を論じる際に、頭山満一人に代表させることもできない。確かに玄洋社を歴史的に評価することは難しい。今言えることは、そこに戦後の価値観、特に米占領軍の、玄洋社への過剰な警戒感にもとづく歴史観をあてはめることだけは避けたい、ということである。必要なのは玄洋社を日本帝国主義の手先などと呼ぶことをやめて、主体としての玄洋社がその時々、時代の課題にいかに向き合ったのかを、まずは虚心にながめることではないだろうか。

注

（1）劉寒吉『松本健次郎伝』一九六八、一〇五ページ。以下に、正確に引用しておこう。

平岡も赤池炭坑の経営で安川敬一郎と共同したことは、その政治生活を安定したものにした。平岡の生涯の政治活動は、敬一郎の強力なバックアップによって成り立っていたということができる。いわば敬一郎は、平岡浩太郎をパイプとして玄洋社の経済的後援者でもあった。

後年、松本健次郎はさまざまな形で広田弘毅や中野正剛を後援したが、それも広田や中野がたんに郷土出身者であったからというだけの理由ではない。やはりかれらと玄洋社との関係というものが多分に作用している。玄洋社の精神に共鳴するものを敬一郎は持っていたし、その気持は健次郎にもひきつがれていたのであろうと想像される。

その最も大きなあらわれは敬一郎の日中合弁事業への意欲であり、その精神をうけて健次郎は渾身の勇をふるった。この計画は成功しなかったが、日中の提携という精神こそは、孫文を後援して中国革命に協力した玄洋社の理念でもあった。

この安川敬一郎の日中合弁事業については『対支回顧録』下巻（東亜同文会、一九三六）の安川敬一郎の項に詳しい。

（略）大正六年福岡県八幡市に漢冶萍（かんやひょう）煤鉄公司（コンス）と合弁で九州製鋼株式会社を創立し其社長となつたのと、八年奉天省西安県に於て日支合弁で錦西大寧溝煤鉱公司を創立し、支那側代表陳応南と組んで事業に着手したが、其結果面白くなく、十一年までに投下した約六百万円の資本を、全く無償で支那側に譲与して手を引いた。（略）併し全く無償で支那側に譲与した最後の事業は、物質的に大なる痛手ではあったが、支那人に与へた感動は流石に大なるものがあった。

松本健次郎と広田弘毅の交遊については『松本健次郎伝』三四六ページ以下に詳述されている。

（2）ハーバート・ノーマン「日本政治の封建的背景」に、「玄洋社の名は九州を大陸から距てる玄海灘（ママ）から来ている。この名称は玄洋社が海洋を渡りあるいは大陸に対して抱く野望を意味するもので」とある（『ハーバート・ノーマン全集』第二巻〈増補〉、岩波書店、一九八九、二七八ページ）。名称にすでに侵略主義（大陸への野望）が表れているとする説である。

（3）登記簿によると、登記は昭和十一年七月十四日。名称「財団法人玄洋社」、目的「皇祖建国ノ大精神ヲ遵奉宣揚シテ専ラ国民思想ノ浄化統制ニ努メ人格品性ノ陶冶ヲ以テ目的トス」。戦後も休眠法人として登記が生きていたため、平成十年二月六日、〝文部大臣の設立許可の取消〟という手続きによって解散し、公告期間を経て四月六日に解散の登記が完了した。

（4）ここには齟齬があり、すでに引いた「外交官になってから（略）再び」なら、明治三十九年十一月十五日「任外交官補」（外交官補に任ず）以降となり（数えの二十九歳）、ここでいう「イギリスから帰ったとき」なら、（在英国）大使館三等書記官の後、帰国して大正三年六月二十六日「通商局第一課長ヲ命ス」の辞令を受けた頃ということになる（同三十七歳）。以上は「広田弘毅履歴書」参照。JACAR（アジア歴史資料センター）Ref. A08071275500（第35画像目以降）、A級極東国際軍事裁判記録（和文）（NO.8）（国立公文書館）

なお、服部龍二『広田弘毅』の「年表」では、広田の外務省通商局第一課長への着任を大正二年六月とするが、「履歴書」の通り三年六月が正しい。念のため『職員録』の外務省の部によると、大正二年七月一日現在、同三年五月一日現在の第一課長は松原一雄で、同四年五月一日現在で第一課長は広田弘毅へと替わっている。

（5）東京大学が所蔵するクリスチャン・サイエンス・モニターの該当する日付の紙面に、チェンバリンの頭山満会見記事を見出すことはできなかった。『頭山精神』が記載する昭和十三年六月一日という掲載年月日に間違いがあるとも考えられたが、韓相一『日韓近代史の空間——明治ナショナリズムの理念と現実』（日本経済評論社、一九八四）の一〇三ページの注13に

William Chamberline, "Spokesman for Pan-Asianism," *The Christian Science Monitor*, June 1,1938.

が原紙から注記されており、掲載年月日は疑えないこと

となった。

ただ、韓教授（韓国・国民大学校政治外交学科名誉教授）をはじめ、日中米韓のさまざまな方に協力を仰いだが、いまだ掲載原紙にたどりついていない。掲載記事については、韓教授が写真（本書一一ページに掲載）を保存しておられたので訳文との対照が可能になった。

（6）JACAR：A07040002300（第3画像目）、外秘ー号外・連合軍ニ対スル通訳ノ言動ニ関スル件（国立公文書館）

（7）前掲W・H・チェンバリン「汎亜細亜主義の代表者頭山満翁と語る」では、玄洋社をthe Black Ocean Society、黒龍会をthe Black Dragon Societyと訳していた。玄界灘の「玄」は色としては黒であり、五行思想では方角の「北」を指す（たとえば「玄武」は北方の神の意）。原義は黒い海とも言えるし、九州の北方の海とも見なしうる。いずれにせよ、チェンバリンがブラック・オーシャン・ソサエティと訳した玄洋社は、その後、GHQの解散指令ではダーク・オーシャン・ソサエティへと変化した。

玄洋社の「玄洋」は玄界灘のことであり、黒龍会の「黒龍」は、中国とロシアの国境に位置する黒竜江（ロシア語ではアムール川）に由来する名である。本来意味するところにしたがえば、英訳は地理的概念を含む表現とされるべきであった。それらがブラック、ダークなどの単語を使って訳されたところに、すでに誤解の芽があった。

（8）JACAR：A06030019200（第11画像目）、昭和17年6月17日・主要国家主義団体及中心人物（国立公文書館）

（9）国立公文書館での分類は「返還文書（旧内務省等関係）」。この場合の「返還文書」とは、終戦時に連合国側に接収された政府機関等の公文書の内、昭和四十九年に国立公文書館に返還されたものを指す。

（10）その先頭にあるのは中野正剛率いる東方会で、団体名の左脇に手書きで東方同志会と書き加えられている。党員数「二五、〇〇〇」についても、横に手書きで「一〇〇、〇〇〇」と書き加えている。備考欄に「東方時報、月刊二〇、〇〇〇、東大陸、月刊二、〇〇〇」とあるのは発行部数だろう（いずれも手書き）。

（11）『木戸幸一日記』下巻、東京大学出版会、一九六六、九二七ページ。

（12）近衛文麿は、皇道派が力を持っていれば日中戦争は起こらなかったかもしれない、と回想している。近衛文麿「平和への努力」（『知られざる記録』〔昭和戦争文学全集別巻〕集英社、一九六五）にこう書かれている。

つらつら考えてみるに、私が内閣を組織した頃、陸軍部内の空気はよくなかったように思われる。軍の中堅への一番厄介な連中が坐っていた時である。即（すなわち）「皇道派」と代って「統制派」が乗り出してきていた。

皇道派の荒木（貞夫――石瀧）、真崎（甚三郎――石瀧）などが追放されずに、当時表面に出ていたら、支那事変は、あるいは起らずに済んだかも知れない。

（一三ページ）

これに関連して、ひとつの見方を紹介しておこう。

そこで考えてみたいのは、皇道派の将軍たちが権力を握り、対米対決を唱える提督たちが海軍を牛耳るようになって、戦争を回避できるといった可能性があったか、ということだ。まずは、なかったといってよかろう。だがたしかに、中国との戦いを起こしたのは、真崎や小畑（敏四郎――石瀧）ではなかった。また、アメリカとの戦いをはじめたのが、かれらでないのも事実であった。

（傍点石瀧。鳥居民『昭和二十年 第一部＝1 重臣たちの動き』草思社、一九八五、三一二ページ）

(13) 代準介自叙伝『牟田の落穂』（代恒彦私家版、一九五八）および井元麟之「ひとつの人間曼陀羅」（『部落解放史・ふくおか』創刊号、福岡部落史研究会、一九七五）。

(14)『頭山精神』に収められたボースの「頭山先生に助けられた話」の出典は『現代』一九三三年五月号と注記されている。ところで『現代』一四巻五号（大日本雄弁会講談社、一九三三・五）に収録されているのは「印度革命の志士 ラス・ビハリ・ボース氏縦横談」で、「頭山先生に助けられた話」はその抄録である。また、本来は記者とボースの一問一答の形で掲載されたものを、ボースの発言の一部分だけをつなぎ、ボースの文章として改変されている。

中島岳志『中村屋のボース』の引用文献3ページで、『現代』五月号に「頭山先生に助けられた話」が掲載されているかのように記述しているのは訂正を要する。

(15) この引用部分は、『現代』一四巻五号掲載の「印度革命の志士 ラス・ビハリ・ボース氏縦横談」でも、わずかな表現の違いを除けば内容は大差ない。たとえば「取囲いて」が「取囲んで」へと変わっている程度なので、ここでは入手・閲覧しやすい『頭山精神』収録の「頭山先生に助けられた話」から引用している。

(16) 頭山を頼ったのは孫文の紹介による。ボースとグプタが二人そろって頭山邸を訪れたのが十一月二十八日。頭山は英語がわからず、ボースは日本語がわからない。互いに意思を通じあうことができなかった。この日に通訳を務めたのは、皮肉にも尾行していた刑事であったという。相馬黒光「ラス・ビハリ・ボース覚書」／竹内好編・解説『アジア主義』（現代日本思想体系 9）筑摩書房、一九七四、初版第一〇刷、一七五ページ。

(17) このとき、頭山は一切を杉山茂丸と内田良平に任せた。「翁は何時もながらの沈重なる態度で『窮鳥懐に入るの情から云つても、国家の体面から云つても、俺（わし）は断然彼らを助けてやらうと思ふ。そこで彼等を隠す方法だが、俺は不器用で一向さう云ふ事に役に立たぬ。ソチどもで何とか工夫して見れ。その代り牢には俺が行つて坐る。これなら俺にも勤まる』」（藤本尚則『巨人頭山満翁』一九三二、〔復刻版〕谷口書店、一九九一、四四三・四四ページ）。亡命者を保護しなければならないという「国家の体面」を守ろうとしているのは、政府でなく頭山の側である。

(18) 大正四年のボース救出事件の後、「ボース氏はこの大恩人たる頭山翁を始め当時の同情者を毎年一度は缺（か）かさず招待して謝恩の会を、当時の隠れ家新宿中村屋に於て開くことにしてゐる」として、昭和七年の会の写真が藤本尚則編『頭山満翁写真伝』（一九三五、〔復刻版〕葦書房、一九八八）に収録されている。十七年後になお、ボースと頭山らの間に親交が保たれていることがわかる。

(19) 昭和二十一年一月五日の「朝日新聞」（東京本社版）は、一面トップ「軍国主義指導者を　官公職より追放　右翼廿七団体に解散指令」の見出しのもと、マッカーサー元帥が四日、政府に「画期的な重大指令を発した」と報じた。その要点の初めの二項は、次のように結社の解散と関係者の公職追放という二つの要素を持っていた。ここで「極端な国家主義」はウルトラ・ナショナリズムの訳語で、超国家主義と訳されることもある。

一、極端な国家主義的、暴力的、乃至軍国主義的団体或は結社を解散し、日本国民に世界制覇を夢想せしめ戦争に駆り立てた人物を公職より追放すべきこと

一、例へば日本の政治に隠然たる勢力を有した大日本一新会、大日本興亜連盟、大日本生産党、言論報国会、玄洋社、東亜連盟、全日本青年倶楽部、東方同志会等二十七団体を解散廃止せしめること

二十七団体は次の通り（同紙面より）。（　）内は主宰者の名。言論報国会は大日本言論報国会が正しい。尊攘同志会には主宰者名を欠く。

　解散団体首脳者名

四日のマツクアーサー司令部の軍国主義諸団体禁止命令中解散さるべきものとして例示された諸団体の名称および主宰者は左の通りである。

　△大日本一新会（旧大日本生産党）（吉田益三）△大日本興亜連盟（水野錬太郎）△大日本生産党（吉田益三）△大日本赤誠会（橋本欣五郎）△大東亜協会（井戸川辰三）△大東塾（影山正治）△言論報国会（鹿子木員信）△玄洋社（進藤一馬）△時局協議会（一條実孝）△鶴鳴荘（摺建一甫）△建国会（赤尾敏）△金雞学院（安岡正篤）△黒龍会（葛生能久）△国際反共連盟（平沼騏一郎）△国際政経学会

（増田正雄）△国粋大衆党（笹川良一）△国体擁護連合会（入江種矩）△明倫会（田中国重、石原広一郎）△瑞穂倶楽部（大井成元）△尊攘同志会△大化会（岩田富美夫）△天行会（頭山秀三）△東亜連盟（石原莞爾）△東方同志会（故中野正剛）△東方会（故中野正剛）△やまとむすび会（佐々井一晃）△全日本青年倶楽部（影山正治）

『ハーバート・ノーマン全集』第二巻〈増補〉が引用する「解散指定団体のリスト」では、二六番目が「大和むすび本社」と書かれている（三七八ページ）。また本来のリストに主宰者名はないので、記事の（）内は朝日新聞社で補記したものであろう。団体の二番目は「リスト」では「大日本興亜連盟及びその加盟組織の全部」となっている。

『主要国家主義団体及中心人物』には団体名「やまとむすび（元大日本党）」があり、主要人物の先頭は佐々井一晃である。JACAR：A06030019200（第4画像目）、昭和17年6月17日・主要国家主義団体及中心人物（国立公文書館）

(20) それで傍線を引いたのだが、この「懐疑」はほとんど直感的なものとして表現されている。竹内好はただ〝納得できない〟のである。戦後の歴史学ではノーマンの説を無条件に受け入れることが当然だったから（『国史大辞典』「玄洋社」の項に見られるように）、たとえ国策が誰の目にも侵略的であった時期であっても、その責任追及を玄洋社（黒竜会）に向けることは正しくない、と述べた竹内の見解はやはり際だっている。

(21) 解題（『ハーバート・ノーマン全集』第二巻〈増補〉、六〇六ページ）によると、「著者が極東委員会のカナダ次席代表としてワシントンで作成した文書」。極東委員会は連合国が日本を占領するためにもうけた最高政策決定機関である。解題を執筆した大窪愿二によると、「ノーマンは占領軍総司令部の超国家主義団体の解散指令の意義を解説する意図でこれを書いたのであるが、そのことは、総司令部付であった頃、これら団体の解散を決めた方針策定に、著者が深く関与していたことを思わせるに十分である」（傍線石瀧）。

Ⅱ

玄洋社発掘

福岡近代史のある断面

はじめに

玄洋社が福岡に誕生したのは明治十二年（一八七九）十二月──今から百年前（＊一九七九年時点）のことである。近代史に大きな足跡を残すことになる玄洋社も、当然ながらまだ若い。のちに玄洋社の三傑と称される箱田六輔が三十歳（数え年。以下同じ）、平岡浩太郎が二十九歳、頭山満が二十五歳である。十年後、条約改正をめぐって大隈重信外相に爆裂弾を投じ、その場に自殺した来島恒喜も、このときは二十一歳。的野恒記の名で玄洋社結成に参加している（的野は養家の姓である）。

後年「超国家主義の源流」と評されることになる玄洋社だが、結成当初の時点ではその評は適切でないであろう。玄洋社は自由民権運動の政社として発足しているからである。また、彼らの若さにふさわしいだけ、前途には多様な可能性が横たわっていたはずなのだから。従来の研究では、大正六年（一九一七）に刊行された『玄洋社社史』（同編纂会）を、史料批判を全く行わずに利用してきた。そのために、歴史的考察の対象となったのは歴史的に実在した玄洋社ではなく、『社史』に描かれた玄洋社であった、と私には思われる。その反省に立って、ここでは『社史』という限られた視野の中で玄洋社をながめることはしない。むしろ『社史』の枠組みをはみ出してきた部分に目を向けたいと考えている。玄洋社の多様な側面を見ていきたい。

玄洋社と三傑（左から頭山満，平岡浩太郎，箱田六輔）

　また、私の関心は玄洋社が福岡の近代史にどういう役割を演じたのか、地域とどういうかかわりを持ったのか、という点にある。言い換えれば、福岡地方史という視点から玄洋社を具体的に考えてみたいと思っている。

　昭和十三年四月、福岡市天神の岩田屋六階で福岡市発展史展覧会が催された。市制五十年（四十九周年）を記念して福岡市教育会が主催したこの展覧会に、玄洋社は次の各史料を出品している(1)。

　十年挙兵（福岡の変）に関する記録▽向陽社時代の資料▽玄洋社創立許可書▽国会開設、条約改正運動に関する資料▽閔妃事件予審決定書▽満州義軍に関する記録▽山崎羔三郎関係書類▽高場乱先生真蹟類▽明道館日誌▽頭山翁筆大額▽来島先生小照（写真）

これだけでも玄洋社の歴史を通観できる。しかも原史料ばかりである。右の出品名は「玄洋」第三十七号（昭和十三年五月一日付）の記事「始(ママ)めて公開された本社の資料類」によったものだが、この展覧会では「殊に史家間に玄洋社私擬憲法と称して垂涎さるゝ憲法草按が数部も無雑作に綴つてあり、其の一部に郡利氏の朱書批評あるものは特に一般の注意を引いた」とのことで、実に貴重な史料が出品されていたことがわかる。しかし残念ながら今日、目にすることのできるものはほとんどない。

　昭和二十年六月十九日、B29による福岡大空襲は、西職人町にあった玄洋社を灰にした。また二十一年一月四日、連合軍総司令部は玄洋社に対し解散命令を出したが、それは財産・文書の没収を含むものであった。このダブルパンチによって、玄洋社関係の蔵書・史料類の多くが失われたものと考えられる。

ところで、右に引いた「玄洋」は玄洋社の正式の機関紙であり、昭和十年六月一日付が創刊号。[2] 十九年十月十五日付第百十三号をもって廃刊されるまで、毎月一回発行され、この間、特別号が一度だけ出されている。発行責任者の山田義隆氏、編集主任（第四十号まで）の竹岡誠次氏の努力で、玄洋社関係の基本史料多数が新たに発掘され、積極的に紙上に紹介されている。このため、展覧会出品史料もすでに原本は失われているかもしれぬが、「玄洋」に掲載されたものについては、私たちの利用に供されているのである。その意味で両氏の功績は大きい。

「玄洋」のほぼ完全なコレクションは、昭和五十三年十一月開館した玄洋社記念館[3]（開館時の館長は進藤一馬氏、福岡市中央区舞鶴二丁目）で公開されている。同記念館のご好意を得て、その一部史料を紹介しつつ、福岡近代史の隠れた断面を点描したいと思う。

（1）この記事では具体的な史料名がわからないうらみがある。昭和十五年五・六月、同じく岩田屋で開かれた「頭山精神顕揚展覧会」の出品目録があるので、そちらを参照しておきたい。
このとき、玄洋社が出品した史料は次の通り。ただし、書と写真、来島恒喜遺品を除く。
高場乱先生筆高場塾入門帳、国会請願書、筑前協会々則、大日本帝国々憲見込書草稿、大日本帝国憲法大略見込書、王妃事件予審終結決定書、福岡表警聞懐旧談、国会開設上願書（ママ）、九州臨時審判所稟告書、内地雑居尚早意見建議書
なお、憲法草案については一四五ページの注1を参照。

（2）本書三〇七ページ以下に収録。

（3）玄洋社記念館は平成二十年（二〇〇八）五月末で閉館した。ただし、社団法人玄洋社記念館は引き続き存続し、会報『玄洋』を発行している。

民権の嵐

「わが福岡は憲政発祥の地である」とは、昭和に入って頭山満が述べた言葉だが、事実、明治十年代の自由民権運動の中で、頭山や箱田六輔の果たした役割は決して小さくない。福岡における民権運動は県外各地にまで影響を与えたほど強大であった。そうした延長上に、明治十三年国会開設請願運動に先鞭をつけた福岡は、高知・岡山と並んで憲政発祥の地と誇るにふさわしい歴史を持っているのである。例えば当時の民権派系の「朝野新聞」（明治十二年五月二十三日）は、玄洋社誕生の母体となった向陽社について次のように評した。

筑前福岡の向陽社は近来ますます盛んにして、殆んど立志社の上に出でんとするの勢あり。

民権運動のメッカ・高知の立志社をしのぐとすら評価されているのである。この時点で立志社に匹敵するほどの力を持った政社としては、向陽社の他には見当たらない。

自由民権運動は、明治六年征韓論決裂による西郷隆盛、板垣退助、江藤新平ら五参議の下野に端を発している。板垣・江藤らが七年一月、民撰議院設立建白書を提出したことを画期とし、天賦人権論・参政権の主張を武器に有司専制（官僚独裁）反対の運動として、当初西南地域の士族たちの間に燃え広がっていった。嵐のような一大反政府運動であった。

福岡での民権運動は八年二月、全国組織愛国社の結成大会（大阪）に、福岡士族を代表した武部小四郎と越知彦四郎が参加したことから始まる。[1] 武部は筑前勤王党の建部武彦（切腹）の遺児、越知は漢学の大家・井土

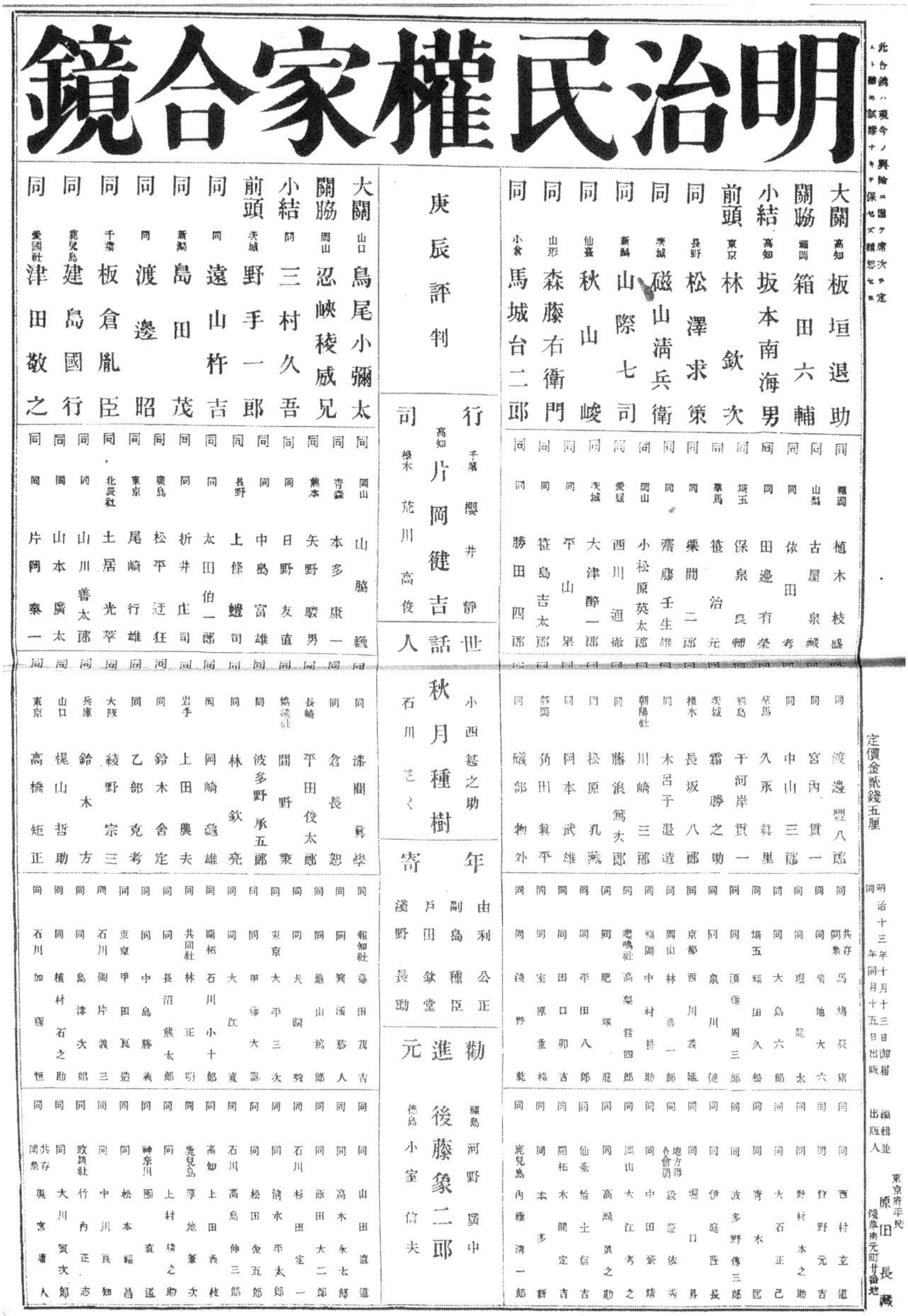

明治13年東京で作られた「明治民権家合鏡（あわせかがみ）」で箱田六輔は板垣の次にランクされている（『明治文化全集』より）

周磐の孫で、海妻甘蔵には甥にあたる。二人はいずれも福岡士族中に人望ある青年指導者であったが、この二年後、福岡の変を指揮して斬罪となった。

二人が大阪から帰国して半年後には、矯志社、強忍社、堅志社の三政社が勃興した。武部・越知・箱田がそれぞれ社長になった。これと同時期、弁護士業務を行う代言社に一到舎というものがあった。こちらはあまり知られていないが、社長は尾崎臻、のちに中学修猷館の館長となった人。彼も筑前勤王党の一員として処刑された尾崎惣左衛門の子だ。副社長の郡利（のち代議士）の記録によれば、一到舎は「志士の集合体として民権拡張につとめた」という。吉田鞆次郎、平岡浩太郎、大庭弘ら、のちの民権活動家が参加していることでも重要なものである。矯志社などの三政社に対して指導的立場にあったと考えられる。このような数年来の土壌の上に花開いたのが向陽社であり、福岡における民権運動はかなり根深いものであった。しかし地元福岡においても、自由民権運動の研究者の間でも、向陽社がそれにふさわしい評価を与えられていないのは残念なことである。

向陽社については、「東京曙新聞」（明治十三年一月二十九日・同二月三日）掲載の投書が、最もよくその実情を伝えている。これはおそらく東京在住の向陽社員の手になるもので、その記述は詳細で正確でさえある。主としてこの投書によりながら、向陽社結成に至る経過をみることにしよう。それは幾つかの新事実を明らかにしてくれる。『玄洋社社史』は向陽社の成立を十二年四月とし、それが通説だが、投書によって、実はそれより早く十一年秋のことであると判明する。

明治十年一月、荒戸山下（福岡市西公園入口）に十一学舎が開設された。一到舎の教育事業として黒田家の資金により成ったもので、一時は青壮年数百人が勉学に励んでいた。ところが二月に西南戦争が勃発。越知彦四郎（当時二十九歳）は十一学舎に同志を募り、三月には福岡の変と呼ばれる士族反乱事件を起こした。十一学舎は「頗る官の忌諱に触れ」閉舎を余儀なくされたのであった。士族反乱鎮定ののち、今度は郡利、林斧介らが中心となって十一学舎を引き継ぎ、「十一年春」成美義塾に名を改めて福岡本町（現福岡市中央区舞鶴三丁目）に開塾した。その背景には、福岡の変の敗北、処刑によって士族青年に浮薄な風潮（挫折感）が広がりつつあり、薫陶の場が求められたのである。

> 然れ共（成美義塾は）学科等皇漢の学に止まり、教育の方法も充分ならざりしが、同年秋開墾社合併向陽社と唱へ、此時に当つて外か（は）愛国社に同盟し内は該社の旺盛を熱望し、進藤喜平太、頭山満尤も尽力主とし、箱田六輔氏を招請す。
>
> （『新聞集成明治編年史』第四巻、一六一ページ）

成美義塾が主体となって開墾社を吸収、民権を掲げた向陽社はこうして十一年秋に誕生した。

（1）『自由党史』は愛国社創立大会への参加者として武部・越知の名をあげている。また、『玄洋社社史』は二人が大阪会議に出席して板垣の意見に共感し、同志を糾合した結果、矯志社などの三社が起こったとする。本文の記述はこれによる。ただ、近年（＊一九九七年時点）、森山誠一氏によって、二人は愛国社創立大会には出席していないのではないかとする見解が出された（「愛国社創立大会〈明治八年二月・大阪〉の出席者について――『自由党史』の誤述」『金沢経済大学論集』二一巻二・三合併号、一九八七）。福岡の変で捕縛・斬罪となった際の、武部小四郎の口供書（石瀧提供）によって、武部が明治八年春大阪に板垣を訪ねたことまではわかるが、それは愛国社創立への参加ということにはならない、というのが森山氏の意見。これにより『自由党史』の記事は根拠を失ったわけである。越知についてはともかく、少なくとも武部が板垣との出会いをきっかけに矯志社結成へ動いたとは言えよう。
最近になって、「福陵新報」（明治二十四年十月十三日）掲載、武部小四郎小伝（三）に以下の記事を見出したので参考までに掲げる。

明治八年春、板垣前参議等の大坂に会して為す所有らんとするや、武部も亦た板垣と会して、其意に同じ、同八月愛国社を東京に設立するの議を喜び帰りて、越智彦四郎、久光忍太郎、箱田六輔等と謀り、一社を結び矯志社と号す。衆、武部を推して社長とす。……却説武部は更らに旅装を整へ、東上して愛国社に会せんとするに、忽ち板垣の復た出で、参議と為りたるを聞き慨歎に堪へず。遂に天下の事は自から謀るに如かずと為し、爾来一意郷土の士心を激励するを事とせり。

たぎる熱気

明治十一年五月十日——福岡に会合した佐賀や熊本の士族有志を前に、箱田六輔が熱弁をふるっていた。
「大臣県令を暗殺せよ。決死の士百人によって決行すれば、政府は一挙に転覆できよう……」（権大警部佐藤志郎から権中警視綿貫吉直への書簡[1]による）
驚いたことに、西南戦争終結からわずか七カ月後には、もうこんな動きが始まっているのである。このとき東京では大久保利通暗殺計画が秘かに進行中であった——箱田はそれを知っていたかどうか。それから四日後、東京紀尾井坂で政府最大の実力者大久保を斬殺したのは石川県士族ら六人。愛国社に参加したこともあり、斬奸状は「民権抑圧」を第一の罪に掲げていた。
実は、箱田は二年前にも大久保暗殺を企てたことがあった。秋月の乱・萩の乱に呼応する計画だったが、それがもれて箱田や頭山満、進藤喜平太、奈良原至、林斧介らは一斉に投獄された。彼らが天神町にあった福岡県庁横の拘置監にいるとき福岡の変が起きたが、同志の死を眼前にしながらも、在獄がかえって反乱の不在証明となり命拾いしたといういきさつがあった。西南戦争が終わると、罪を一身に負った箱田ひとりを残して頭山らは十年九月に無罪で出獄した。二カ月後彼らは松林の伐採、たきぎの販売を目的に、博多湾海の中道に開墾社を設立した。士族青年育成の場でもあったが、燃えるような反政府意識がそこに生きていた。

このあと自由民権運動とのかかわりについて、頭山の回想によれば、大久保暗殺の報が開墾社にもたらされるや、立志社挙兵の可能性を探るため奈良原と二人で高知へ向かったとされている。しかしこれはおそらく頭山の記憶違いであろう。高知の民権理論家植木枝盛の日記から、奈良原（古野次郎）(2)が四月九日高知に滞在したことが知られるからだ。二人の高知着はそれ以前、高知では愛国社再興の全国遊説準備が進められているさなかであった。冒頭に述べた有志会議は頭山の留守中のことだが、こうした九州反政府士族連携の動きを背景に、頭山は板垣や立志社と連絡をつけにいったものであろう。高知では高陽新聞社に滞在、立志社活動にも熱心に参加した。

一方、立志社派遣の九州遊説組・安岡道太郎と杉田定一は、五月末佐賀士族のリーダー木原義四郎に遊説したが、政府のスパイと疑われ、成果をあげずに帰ってきた（六月九日）。奈良原は二日後杉田を伴って九州に帰り、板垣の意向を佐賀に伝えるなど活躍した。

十一年九月の愛国社再興大会（大阪）に、福岡からは頭山と進藤が参加した。向陽社は、各地に政社を興そうという大会決議にそってこの直後結成されたのである。向陽社誕生を決定づけた重要なこの大会で、進藤は成美社所属となっている。この点を次に考えてみたい。

成美社は十年八月から二年間「福岡新聞」を発行した新聞社である。初代社長は臼井浅夫(3)、農家に生まれながら刻苦勉励、福岡藩士となった学者だ（長崎海軍伝習所で学んでいる）。このあと向陽義塾の教師にも招かれている。二代社長吉田利行のとき、成美社は成美義塾を設けたと考えられる。成美義塾は郡利、林斧介が設立に尽力したとされ、吉田の社長就任とも時期的に照応する。吉田は『玄洋社社史』に「秋月の人」とあるだけでその出身、経歴は判然としない。ただ、吉田自身が「秋月後学」と称しているので、旧秋月藩士族だったことは間違いないようだ。[4]「福岡新聞」を研究された木村秀明氏は「当時相当高名な学者」と書かれている。

私の目にふれた限り、吉田の事績としては次の二つが判明した。第一に西南戦争初期、薩軍に対する調和建白書を山中立木（やまなかたてき）（のち初代福岡市長）の依頼で起草している。この建白書は、西郷隆盛らの行動を弁護しようとして、立志社に共同提出を働きかけたが不調に終わったもの。立志社は同年六月、有名な「立志社建白書」を別に提出した。第二は、十三年一月筑前共愛公衆会により、全国に先駆けて提出された建白書「国会開設ニ付建言」の草案を書いていることである。

このほか、吉田には幾つかの著作があるが、ほとんど学校教科書程度のもので、そのひとつ明治十三年の『（修身学）小学品行論』では「自主独立」を論じたりしている。また、同年十二月、福岡県教育会員九人の中に吉田利行の名が見える。このときの顔ぶれは、尾崎臻（いたる）、のち筑後選出の代議士となる中村彦次、共愛会夜須郡委員として共愛会建白書にも署名した岡部篤信（あつのぶ）らで、吉田が福岡県教育界の有力者であったことがわかる。

いずれも学者・文筆家としての活動であるが、自由民権運動の中で積極的役割を担っていたことは間違いない。吉田の活動からみて、成美社は単なる新聞社というより、福岡士族による一種の政社的性格を持っていたように思われる。当時、進藤もその一員だったのであろう。「福岡新聞」は、向陽社との関係から新たな光を当てられるべきだと私は考えている。[5]

福岡における実に様々な動きが向陽社に結実していった。中でも立志社による働きかけ以前に、北部九州の反政府士族有志の結合が行われていることは、自発的なものとして大いに評価すべきことである。ひいては、それが向陽社のアンチ立志社的性格を規定することにもなった。

（1）この書簡（探偵報告）は『保古飛呂比（ほごひろい）・佐々木高行日記』に収録される際、明治十一年のものと判断されたが、実は明治十二年とすべきではないか、との説が出されている（森山誠一「初期『玄洋社』再考〈上〉――続・玄洋社の成立時期について」〔『金沢経済大学論集』二五巻二号、一九九一〕）。森山説に従えば、箱田六輔の「テロ」云々の発言は明治十二年五月で、向陽社結成以後のこととなる。それまでの森山氏自身も含め、これまでの論者はいずれも「明治十一年」であることを疑わなかった。ここでは初版のまま残しているが、森山氏の説は十分説得的である。向陽社や箱田六輔の思想、行動の全体を洗い直す必要があるが、典拠が「探偵報告」しかないところが、いずれにせよ弱い。今後の検討課題としておきたい。

（2）ここでは奈良原至と古野次郎を同一人物として想定している。古野の実在性に疑問を持ち、〈古野〉を高知での奈良原の変名と考えたことによる。ところで明治十五年、福本誠（日南）が率いた福岡士族の北海道移民の中に、古野次郎がいたことがわかっている（石瀧「南進北鎖の夢　素描・明治の史論家福本日南」第五回、「西日本新聞」朝刊、一九九八年十一月十一日）。一方、時期はわからないが奈良原至も北海道に移民として暮らしたことがあった（石瀧「玄洋社関係史料の紹介・第五回　奈良原至の葉書（続き）」『玄洋』第六十二号、一九九五年九月一日）。奈良原と古野が同一人物という確証は得られないが、依然として可能性は残っている。

（3）石瀧「臼井浅夫の蘭学修業とその周辺」（『福岡県史　近代史料編　福岡県地理全誌㈣』福岡県、一九九一）で取り上げている。

（4）その後、宮崎春夫氏が玄洋社記念館館報『玄洋』紙上で、二度にわたって吉田利行の系譜を考察している（第三十七号、昭和六十三年八月十五日、および第五十号、平成三年十月十五日）。これによって旧秋月藩士であることは確定できた。宮崎氏が『秋府（しゅうふ）諸士系譜』によって明らかにしたのは次の点である。吉田利行家は秋月藩士、無足組、四人扶持十六石の家柄で、利行はその七代目。利行の父、六代利明が明治二年五月に職務を免じられているので、利行が七代を相続したのは、少なくともそれ以降のことである。当時のきまりから、吉田利行が秋月藩校稽古館に学んだことは疑えない。

（5）以下に引く「郵便報知新聞」の記事から、「福岡新聞」は「筑紫新報」と合併して「福岡日日新聞」となったことがわかる。従来、「福岡日日新聞」の前身は「筑紫新報」のみと考えられていたので、これは新事実と言ってよい。

なお、「福岡日日新聞」は「九州日報」（「福陵新報」を改題）と合併し、今日の「西日本新聞」となる。

明治十三年四月二日
○筑紫新報は是まで隔日発兌の処、今度福岡日々新聞と改め日々発兌するよし。

明治十三年四月二十七日
○福岡新聞は今度筑紫新報と合併し、題号を福岡日々新聞と改め、紙幅を広げ、毎日の発兌となり……

民権と国権

福岡市に実在する事物で、その起源が明治にまでさかのぼるものは少なくない。県立修猷館高校もそのひとつで、向陽社が明治十一年設置した向陽義塾（私立中学校）の系譜を引いているのである。向陽義塾が藤雲館・中学修猷館を経て、現在の修猷館高校となったものだ。ここでは、こうした向陽社の活動をみていこう。

十一年秋、向陽社結成に向けて実際面での準備を進めたのは、もっぱら進藤喜平太（元福岡市長故進藤一馬氏厳父）であった。そのひたむきな姿は周囲の人々に感動を与えるほどだったらしい。向陽社で会計を担当した久野藤次郎の回想によれば、箱田六輔はこのとき、むしろ傍観者であったが、進藤と頭山の行動に感激して、向陽社の結成に参画するようになったのだという。箱田は武装反乱とか暗殺といった手段に固執し、言論による反政府運動には消極的だったのであろうか。箱田が愛国社再興大会に参加しなかったのは事実である。しかし、向陽社結成以後の箱田の活躍には目をみはるものがある。発足当初は社長を置かず、箱田（当時二十九歳）が幹事職として社を指導した。十二年一月に至り、箱田は社員間の公選によって初代社長に就任した。向陽社が「民権伸張・国権回復」を掲げて広く社員を募集すると、「壮士輩」の入社同盟が相次いだのであった。

民権伸張は、人民の権利を拡大し、参政の実をあげることを意味した。国権は現在、多くの意味に解釈され、論者によって理解が異なるほどだ。私なりに理解を述べれば、この場合、国家の対外的権利（国家の権利）という意味で使われている。国家という言葉も、彼らは国民（の有機的結合）といった意味で使っているのである。国権回復とは、具体的に言い換えれば、安政以来の不平等条約の撤廃を指しているわけである。国権は民権を敷衍したものとして彼らには理解されていた。

さて、向陽社はその事業として、向陽義塾、法律研究所、代言局などを次々に設置していった。向陽義塾は成美義塾を直接に引き継ぎ、教育によって民権に目覚めた青年を育成しようとした。趣意書には「公同博愛主義」を掲げたが、要は社会の一員であることを自覚した人間であれ、ということであろう。そこでは従来からの漢学と並んで、法律学や英語や化学などが、時には外国人教師によって講義された点が新鮮であった。『文部省第七年報』（『福岡県教育百年史』第一巻所収）によれば、校長は吉田鞆次郎、十二年の生徒数男子百二十人であった。

「筑紫新報」（明治十二年九月十五日）によると、向陽義塾は当初月謝をとっていたが、のち無月謝となっている。

福岡本町の向陽義塾ハ避暑のため永らく閉校の処、弥冷気に趣たれば本月廿日より授業を始められ、社員の子弟だけハ今度無月謝となりたるよし。又演説会ハ一般諸興業免されたれば（引用者注：コレラ流行により〝衆人群集の義ハ一切停止〟であったので）近々より開会に相なるよし。

法律研究所や代言局（弁護士事務所にあたる）は高知立志社に範をとったものだが、一到舎の代言業を引き継ぎ、翌十三年の筑前共愛会による「私擬憲法草案」の作成という成果をうみだすもととなるのである。また付属図書館もあり、初めは有料で、のち無料で貸し出した。こうした事業は十一年末から十二年初めにかけて、箱田のもとで着手されたのであった。

向陽社はさらに福博の各所に派出所（支部）を設け、演説会、討論会などを開いた。福岡本町（ほんまち）にあった向陽社では毎週土曜日の夜、一日も欠かさず演説会が行われた。そのありさまは、向陽社員の手になると思われる「東京曙新聞」の投書によれば「一時は激烈なる演説等もありて、自（おのず）から殺気の凜々たるも、聴衆の多き千余名に下らず」と描かれている。ひげ面の壮士たちが、激しい有司専制批判の演説を盛んに行っていたのである。

当時の向陽社員の数を、「大瀛（だいえい）新報」（明治十二年四月九日）は五、六百人とし、「東京曙新聞」の投書（同十三年二月三日）は、福岡の変に連座して各地の監獄にあった国事犯が服役を終えて続々帰県、その数四百人はいずれも向陽社に加わったため、社員は千余人を数えるようになった、と述べている。名簿が存在しないため実数は確認できないが、かなりの社員を擁したのであろう。参考までに当時の福岡県令の報告をみると、成立当時の社員数二百八十人程と書いている。「朝野新聞」（同十二年五月二十三日）には次のような記事がある。

社長ハ箱田六輔といふ人にて相応に人望もあり、市中の豪商ハ大概入社するにより、甚だ資本に富めり。

福岡・博多の豪商のほとんどが加わり、向陽社のパトロンとなったというのだが、これが事実とすれば、向陽社は壮士・国事犯らの士族だけでなく、豪商の支持も得ていたことになる。今のところその確認はできないが、向陽社が豊富な資金を持っていたことだけは確かである。

向陽社秘話

明治十二年九月、向陽社が、清国との戦争を予想して義勇軍を組織しようとしたことは、これまで全く知られていなかったことである。『玄洋社社史』やその他関係者の伝記などに当たっても、義勇軍に関する記事は見いだせない。私がその事実を初めて知ったのは、玄洋社記念館で「玄洋」第三十六号（昭和十三年四月一日付）掲載の記事を読むことができたからである。

その記事は、「討清義勇軍　向陽社の檄　陸海軍の後詰に起たん」という見出しで、向陽社名義で義勇軍への結集を呼びかけた檄文の全文と、同檄文の末尾部分の写真を紹介している。「討清義勇軍」という名称は誤解を招く表現だが「玄洋」編集部による仮称であり、本来のものではない。向陽社の意図は、従軍が目的でなく、手薄になった国土防衛のための義勇軍といったものである。

これまで、この向陽社の義勇軍計画に関する記事が、全くなかったかというとそうでもない。実は、何度も引用した「東京曙新聞」の投書がその一端を伝えているからである。ただ、その部分は従来見過ごされてきたようである。私がこの投書の記述が全般に正確であると判断したのは、他にも理由はあるが、ひとつには、そこに書かれた義勇兵募集の「広告」が「玄洋」紙掲載の檄文によって見事に裏づけられたことによる。投書では義勇軍という言葉こそないものの、事実についてはこう述べている。

> 日支葛藤の生ずるや夙に有志者之れに注目し、若し異日両国間に紛紜の結で解けず、曲直を干戈に争ふことあるの日は、国民の義務上一死国に報ずるの定数通誼たる旨を広告したり。

玄洋
日本文化の本質
その世界的意義【下】
河飯捨蔵
討清義勇軍
向陽社の檄
陸海軍の後詰に起たん

向陽社義勇軍を報ずる「玄洋」第36号

（『新聞集成明治編年史』第四巻、一六二ページ）

ここでいう日支葛藤、すなわち沖縄県設置をめぐる日清両国の対立が起きたのは、明治十二年四月のことである。井上清氏の『明治維新』（中公文庫）によると、琉球はそれまで三つの顔を持っていた。第一に薩摩藩の植民地的従属国であり、第二に清国皇帝に臣属する王国であり、また第三には、幕末期、米仏と和親条約を結ぶなど独立国としての活動もあった。そしてこのとき、日本政府は琉球藩の廃止・沖縄県の設置を断行した。それは清国の琉球に対する領有権を否定することであったから清国から抗議があり、日清間には戦雲がみなぎったのである。こうした事情を背景に、同年九月に至り、向陽社（社長箱田六輔）は檄文を配布し、日清間の戦争に備えて義勇軍に結集せよ、と呼びかけたのであった。

「玄洋」紙掲載の檄文は「報告書」と題され、全文で一千字程度。末尾に「福岡本町向陽社　明治十二年九月」、欄外には「福岡本町　同義社印刷」と記されている。原本は藤島長和氏が所蔵していた。この人は明治二十七年、三十歳で病没した玄洋社員藤島勇三郎の後継ぎで、昭和十年ごろは玄洋社員の伝記編纂に熱心であった。

さて、檄文は初めに一種の国家論を述べ、それから国民の義務に言及する。国家イコール民人合体という説

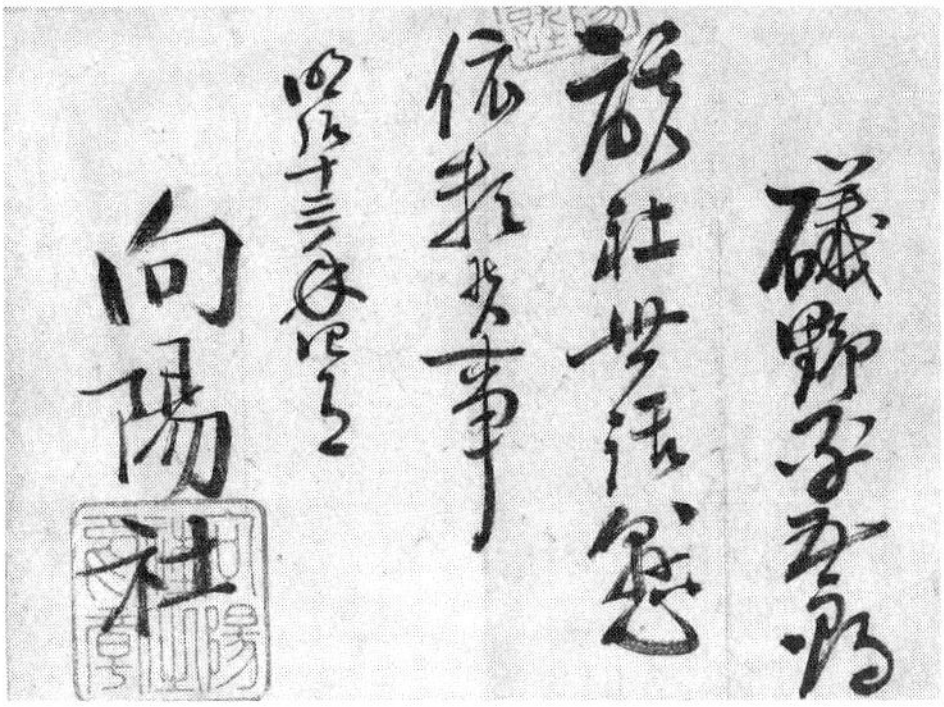

向陽社辞令。「向陽社之章」と押印あり。上部に下半分が見える割印は「(向)陽(義)塾」か

で、人民が合体して成立したものが国家であるという。全体として立志社の「愛国社再興趣意書」を下敷きにしているような印象を受ける。人間の一身の保護には体の全器官が当たる。国家の保護も同様で、われわれはその構成分子であるから、国家の危機に際して陸海軍にのみまかせておくわけにはいかない。

故ニ吾輩将ニ同志ノ士ト謀リ義勇兵ヲ編制シ、以ツテ変ニ応ズルノ予備ヲナシ、以テ天皇陛下ノ詔命ヲ仰ガント欲ス。……社会ノ康福及ビ安寧ヲ固クシ英米ニ譲ラザラントスルモ亦今回ノ大成ニアルナリ。

と、大略このような趣旨で義勇兵募集の広告がなされた。その結果について投書は「苟も愛国の衷情ある者は、沛然四集同盟に加はりたり」と述べている。当時の人心・世論をよくつかんだとみえて、多数の応募者があったようである。そのため向陽社では従来からの撃剣場に有名剣客を招き、さらに柔術道場を構内に新設した。このように向陽社の武道熱が盛んになったことは「筑紫新報」(明治十二年十月二十一日)にも見えている。

義勇軍は実際にどの程度組織されたのだろうか。残念ながらその点をうかがわせる史料を知らない。しかし当時の政府は、民権政社の私兵組織とみて警戒し、許可しなかったことであろう。これには先例があって、明治七年八月、立志社は高知県令に対し「寸志兵編制願」を提出した。これは、やはり琉球問題にからんで征台の役が起こされたとき、立志社が義勇軍を組織しようとしたものである。立志社の寸志兵計画について、合法的に政社の武装をねらったものとの見方もあるが、向陽社の場合もそれが当てはまるかもしれない。もし向陽社義勇軍が結成されていたなら、その銃口は彼らが敵とみた専制政府に対して、まず向けられていたかもしれないのである。

北陸遊説

向陽社は一方で義勇軍計画を進めながら、他方では、同じころ唐津の民権運動支援も行っていた。「東京曙新聞」の投書によると明治十二年九月、唐津でも民権政社の活動が盛んになり、「向陽社員七八名は常に出張滞在」し、現地で運動を指導していた。また「筑紫新報」（明治十二年十月二十一日）も、向陽社員久野・的野・森の三人が出張した唐津演説会の盛況ぶりを伝えている。初日の会場聖持院は超満員、「むなしく帰る者幾百人」というありさま。会場内では廊下の根太（ねだ）を踏み落とすハプニングもあり、数十人が寺の床下に転落する騒ぎである。二日目は芝居小屋。これまた「千人舞台の名あるも充満」した。唐津の民権運動が、向陽社員たちの応援を得て活発化した様子がわかろう。

宮武外骨の『明治演説史』（大正十五年四月刊）八一ページに引かれた次のような記事も、向陽社員（当時は玄洋社員だが）たちの活躍の様子を伝えるものかもしれない。

長崎県東松浦郡唐津刀野町（衍カ）先憂社にて此頃開場せし演説会は、聴衆凡（およ）そ二千人にて非常の盛会なりしが、或る弁士の演説中大久保参議云々の語に至り、出張の巡査は右を国安妨害するものと認め直ちに停止すと申されしに、夫（それ）より追々議論劇（はげ）しく、遂に巡査は判然たる応答も出来ず其儘退場されしが、再び六七人打連れ来り屋外より大音にて速に演説を停止すべしと呼（よば）はるに、聴衆の人々は騒ぎ立ち直に場外に飛出し巡査の提灯を撮み破り、或は押倒し、種々様々と詈りける故、又々退散せしを、聴衆は異口同音に彼の巡査が又も来らば僕共より追払ふべし、其為め張番をなし居る故速に演説を始められたし、若し又条例に抵触し罰せらる時は自分共が必ず引受くべき抔呼はりしが、其中早や時間も打過ぎたる故其儘閉場したりと。

（「東京横浜毎日新聞」明治十三年十二月十五日）

先に、福岡の民権運動は県外各地にまで影響を与えたと書いたが、九州・北陸の各地に向陽社員たちは赴いた。唐津と並んで代表的な例は福井の場合である（主として大槻弘『越前自由民権運動の研究』による）。自由民権運動は地租改正反対運動をも包含するものだが、地元福岡において向陽社がそれに取り組んだ形跡はない。しかし福井では、地租問題にもかかわっているのである。

愛国社再興運動の中で頭山満、奈良原至、箱田六輔らと親交を結んだ杉田定一（越前の豪農出身民権家）は、明治十二年七月、郷里の石川県坂井郡波寄村（今は福井県）に自郷学舎を発足させ、次いで翌月、民権政社自郷社を設立した。この自郷学舎は、杉田定一の父仙十郎の所有する酒倉を改造したという風変わりなものであった。杉田仙十郎は越前でも随一の豪農であり、醸造家であった。当時は石川県会議員も務めていた。自郷学舎開校時の生徒数は二十四人。その地の豪農の子弟や地租改正反対運動の農民指導者に交じって、生徒の中には福岡人九人も参加していた。これは向陽社が自郷学舎をてこ入れしたものとみてよい。

杉田定一

越前は早くから地租改正反対運動が盛り上がっていたところで、明治十一年、二十八歳の杉田定一を指導者に迎え、十三年二月南越七郡連合会を結成、ついに政府から地租三万九千円の軽減という異例の譲歩をかちとっている。この過程で、杉田

杉田定一の碑文には「自郷学舎旧友頭山満・進藤喜平太」の文字が見える（左端）

家に滞在していた向陽社員たちは農民間に奔走し、協力を惜しまなかったのである。

十二年十一月には、北陸遊説の途次、向陽社の奈良原至が自郷学舎に立ち寄った。同月二十五日、滞在中の向陽社員古川・宮原ら、それに弟時雄と丸岡演説会場へ向かう。演説会は午後六時から十一時まで、杉田が「国会論」、奈良原は「租税論」を演説した。奈良原自身の要約によれば「国税なるものは国民相議して定めずんば真の国税に非ず。今や然らず。……宜（よろし）く其気力を振興し之を論定する箇所乃（すなわ）ち民撰議院を立つべし」との論旨であった。

こののち、杉田らは地租改正反対運動を基盤に、国会開設請願署名の獲得運動に力を注いでいった。地租問題に忙殺されていた地元自郷社員の活動は、坂井郡内に限定されざるを得なかった事情から、郡外各村にまで足を運んで署名集めに活躍したのは、福岡士族岡喬、宮原篤三郎、白水為夫（しろうず）（いずれものち玄洋社員）らと、立志社派遣の寺田寛、楠目伊奈伎たちであった。「かれらアジテーターが広地域に運動を伝播させた力は高く評価される」（大槻氏）といわれている。

ところがその過程で、向陽社員による立志社員批判という事件が起きた。十三年四月、岡喬ら三人連記で杉田定一に宛てた書簡によると、寺田らは地租改正反対運動の専従オルグであったらしく、「立志社之人々ハ村員ノ増加スルニ従ヒ月給モ百二十円」に上がったという。さらに村々を訪ね、演説会に招待される際にも、

「道程一里ニ付十銭ノ車代ヲ受ル様（ママ）種々ノ醜聞アリ」と、そろばん片手の立志社員を告発している。農民の不満・不信を代弁したものであろう。手弁当の農民に人力車代を請求する立志社員の姿——こうした「卑劣野心ノ事業ハ我正論党ノ深ク忌悪（きお）スル処」であり、「小生等者（は）実ニ彼ノ商法有志者ト共ニスルヲ欲セズ」というのが向陽社員の言い分であった。

杉田定一は後年このころを回想し、岡喬ら二十余人の玄洋社子弟を預かっていたが、「それ等の人もまたそれぞれ国家の為に努力され、現に国会請願の連判をさせるなどにも、大いに尽力されたものです」と語っている。向陽社員が福井での署名集めに私心なく尽力したことは認めてよいであろう。

『東亜先覚士記伝』（黒龍会出版部、昭和十一年刊行）下巻によると、岡喬は安政四年（一八五七）生まれ。明治十年の福岡の変に参加して静岡監獄に服役し、郷里に帰ってからは「自由民権論を唱へて各地に周遊し、主として北陸地方に足を留め、越前の杉田定一の許（もと）を根拠に加賀越前地方の遊説に従つた」。福岡に帰ったのは明治十五年のことであった。

北陸では、金沢の精義社も、明治十一年向陽社に遊んだ関時叙（せきときのぶ）が、その影響を受けて発足させたものといわれている。このように、向陽社が各地の運動に直接・間接に影響を与えたこと、数十人を各地に派遣・滞在させるだけの人的余裕があったということ、これは注目に値する事実である。

ある記録

奈良原至による北陸地方遊説の記録としては『北陸紀行』がある。原本は所在不明だが、「玄洋」第八号（昭和十一年一月一日付）にその一部が掲載されている。[1] この北陸遊説は、明治十二年の愛国社第三回大会の決議に基づき実施された。その行程をたどると、奈良原はまず大阪から福井県の小浜へ向かい、日本海にそって北上し、新潟県三条にまで至っている。片道二十二日間で、ざっと五〇〇キロ以上の距離を踏破している勘定である。文中、奈良原の筆致は具体的で、各地の民権家とのやりとりを丁寧に記録している。この点で、民権運動研究上の貴重な史料であろう。

第三回大会は国会開設請願の賛同者を求めて、加盟各政社が分担して全国に遊説を行うと決議した。全国を十ブロックに分け、福岡は九州地方と北陸地方を担当、遊説員を各地に派遣し、精力的な遊説活動を展開したのである。この遊説活動と同時期（大会二カ月後の十三年一月）に書かれ掲載された「東京曙新聞」の投書は次のように述べている（『新聞集成明治編年史』第四巻一六二ページ）。

同十一月愛国公会出坂後各地方に遊説する者二十余名なり。奈良（原）至は北陸道、頭山満・松本俊之助外四名は日薩地方、的野恒記外一二名は壱岐・対州・五島・島原・天草地方、其他大分地方所々に出でたり。

このように北陸に向かった奈良原の他に、二十数人が遊説に参加している。中には、壱岐・対馬にまで足を延ばした的野恒記（来島恒喜）のような例もある。では、遊説の実態はどのように行われ、どんな成果をうんだのか。奈良原至の場合を『北陸紀行』によって述べてみたい。

大会終了から三日たった十一月十六日、帰郷する杉田定一と同行で早くも大阪をたち北陸へ。京都では東山を見物、前月、向陽社の第二代社長に就任したばかりの平岡浩太郎らの見送りを受けた。琵琶湖は汽船に乗り、十八日今津で下船。これより徒歩小浜（福井県）へ至る。ここには愛国社に「演舌員派遣」を求めた義奮社がある。佐藤晶ら数人が迎えたが、皆四十歳以上の人ばかり。栗栖盛次郎老人など七十七歳だという。この義奮社の三百人はいずれも老人で、社中壮者を見ずという状態だが、「世に演舌会なる者あり。士気を鼓舞作興すと聞き窃（ひそか）に切望に堪へず」、小浜でも演説会をやりたいので援助を乞う、という希望であった。

二十二日、武生（たけふ）を経て福井着。地租改正反対運動のさなかで、越前各地の村民が詰めかけている。杉田は自郷社での集会を呼びかけた。来福中の寺田寛（土佐）、若山茂雄（出雲）ら旧知の民権家と交歓。二十五日、丸岡演説会場で演説。二十六日、杉田と別れ、奈良原は単身北方を目指す。

二十七日、金沢着。関時叙不在にて、大久保菊太郎らに会い、遊説して同意を得た。奈良原は「志士一人を出し余が北地遊説を助けよ」と要請、これより先は中島清愛が同行する。「其夜寂寥に堪へず詩を賦し悶を消す」と、七絶二首を記している。二十九日、金沢を去るにあたり奈良原はこう語った。——われわれは、当春「九州一道の連衡第一次会」を開催したが、各地競争の精神から運動は発展した。このことから自分は北地遊説の目的を、第一に国会開設請願、第二に「北陸連衡会」の開催においている、と。北陸地方では翌十三年、関時叙（金沢精義社）、稲垣示（いながきしめす）（高岡北立社）、杉田定一（福井自郷社）の三者主催による北陸有志大会が開かれているが、このときの奈良原至の遊説が種をまいていると思われる。この点奈良原の役割は大きいと言わねばならない。(2)

三十日、富山県大門新町にさしかかり、ふと見ると演説会の貼り紙。直ちに会場で沢田平策、稲垣又平(3)らの弁士に遊説した。彼らが言うには、愛国社なるものがあるとは聞いていたが、辺鄙（へんぴ）な地方のこととて詳しくはわからなかった、どうか講台にのぼって愛国社の趣旨と国会開設について話してもらいたい、と。奈良原は歓待され、高岡に一泊。翌日は当地の豪農沢田平策方に一泊した。高岡に北立社が成立するのは翌十三年のことである。また十三年十一月の「国会期成同盟合議書」署名者中に沢田平策の名が見いだされる。これまた奈良原の遊説の成果である。

十二月三日、親知らず子知らず（新潟県）の難所を過ぎる際、昨年もここを通ったと奈良原は書いている。それは事実で、十一年十月の愛国社再興大会閉会後、奈良原は鳥居正功、杉田定一と三人で大阪をたち、東北へ向かっている（十月三日）。ところが五日、一年前新聞発表の論文による筆禍という珍事で、農民指導者の杉田は福井警察署に拘引され石川島監獄に送られてしまう。このあと奈良原、鳥居は新潟に入ったのである。ただし目的は不明。

十二月七日、新潟県三条に行き、当地の有志者に遊説したが、これが『北陸紀行』掲載分の最終日付となっている。同行者中島を新発田に先発させ、自分も新発田へ行くつもりでいるから、奈良原の足跡は、実際にはさらに北へ延びているのであろう。

（1）石瀧「奈良原至の『北陸紀行』――明治十二年愛国社第三回大会決議にもとづく遊説の記録」（『大憲論叢』二三巻一・二合併号、西日本短期大学、一九八三）で全文を紹介。

（2）杉田定一は早くから北陸道「連衡会」の開催を持論としており（森山誠一氏の指摘を受けた）、奈良原の遊説がきっかけになっているにはちがいないが、奈良原だけの功績に帰せられるものでもない。

（3）稲垣又平は稲垣示と同一人物とのことである（森山誠一氏のご教示による）。自由党入党の後、大井憲太郎らの大阪事件に加わり、長崎で捕われ、軽禁錮五年となる。後に代議士となり、政友会創立に参加。北陸政界の大立物であった（『東亜先覚志士記伝』下巻、列伝による）。

不遇の生涯

これまでも折々ふれたように、奈良原至は明治十一、二年ごろの自由民権運動の中で抜群の活躍をした人だ。

しかし、彼の名も事績も今日ではほとんど埋もれてしまっている。彼は生涯を不遇に甘んじ、死後も無名のまま今日に至っているのである。奈良原は世俗的な栄達に背を向け、貧困と無名の生涯を自ら選びとったのであった。二十歳のとき、国事犯嫌疑で投獄され、次いで自由民権運動に投じた。その後いくばくもなく、なぜか運動の表面から姿を消してしまう。以後の長い人生を、明治という時代に違和感(批判精神)を抱きながら、市井に沈潜してしまったのである。彼は数多い玄洋社員の中でもちょっと特異な生涯を送っており、それだけに私にとって最も興味深い人物の一人である。玄洋社は頭山満によって代表されることが多い。だが、奈良原のような人物も視野に入れて、玄洋社を考えるべきではないだろうか。

奈良原の死から十数年を経て、奈良原の生涯や精神を積極的に再評価する目的で、福岡出身の作家夢野久作は『近世快人伝』を書いた。久作の死の前年、昭和十年に探偵小説専門誌『新青年』に発表された。久作は青年時代に奈良原至に親炙(しんしゃ)した人で、この中で彼の多くのエピソードを紹介し、志士の生涯という視点からその人物像を浮き彫りにしている。しかしその努力も空しく、以後奈良原をとりあげた例を私は知らない。そこで私の新たに知り得た事実を交えて、奈良原の生涯を多少なりとも明らかにしておきたい(なお『玄洋社社史』の「玄洋社員の面影」も参考にした)。

奈良原至は安政四年(一八五七)福岡唐人町(とうじんまち)の山ノ上に生まれた。父は福岡藩士(無足組十六石五人扶持)宮川轍、母の名を熊という。明治十一年、福岡で「平仮名新聞」を創刊し、筑前民権運動でも活躍した宮川武行が長兄で、のちに玄洋社の長老となる宮川五郎三郎は実弟である。至は若年にして藩士奈良原氏(右平、二十石六人扶持、馬屋谷)を継ぎ、奈良原姓を名乗るようになった。十二歳で維新を迎え、黒田家居館の一画に設けられた文武館に学んだ。のち人参畑の高場乱(おさむ)の塾に入り、多大な影響を受けた。

明治八年八月、武部小四郎の矯志社結成に参加。さらに奈良原の首唱により、矯志社員のうち十代の少年ば

「松浦愚之碑」（福岡市南区平尾霊園）

かり十数人が堅志社を結成、箱田六輔を社長に迎えた。九年十月、立て続けに四つの騒乱事件が起きた。熊本神風連の乱、秋月の乱、萩の乱、思案橋事件。このとき福岡士族の一部も、前原一誠らと謀って乱を起こす手はずであったが、密偵の画策もあって箱田六輔、頭山満、奈良原至らは投獄され、西南戦争終結の十年九月まで、彼らは自由を奪われることになる。

獄中では拷問を受け、県令渡辺清の手で秘かに殺されかけたことさえあった。危険を察知した彼らは辞世を用意し、奈良原至は同獄の松浦愚に辞世の代作を頼まれたという。結局、彼らのうち犠牲に倒れたのは松浦だけで、明治十年六月二十五日、獄中ペスト(1)にかかって死亡した。彼の記念碑は福岡市中央区警固二丁目（筑紫女学園高校付近）にあるが、最近まで廃材に埋もれたまま放置されていた。夭折したこの玄洋社の先輩をかえりみる人も今では少ない。松浦は二十六歳であった。

この獄中での体験が奈良原の一生を決定した。『近世快人伝』によると、十年三月の福岡の変を指揮した武部小四郎は処刑の朝、刑場に向かいながら獄中の奈良原らに「行くぞおー」と訣別の声をあげた。この声は奈良原の生涯を通して耳に残り、「はらわたの腐りどめになつた」。このときの武部の気持ちを思うたびに、敵方である明治政府に頭を下げることができなかったというのである。妥協や変節をきらって、極端に清廉潔白な生涯を送った人、と久作は奈良原を描いている。その後の民権運動での活躍はこれまでも述べたし、これからもふれることになるのでそちらに譲る。ただ、玄洋社結成後、十四年一月の役員改選では幹事に就任した。

私はまだ奈良原の写真を見たことがない(2)。夢野久作によれば、彼の表情は「さながらに鉄と火と血の中を突破して来た志士の生涯の断面そのものであった」という。奈良原は晩年は玄洋社の二階で暮らしていた。彼の経歴からすれば市・県会議員や国会議員も手の届く距離にあったはずだが、世に相容れぬ精神から、一時は妻子共々飢餓に瀕したことすらあったのである。大正六年四月六日、六十一歳でこの世を去った。法名は實相院徳翁至道居士。福岡市博多区承天寺に墓がある。

奈良原には少なくとも四つの著述のあったことがわかっている。そこで、奈良原の実像を知るためにも、次にこれらの著述を紹介することとしたい。

(1) 平成八年、明道館百周年事業の一環として、福岡市南区平尾霊園に移転、保存されている。
(2) その後、奈良原の親族の猪野祐造氏から入手した。本書二四六ページ参照。

『明治血痕集』

奈良原至に『明治血痕集』という何やら魅力的な題名を持つ編著がある。明治十四年五月、二十五歳の年に自らの手で発行したものだ。上下二巻、上巻は和綴六十一丁。下巻は不明である。すでに紹介した『北陸紀行』は十二年十一月十六日から書き進められたが、血痕集の方は十二年九月に版権免許となっていて、それ以前の成立である。『血痕集』は奈良原の処女作なのだ。

十二年といえば奈良原は九州、大阪、北陸と遊説活動に忙しい毎日であった。その旅先に常に手離さぬ荷物――それが『血痕集』の原稿だったのである。彼は遊説の合間にも「旅館時ニ行李ヲ操リ添削ヲ加ヘント」した。民権運動に奔走しながら、かたわら『血痕集』の刊行が奈良原の悲願となっていたのである。

では『血痕集』とは何か。秋月の乱、萩の乱、西南戦争、福岡の変など一連の士族反乱犠牲者の追悼集である。西郷隆盛、前原一誠らや、福岡士族では武部小四郎、舌間慎吾、川越庸太郎といった人々の略伝・詩歌・辞世などが編まれている。いわゆる、賊軍として汚名を着たまま戦死あるいは刑死した人々の顕彰を志したものとしては、最も早い時期のものに属するのではあるまいか。勝てば官軍の意識が横行する中に、敗者の側に立って『血痕集』を世に問うた若き奈良原至の姿があった。

奈良原自身も国事犯として投獄された経験を持つ。彼は『血痕集』の附言（十三年十二月付）に、本書に収録したのはほとんど皆「余ガ若キ日、師事兄敬友愛セシ」人々、生前親交のあった人たちであると書いている。また、共に事を挙げんと約束した彼らに先立たれ「喟然トシテ独リ人界ニ存ルヲ嘆ズ」とも。もちろんこの思いは頭山や箱田にも、各地で生き残った志士たちのすべてに共有されたはずだが、奈良原だけが『血痕集』を編んだ。そこには奈良原が心中深く獄中体験を受け止めたことが指摘できるし、彼の著述からはその繊細な魂、鋭い感受性、空想的、思索的な性格が見て取れる。

つまり、夢野久作が『近世快人伝』に造形した奈良原像とは微妙に異なる奈良原の実像が感じられるのだ。もちろん久作も、奈良原の繊細な一面を見逃してはいない。私は、久作が「奈良原翁の巨大な両眼から、熱い涙がポタポタとこぼれ落ちるのを筆者は見た」と書いたその涙こそ、一見乱暴者でしかない奈良原の素顔ではなかったかと思う。逆に、そうした繊細な魂が、奈良原の乱暴とも見える行動を支えていたのだとも言えよう。

奈良原は旅先で添削の筆をとる。すると、思わず知らず幻想の世界に誘われる。夜空の星は敵陣のかがり火と見え、窓をたたく風の音は闇のかなたから聞こえてくる両軍の吶喊だ。巨砲の音、進退のラッパ、死者がよみがえってきて、ついには添削の筆がやむ。こうした経験を奈良原は書きとめている。私にはそれが修辞だけのこととは思えない。

上村希美雄『宮崎兄弟伝』によれば、徳富蘇峰の大江義塾（熊本）で愛読されたらしく、十九年の『義塾雑誌』に、ある生徒の「明治血痕集ヲ読ム」との一文があるという。血痕集には宮崎滔天の兄・八郎も収録されていて、「最モ『ガリハルシー』ノ人ト為リヲ慕ヒ、私ニ東洋ノ民権ヲ恢復スルヲ以テ己レカ任トス」と描かれている。

『血痕集』にまつわる謎をひとつ。福岡県朝倉郡出身の雑賀博愛（号鹿野。『日本及日本人』主筆）の著に『杉田鶉山翁』がある。十二年当時、奈良原と共に行動することの多かった杉田定一（のち衆議院議長）の伝記だ。この本の杉田の年譜には「十二年十月・二十九歳・『血痕集』ヲ著ハス」とある。血痕集は二つあったのか、それとも、奈良原の原稿が杉田家に残っていて混同されたのか――あるいは出版費用を杉田が出すことになっていたのかもしれない。今は謎としておく。(1)

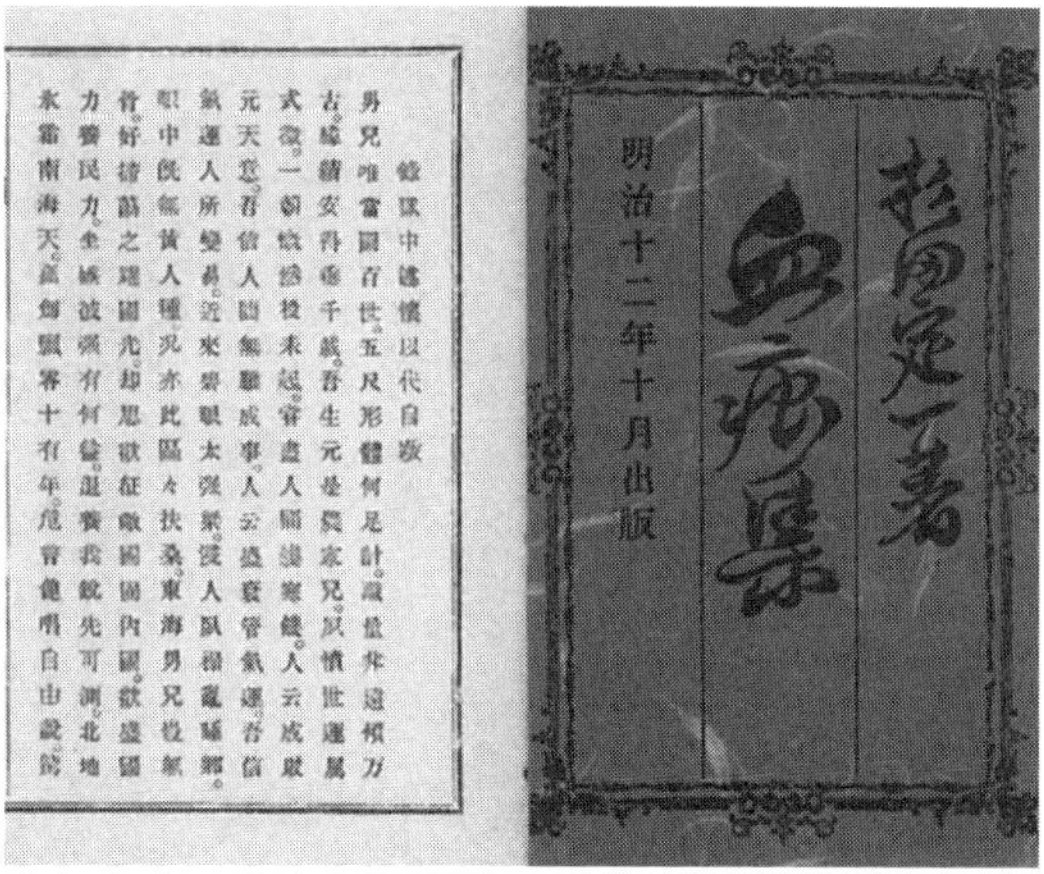

杉田定一『血痕集』（復刻版）

第三に、明治二十八年（日清戦争の年）奈良原は『福岡藩庚午藩難有栖川宮殿下御入藩始末聞書』を書いた。これは明治三年の福岡藩贋札事件の記録。江島茂逸の同種記録に対する批判から、関係者からの聞書によって事件の推移を再構成したもの。奈良原は旧藩主家の当主黒田長成侯爵に出版費用の援助を申し込んだ書簡の中で、「殉難諸士ノ為メ大ニ冤ヲ天下ニ訴ヘ武部越智（ママ）等ト共ニ大赦ノ恩典ニ浴セシメント存立編輯」したものであると書いている。『血痕集』と『聞書』の両書から、奈良原が常に敗者の側に身を置いて真摯に生きてきたことが知られるのである。

第四の著述は『玄洋社史』である。『来島恒喜』という本が引用書目の最初にあげていることから、大正二年にすでに成立していたことはわかるが、どこにも現存していない。奈良原の実体験、歴史観がどう反映しているか、最も興味深いのがこれだが、今は知るすべもない。最後に『聞書』の後記から次の一節を紹介する。奈良原三十九歳の肉声である。

予嚢ニ血痕集ヲ著シ維新後死士ノ血ヲ収メ、今又当事者ノ血誠ヲ攄ム。血耶血耶何ゾ予ガ硯池ニ多キゾ。世果タシテ予ヲ以テ血性男児トナスカ否乎。燈火筆ヲ抛テハ杜鵑血ニ啼キ、天色暗澹タリ。

（1）初版ではこう書いたが、その後、森山誠一氏が杉田定一著『血痕集』（復刻版、豆本）を送って下さったのでこの疑問は氷解した。この『血痕集』は杉田自身の作になる漢詩集である（前ページ写真）。

植木の『民権自由論』

多少時間をさかのぼって、明治十二年一月四日のことだ。一台の人力車が博多の町に駆け込んだ。乗っているのは高知立志社の植木枝盛。二十三歳になったばかりの若者だが、明治九年二十歳で筆禍下獄の経験を持つ。『開明新論』の著書もある。熱心な民権活動家、また在野のすぐれた民権理論家であった。この日、あいにくの暴風雨で、植木は日記に「途上辛酸云ふべからず」と書きつけた。悪天候を冒して福岡に急いだのには訳があった。翌五日の日曜日、福岡本町向陽義塾の開校式に招かれていたからである。当日、植木は会場で演説したが、おそらくこれがその日のハイライトであっただろう。植木の演説は訥弁で土佐なまりがあったといわれる。向陽社では箱田六輔、頭山満、進藤喜平太、宮川輸次らに会った。このうち宮川だけが正体不明の人物だが、後に九州日報社の社長になった宮川武行である（前名が輸次）。宮川の実父は宮川輸で、明治三年四十八歳で亡くなっている。

このころは、植木の他にも北川貞彦、寺尾某らの土佐人が福岡に来ていた[1]。福岡と高知の交流はかなり進んでいた。北川と植木は向陽義塾の教壇にも立っている。植木は熊本、佐賀、久留米を訪ねた他、三月十八日まで福岡に滞在し、講義・演説・著述に日を送った。向陽義塾では津田真道の『泰西国法論』を連続して講義した。この本は、翌年政府が教科書としての使用を禁じることになる民権運動のバイブルだ。また、毎土曜日の向陽社演説会でも壇上に立った。松田敏足の漸強義塾（博多竹若町）や六本松でも演説、時に街頭演説を試みた。甘木にも招かれている。甘木には集志社（一説には社員二、三百人）があり討論会、演説会が盛んに行われていた。集志社の社長は香月恕経（のち玄洋社員）、副社長が多田作兵衛で、いずれものちに代議士になる。記録魔の植木は、この年全部で三十八回の演説を行ったうち、福岡県での演説は計十三回と記録している。

福岡での植木の活動で特筆されるべきは『民権自由論』の出版である。前著『開明新論』は自家出版であったが、これは福岡の書店・集文堂船木弥助の依頼で執筆、四月に出版された。『植木枝盛自叙伝』に「福岡に於ての第一版は一冊をも残さず暫時にして売切と為りたるが……」とあるように、福岡ではベストセラーになった。六月には大阪で二軒の書店が同時に再刊した他、海賊版も出たほど人気を呼んだ。船木弥助は自由民権の本が福岡でさばけると見込んだのであろうが、実際よく売れたのであった。福岡での民権運動の高揚と一般への浸透の程度を知る一指標でもあろう。

宮川武行（猪野祐造氏提供）

また榎逕逸人（家永三郎『植木枝盛研究』によると、植木の筆名に植木榎逕がある）の著『自主自由の数へ歌』も出版され、九州地方でこの歌は大流行したという。「一ツとせ、人の生れは自主自由、独立するのが第一だ、この世の中に」で始まり二十番まで。九番に「九ツとせ、ここは西海福岡よ、自由の風が吹くぞいな、このうれしさよ」というのもある。植木が、民権思想をわかりやすく流布させようと努力したことがよくわかる。

日記を読むと、植木は筥崎宮の「玉せせり」を見物したり、愛宕山に登ったり、頭山の家で雑煮をごちそうになったり、青年らしく福岡滞在を楽しんでいる。二月十一日は紀元節。その日の日記には「福岡、博多全市中各所共諸作物を拵（こしら）へ之をひき廻り大に雑沓を極む」と、町ごとにかざりを作って山車（だし）を引き、ねり歩いたさまを記している。実はこれは明治五年に禁止された松ばやしが、ようやく復活した第一回の博多どんたくのことなのである。

植木の滞在していたころ、向陽義塾をめぐる不穏のデマが福博市中をとびかっていたらしい。「大瀛新報」（明治十二年四月九日）によると「紀元節前夜に向陽義塾生徒が暴発するらしい」との流言から、福博市民に荷造りして避難する者まで出る騒ぎであったという。その後も「必ず暴発する」とのうわさは絶えず、向陽社の集会や社員募集にも支障が少なくなかったということである。

三月十六日、植木は地元の向陽社員と共に箱崎松原の越知、武部の墓にまいり、そのあと送別の宴を張った。十八日、愛国社第二回大会（大阪）に参加のため大勢の見送りを受けた植木は、海路博多をあとにしたのであった。

（1）北川貞彦は明治十二年に福岡で代言免許を受けている（『福岡県弁護士会史』上巻）。

無名の青年

明治十二年十一月、まだ無名の一青年福本巴の処女作『普通民権論』が福岡で公刊された。出版人林斧介は当時向陽社書記を務め、博多中島町に書店磊落（らいらく）堂を営んでいた磊々落々（らいらいらくらく）の好人物。この本は、向陽社民権運動の影響下に出版されたものと言えるであろう。これより先、同年四月には植木枝盛の『民権自由論』が福岡の集文堂から刊行されて評判になったばかりだ。福本と林の胸中には、植木への対抗心があったかもしれない。福本巴というのは後年、「九州日報」（「西日本新聞」の前身）で健筆をふるった福本日南（誠）の幼名である。福本はこの年二十三歳、奇しくも植木とは同年であった。二人は、のちに代議士になった点でも共通した道を歩んでいる。

植木の『民権自由論』、福本の『普通民権論』はともに『明治文化全集』第二巻に収められていて、今日容易に目にすることができる。今中次麿氏（当時九州帝国大学教授）の解題を読むと、福沢諭吉の『通俗民権論』と比較したうえで、福沢よりも福本の『普通民権論』の方に高い評価が与えられている。それは、福本がヨーロッパの選挙や議会に関する学説をかなり正確に理解し、うまく説明しているためである。「あの若さでよくもこれだけのものを」と、今中氏は内心驚嘆しておられるようだ。

福本日南は幼時、正木昌陽の学塾で神童と称され、藩学修猷館に学び、廃藩後、長崎と東京に遊学した。明治九年九月、二十歳で司法省法学校に入学、同窓には寺尾亨（福岡出身、のち東大教授）や原敬（首相）、陸羯南（新聞人）らがいた。当時、福本ら東京で勉学していた福岡出身の青年たちは、同郷の先輩松下直美の指導する福陵社という演説会（松下邸や金子堅太郎邸での勉強会）に参加していた。松下は慶応三年藩命でスイスに留学、帰国後は司法省に勤務していたのである。福本が『普通民権論』を著したのは司法省法学校在学中のことであり、休暇帰郷の際に出版の運びとなった。このときの原稿料は東京での学費に充てられたという。当時の世評は明らかでないが、そのころ十三、四歳の大熊浅次郎（福岡の郷土史家）は読んだ記憶があると述べているから、ある程度は流布していたものであろう。

さて話はかわるが、二カ月半にわたって福岡に滞在した植木枝盛は、向陽社の人々にどのような思想的影響

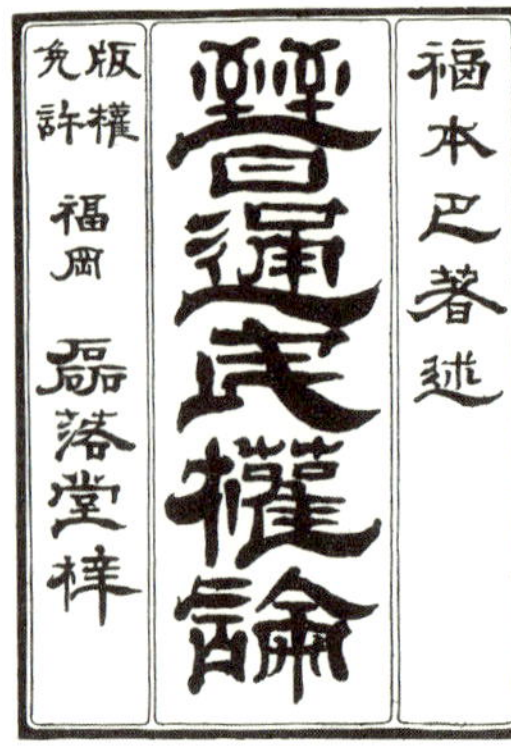

植木枝盛『民権自由論』(左)と福本日南『普通民権論』

を与えたであろうか。この点につき『植木枝盛研究』の著者家永三郎氏をはじめ大方の論者は、否定的な見解をとっている。そこには、向陽社の人々は高い水準にある植木の民権思想を学ぶだけの下地に欠けていた、との前提がある。私はこう考える。福本日南の場合を見ても、向陽社一般ではないにせよ、少なくとも福岡の一部において、民権思想の理解や法律研究の程度はある一定の水準に達していたのではなかろうか、と[1]。

福岡と高知立志社とのパイプ役としては、早く大三輪長兵衛の存在がある。大三輪は筥崎宮の宮司葦津磯夫の実兄で、明治初年には大阪の巨商であった。彼は立志社商局との取引(物産売買)を通じて立志社活動にかかわり、援助を与えている。明治十年、山中立木が共同建白を立志社に働きかけたとき、橋渡しをしたのがこの大三輪であった。また、立志社の島本仲道がやっていた北洲社(東京、代言社)には、秋月の海賀直常と福岡の有村重郎がおり、福岡の一到舎から権藤貫一が派遣されたこともある。立志社との連絡はすでに幾つかのチャンネルがあった。

民権思想の流入という点でも、海外留学者や長崎・東京遊学者を通じて書籍や思想が福岡にもたらされたであろうことは十分想像できる。明治十年二月、福岡師範学校が県庁から借り出した書籍の中に加藤弘之の『国法汎論』、『真政大意』、神田孝平訳の『性法略』、『和蘭政典』、その他『立憲政体略』や『万国公法』などの書名が見いだされる(『福岡師範学校創立六十年誌』)。これらの法律書を熱心に読んでいた一群の人々がいたのである(向陽社関係者と思われる)。

植木枝盛の演説・講義が、向陽社員にはあたかも「馬の耳に念仏」であったかのように言われるが、あまりにも実情を無視したものではないだろうか。植木の思想的影響という点から言えば、立志社の護郷兵（明治十年立志社が組織しようとした義勇兵。植木が尽力した）と向陽社義勇軍、高知の民会活動と筑前共愛公衆会、植木の人民主権論と玄洋社憲則など、比較研究されるべき事柄がなお残されていると思う。

（1）たとえば慶応三年（一八六七）七月、福岡藩派遣海外留学生として渡米した井上六三郎（当時十六歳、のち良一（かず））は、明治七年ハーバード大学を卒業して帰国、十年、日本人として最初の東京大学法学部教授となった。こうした事実は研究が遅れていることもあって、法制史の専門家の間でも知られているとは言えない。

なお、私は井上に関して次の新聞連載を行った。「ボストンの侍・井上良一」十七回連載（「西日本新聞」夕刊、二〇〇三年一月四日～四月二十六日）。後に石瀧『近代福岡の歴史と人物――異・偉人伝』（イシタキ人権学研究所、二〇〇九年十一月）に収録。

外国人講師

明治十一年四月、頭山満と奈良原至が高知に板垣退助を訪ねたとき、高知では一人のアメリカ人宣教師の演説会が毎日のように開かれ、聴衆をわかせているところであった。植木枝盛の日記には「二日、亜米利加（アメリカ）人アツキソンの望により立志社に於て臨時演説会を開く。午後七時始む。聴客山の如し」と記されている。すでに東京でキリスト教の知識を得ていた好学の植木は早速その日、このアメリカ人を訪問している。同月十五日までに演説会は六回を数えた。この「アツキソン」（正しくはＪ・Ｌ・アッキンソン）が、向陽義塾で法律・理化学・英語を講じたといわれる人物である。

彼はプロテスタントの宣教師で、明治八年十月、前任者デイビスが同志社開校のため京都に去ったあとを受け、十三年六月まで神戸教会（摂津第一基督（キリスト）公会）の牧師を務めていた。この前後、神戸女学院（当時は女学校）の創設に関係し、校舎の建設委員会議長であった（八年十月に完成）。なお『神戸女学院百年史』で、十一年五月、アッキンソンとタルカット女史らは中国・四国地方に伝道旅行を敢行したとされているのがこのときの高知行であろう。しかし、植木の日記とはひと月のズレがある。十一年六月三日、植木はわざわざ神戸にアッキンソンを訪問している。「……摩耶山に登り眺望し、之を下り、米国耶蘇教師アツキンソンを訪ひ、共に女学校に往きて之を観……」――植木は婦人問題に関心の高い人で、女学校見学までした。二人はかなり親しい様子である。

摂津第一基督公会は、明治七年四月十九日の設立で、現在の神戸市元町四丁目付近にあった。この教会は実はこれより先、福岡とは因縁浅からぬものがあったのである。『福岡県の歴史』（平野邦雄・飯田久雄著、山川出版社）によると、明治十年の福岡の変で二年の刑を宣告された三十六人の青年が神戸の監獄に服役していた。アッキンソンの摂津第一基督公会の会員たちは神戸英和女学校（神戸女学院）の初代校長タルカット女史と相談、これらの青年たちに慰問伝道を行うことにした。中でも、当時同志社の学生で、熊本バンド（明治九年熊本での集団入信事件）にも参加したことのある不破唯次郎は熱心で、しばしば獄中を訪問し、伝道したという。

献身的な不破の誠意は獄中に感動を呼び起こし、福岡士族青年から入信する人々が出た。同書によれば、長瀬半次郎（もと神官、獄死）、大神範造、安永寿、八木和一その他数人であった。当時、自由民権運動とキリスト教は明治政府と対立する二大陣営であったが、そういう意味では、これらの青年たちは、士族反乱参加の初志を信仰の中に貫こうとした人々であった。十二年六月、刑期満了で帰郷した彼らは布教にとりかかった。同年十二月（一説に六月）不破が来福し、福岡本町（向陽社と同じ町内）に講義所を設けたという。このあたりが福岡での「キリスト教事始」である。翌十三年には新島襄も布教に訪れたのであった。

プロテスタント史には、アッキンソンが福岡に滞在したという記録は残っていないようである。しかし『来島恒喜』や『玄洋社社史』にはアッキンソンが向陽義塾の講師であったと記されており、短期間にせよ、その事実はあったのであろう。それは十二年ごろのことと思われる。アッキンソンと頭山・奈良原はすでに高知で面識があっただろうし、不破を訪ねてきたか、あるいは植木が招いた可能性もある。アッキンソンの影響かどうかは明らかでないが、向陽義塾出身の玄洋社員で、長崎で英学を修めたのち、十七年京都同志社に入学した藤島勇三郎の例がある。彼はその後上京し、小崎弘道(こざきひろみち)の導きで入信した。もっとも、さらにのち宮崎滔天(とうてん)・弥蔵兄弟と藤島は、苦悩の末キリスト教を脱したのではあったけれども……(宮崎滔天の『三十三年の夢』に詳しい)。

その後、アッキンソンは、もう一度(?)福岡に来たことがある。明治十七年五月三十日付の「福岡日日新聞」にアッキンソンの演説会のことが見えているのだ。時代は向陽社のころよりも下るが、主筆宮城坎一(かんいち)の印象なども載っているのが興味深い。

> 一昨夜と昨夜は、本紙に記せし通り当町耶蘇説教所に於て宣教師アツキンソン氏の演説ありしが、着々日本語を以て縦説横論し、聴く者をして耳清く気爽かならしめたりと思はれたるが、氏は明治七年我国に渡来して一意布教に従事し、東西に奔走して大に尽す所あり。此度は四国九州地方へ学術研究の為めとて漫遊し、当地に到着ありしを、当町の不破唯次郎氏が教友の故を以て斯くは当町にて右二夜の演述ありしなりと。……又た本社の宮城が昨日アツキンソン氏を訪ひ面晤せしに、同氏は温厚純正の人にして、風采可尚(たっとぶべし)。其の布教に熱心なるは無論、自由を尊崇するの気象は一語半話の間に顕はれ、流石(さすが)は文明自由国の自主の人なりと、宮城が帰社しての話なりし。

アッキンソンの名は明治十九年、日本基督一致教会と日本組合基督教会の合同機運が盛り上がったときにも登場している。組合側から十人の委員を選んだ中に、海老名弾正（筑後柳河藩出身）、伊勢時雄、小崎弘道と並んでアッキンソンの名が見られる。しかし、その後の消息は不明である。向陽義塾で教えたもう一人の外国人、ペレー（イギリス人）についてはまだ何ひとつわかっていない。

なお、福岡の変で神戸監獄に送られ、キリスト教に改宗した八木和一については、比較的その生涯が知られるので、ここで紹介しておく。

八木和一は嘉永元年（一八四八）の生まれ。母が医家八木氏の出であったことから母方の姓を称した。和一その人も医者で、初め謙斎と名乗っている。西新町（にしじんまち）の高尚堂で漢学を修め、師の代講を務めるほどの学力を持っていた。高尚堂は高場乱の従弟にあたる坂牧周太郎の学塾で、そのころはあとに述べる亀井塾の分塾の様相を呈していたという。

八木は幕末長崎に留学するが、金子才吉事件に連座したことから、京都六角獄に送られる。金子事件というのは、福岡藩の留学生金子才吉が英国人水夫二人を殺害した事件で、金子は切腹したが英国・幕府、それに犯人と疑われた土佐藩との間で国際的問題に発展した事件。福岡藩は金子の切腹を隠していた。その後、事件の真相が明らかになると、当夜、金子に同行した福岡藩の留学生七人が共犯の疑いを持たれたのである。七人の中にはのちの子爵栗野慎一郎がいたが、八木もその一人であった。彼らは六角獄に二カ月を過ごし、明治二年一月黒田家預け、三カ年の禁錮となった。その後、福岡の変では、八木は反乱の檄文・軍令を起草し、事件の中心人物の一人であった。福岡城鎮台を襲い、敗れて夜須郡に至ったところで捕まり、懲役十年の刑を受けて神戸監獄に服役した。

曩（さき）に八木は国事犯処刑により兵庫県監獄服役中は、耶蘇教誨師の教を聴き、基督教を厚く信奉したりしが、実は放免の一日も速かならんことを念願としての方便なりしと云へり。数年ならずして謹慎の功空しからず、赦免の恩命に接し、出獄の後は信仰が奇縁となり、或る耶蘇教信者の一女子の乞ひを容れて、八木は某教会堂に於て結婚式を挙げ、爾来神戸下山手通に居住し、夫婦暮しをなしたるものなり。後ち一男を挙げ猛児と称せしが早世したりと云ふ。

（大熊浅次郎「金子才吉事蹟」〔『筑紫史談』第四十集〕）

大熊は、八木の信仰を擬装とみている。そのかいあってか、服役後四年ほどで特赦にあい、八木は兵庫県庁に務めるようになった。森岡昌純県令に信任され、学務課長にまで昇進した。政府中央の高官にも栄進すべき人物と見られていたが、明治十七年二月七日、任地神戸に三十七歳の波乱ある生涯を閉じた。

八木が官員としての栄達をのみ目的としてその晩年を生きたのでないことは、次のような話からもうかがわれる。大熊浅次郎によると、「八木は一属吏たりと雖（いえども）、頭領の器材あり。豪放濶達にして気慨（ママ）あり。国事を談ずれば涙の充ちたりと云ふ。而（し）かも八木は財事に関しては至つて無頓着にして放胆的なり。何時の間にか三万円位の借財を致し、之れが何の為めに然るかを尋ぬるに、八木は屡々（たびたび）支那や露国に密偵の為め書生を遣はし、之れが送金抔（など）に借金せしとなん」と。八木は、一私人としての資格でこのようなことを行っていたというのである。玄洋社員ではなかったようだが、八木の志はなお燃えていたと言うべきだろう。

向陽義塾

向陽義塾の講師陣のうち、高知立志社から来た植木枝盛、北川貞彦、それに外国人アッキンソンとペレーの名を紹介した。この他の講師の顔ぶれとしては、大正二年（一九一三）刊の『来島恒喜』が漢学に高場乱、亀井紀十郎、坂牧周太郎、臼井浅夫、法律に奥村貞をあげている。しかし、これにはなおもれている人も多く、水野元直稿本「藤雲館の創立」から補うと、漢学講師として宗盛年、上野友五郎、福井掬、益田逸叟（いっそう）、大塩操、原田某（潤助か）、安武某らも加わっていた。こうして顔ぶれをみると、漢学主体で古めかしい点はあるが、講師の陣容はかなり充実していたことがわかる。亀井塾の出身者や藩校修猷館の元教官たちで、そのころの福岡でそうそうたる学者が網羅されていたと言えるであろう。各講師の横顔を紹介してみよう。

亀井紀十郎（玄谷）は亀井南冥の曾孫。南冥は藩校甘棠館（かんとうかん）を預かっていた日本でも有数の大学者で、志賀島（しかのしま）出土の金印を最初に鑑定した人物としても知られる。玄谷は南冥―昭陽―暘洲と続いた亀井家の四代目。

高場乱は「玄洋社の生みの親」という定評のある男装の女傑。須恵の目医者の血をひく眼科医でもあった。私塾興志塾を人参畑（今の博多駅前四丁目）に設け、頭山満、平岡浩太郎、箱田六輔ら幾多の玄洋社員を育成した。明治二十四年、六十一歳で没。

上野友五郎（嚶谷（おうこく））は馬射剣槍いずれにもすぐれた腕前で、とりわけ文学に秀でていたという。修猷館の加勢役。明治初年藩庁に出ていて、三年の福岡藩贋札事件に連座したこともある。三十三年没、六十七歳。

坂牧周太郎、百道と号す。高場乱と上野友五郎の母はいずれも坂牧家の出で、高場・上野・坂牧はイトコ同士。そろって幼少時中村北海に就学、のち亀井暘洲に学んで頭角を現した。この三人に吉田元良を加えて「亀門の四天王」と称された。吉田は医者で開業していたが、廃藩後は福岡を離れている。坂牧は修猷館授読。維新後、小学訓導、中学教師などを歴任。四十二年、七十七歳で没した。

臼井浅夫は遠賀郡の代々の農家の出。江戸で安積艮斎（あさかごんさい）に学んだ秀才で、藩主黒田公に認められて藩校の教官となった。明治十年八月から成美社の初代社長として「福岡新聞」の発行に当たった。十二年、上京して元老院に就職したが、十五年病没した。五十三歳。

宗盛年、修猷館の元教官。秋月黒田公に招かれたこともある。明治十年、十一学舎の教師。十二年には福岡薬院町に春信義塾を設け、かたわら向陽義塾にも出講。福岡師範や藤雲館でも教えた。若いころから衣食を倹約して本を買い、蔵書数千巻に達したという逸話がある。三十七年、八十一歳で亡くなっている。

福井掬（菊圃）は、江戸に出て林家の塾に学び、明治元年修猷館の副訓導。十四年藤雲館教師となり、各地の中学教員を経て、二十四年熊本の第五高等中学校（現熊本大学）の国語、漢文、歴史科教授となった。同じ年に、小泉八雲（元英国人ラフカディオ・ハーン）が、やはり五高の英語科教授として松江から熊本に赴任している。夏目漱石が松山中学から五高に移るのは、さらに五年後のこと。福井は四十二年、七十二歳で病没。

益田逸叟は元秋月藩士。秋月の乱（明治九年）に参加し、従軍者中、六十二歳で最年長であった。その子益田静方は首謀者として処刑された（時に二十七歳）。逸叟は懲役三年の刑で福岡監獄に服役、「囚人夜学校」の教員として獄中の囚人教育にも関係した。旧制中学修猷館で漢文教師の益田祐之は逸叟の孫、何度も館長就任を勧められたが「役人にへつらうのはイヤ」と断り続けた硬骨漢であった。

奥村貞は、明治四年五月福岡藩兵（二大隊四千五百人）の兵制改革で大隊「下副官」。次いで廃藩直後の同年十一月には、福岡県秋月出張所で「聴訟課権少属」として訴訟関係に従事。六年十一月ごろには長崎裁判所に奉職したという。向陽社の代言局、法律研究所を指導する立場にあった重要な人物だが、その経歴は意外に知られていない。

原田潤助（北溟）も修猷館の元教官。廃藩後、十一学舎、荒津義塾（荒戸町）、藤雲館で教鞭を執った。十五年、六十五歳で没。

なお、藤雲館（十四〜十八年）は中学修猷館の前身で、向陽義塾を引き継いだ

高場乱肖像（部分。玄洋社記念館蔵）

もの。ここでは原書を用いて法律を教授していた。向陽義塾では英語、法律、数学、理科の教師もほかにいたと推定されるが、今のところ知られていない。

牛耳をとる

向陽社は立志社と並ぶ大きな存在だった――決して「お国自慢」からではなく、本当に私はそう考えている。調べれば調べるほど、そう結論せざるを得ないのだ。福岡向陽社は、明治十二年から十三年にかけての自由民権運動の中で、立志社に劣らないほどの役割を果たしてきた。それは、これまで述べてきたことからも、おのずと知られるところであろう。しかし現実には、向陽社は従来の自由民権運動史の中では、それほど高く評価されたことはない。否、むしろ無視されてきたというのが本当だ。なぜだろうか。そのひとつの原因としてはこう考えられる。研究者の目が「戦後民主主義の源流としての自由民権運動」という側面にばかり注がれた結果、政党政治や自由党に連なる立志社の研究は進んだが、他方、「右翼」玄洋社に連なる向陽社は最初から白い目で見られていたのである。泡沫的な政社名は並べても、向陽社や玄洋社を民権政社として認めない学者もあったくらいだ。

例えば戦後早い時期、昭和三十一年に発表された、馬原(まはら)鉄男氏の「自由民権運動に於ける玄洋社の歴史的評価」は、豊富な史料を引用した数少ない玄洋社研究のひとつだが、「向陽社は……『国事犯』『壮士輩』を以て主要な基盤とする限り、地租軽減、国会開設を自己の要求として身につけることは出来なかった」と断定している。これでは、向陽社が国会開設要求運動に参加することは、彼ら自身にとって自己の要求でないものを掲げた錯覚だったということになる。民権運動をありのままに見るなら、向陽社が国会開設要求運動の中で立志社を「のりこえた」というのが事実である（この点は後述する）。では、後世の学者はともかく、同時代の人々には向陽社はどう映っていたのだろうか。

「朝野新聞」が向陽社を「近来ますます盛んにして、殆んど立志社の上に出でんとするの勢あり」と評したことはすでに述べた。これが明治十二年五月で、前年秋の向陽社発足からほぼ半年後のことであった。さらに明治十二年十二月二十八日には『近事評論』が同様の趣旨を述べて、やはり向陽社に高い評価を与えている。『近事評論』は明治九年三月東京の創刊。社長は熊本出身の林正明。この記事の筆者は、まず平野次郎国臣への敬慕を告白し、平野が筑前出身であることを強調する。筑前はもともと志士に乏しからざる所、だが平野の死後は筑前の士気は衰微するばかりであった。ところが、

> 近年ニ至リ復タ漸ク憤発激興シ、即チ向陽社ノ如キ、筑前志士ノ結合スル所ニシテ、盛(さかん)ニ文ヲ講ジ武ヲ演ジ、将ニ大ニ為ス所アラントスルノ状ハ、夙(つと)ニ世人ノ属目(しょくもく)ヲ促シ、其勢力ノ盛大ナル南海ノ立志社ト轡(くつわ)ヲ並ベテ相駆スルト云フモ亦タ過言(かごん)ニ非ザルガ如シ。否ナ或ハ反(かえっ)テ其右ニ出ヅルモ未ダ知ル可（カラ）ザルナリ。

ここでもまた、向陽社は立志社に匹敵する勢力を持つ組織と見られている。「勢力」という言葉はあいまい過ぎて、この筆者が向陽社の実態をどう評価しているのかが伝わらないうらみはあるが、しかし、同時代の目で向陽社を高く評価したことは確かなのである。筆者の向陽社賛美はさらに続く――。

わが国の今日の形勢を見るに、九州が最も元気があるのだが、鹿児島には西郷隆盛、桐野利秋すでになく、熊本も盛んにやっているが統率者に欠けるような状態。

筑前実ニ九州ノ牛耳ヲ執ルト云フモ、敢テ溢美ニ非ザルベキ乎。我輩感激ノ余、筆鋒ノ馳セテ此ニ至ルヲ覚エズ。嗚呼、筑前人士ノ行為亦タ壮快ナル哉。抑モ誰歟、明治ノ平野国臣君タル者ゾ。

いささか陶酔気味ではあるが、「筑前が九州を指導していると言ってもほめすぎではあるまい」とまで言い切っている。なお『近事評論』は翌十三年の一月十八日号では、政社中最も将来有望なものとして「(岡山の)備作一国連合会、筑前一国連合会アルノミ」と論じている。この筑前一国連合会というのは、正式には筑前共愛公衆会のこと。向陽社の発起で、十二年十二月「筑前州九百三十三町村人民」の結合として組織されたものである。

この筑前共愛公衆会が十三年一月、全国に先駆けて国会開設建白を行ったものだから、また一躍筑前の株は上がった。この共愛会を「政社」と見るのには疑問があるが、それはまたあとでふれるとして、この時期、向陽社や筑前共愛公衆会に代表される福岡の民権運動が、いかに派手な活躍ぶりを見せていたかは、これらの記事にもうかがわれよう。

正倫社

明治十二年ごろ、福岡正倫社という名の政社があった。しかし、実に不思議な政社と言うべきで、愛国社の大会議事録の上に登場するだけの存在なのである。地元福岡にはその活動の痕跡を全く残していないのだ。だから今日まで、正倫社はほとんどかえりみられることがなかった。実は、正倫社は向陽社の一種の〝ダミー〟

（替え玉）である。なぜ替え玉が必要だったかというと、向陽社全体として愛国社加盟の合意ができなかったからだ。そのために向陽社内の愛国社加盟促進派は正倫社という名で、三度にわたって愛国社大会に参加したのだった。だから、福岡代表は愛国社の議事録には正倫社で記録されるが、同じ人が地元に帰れば向陽社の名で活動するということになる。正倫社の存在にはそういうカラクリがあった。

ところで向陽社は、十一年九月の愛国社再興大会が地方政社の結成を呼びかけたのを受けて、その直後に結成されたものである。愛国社は地方民権政社の全国的連合体で、向陽社の成立事情や立志社との盛んな交流から推しても、向陽社は当然愛国社に加入すべき成り行きであった。だが、実際には向陽社が加盟した事実はない。この点、従来の研究には「加盟」が暗黙の前提となっているが、誤りである。それどころか向陽社内には、愛国社加盟の是非をめぐって厳しい対立があった。それを伝える史料がたったひとつ残っている。「長崎福岡両県内政党結社密聞書」（大隈文書）中の「福岡県令ノ説」である。当時の県令（知事）は渡辺清で、政府側から一方的に見た情報であるが、ある程度の真実は反映しているようである。

以下渡辺の説によると、福岡士族に〝正論党〟と〝激論党〟の二派があった。向陽社は教育一途の社として二百八十人程で成立したが、これらが正論党であり、そこに少数五十人ばかりの激論党が加入し、高知から教員二人を迎え、盛んに演説会を開いて政体を誹謗するようになった。そのころ「愛国社ニ加入スルノ可否如何」という問題が、ある教員（植木枝盛ではないか）から社中に提起された。五十人程が集会し、そのうち三十人の賛成で加入に決定した。ところが、この日の会議には正論党が少なかったため、あとから異議が出された。正論党の意見は「愛国の名だけで盲信するな」「他国人に進退をゆだねるな」などというもので、再議の結果、「愛国社の趣意を問試するため代表二人を送る。国家のため有益ならば入社し、少しでも納得できねば入社をことわる」と決定された。三月十九日、代表三人は大阪に出張した。その中には官員もいるが、日ごろ

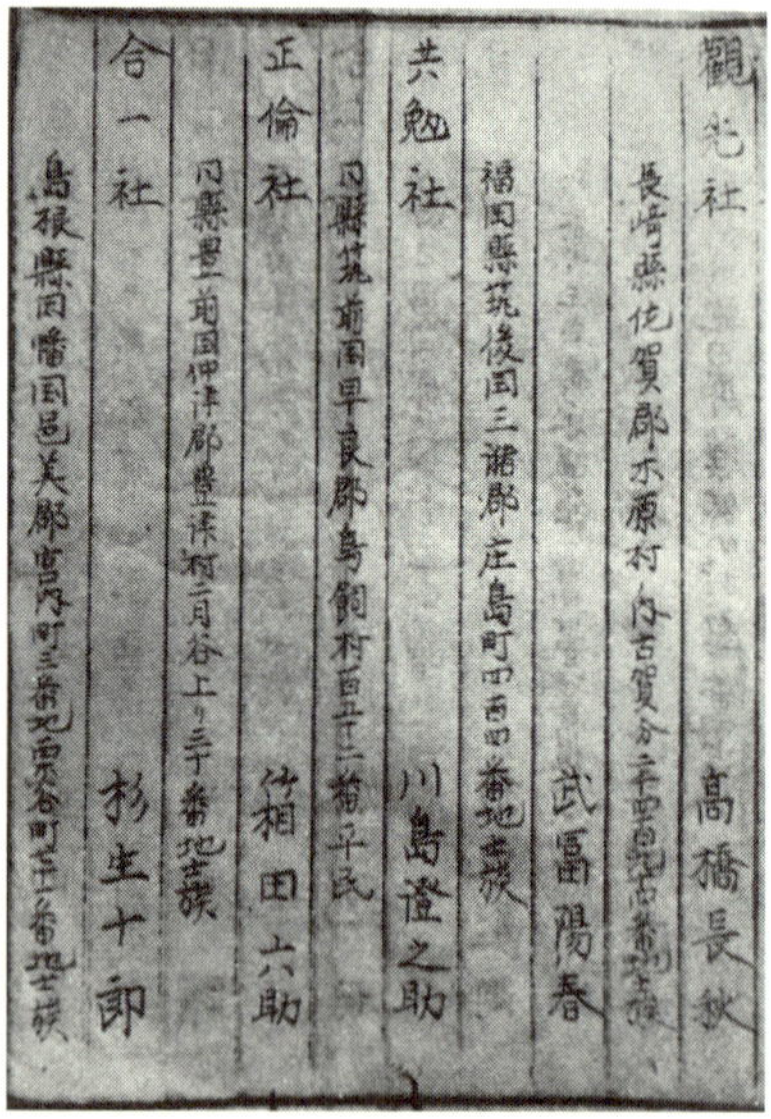

愛国社名簿（「正倫社・箱田六助」に注意）

激論党を圧するにたる人物なので自分は黙認している――渡辺清はこう述べているのである。

植木枝盛が大阪での愛国社第二回大会参加のため福岡を去ったのが、十二年の三月十八日。代表三人の出発はその翌日である。この三人の氏名や動向はわからないが、おそらく愛国社に入社せずとの結論を出したのであろう。「東京曙新聞」の投書によると、第二回大会参加のため福岡から上阪したものは十数人いるが、こちらは皆激論党だったことになる。この大会では、激論党は正論党への説得をあきらめ、独自に正倫社として愛国社に加盟している。大会で発言した奈良原至はすでに正倫社を名乗っている。向陽社の中に愛国社加盟慎重派がいたとしても、全国に名を知られた向陽社の活動は、激論党によってこそ担われていた。例えば、奈良原至の北陸遊説は、愛国社決議として正倫社の責任で実行されたものだが、向陽社員の「東京曙新聞」への投書では向陽社の活動とみなされている。また、正倫社の名で大会に参加したのは奈良原至のほか向陽社初代社長の箱田六輔、同二代社長の平岡浩太郎である。向陽社の幹部が、そのまま正倫社の中枢を構成していたことがわかる。ところで、向陽社会計の久野藤次郎は次のような重要な懐旧談を残している（水野元直「故人直話録」〔「玄洋」第九十九号〕）。

当時向陽社員の中にも雑駁の分子なきにあらざるより、真正の志士を選び正倫党なる団体を作る。今日の玄洋社の正脈は、此の正倫党に胚胎せしものと云ふべし。

愛国社内で積極的に活動した人々（正倫社）こそ、玄洋社の直接の前身なのであった。「激論党＝正倫社（党）＝玄洋社」という等式がここに至って成り立ったわけだが、これ以上何か確定的なことを述べるにはあまりにも史料が乏しい。しかし、正倫社が、今後の玄洋社研究上の重要な問題点であることは、もはや明らかであろうと思う。

愛国社大会

正倫社は福岡での活動実態から言えば向陽社と重なり、さらにその正倫社が玄洋社の「正脈」であったというキーワードを得たことで、向陽社が明治十年代の自由民権運動に、どれほど大きな地位を占めていたかということや、玄洋社はまさしく自由民権運動の「落とし子」であったのだということが、一層明瞭に私たちの目にも映ってくる。なぜなら、正倫社の自由民権運動での活躍ぶりについてはこれまでに研究もあって、異論の余地がないからである。

愛国社の第三回大会は明治十二年十一月、十八の地方政社を集めて大阪で開かれた。このころ、国会開設を要求する声は旧来の士族ばかりでなく、豪農を中心とした農民層からもあがってきており、この大会は、愛国社を含めて自由民権運動全体の動向に大きな影響を及ぼすはずのものであった。その意義ある大会に福岡から参加したのは平岡浩太郎である。後年炭鉱経営で財を成し、今の福岡市天神に広大な邸宅を構えた人物だ。この年十月、公選によって二十九歳で向陽社の第二代社長に就任した直後だったが、平岡はもちろん、向陽社ではなく正倫社の名で大会に参加していたのである。

第三回大会のもようは、板垣退助監修『自由党史』（明治四十三年刊）にも記されているが、平岡の立場と役割が誤って伝えられている。[1]まず、この点を指摘しておかねばならない。『自由党史』では、平岡浩太郎は福岡共愛会の代表とされ、大会冒頭「条約改正建白」の議を提出し「国権拡張」論を主張したことになっている。ここでは平岡は頑固な「国権論者」、したがってその分だけ民権には冷淡な人物という印象を与える。それに対して立志社の社長・片岡健吉が、条約改正よりは国会開設要求を優先すべきこと、国会開設の願望には全国世論を背景とすべきことなどの意見で反論し、「広く天下と倶に謀るべし」と主張して議場の同意を得る。片岡はいかにも民権論者として際立って見えているのである。

ところが、実はこの大会に片岡は出席していなかったというのが真相だ。平岡も条約改正など主張してはいない。こうした『自由党史』の記述の誤りを指摘し論証したのは、内藤正中氏（島根大学教授）である。当時の議事録などによって正倫社と立志社との対立点を浮き彫りにし、正倫社を中心とする九州各社のグループが、立志社の派閥的な愛国社運営を批判してゆくさまを『自由民権運動の研究』（昭和三十九年刊）で分析している。同書によれば、平岡の主張こそ立志社に比べ「より現実に即応」したものなのであった。『自由党史』の記述とは逆に、立志社は、実際には愛国社率先の立場から、「天下と倶に謀る」ことに反対を唱えていた。それを覆して「広ク公衆ト倶ニスル」こと、愛国社非加盟の大衆とも協力することを大会が決議したのは、平岡らの尽力があればこそであった。それは国会開設請願運動への道であり、民権運動の大衆的基盤を飛躍的に拡大することにつながっていた。

私は、玄洋社記念館の陳列ケースに「明治十二年十一月愛国社公会決議録」を見いだして驚いた。これは第三回大会の議事録で、内藤氏が依拠した資料と同じ内容である。これは百年にわたり（＊一九七九年時点）玄洋社に伝承されてきたものであった。それによって私は内藤氏の論証を自分の目で確かめることができた。

内藤氏によれば、立志社に対する正倫社など各社の「疑惑と不信」は、第三回大会で集中的な立志社批判として現れ、立志社の主導権後退を余儀なくさせ、さらに翌十三年三月の第四回大会でも爆発するのである。しかし、正倫社が初登場した第二回大会でもすでに、正倫社（向陽社）に対する立志社の派閥的警戒心は現れていた。早くもこのとき正倫社と立志社との間に、軽いつばぜり合いが演じられていたとも言える。

十二年三月の第二回大会で、正倫社の奈良原至は「東京分社設置」の議を提案した。「関以東に地方人民の連合ができていない。東京分社を置いて愛国社への結集を促すべきである」という理由からである。「資金ハ福岡正倫社ヨリ東北会同ノ期迄支弁スベシ」とまで述べて熱心に働きかけたが、会議はこれをきっぱりと否決した。このとき東京分社設置が否決された真の理由は「福岡正倫社が提案し、正倫社の主導と経費負担で東京支社が設立されようとしたことにあったのかもしれない」と内藤氏は書いている。立志社の人々の脳裏に、愛国社活動の主導権を正倫社に奪われはしないかという不安がきざし始めていた。それは杞憂ではなかった。

（1）この『自由党史』の誤りについて、「自由新聞」（明治十七年六月二十八日）掲載の「慨世余談（第四篇下）」に淵源するのではないか、との指摘を森山誠一氏より得た（昭和五十八年五月の筆者宛の私信）。同記事は明治十三年三月の愛国社第四回大会に、「筑前共愛会ヨリハ箱田六輔氏ノ来会アリシモ、共愛会ニ於テハ前十二年十一月大坂愛国社会同ノ約ニモ拘ハラズ、独リ先ンジテ業ニ已ニ国会開設ノ議ヲ建白シタルヲ以テ、此会議ニ加ハラズ」（『復刻自由新聞』第四巻、五六五ページ）と、明らかに事実と異なる記述をしている。

九州派

愛国社の第三回大会は、明治十二年十一月六日から大阪で始まった。議長席には立志社副社長の西山志澄が着き、福岡の平岡浩太郎と豊津（福岡県京都郡）の杉生十郎が幹事を務めた。翌七日午前中の本会議に、立志社が準備した建議を提出した（第三条、第四条は略す）。

我ガ愛国社再興ノ主意ニ基キ左ノ条ヲ建議ス。

第一条、我ガ帝国ニ国会ヲ創設アランコトヲ陛下ニ願望スベシ。

第二条、第一条ヲ実施センガ為メ、来ル明治十三年三月ノ公会ニ各地各社ヨリ願望書案ヲ携帯シ審議決定スベシ。

これに対し一番議員がまず口火を切った。一番議員は福岡正倫社の平岡浩太郎（当時、向陽社社長を兼任）である。「原案に賛成します。しかし愛国社の主意に基づきとありましたが、これは〈愛国社員ニ限ル〉ということですか、それとも〈広ク天下ノ有志ト倶ニスル〉ということでしょうか。建議者にうかがいたい」——なかなか鋭い質問であり、この大会の成否を決するほどの重要な点をついていた。西山議長が答える。「建議者の考えでは〈先ヅ愛国社率先トナリ願望スル〉ということです」。再び一番議員。「わが輩は愛国社にかたよらず、広く有志を集めて陛下に願望すべきだと思います。よって、来年三月の会議は愛国社の大会としてでなく、愛国社外の有志者とともになされることを希望します」。続いて十二番議員の杉田定一が「願望の主体を愛国社だけに限るのは〈偏頗ナリ〉」と発言して平岡を援護した。会議参加者は次々に意見を述べ、高知出身者を除けばほとんどが平岡の立場に立った。一方、受ける高知側も歩調をそろえて反論し、両者で激論がかわされていった。

会場の意見が二分したため、未決定のまま午後の懇談会に持ち越され、結局、立志社主張の「愛国社のみによる願望」にかわって、平岡の「広く公衆とともにする願望」が決定となった。立志社はそもそも願望をともにすべき「公衆」の存在自体に疑問を持っていたらしく、懇談会の決定にも、十人以上の公衆の結合が十組に満たないときは愛国社名義で出願することが留保され、表現の上でいわば敗者復活の余地がなお残されている。こうして立志社と反対派との対立は、実は公衆の潜在するエネルギーを認めるか否かにかかっていたのであり、その意味では、このあとの事実が如実に証明したように理は反対派の側にあった。平岡は根っからの国権派(武断的あるいは侵略主義的という意味で)と見られがちだが、この大会での平岡が、民権派として会議をリードしたことは記憶されてよいことである。

もうひとつ注目されるのは、大会での立志社批判が場あたり的なものでなく、事前に周到な根まわしを経ていたことである。大会開始の二日前、十一月四日に大阪の宿で内会が開かれ、正倫社の箱田、平岡ら四、五人、豊津・中津などの委員、福井の杉田定一、福島の河野広中(こうのひろなか)たちが会した。これらの人々は立志社への不信、不満から事前に結束し、申し合わせを行っていたのである。その中心には正倫社がいた。それに比べれば、立志社は社長片岡健吉も論客植木枝盛も大会に参加せず、おごれる者の油断があったのではないだろうか。しかも九州グループは、上阪前の十月十七日、久留米に集まって会議を持ったこともあるらしい。また杉田は、第三回大会が当初の九月開催から十一月に延期されたことに不満を持ち、大阪の愛国社本社で論議の末、福岡の頭山満に「急ぎ上阪せよ」との電報を打っている(「筑紫新報」明治十二年九月十日)。こうした点にも、積極的な正倫社など各社と、消極的な立志社の違いは際立っている。

大会ではこのほか、九州五社や福井自郷社からそれぞれ愛国社改革の建議が出された。立志社による愛国社運営に不信任をつきつけたものだ。それはまた、彼らが愛国社運営に責任を分かち持つ用意のあることを宣言したものでもあった。大会の最も重要な決定は、全国を十に分かち、各社が分担して国会開設願望のために遊説活動を行うとしたことである。それに基づく正倫社の遊説実施についてはすでに述べた通りである。第三回大会は、これに続く全国的な国会開設請願運動に道を開いたことで、民権運動史上重要な画期をなすものであったが、会議を牽引したのが正倫社（のちの玄洋社）であったことをあらためて確認しておきたい。

共愛会成立

愛国社大会と時を同じくして、もうひとつの動きが福岡で起きていた。波のうねりのようにダイナミックな動きが……。筑前一国の団結を目指して筑前共愛公衆会[1]が結成されようとしていたのである。

明治十二年十月中旬のことであった。「条約改正の件につき会議を開きたい」との書簡が筑前各郡の有力者に送られてきた。会主総代は郡利、他に中村耕介、大庭弘ら八人が発起人に名を連ねている。郡は福岡区長、中村は県会議長の要職にあり、大庭を含めて幹部クラスの向陽社員であった。それだけではない。徳重正雄と松田敏足は直接足を運んで「各郡の有志輩」を説得してまわった。松田は平田派の国学者で、この年八月から自力で「博多新聞」の発行に踏みきったばかり。宗像神社の神官を務めた経歴が、郡部の遊説には役立ったかもしれない。松田は二十四年に『法制通考』という労作を福岡で出版したほどで、日本法制史に精通した学者でもあった。

こうした準備を経て十一月に入ると、各地から続々と人々が集まってきた。六日・七日[2]の両日、会場の博多聖福寺（しょうふくじ）に会した有志は八百人を超えた。その中には、福岡向陽社、博多漸強社、習志社（甘木集志社）やその他、強忍社、養成社、清胸社、篤志社、忠国社なども加わっていた。

いざ会議が開かれると、「諸説紛然」たるありさまで、条約改正にしぼろうとする主催者に対して異論が多く、それらは議題に国会開設要求を加えよ、というのである。「此会に臨み、是迄名も聞へざりし人にて大に奮発し、激切高尚なる議論を立てし人も多かりき」と「朝野新聞」は報じているが、無名の民衆からの積極的発言が目立った。会議は主催者の思惑を超えて、国会開設請求と条約改正断行の請求とを決議した。そして、今度はさらに参加者の底辺を拡大して、十二月一日に筑前全体の大集会を開くことになった。

この会議については考えるべきことが幾つかある。まず、正倫社（渡辺県令の言う激論党）が関係していないことである。十一月六日、博多での聖福寺会議と大阪での愛国社大会は同日の出来事であった。したがって、大阪滞在中の頭山満、平岡浩太郎、箱田六輔、奈良原至、来島恒喜らは聖福寺会議に参加していない。このころの平岡らは国会開設要求（これこそが条約改正と地租改正反対の大前提）を主目標にしていたのだから、もし彼らが発起人に加わっていれば、議題をあらかじめ条約改正だけに限るはずがない。つまり聖福寺会議を企画したのは、向陽社内の多数派・穏健派で県官指導のグループ、すなわち、〝正論党〟であったと思われるのだ。

来たるべき十二月一日の大集会は有志の会議ではない。郡区で選出された、資格ある代表の会議である。その手順は、一村あるいは二、三カ村ずつがまとまって小集会を開き代表を選ぶ。それが各郡区ごとに集まって、さらに三人から五人の総代を選出するのである。どこの郡区でも、競い合って活発に事態は進んでいった。こうして十二月一日を迎えた。今度も会場は聖福寺だ。

郡利氏ハ是まで県庁の属官なりしが、同日より辞職して福岡区の総代となり、其他怡土（いと）、志摩、早良（さわら）の郡長中村耕介、遠賀郡の書記毛利晋一郎等の諸氏も同じく辞職して此挙に従事せり。

（「朝野新聞」明治十三年一月七日）

郡や中村の辞職が予定の行動であったかどうか、それはわからない。議長席のそばには答弁席、傍聴人にも発言を許して発言席があった。満場極めて静かだが、おびただしい傍聴人が埋め尽くしている。筑前十五郡からの総代は八十人に満たないはずだが、なにしろ筑前以外の近国からも見にきているほどで、多くの人がつめかけていた。議長に郡利、副議長に林斧介を選び、本会議は五日から七日まで行って、八日に閉会した。林は頭山らの同志である。彼が選出されたのは、この大集会の時点で、帰郷した正倫社の積極的参加があったということなのであろう。とにかく、ここに会憲三章を定めて、筑前一国「九百三十三町村人民」の結合体である筑前共愛公衆会が成立する。人民の総意を体現するものとして。そして直ちに、共愛会は国会開設要求運動の先頭に立った。会憲三章は次のようなものであった。

共愛会会憲三章

第一　民人共同公愛ノ真理ヲ守ル可シ

第二　国権ヲ弘張シ帝家ヲ輔翼スル事ヲ務ム可シ

第三　自任反省国本（こくほん）ノ実力ヲ養フ可シ

（1）筑前共愛公衆会の名称は次のような変遷をたどっている（『福岡県史　近代史料編　自由民権運動』収録の史料から整理）。本書では厳密に使い分けてはいない。

。発足時の仮称　「筑前国州会」

。明治十二年十二月の成立直後　「筑前国共愛公衆会」または「筑前共愛公衆会」

この時の会憲三章は「大日本帝国共愛会」の名だが、これは筑前共愛会を、仮想された全国的な共愛会の一部（他県に共愛会の成立を促し連合する）と位置づけていたことによる。

次に掲げるように、実際には公衆を省き「筑前共愛会」と通称されたようである。

。明治十三年四月の臨時会　「共愛会」

全国的な連合を計ることを禁止した集会条例（明治十三年四月五日）第八条の規定（「政治ニ関」して「他ノ社ト連結」することを禁止）に沿って、筑前の名を捨てたもの（「朝野新聞」明治十三年五月十五日）。

（2）「朝野新聞」（明治十二年十一月二十一日）では五日・六日、『福岡県史 近代史料編 自由民権運動』所収史料6・7・18では六日・七日となっている。ここでは後者を採った。なお、上田俊美「筑前地方の自由民権運動について」（『九州史学』七八号）参照。

私設民会

〝名は体を表す〟というが、筑前共愛公衆会という名称はどういう実体を表現したものだろうか。どういう意味をこめた命名なのだろう。これまでこのことをだれ一人考察しなかったのは不審である。そしてそれが、共愛会が誤った理解をされてきた一因であったように思われる。従来の論者は〝頭から〟共愛会を政社と決めてかかっているからだ。私見によれば、筑前共愛公衆会は政社では決してない。このことは特にはっきりさせておく必要がある。

まず、共愛会の代表格、聯合本部長の任にあった郡利その人が、明治十三年二月の第二期会でこう述べている。

抑（そもそも）我共愛公衆会ハ、実ニ筑前人民公衆ノ結合スル所ニシテ、有志社会ノ結合ニ非ザル也。故ニ其人民共同、事ヲ謀ルノ道ヲ踏ムニ於テハ、其官吏タリ其平民タルヲ問ハズ、苟（いやしく）モ筑前人民ノ分（ぶん）ニ出（いづ）ル者ハ、倶（とも）ニ此結合ノ範囲中ニアル可キモノトス。

郡は、有志社会の結合ではない。すなわち政社ではないと言う。そして、筑前人民であればだれでも共愛会の一員だというわけだ。政社ならば個人が任意に（本人の意思で）参加するし、政社の側で特定の個人の加入を許さず排除することもできる。共愛会では強制的に「結合ノ範囲」を、したがって会員の資格を決定してその全体を加入させるのである。そこで筑前共愛公衆会を最も卑近な例で考えてみる。団地自治会ではどうだろうか。ここでは、その団地に居住する人はすべて強制的に加入させられ会費を徴収される。しかも会員の単位は個人でなく家（戸）である点も似ている。それを筑前一国の範囲に拡大すれば筑前共愛公衆会ができあがる。原理は同じである。

また別の例では、今日の県議会に相当するであろう。ただし、法律に基づく県議会ではないという点、結合の範囲が「筑前人民」であって県民でない点は明らかに異なる。福岡県は筑前・筑後・豊前の三国にまたがるが、そのうち筑前だけの結合であるから。しかし、筑前共愛公衆会は〝私設県議会〟として理解するのが最も近いであろう。ここに、名を「公衆」の「会」としたわけもおのずと明らかになる。まさに名は体を表していたのである。

こう考えることによって、わが郷土の先人たちが共愛会を結成したことの意義は、これまで考えられた以上に大きいものとなる。なにしろ明治十二年（一八七九）、今から百年前（＊一九七九年時点）に筑前一国という規模で文字通りの〝自治〟組織を作りあげてしまったのだ。馬原鉄男氏はかつて〈「筑前州民会」即ち「共愛公衆会」〉との見解に達しながら、この点を深く追究しておられない。この「筑前州民会」という言葉は、共愛会のルーツを私たちに暗示する。その源流は土佐州会に求められるのである。

明治十年八月、立志社の片岡健吉社長は西南戦争に呼応した武力蜂起計画のかどで逮捕される。このとき、板垣退助は「先ヅ我ガ立志ノ民権ヲ一町ヨリ一区ニ及シ、一区ヨリ一県ニ及シ、各県全国ニ及シ、衆力一致ノ上、大政府ニ向テ為(な)ス所アルニ如(し)カズ」と、武力蜂起路線をいましめ、いまひとつ別の路線を提起したのであった。そして立志社は小区民会、大区会の積み上げの上に土佐州会を設立することになる。当時の高知県は土佐と阿波の二国から成っていたが、土佐一国の私設民会が土佐州会なのであった。多く立志社員の参加によって、十一年七月二十五日に開設された。議決された州会章程は植木枝盛が起草したものであったが、土佐州会の理論的支柱であった植木の福岡滞在が、共愛会設立に思想的影響を与えたかどうかは注目されるところである。

しかし土佐州会そのものは十一月十一日、内務省の州会設立不認可の指令により、解散させられてしまう（内藤正中『自由民権運動の研究』）。筑前共愛公衆会の設立は、土佐州会解散よりほぼ一年後のことである。土佐州会は官製の高知県会に先んじるものであったが、共愛会は十一年十月の選挙で福岡県会が成立してのち、県会議長中村耕介も含めて成立している。しかも共愛会に解散指令は出ていない。こうした違いはあるが、単発に終わった土佐州会の歴史を筑前共愛公衆会が引き継いだとみても、まず間違いではなかろう。〝筑前州会〟（筑前一国の人民を基礎に公選された議員による私設の議会）として筑前共愛公衆会を理解すべきだというのが、現在の私の考えである。

植木枝盛の思想的影響は、ただ単に植木が来たとか、福岡人に植木が理解できたはずがないとかのレベルで語られがちであったが、資料の発掘と実態に即した研究は今後の課題であろう。これに対する参考として、山中立木(たてき)の回想を引用しておこう。山中は自分の作りあげた「私設民会」について語り、福岡での議会の嚆矢(こうし)だと主張している。植木の福岡訪問に四年先んじている。

明治八年（三十一歳）四月に談山神社を辞し（引用者注：山中は大和談山神社禰宜に任ぜられていた）同

月第五大区三十二番中学区取締に任ぜられ、同区早良郡七隈の調所に於て事務に従事しました。当時同区の区長は重濱勝盛でありました。同年五月第一大区戸長に転じました。同区々長は矢野尋六郎、助務は不破国雄で、私は荒戸町、伊崎浦、湊町を以て編制したる小区を所轄して、而して区内の児童教育の為め小学校を建築せんとするに当り、其経費募集の方法容易（に）纏り難きを察し、多数決議の制に拠らんと、此年六月東京に於て初めて開かれたる地方官会議法を参酌して小区会なるものを組織し、所轄内の方面を分つて議員を選挙せしめ、予算金額募集の方法たる、士族は旧石高に依り平民は貧富に応じ、各負担の等差を設けて発案し、私は議長となり、議按に依りて充分議論を尽さしめて可否を起立に問ひ大多数の賛成を得て原按通り決定し、之に依て経費を募集しまして新たに小学校を建築し之を舞鶴小学校と名付たのでありま す。是れ則ち福岡県に於ける議会の嚆矢で、其後進んで大区会設置のことを矢野大区長に建議し容れられて大区会を設けましたが、県庁に於ても相次ぎて大小区会の制を設けることになりたのであります。

（山中立木「旧福岡藩事蹟談話会筆録」〔『筑紫史談』第三十八集〕）

この山中立木は、明治二十二年の市制施行の際、初代福岡市長となる人で、その証言には重みがある。ただ、当時の議事録その他の資料が未発見の状態で裏付けに欠けるのである。しかし明治八年の時点で、公選による「小区会」が設けられた、これが福岡県での「議会の嚆矢」である、との山中の談話は記憶されるべきだろう。

県会と筑前共愛会

これより先、明治十一年のことだが、府県会規則の施行により公選の県会が設置されることになった。福岡県では同年十月の選挙で五十六人の議員が誕生し、翌年三月十二日に第一回県会が開会した。ところが新設された府県会は極めて貧弱な権限しかなく、議員たちを落胆させ憤激させた。ここに従来の士族民権家にかわって、府県会議員（豪農層）による国会開設要求の運動が全国に爆発するのである。府県会の権限拡充のために。千葉県の一村会議員桜井静の〝府県会議員連合会〟による国会開設要求という提案は、全国に大きな反響を呼んだ有名なものである。「筑紫新報」（明治十二年九月十日）によると、桜井からの照会に対し福岡県会議員井上完治（豊前、築城・上毛郡選出）は「国会開設云々ニ付御問合ノ趣了承致シ候。国会ノ議ニ於テハ我県人民モ兼テ希望スル処ニ候条此段回答ニ及ビ候」と九月二日付で同意の返事を送っている。しかし、山陽道諸県の県会議員連合会結成まで一気に進めようとした岡山とは違って、福岡県の場合、県議独自の具体的な動きにまでは至らなかった。むしろ、それに代わる役割を果たしたのが筑前共愛公衆会であった。

共愛会と両備作三国親睦会は、ともに最も有望と期待されたほどで、いわば当時最も進んだ形の組織だったが、両者には明らかな相違がある。岡山県の三国親睦会は県議を委員とし、十万人の会員を抱えた大衆組織であるが、本質的にはやはり有志の結合である。これに対し、共愛会は形式上〝郡選出議員による筑前州議会〟なのである。県議の参加はあるが県議としてではなく、新たに郡民総代の資格を得て共愛会の議会に臨む。共愛会は県議主導型の運動ではなく、さりとて愛国社路線による運動でもなく、特異な構想に立った、そして独自な地歩を固めた組織であり、運動であったように思われる。

県会議員の選挙権・被選挙権はたいへん制限されたもので、この点だけをとっても、県会が県民の総意を反映するものとはとうてい言えなかった。選挙権は地租五円以上を納める二十歳以上の男子、被選挙権は地租十円以上を納める二十五歳以上の男子にのみ与えられた。有資格者は極く一握りの富豪でしかない。民権運動に熱心なのは経済的に没落した士族層だ。皮肉にも、向陽社員の大部分は県会議員になるどころか、選挙権すら持たぬ人々であった。しかし彼らに県会議員になる道が開けたとしても、その道を選んだかどうかは疑わしい。彼らの目標は条約改正や地租改正に圧力を加え得る国会の創設であり、主眼はあくまで反政府運動だったからだ。箱田や平岡らには、県会レベルでの活動に関心も情熱もなかったとみてよい。当初の共愛会の目的は、筑前州民〝全体〟の意思として国会開設を建白すること、これに尽きたのである。

旧筑前国に属する一区十五郡選出の県議は、全県下五十六人中に二十四人。一方、共愛会第一期会議員（建白署名者）は同じ筑前全域から六十五人が選出された（そのうち士族出身者は四十人前後）。県議を兼ねるのは八人だ。また、第二期会議員は四十七人で、県議を兼ねるものは二人。中村耕介（県会議長）と多田作兵衛だけで、この二人はそれぞれ向陽社と集志社の幹部だから、政社を背景としての参加である。総じて、共愛会活動を支えたのは、県会から排除された士族層や農民であったと考えてよいようだ。「朝野新聞」（明治十三年一月七日）記事から、共愛会結成に奔走した安永観山の場合を見ておこう。

> 宗像郡牟田尻村の安永観山氏ハ、六十余歳の老人ながら筑前一国を団結す可きの事を議するに当り、慨然として宗像一郡を団結せしめんことを自ら担任して東西に奔走し、竟に其の功を奏せしなど、各相競ふて活潑の挙動多し。

こうして安永観山は共愛会の第一期会・第二期会に「宗像郡六拾箇村人民総代委員」として名を連ねるのである。共愛会の場合は県議主導型と言うよりは、むしろ共愛会活動をテコに県議に進出する人々が多く出てくる。岡部啓五郎、淵上保、南川正雄、児島義郎など。

なお、筑前共愛公衆会の結合法によると「人民総代委員」（共愛会議員）は三千戸以下の小郡部から三人以下、五千一戸以上の大郡部から七人以下を選出すると定めている。第二期会議員はこれに基づき、各郡三人ないし七人の議員が選出されている。

次に、新聞記事にまで注目された安永観山がどういう人物であったか。幸い『宗像郡誌』に伝記があるので、少し長いが次に引いておく。これによって、安永が長崎や江戸に遊学して西洋医学を修めたこと、亀井暘洲に学んで高場乱と同門であったことなどがわかる。文政六年（一八二三）生まれで、実際には明治十二年には五十七歳であった。

〔宗像遺徳集〕安永観山

翁は文政六年癸未（きび）正月元旦田島村深田の里に生れ、幼年家庭に学び、年甫（はじめて）十六、医術を藩医官香亭青木春沢に学び、弘化元年阿蘭陀（オランダ）本国船渡来、師に従ひて長崎に之（ゆ）き、同年医術免許を得、同九月国老吉田久太夫旅中医員として、東都に至り、幕府医官茝（茝）庭多紀楽真院法印安叔に学び、医学館に通学す。同四年帰国。其他眼科、産科、西洋医術を諸家に学び、之を大槻氏及藩医官上野自的に質す。弘化四年丁未（ていび）八月内外科医術開業。安政五年五月種痘医官安田仲元に種痘の術を受け、儒学を太寧（ママ）飯田太仲、暘州（ママ）亀井鉄次郎に学び、江戸に於ては丹波伯耆守殿、儒官艮斎安積祐介に学ぶ。嘉永四年正月産子（うぶこ）養育一件の賞として、藩主より銀子一両を賜はる。慶応二年丙寅（へいいん）将軍徳川慶喜公へ長州征討の勅命ありたり。依て諸国の勢を催す。藩主黒田家は赤間関口の二陣たり。既に先鋒出陣す。此時本陣小荷駄附医員に命ぜられ出陣、用具は具足下手繰小袴、信玄弁当大小陣笠自分仕出（しだし）之事、薬籠同前、薬籠持人足、持込薬種支度金御払の事となり、六月十五日此時将軍方敗北、小倉城落去、寄手大将小笠原壱岐守奔走、行方不知、茲に於て戦争止めり。

明治七年十二月郡医を命ぜられ、同八年一月医業取締拝命、同年医学校創立之資金十円献金の廉により、桐御紋の盃下賜。同三月売薬取締兼務拝命、同九年村会最初の議員、郡会議員の撰に当る。或は国会開設請願委員となり、或は医業幹事衛生方衛生委員に当撰す。同十四年九月病により、一切の職務を辞す。爾後閑居を好まず、公衆のために尽力せらるゝこと多く、其一二を挙ぐれば、居村深田出で浦より勝浦村に越ゆるの捷径ありと雖、嶮岨狭隘にして、衆庶の往来に便ならざるを以て、自ら資を投じ、石工を雇ひ、嶮岨を平坦にし、狭隘を拡張し、凡二年余にして、其工を竣る。又粕屋郡香椎村大字下原の草場温泉に浴し、山上路嶮岨なるを以て、資を投じ、道路を広め、上下に便にす。是を以て遠近其徳を称せざるものなし。

国会の開設建白

筑前共愛公衆会の建言委員に選ばれた箱田六輔と南川正雄は明治十二年十二月二十六日、建白書を携えて東京に向け出発した。建言委員の任務は国会開設と条約改正の建白書を元老院に提出することである。建白書には筑前各郡の代表六十四人が署名していた。元老院は一種の議院であるが、国民一般からの建白書を受け付けることも業務のひとつであった。翌十三年一月の共愛会による国会開設の建白は、岡山県人民の建白と並び、全国のトップを切ったことで史上に名高い。このあと全国各地から、個人や団体による建白書がせきを切ったように元老院に殺到する。そのきっかけをつくったのが共愛会であった。

この共愛会の画期的な建白に対して『自由党史』は、愛国社大会決議を無視した抜け駆けで「識者の眉をひそむる所」であると、痛烈な批判を浴びせている。しかし、これは公平に見て根拠のない誤った批判である。

共愛会は愛国社に参加しておらず、愛国社決議に縛られるいわれはない。また、大阪で愛国社会議が開かれているとき、福岡では建白に向けてすでに動き始めていたからだ。

共愛会の建白書「国会開設ニ付建言」は全文が知られている。草案は、「福岡新聞」を発行したこともある地誌学者吉田利行が書き、共愛会連合本部長の郡利（こおりとし）（この人も平田派の国学者）と南川正雄のもとで決定された。南川と箱田がこれを持って上京したあと、さらに井上哲次郎が手を加え修正したという[1]。井上は福岡県太宰府出身の哲学者で、ドイツ留学ののち東京帝大教授となるが、このころは東大三年生に在学中で、岡倉天心と同級、フェノロサの影響を受けていた。井上は倫理学や世界観という訳語をつくった人であり、アブソルートを「絶対」と訳したのも彼である。

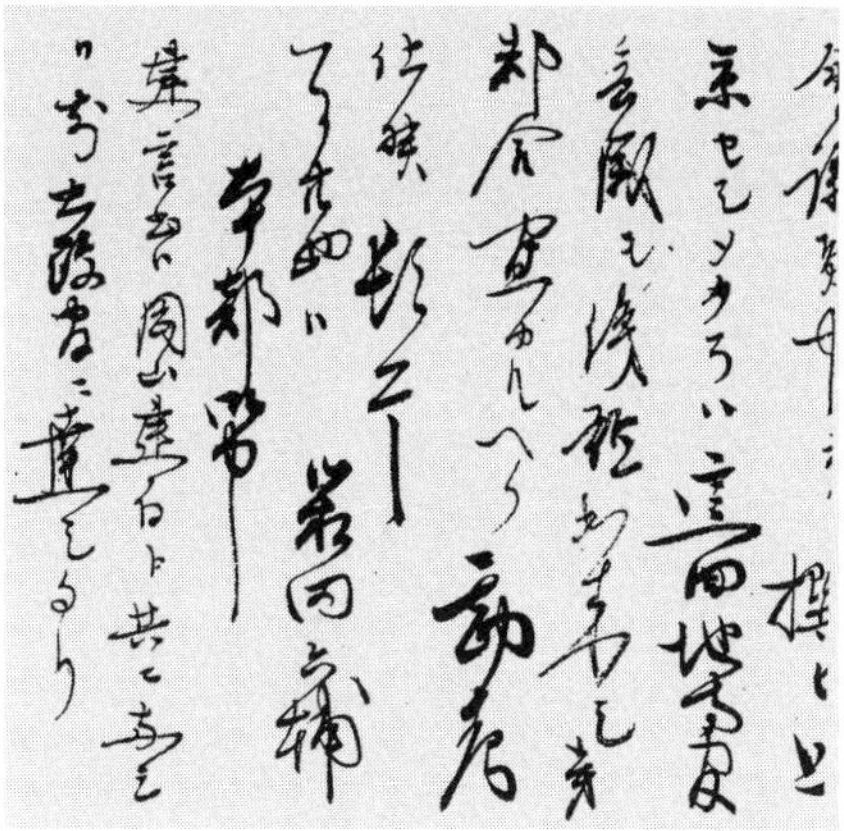

明治13年1月24日，箱田六輔が「（筑前共愛公衆会連合）本部御中」に宛てた書簡の末尾部分。追伸として「建言書ハ岡山建白ト共ニ両三日前太政官ニ達シタリ」と述べている（友枝家文書）

建白書の特徴は、国民主権論に立ち、立憲君主制の確立を要求していることにある。また、共愛会は国会・改約の二事建白を決議したが、この国会開設の建白書では当然のことながら国会と憲法が前面に出て、条約改正は後景に退いている。全体としてみても、生活者的な感覚の全くないことが注意される。共愛会の下部組織はほとんど農民であり、建白書には農民代表が署名してもいるが、地租問題など全くふれられていないのだ。

建白書はまず「人民ハ国ノ大本（たいほん）ナリ。政府アリテ人民アルニ非ズ、人民アリテ政府アルナリ」と宣言する。国民主権論である。だから、政府は民意に従うべきである。具体的には、第一に国会を開設して人民の代表を召集すること、第二にその国会で民意を反映した憲法をつくること、この二つが要求される。これは重要な点で、「国会を先に、しかるのちに憲法を」という民定憲法の主張は、周知のように実際の歴史によって裏切られる。その後、欽定憲法の発布（二十二年）、続いて衆議院議員選挙・第一議会（二十三年）という順序を歴史はたどったからである。建白書はまた、国会の開設と憲法の制定により「立法司法行法(ママ)」の三権を分立することと、「政権君権民権ノ分界」を明確にすることを求めている。国民の基本的人権は政府や君主に従属させられるべきでないとして、逆に民意によって政府や君主の権力行使を制限しておこうということである。

しかし一方では、「一旦国会ヲ興シ以テ憲法ヲ立テバ、則チ政府ノ為ス所ハ民心ノ向フ所ニシテ、国権ヲ振フノ実力始メテ備ハル」と、楽観的に国会と政府の調和を夢見ている。そのことは「憲法アルノ国ハ其政府ハ弱シト雖モ其人民ハ強シ」という一節にも言える。これは、ほとんど憲法万能論なのである。見果てぬ夢、国会と憲法への過剰な期待はわかるが、思想的には共愛会民権論の持つ弱点である。アリの一穴からでも堤防はくずれ去る。共愛会活動を担う玄洋社が、十四年の国会開設詔勅（九年後の国会開設を約束したもの）によって国会の方は終わった、これからは海外に目を向けようと方向を転じるのも、このあたりに思想的根拠がありそうに思われる。

彼らは神妙にお願いするだけではない。武力をほのめかして政府を脅すことも忘れてはいない。

> 権理ナル者ハ政府ノ与フル者ニ非ズ。人民自ラ進（ン）デ取ルベキ者ナリ。今ヤ……人民尽(ことごと)ク奮起シ速カニ権理ヲ恢復セント欲シ、権理ノ為メニ鮮血ヲ山野ニ流サント欲スル者滔々トシテ皆是ナリ。

当時、女子供までが歌ったといわれた民権数え歌に「六つとせ、昔思えばアメリカの、独立したるも蓆旗(むしろばた)、この勇ましや」というのがある。建白書のこの一節もそのたぐいで、われわれの背後には蓆旗が林立しているぞ、という気迫が読む者の胸をうつ一節である。

（1）『金子堅太郎自叙伝』（国会図書館蔵「憲政史編纂会収集文書」）に、次のようなことが書かれている。

明治十三年、金子が二十八歳のときのことである。一月二十六日、金子は東京大学予備門から元老院に転じた。配属されたのは法律・規則の調査に当たる第二課。折りも折り、国会開設・条約改正の建白書が元老院と太政官に提出され、太政官は請願は受理するが、建白は受理しない、元老院は建白は受理するが、請願は受理しない、と法律論が闘わされていた。金子は元老院の内部にあって法律的な手続きを整えることに貢献したという。

ちょうどそのころ、箱田と南川が筑前共愛会の建白を携えて上京した（「朝野新聞」明治十三年一月七日によれば、一月二日に到着）。二人は建白書の草案の添削を沼間守一（ぬまもりかず）に依頼したが、沼間はそれを書生の角田真平（つのだしんぺい）に託したと、沼間本人が金子に語った。金子は箱田・南川の無定見を憂え（そう考えた理由は書かれていない）、すぐに取り戻して、自分に一任せよと南川に迫り、井上哲次郎と協議して、「適当の文章をなして」政府に提出させた、という。

筑前共愛会の国会開設・条約改正の両建白書の正本は、井上だけでなく、金子も目を通したものであったことは、これまで知られていなかった事実である。金子は旧藩主黒田家からアメリカ留学の機会を与えられ、岩倉使節団に同行して渡米、ハーバード大学法学部に学んだ。その頃、元老院議長大木喬任（たかとう）から「君は自由民権を唱ふる由なるが、予はこれを許さず」と面詰され、他に転任しようと悩んだエピソードももらしている。

伊藤文書

筑前共愛会は明治十三年一月、条約改正と国会開設の建白書を元老院に提出した。このうち国会開設建白書の方はその全文が早くから紹介されていたが、条約改正建白書は玄洋社研究者の間でも全く知られておらず、いわば幻の存在であった。そのひとつを私は見いだすことができたが、私が見つけたのは建白書そのものではなく、その原案にあたるものだ。この条約改正建白書は国会開設建白書と一対である点に特徴があり、また、これまで未報告だっただけに、玄洋社の歴史を研究する上に貴重な史料だ。それが、ちょうど百年目（＊一九八〇年）に見つかったのである（後で知ったことだが、福井純子さんは別に『公文附録』の中から「条約改正ニ付建言書正」と題する建白書の正本を発見された。これには各委員の署名捺印がある）。

『鞍手町誌』中巻に「伊藤文書第一五六六号によると、条約改正と国会開設の両建白書があり」という記述があるのを見て問い合わせたところ、かねて探しもとめていた条約改正建白書の原案であった。

伊藤文書（鞍手町）は福岡藩の碩学伊藤常足翁（『太宰官内志』の編者）の子孫に伝わる伊藤家関係の文書類だ。五千点にのぼる伊藤文書は、一括して福岡県文化財に指定されている。そのうち一五六六号（仮番号）は筑前共愛会関係書類の合綴で、その中に「改約建言書」と「国会開設建言書」を含んでいる。いずれも活字による印刷物である。原所蔵者の伊藤熊雄は、当時筑前共愛会の古門村委員を務めていた人だが、建白書に署名した六十五人の中には入っていない。逆に言えば二つの「建言書」は、印刷のうえ共愛会の下部組織にまで配布されていたことがわかるのである。

「国会開設建言書」を、実際に元老院に提出された建白書「国会開設ニ付建言」と比べてみると、まず、後者にある委員六十五人の連署が前者にはない。また、表現にもかなりの違いが見られることから、「建言書」を討議用原案として元老院宛の建白書が作成されたと思われる（条約改正建白書の方は、一文字を書き違えたほかは原案と変わらない）。

一例をあげれば、外交・条約改正の時期が眼前に切迫している今日にあって、国会開設尚早を説く者があれば、「正雄等義此輩ト共ニ天ヲ戴クコトヲ欲セザルナリ」と、言葉のアヤではあるが、建白書としてははなはだ穏当を欠く表現が原案には見られる。この一節は建白書では削られている（正雄というのは、箱田六輔とともに建白書を携えて上京した南川正雄のことである）。

条約改正と国会開設との関係についても、原案には「今日ノ現約ヲ改良シ以テ益々他日ノ完全ヲ期セント欲セバ、速ニ国会ヲ開設シテ確乎不抜ノ国憲ヲ議定スルニ若クハ無シ」とあり、条約改正断行のための国会開設要求であることを明言している。建白書では両者の関係はそれほど明確でないばかりか、むしろ憲法制定のための国会開設要求という色彩を濃くしていることに気がつく。しかし、当初このように「改約建言書」と「国会開設建言書」の二本が用意されていたにもかかわらず、「国会開設建言書」の中に条約改正問題がなお大きな比重を占めていたというのは、筑前共愛会そのものが条約改正要求のための会議として企画されたという事情と無縁ではなかったであろう。そこで次に、この「改約建言書」の内容を見るとともに、建白書提出に至る福岡での動きをもう少し詳しくたどってみたい。

条約改正

「東洋新誌」は、明治十二年五月十七日に福岡で創刊された新聞だ。同紙は創刊号の緒言の中で条約改正問題に言及している。

> 治外法権ノ堅塁ハ未ダ撃砕シ易カラズ、海関税権ノ要阨（敵をくいとめること）ハ未ダ我ニ恢復セズ、我ガ帝国ノ権理ハ其レ何ヲ以テ伸暢セン。立憲政体未ダ実施セズ、民選議院尚早シトス、我人民ノ幸福ハ其レ何ヲ以テ保全セン。

（「東洋新誌」の現物は福岡には残っていない。この「緒言」は稲生典太郎氏『條約改正論の歴史的展開』からの再引）

幕末期に欧米列強の軍事的圧力のもとに締結された〝不平等条約〟は、日本在住外国人に対する裁判権が日本になく、また関税自主権を喪失した点で、日本にとって不利益なものであった。「東洋新誌」はこの二点での権利回復（条約改正）を主張するとともに、その手段としては国会開設の早期実現を考えていたのである。だが右の一節に続けて、官民に国民的団結すら期待できぬ現状を指摘し、条約改正の道遠きを悲観するだけであった。

「東洋新誌」は福岡本町の同義社から発行された新聞で、明治十二年十一月五日に発行停止、翌年八月には「近頃廃業」と報じられている（「朝野新聞」十二年十一月二十日、十三年八月十七日）。同義社は向陽社と同じ町内にあったし、この年九月には向陽社の義勇軍募集の檄文（六二ページ参照）を印刷している。その主張には向陽社と共通したものがあったことと思われる。その後、「筑紫新報」（明治十二年十月二十一日）も東京商法会議所の条約改正建言書を紙上に掲載し、関心の高いことを示した。

条約改正の問題ハ我国今日の最大事件にして……現に我筑前国有志輩も近日集会討議あらんとするに際し、恰（あたか）も東京商法会議所の建言書を得たれば之を謄録し、漸次（ぜんじ）卑見を開陳せんとす。

ところで、ここに予告された条約改正を議題とする筑前有志集会というのが、筑前共愛会誕生の母体となった会議である。会議は、初め条約改正のみをテーマに呼びかけられたが、国会開設をも併せて議題にのせるべきだとする意見が出席者の大勢で、ついに筑前共愛会による国会開設・条約改正二事建白となるのである。筑前共愛会は唐突に出現したものでなく、そこに至るまで様々な試行があったことだろう。その意味で、「東洋新誌」と「筑紫新報」は、いま明らかにできる数少ない例に過ぎないのである。

鞍手町の伊藤文書に収める「改約建言書」（原本は無題。綴の目次に題を付す）は、共愛会会議での討議用原案と思われる。福井純子さんに依頼し、明治十三年一月に実際に元老院に提出された建白書の写しを送ってもらい両者を比べてみたが、ただ一字のほか全く同文であった。これによって共愛会の条約改正論を要約・整理してみよう。

共愛会は条約上の不平等を、独立国間における「固有ノ権理」の侵害だという。欧米列強は日本を収奪の対象とし、「日又一日我国力ノ終ニ空耗ニ帰スルヲ待チ、赤手直ニ之ヲ挙セント（攻めほろぼさんと）欲」しているのである。弱肉強食の論理は国境を越えて侵略に走り、「現ニ欧人ノ支那印度ニ於ルガ如キ以テ見ルベキ」である。このように日本の独立が危機に瀕している事態を前に、相手国の善意を期待した外交が成功するだろうか。いま必要なのは「口舌ノ談」ではなく「国民協合ノ気力ヲ表シ、否ノ一字ヲ以テ彼ガ傲慢ノ術略ヲ衝破スルノ一方アルノミ」である。つまり、列強の不正な要求を断固退け、内政干渉を拒絶する姿勢を貫くことだ。「断行主義」が必要なのだ、建言書はこう決めつける。

極めて強い調子で国民の自覚を訴えているのだが、それだけではない。抽象的な悲憤慷慨だけでなく、いわば建設的な提言というものもそこには見られる。不平等条約の弊害についてはこう述べている。「金貨ノ乱出・輸出入ノ不平均ハ日ニ以テ我国力ヲ減殺シ」、治外法権は国民の心をねじ曲げている。これは完全な独立、対等な外交関係が実現されていないからである、と。しかし一挙に条約改正を達成しようとの意見ではない。「夫我ガ今日彼ニ求ムル所ノ者ハ、未ダ悉ク対等ノ権理ヲ恢復セント要スルニハ非ル也。独収税権ノ一項ノミ」なのである。当面、関税自主権の回復を優先課題とすべきだとの主張である。これは、共愛会の条約改正論が、単なる攘夷的心情に発したものでないことを示している。

正雄等ガ夙夜切望スル所ノモノハ、独リ日本国民ノ輿論ヲ以テ日本ノ国権ヲ張リ、我実力ヲ海外万国ニ表襮セント欲スルニ在ルナリ矣。於是乎先ヅ筑前国民ノ輿論ヲ以テ其志望ヲ表呈スルコト然リ。

条約改正は筑前国民の世論である、という印象的な一句で「改約建言書」は結ばれているのだった。

北海道月形村

明治十二年の暮れ、建白書を携えて上京した箱田六輔には政府密偵がついて探聞報告が書かれている。その別紙によると、箱田はこの年十月ごろにも上京したことがあり、神田錦町付近に潜伏、政府の動向と人心の行方を探っていた。そして「頻リニ各県人ト交際シ、傍ラ藤田一件ノ処理如何ニ着目シ居タリシガ、過日俄ニ帰県セリ」という。

藤田一件とは藤田組事件のこと。ロッキード事件のように、利権をめぐる政商と政府高官の癒着が世間を騒がせた。各府県から政府への貢納金の中に贋造紙幣が発見されたのが発端で、十二年九月十五日藤田組が捜索を受け、藤田伝三郎と元山口県令中野梧一が贋札事件に関連して逮捕されるに及んで、一大疑獄として民権家の怒りを買うことになったのである。贋札は、時の政府高官井上馨がドイツから藤田組に送ったものと伝えられたので、藩閥批判のボルテージはいやが上にも高くなった。

藤田組は贋札には無関係で、十二月に藤田・中野が釈放されるが、事業独占で巨富を積んだことから藤田組は疑惑をもたれたのである。「筑紫新報」は九月二十四日の第一報以来、この事件を執拗に報じている。もちろん向陽社もこの事件には憤激した。「東京日日新聞」（明治十三年一月十六日）は、「藤田・中野氏処分の事に付き福岡県下の民権党は激烈の議論を吐きて不穏の色あり」と伝え、大阪鎮台が福岡警戒に動くといううわさまであった。

ところで、この藤田組事件の捜査に当たった正義感に燃える一検事、月形潔についてふれておこう。月形は旧福岡藩士。北海道樺戸郡月形町の名は月形潔にちなむ命名であり、北海道開拓史の一ページにその名を刻んでいる（以下、主として重松一義氏の研究を参照した）。

月形家は代々漢学者の家柄で、潔の祖父月形深蔵も、おじに当たる月形洗蔵も勤王家として著名な人である。洗蔵は筑前勤王党指導者の一人として重きをなしたが、慶応元年の〝乙丑（いっちゅう）の獄〟に連座し、首をはねられて死んだ（映画で有名な「月形半平太」は、この月形洗蔵と土佐の武市半平太からの命名という説がある）。

月形潔は維新後、藩の権少参事、県の権典事などを歴任し、明治四年の福岡藩贋札事件と同六年の筑前竹槍一揆では取り締まりに当たっている。西南戦争当時は、警視庁巡査部隊の一隊長として、西郷隆盛が切腹して果てた城山戦にも参加、抜群の勲功があったという。同じく勤王党の衣鉢（いはつ）を継ぐ人物ではあっても、西郷に殉じた加藤堅武（かたむ）や武部小四郎とは正反対の道を歩んでいる。その後、司法省から東京裁判所に転じて少検事となり、藤田組事件にぶつかるのである。

月形が起草した大木喬任司法卿宛の捜査報告書（中警視安藤則命（のりなが）名儀、十二年十二月二十二日付）には、高知の愛国社や福岡の向陽社が人民を教唆扇動するのは、一部官吏の不正私曲を知って官吏一般も同じだと邪推しているのだが、「此レ概ニ不当ト云ベカラザルガ如シ」と、民権派よりも腐敗官吏に批判の矢を向けている。正義漢月形の面目躍如である。月形は、贋札事件では無罪でも、藤田組には政府高官や警察官を買収した事実があるとし、重大事犯ほど不問に付される捜査の現状を告発して、藤田組の疑惑解明を主張している。大阪府知事渡辺昇にも収賄の容疑がかけられたが、彼はかつての福岡藩贋札事件を摘発した当人である。月形の感慨も深かったであろう。しかしこの件は薩長閥の妥協でもみ消されてしまった。

十三年四月、内務省御用掛の月形は北海道に出張、監獄建設候補地を視察し、石狩川の上流、樺戸の原野を用地に選定する。随行した八人の中に海賀直常がいた。海賀は秋月藩の勤王家海賀宮門直求の弟。宮門は薩摩藩士と交わり寺田屋事件で捕えられ、護送の途中、薩摩藩士にヤミ討ち同様に惨殺された人である（宮崎県日向市細島に葬られた）。兄の後を継いだ直常は、先にもふれたように、福岡の代言社・一到舎と連絡のあった東京の北洲社に籍を置いていたことがある（明治九年ごろ）。北洲社は立志社系の代言社で、農民への訴訟支援なども行っていた。海賀は第一回代言人（弁護士）試験に合格、警視庁警部から内務省入りしたという経歴であった。

十四年に完成した樺戸集治監の初代典獄には月形が任命され、海賀も片腕として赴任する。人跡の入らぬ樺戸の地は周囲は鬱蒼たる密林で、時に数十日も日光を見ないという所。そこに国事犯・重罪犯ばかり千六百人が収容され、開拓者月形の名から「月形村」と名付けられた。〝この世の地獄〟地の果ての樺戸に送られた囚人によって、北海道の道路や鉄道が開かれていった。囚徒のほとんどが労役で倒れ死んでいったという。月形はここでは、無慈悲な能吏として手腕をふるった。

伊藤博文の部下として将来を期待された月形だったが、四年後、樺戸の風土と激務に肺をいためて福岡に帰る。二十七年、四十八歳で没し、福岡市の少林寺に葬られた。数奇な運命をたどった一明治人の名は、北海道開拓の功労者として、今に記憶されている。月形町の現状については『流域紀行』（朝日選書）に作家吉村昭氏のルポがあり、原康史氏『激録新撰組』は別巻で、樺戸集治監での月形と永倉新八（元新撰組幹部）の交友にふれている。月形は頭山満の親友であった。

玄洋社設置届

さて、ここで玄洋社の成立について述べておかねばならない。玄洋社成立についての最も基礎的な史料は「玄洋社設置御届」である。これは昭和十一年、玄洋社でホコリまみれになっていた書類の中から出てきた。残念ながら原本は現存していないが、同年十月一日付の「玄洋」第十八号に写真入りで紹介されている。文面は次の通りである。

玄洋社設置御届

別紙規則ヲ以福岡区本町八十六番地ニ玄洋社ヲ設置仕候

此段御届仕候也

福岡県那珂郡春吉村千四百三十四番地

代印久田全　士族　進藤喜平太㊞

明治十三年五月十三日

福岡県警察本署御中

（以下は裏面に朱書）

書面届出之趣認可候事

明治十三年八月廿一日

福岡県警察本署 印

昭和十一年十月一日

玄洋

社創立當時の正確な資料發見

警察屆書の一綴り

往事茫として夢の如し、史を綿むる人の苦心は到底局外者の測り得るところでないが、我玄洋社の創立以來茲に約六十年、今日若し此の間の正確なる社歴を叙せんとすれば

……年の後に至りて政治結社の認可を受けたことが判明した、即ちいま手許にある玄洋社の創立年月に關する文獻を摘出すれば

（平岡事略卷二玄洋社時代其三

年創立と見て先づ正當であらう、然るに今回發見の書類に據れば明治十三年五月一日に玄洋社の存立生命にして彼の有名な憲則三ヶ條を制定し、同十三日警察に創設屆を出で、八月二十一日認可となつて居り別掲寫眞に示す通りである、寫眞の文面は

玄洋社設置御屆

別紙規則ヲ以福岡區本町八十六番地ニ玄洋社ヲ設置仕候此段御屆仕候也

福岡縣那珂郡春吉村
千四百三十四番地
士族　進藤喜平太㊞
明治十三年五月十三日
福岡縣警察本署御中

（同裏面朱書）
書面屆出之趣認可候事
明治十三年八月廿一日
福岡縣警察本署㊞

とあり屆出人は進藤氏、代印者として久田全氏の捺印がある、以上を稽ふれば社の實際創立は大體十二年冬であるが、彼の憲則制定が十三年五月と判明せる以上、言ひ換へれば精神を有する玄洋社はこの憲則を制定した時から始まるのではあるまいか、それは外觀的には向陽社の變形でこそあれ、内容的には公同會愛主義を脱し民權擴張の

一途

に邁進した向陽社と第一條に皇室敬戴を宣明せる玄洋

ら憲則迄の約半歳間を玄洋社の準備時代と觀たら如何であらうか、創立を次に初期社長の問題であるが、創立を從來通り十二年と認むれば初代社長は無論平岡氏なるも、憲則制定を以て創立とすれば進藤氏である、前掲の設置屆に現れた進藤氏は單に屆出名儀人であるが該屆書には玄洋社規則並に役員、社員名簿が附隨して居り、其の役員は

社長進藤喜平太、幹事齊川信之助、議長林斧助、副議長藤島熊太郎、書記松本俊之助、同的野恒、會計藤崎彥三郎

である、次いで翌十四年一月廿六日に役員改選あり即日屆出たところに由ると

社長阿部武三郎、幹事奈良原至
副議長武久次郎、會計久川全

とある、更に同年十一月一日社長以下役員の改選ありこの時は箱田氏が社長に

就任

して阿部氏は副社長に轉じて居り以後二十一年箱田氏逝去まで社長に異動はない、扨て箱田氏就任までの歷代社長は從前

自十二年十二月　至十四年十一月　平岡浩太郎
自十四年十一月　至廿一年一月　箱田六輔

となつて居るが、憲則制定が社の濫觴となると平岡氏を社長から創

昭和11年10月 1 日付『玄洋』第18号が報じた玄洋社設置届の発見

明治20年創立の福陵新報社。玄洋社移転後の本町86番地を引きついだ（『西日本新聞百年史』より）

これによって、玄洋社が向陽社の社屋を引き継いで設立されたこと、五月十三日に届け出を受けた当局は三カ月以上も認可を引き延していたことがわかる。そして従来は、玄洋社の成立は明治十四年二月というのが定説とされてきたが、それより早く、遅くとも明治十三年五月には玄洋社は成立していたのである。なお「十四年二月成立説」が誤りであることは、「福岡日日新聞」（明治十三年十二月十日）紙上に、「明十一日、玄洋社演説会を開催」との予告が掲載されていることからも明らかだ（一四六ページ参照）。

玄洋社がその設立にあたって、当局へ届け出て認可を受けたのには理由がある。それは十三年の四月、自由民権運動弾圧のために集会条例が公布され、その第二条に、政治結社は結社以前に「社名社則会場及び社員名簿を管轄警察署に届出で其認可を受くべし」と規定されていたからである。同条はさらに、届け出にあたっては、警察署からの質問には「社中の事は何事たりとも之に答弁すべし」と明記されており、反政府運動を封じこめようという意図が露骨である。これに違反すれば罰金や禁獄が待ち受けていたのである。設置届には玄洋社憲則、規則と社員名簿がつけられていた。憲則は次に掲げる三条である。

第一条　皇室ヲ敬戴ス可シ
第二条　本国ヲ愛重ス可シ
第三条　人民ノ主権ヲ固守ス可シ

この第三条は『玄洋社社史』掲載の、従来知られていた憲則では「人民の権利を固守す可し」となっている。「人民ノ主権」と「人民の権利」――わずかな字面の差だがその違いは大きい。人民主権といえば〝天皇大権〟を認めないことになるからである。果たして、届け出を受けた福岡県警察本署ではこの点を問題にしたらしい。届出人進藤喜平太は何度も足を運んで第三条を弁明したという。認可まで三カ月以上もかかったのはそのためだったという。玄洋社憲則が人民主権をはっきりとうたっていることは、例えば同時期の共愛会による建白書や私擬憲法草案が、国民主権論に立って急進的な立憲君主制を主張していることとも一致するものだ。玄洋社初期のこうした傾向は、従来全くかえりみられていなかったことなのである（この「主権」を、正確にどのような意味で使っていたかは、私には十分明らかにすることができない）。

ところで、玄洋社成立は十三年五月の届け出よりも以前ということになるわけだが、いったいいつまでさかのぼるのであろうか。私見によればそれは十二年十二月ということになる。集会条例はすでに成立している政社にも適用されたらしく、立志社も十三年六月に立志社規則を届け出ている。だから玄洋社の場合も、十三年五月の届け出が、そのまま玄洋社成立を意味しているわけではないのである。各種の文献にあたっても、玄洋社が十二年に成立したとするものはいくつか散見されるが、十三年成立とするものは全くない。「玄洋」によれば、郡利は「明治十二年暮頃、向陽社は専ら教育に力を致し、社中別に玄洋社の一団を組織して是は専ら政治を事とす」と書き残している。

玄洋社成立のきっかけのひとつは、向陽社の社名をめぐる争いであったという。当時、箱田六輔と平岡浩太郎宛に、その師高場乱が仲裁のために出した書簡は十二月二日付。書簡は年記を欠くが、十三年十二月では玄洋社が成立したあとであり、十二年十二月と考えられる。先の郡利の記述と併せて考えれば、玄洋社は明治十二年十二月、共愛会結成と同じ月に成立したとほぼ推定できる。

明治十二年成立

玄洋社は明治十二年に成立した。これは通説を裏切るものである。ためしに歴史年表、歴史辞典のどの一冊を開いてみてもよい。例外なく、玄洋社の成立を明治十四年二月としている。それが通説となって疑われなかったのは、権威ある(?)『玄洋社社史』が明記しているからである。それ以外の物証・確証があったわけではない。ここで『社史』成立の事情にふれる必要がある。『社史』は玄洋社社史編纂会――確かに誤解されやすい名称ではあるが――の手によって大正六年(一九一七)七月に発行された。事実上の執筆者は菊池秋四郎(号を秋城という)である。先ごろ(*一九八〇年時点)、菊池は夢野久作との関連で話題を投げた。「日本読書新聞」(昭和五十三年五月二十九日号)に西原和海氏が「亜細亜の風が吹く――夢野久作処女著作集の出現」を書いている。

それによると、従来処女作と信じられていた『白髪小僧』より四年早く出版された『外人の見たる日本及日本青年』が発見された。その上梓は大正七年(一九一七)九月、発行所は東京市赤坂菊池書院、発行者が菊池秋四郎なのである。久作の序文によれば菊池は彼の友人であり、久作の父杉山茂丸の台華社にも出入りしたもようだと西原氏は言う。菊池の『社史』執筆の動機に、久作も何らかの関与をしたものであろうか。あるいはそうしたことも、おいおい明らかになるかもしれない。玄洋社墓地の「玄洋社員銘塔」三百九十人の中には、菊池秋四郎の名も見えている。菊池は昭和九年(一九三四)から十八年まで玄洋社員であったことが確認できる。当時は奉天日報社長であった。

『社史』冒頭の「緒言」(編纂会)、「監修の辞」(的野半介・大原義剛・美和作次郎の三者連名)、「此理由の下に社史を編めり」（菊池秋城）を総合すると『社史』成立の事情がよくわかる。宮崎県人菊池秋四郎は「大阪朝日新聞」福岡支局主任として長年福岡に滞在し、玄洋社員と交際するとともに、玄洋社の歴史に関心を寄せてきた。たまたま福岡県人幡掛正木（東京在住。筥崎宮宮司になる）に社史編纂の意図があって、協力して編纂会を設けた。編纂会は玄洋社とは組織的なつながりを持たず設立されたわけである（菊池がこのころ玄洋社員であったとは限らない。序文の文脈からはむしろそうでなかったと考えられる）。二人は玄洋社幹部の的野・大原・美和の三人に監修を頼んだ。彼らの監修とはいかなるものであったか。こう書かれている。

我玄洋社未だ曾て其記録を編むなし。偶々菊池幡掛両君予等の僑居を歴訪し、告ぐるに玄洋社々史編纂会設立の事を以てし、且つ社史編纂の監修を乞はる。乃ち之を諾し随つて稿成れば、随つて之を監修す。然れども時偶々第三十八議会解散の総選挙に当り、予等亦選挙場裏に往来出入、奔走転戦寧日なし。僅に動中少閑を偸んで之を閲す。素とより一の遺漏なきを保し難し。乃ち監修の辞を撰する所以のものは切に読者の諒察を乞はんとするに在るのみ。

（「監修の辞」）

つまり、監修に時間的余裕がなかったために、監修者として『社史』の出来栄えに自信がないことを述べているのである。これによっても、玄洋社幹部三人が監修していることを理由に、『社史』を玄洋社の公式の歴史著述と見なすことは適当ではない。『社史』の記述に全幅の信頼を置いてはならないのだ。さらに、執筆者菊池秋四郎の意図はどうであったか。

予の玄洋社史に筆を執るもの、只一玄洋社を伝へんが為のみにあらず。更に之に因つて国民に尽忠報国を説き、玄洋社に倣ふて新に万千の玄洋社を起さしめん為のみ。（「此理由の下に社史を編めり」）

従来『社史』読者の中には、その記述に後世の整序のあとをかぎとった人もなかったわけではない。それも当然、菊池の意図にてらしても、『社史』をもって直ちに歴史的著述と見ることはできないのである。私は初め、玄洋社生みの親・女傑高場乱について調べる必要から『社史』をひもといたのであった。そして所載の「高場乱墓誌」に誤字脱字の多いことで、『社史』をうのみにできないことを感じた。例えば「墓誌」には四十カ所近い誤字脱字を指摘できる。ほかにも、勤王家加藤司書切腹の場所天福寺を承天寺と記している点などは、旧福岡士族なり玄洋社員なりが目を通していれば起こりえない間違いで、『社史』への信頼を減じさせるのである。『社史』は玄洋社研究上便利ではあっても、その記載はいちいち吟味を要する。

さて、この菊池『社史』以外にも二つの『社史』のあったことが知られる。

ひとつは、生え抜きの玄洋社員奈良原至による『玄洋社史』で、他のひとつは、やはり玄洋社員水野元直の『稿本玄洋社社史』である。前者は大正二年刊の『来島恒喜』に引用文献として挙げられているので、それ以前の刊行であることがわかる。『社史』の「玄洋社員の面影」にも「奈良原到（至）……玄洋社史の著あり」と書かれている。後者は刊本はなかったのであろう。詳しく知ることができない。水野は『東亜先覚志士記伝』下巻では「玄洋社員、韓国政府顧問」となっている。その墓は承天寺にあり「詩人疎梅之墓」と題していることでわかるとおり、瀧田紫城塾（少年時代の頭山満も在塾）出身で疎梅と号する漢詩人であった。その遺稿（？）の一部は『福岡市史』にも引かれている。大正十年、五十八歳で没している。

この二つの、初期玄洋社員自身の手になることで貴重な『社史』は、しかし現存しないようである。「玄洋」はこの二著からの引用と思われる記事を連載しているが、詳しくはなお検討を要する。玄洋社発行の機関紙でありながら全く無名のまま埋もれていた「玄洋」の存在と、その史料的価値について、私に教示して下さったのは明道館の財部一雄氏である。同氏の好意によって初めて拝見することができたのだった。

「玄洋」はタブロイド判の月刊新聞で、昭和十年六月一日以降きちんと発行され、敗戦間際の昭和十九年、紙事情の悪化によって突如廃刊された。内容は時事への発言、折々の玄洋社動向の記録、玄洋社史資料の再録が主であるが、重要な原資料は写真版で掲載していることからも、編集者の見識の高さと慎重な配慮が想像される。『社史』の明治十四年二月玄洋社設立説に対し、明白な証拠を挙げて新事実を提出しているのは、この「玄洋」である。

すでに紹介したように、設置届は明治十三年五月十三日付であるが、玄洋社はすでに明治十二年十二月、実質的には創立されていた。届け出が遅れたのは、どういう形で官憲の許可を得るかが問題として残っていたためである。当時の玄洋社は国事犯の集合であり、過激な反政府運動を行っていたのであるから、そうした配慮も必要だったのである。届け出が遅れたもう一つの理由としては「憲則」制定をめぐる論争があったことと推測される。

玄洋社設立から半年近くたった明治十三年五月一日、ようやく玄洋社憲則が制定された。それは『社史』掲載で流布しているものとは微妙かつ重大な一点で食い違っている。第三条「人民の権利」が「人民ノ主権」となっているのである。参考のために両者の全文を比較してみよう。

玄洋社憲則（「玄洋」掲載）

第一条　皇室ヲ敬戴ス可シ

第二条　本国ヲ愛重ス可シ

玄洋社憲則（『社史』掲載）

第一条　皇室を敬戴す可し

第二条　本国を愛重す可し

第三条　人民ノ主権ヲ固守ス可シ
右三ケ条ハ各自ノ安寧幸福ヲ保全スル基礎ナレハ熱望確護シテ以テ子孫ノ子孫ニ伝ヘ人類ノ未タ此ノ世界ニ絶エサル間ハ決シテ之レヲ換ユルコトナシ後生子孫若シ背戻セハ今日日本純民ノ後昆ニ非ラス嗚呼服膺ス可キ哉此憲則矣

明治十三年五月一日

玄洋社

第三条　人民の権利を固守す可し
右之条々各自の安寧幸福を保全する基なれば、熱望確護し、子孫の子孫に伝へ、人類の未だ此の世界に絶えざる間は、決して之を換ふることなかる可し、若し後世子孫之れに背戻せば、粋然たる日本人民の後昆に非ず矣、嗚呼服膺す可き哉、此憲則。

一見して、上段の方が下段よりも素朴な文体であることが察せられる。下段は、あるいは上段を改訂したものではないだろうか。

五月十三日、進藤喜平太は憲則（「玄洋」掲載の分）と規則、社員名簿（当初六十一人。十月二十六日に三十二人を追加）を添えて「玄洋社設置届」を福岡県警察本署に提出。当局は憲則第三条「人民主権」の字義について、天皇主権を脅かすものとして訂正を命じ、進藤は何度も警察に足を運んで説得に当たった。八月二十一日に至って官憲は設立を認可したのであるが、設立後しばらくして玄洋社自ら「主権」を「権利」に書き換えるという経過をたどっている。

玄洋社の明治十二年成立説は「玄洋」のみでなく藤本尚則著『巨人頭山満翁』と黒龍会編『東亜先覚志士記伝』下巻にも見られる。それらを引いておこう。『巨人頭山満翁』に次の一節がある。

玄洋社起こる――翁が土佐行に依つて自由民権の新武器を発見すると共に、之に依つて藩閥政府と戦ふの決意をなして福岡に帰るや、向陽義塾を改めて政社組織となし、玄海の怒濤天を擣つの勢に則つて名を玄洋社と命じ、新たに活躍の準備を整へた。時に明治十二年で、翁が二十五歳の時であつた。

また『東亜先覚志士記伝』下巻、列伝の中には次のようにいっている。

中島翔（玄洋社、東亜）――旧福岡藩士にして筑前秋月の儒家中島氏の一門である。安政四年福岡市下警固に生る。一時野村姓を冒せしも後ち中島の本姓に復した。（中略）明治十二年玄洋社の創立せらるるに方り、その同志の一人となり、爾来中堅青年の牛耳を執りて活動し、玄洋社の喧嘩大将として勇名を馳せ……

しかし「玄洋」とこの二冊によっても、明治十二年十二月成立とまでは限定できない。十二月成立説は、実は『来島恒喜』所収の、高場乱が箱田・平岡両名に与えた手紙[1]によって初めて傍証となし得るのである。この手紙は、向陽社内部に箱田派と平岡派の対立が生じ、「向陽」の社名をめぐって角逐のあった時点で、両派を仲裁する目的で書かれた。その後、箱田と平岡の和解で玄洋社結成に至るのである。手紙の中で高場乱は、自分の首をやるから仲直りせよ、と戒めている。

予不才といえども、幼時より威武富貴も心を動かさず。諸君知る所なり。強を畏れ弱を抑ゆるは君子為すべからず。然り而して諸君目前の利において、微々たる塾名これ争う。嘆ずべきかな。予が大意、清明の論、なお明白ならずんば、三日利刀をさげ私堂に来たるべし。白髪を洗い少分の一首進ずべし。諸君を戒む、後世の笑、懼れざるべけんや。

十二月二日　　　　高場　乱

箱田君
平岡君
　外諸君

この手紙は年記がなく、長く私の疑問となっていたものだが、明治十二年十二月二日と考えれば、無理なく説明できる。手紙の切迫した内容からいっても、この直後に和解となったのである。玄洋社は明治十二年十二月に実質的に創立されたという「玄洋」の主張に、この手紙は有力な傍証であろう(2)。

設置届に関連して、元玄洋社社長吉田庚の『進藤喜平太翁追懐記』の一節を引いておく。

向陽社創立の際は官辺に対し、自己（進藤喜平太のこと――引用者）の名を出して箱田、頭山両翁の名を隠して届出をなす等の変事あり。故に多少其当時の役員名簿にも異なりし点なきに非ざる可しと思はるる……（浅野秀夫編『進藤喜平太翁追悼録』昭和三十年九月十一日発行）

これは向陽社ではなく、前掲玄洋社の設置届ではなかろうか。この記述のとおりだとすれば、あるいは向陽社、玄洋社の二度にわたって、進藤が表面に立った事実があったのかもしれない。

（1）もとは漢文である。手紙の原物は残っていないので、『来島恒喜』所引のものを書き下した。

（2）ここで述べた石瀧の玄洋社明治十二年十二月成立説に対しては、近年（＊一九九一年）の森山誠一氏による一連の批判がある。森山氏の研究は精緻をきわめ、聞くべき点があるが、なお納得できないところもある。ここでは初版の趣旨を生かした。森山氏の見解については増補版二八六ページ以下で論じたが、本書では割愛した。

強進社

「九州日報」にも籍を置いたことのある田岡嶺雲の『数奇伝（さっきでん）』には、福岡を指して〝石炭成金と玄洋社の町〟と書かれているそうである。[1] 明治時代の筑豊地方は石炭一色にぬられていた。今でこそ石炭といえば〝斜陽〟のイメージだが、かつては進歩と活力の象徴だったのである。福岡は石炭で繁栄し、石炭成金の大尽（だいじん）遊びは馬賊芸者を有名にした。玄洋社も筑豊や北海道に広大な鉱区を所有し、莫大な利益が玄洋社の活動をまかなった。〝石炭成金〟の潤沢な資金が孫文の中国革命支援に充てられたことはよく知られている。玄洋社が本格的に石炭と取り組み始めるのは、明治も二十年代になってからである。しかしそれには、石炭鉱業のパイオニアとしての前史時代がある。鉱区争奪に玄洋社が活躍した時代のことはあとでふれるとして、ここでは明治十年前後の玄洋社と石炭との出合いを見ていくことにしたい。当時、玄洋社の人々が石炭鉱業の開発に手を染めていたことは、現在ではほとんど知られていないが、玄洋社初期の思想と行動を考える上で、無視できない事実である。明治十四年六月十七日の「福岡日日新聞」に次のような広告が出ている。

弊社儀、本月役員改選期限ニ付、左通社長改選致候条、コークス御使用之諸君エ御通知仕候也。

箱田六輔

筑前国穂波郡庄司村
コークス製造所　強進社

明治十四年六月

コークス製造会社、強進社の社長に箱田六輔が就任したという広告で、新聞に掲載して広く知らせたところに事業の隆盛もうかがわれる。続いて九月二十日の同紙には、十八日玄洋社主催で前県令渡辺清送別会が開かれたという記事が見えるが、席上渡辺は「コークス社長箱田六輔氏と該業拡張方法に付暫時懇談あり居しが……」とある。コークス事業を通じて、かつて対立関係にあった渡辺と箱田（玄洋社）とに、協力関係が生じてきたらしい事情が知られる。強進社について、もっと詳しくわからないだろうか。そう考えて「福岡日日新聞」の広告欄を注意して探してみると、四月八日と十三日の二回にわたり、「強進社増株広告」が掲載されていた。強進社の成立事情を見る上で興味深いものなので、全文を次に掲げよう。

人ノ最モ愛スベキモノハ国也。之ヲ愛シテ而テ之ヲ補育（ママ）スルハ人ノ義務也。其義務ヲ尽サント欲ル者ハ其産業ヲ務ルニアリ。維新以来職業ニ従事スル者特（ひと）リ従来ノ農工商ノミニシテ、未ダ産ニ就ク能ザル者鮮（すくな）シトセズ。是吾輩国家ノ為メニ太息スル所以也。於（ここにおいて）是同志相結社シ、輸入物ヲ減少スルヲ主義トシ、コークス製造ノ事ニ着手シ【爾后入社ヲ望ムノ各位アリシモ、一敗地ニ塗（まみ）ルノ恐レアルヲ以テ堅ク謝絶シ来リシト雖モ】協心努力シ、百方試験ヲ窮メテ実地ニ施行スルコト茲ニ年アリ。依テ愈素志ノ達ス可キヲ確認シ、益国益補助ノ一タランコトヲ期シ、今度二十株【一株ヲ五十円トス】丈ヲ増額スルニ付、同胞諸

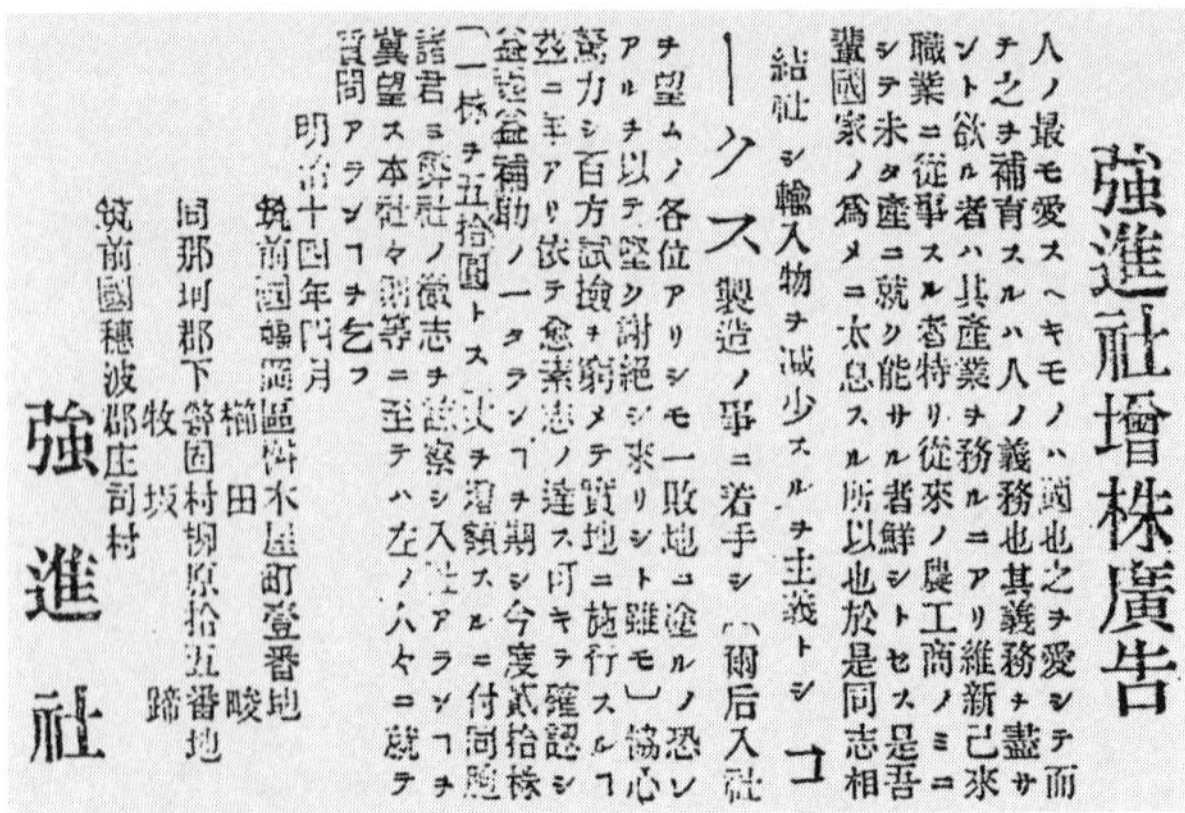
強進社増株廣告

人ノ最モ愛スヘキモノハ國也之ヲ愛シテ而テ之ヲ補育スルハ人ノ義務也其義務ヲ盡サント欲スル者ハ其産業ヲ務ルニアリ維新已來職業ニ從事スル者特リ從來ノ農工商ノミニシテ未タ産ニ就ク能サル者鮮シトセス是吾輩國家ノ爲メニ太息スル所以也於是同志相結社シ輸入物ヲ減少スルヲ主義トシコークス製造ノ事ニ着手シ（爾后入社ヲ望ムノ各位アリシモ一敗地ニ塗ルノ恐レアルヲ以テ堅ク謝絶シ來リシト雖モ）協心戮力シ百方試撿ヲ窮メテ實地ニ施行スル了茲ニ年アリ依テ愈素志ノ達ス可キヲ確認シ益盛益補助ノ一タランコトヲ期シ今度貳拾株（一株ヲ五拾圓トス）丈ヲ増額スルニ付同胞諸君ヨ弊社ノ微志ヲ諒察シ入社アランコトヲ冀望ス本社々則等ニ至テハ左ノ人々ニ就テ質問アランコトヲ乞フ

明治十四年四月

筑前國福岡區桝木屋町壹番地 櫛田畯

同那珂郡下警固村柳原拾五番地 牧坂蹄

筑前國穂波郡庄司村 強進社

強進社の増株広告（明治14年４月８日付「福岡日日新聞」）

君ヨ、弊社ノ微志ヲ諒察シ入社アランコトヲ希望ス。本社々則等ニ至テハ、左ノ人々ニ就テ質問アランコトヲ乞フ。

明治十四年四月

筑前国福岡区桝木屋町（ますごやのちょう）一番地　櫛田　畯

同那珂郡下警固村柳原（やなぎわら）十五番地　牧坂　蹄

筑前国穂波郡庄司村　強進社

強進社の事業開始はこれには明らかでないが、高野江基太郎著『筑豊炭礦誌』には明治十二年と書かれている。事業の目的は士族の産業従事の促進と、輸入を削減するためにコークス国産化を軌道に乗せることである。ひいては、それが国家への義務であるとも言う。事業化のめどがついたことから、一挙に千円もの増資を図ろうとしているわけである。牧坂という人物については不明だが、櫛田は、「福岡藩慶応分限帳」によると馬廻組で百三十石取りの家だったらしく、筑前国第四大区（遠賀郡）の区長助務で赴任し、のち（明治七・八年）に区長に昇任している。県の役人であった。二人が民権運動に関係したという確証はないが、社長に箱田を担いでいることからも、民権運動の周辺にいた人物なのであろう。

強進社が開発・経営した観音谷坑は、その後庄司炭坑の一部として財閥住友吉左衛門の所有となっている（明治三十年現在）。この間のいきさつについて『筑豊炭礦誌』はこう記している。

本坑借区内字観音谷の旧坑は、かつて福岡玄洋社中の人々強進社なるものを組織して其採掘をなせし跡にして、後地方有志者の所有となり、終に現坑主に譲渡せしものなりと云ふ。

強進社については『福岡県史資料』第一輯にも少し記載がある。「明治十五年未済事務引渡演説書」の中に「士族就産ノ事。一金二万円、強進社、是ハ旧福岡藩士族二川近（ふたがわちかし）等、コークス製造ノ為メ、拝借出願ニ付、右同断（十四年三月主務省ヘ副申中ノ事）」と、二川近を代表に、二万円の融資を申し込んでいることがわかる。このように、強進社は士族就産事業のひとつとして炭坑経営に乗り出したものだが、強進社と玄洋社の間に直接の関係があったかどうかはよくわからない。書家二川相近（すけちか）の孫・近がその後も炭坑経営に加わっていることはその経歴からも明らかになっている。

（1）正確には「福岡は石を金にした成上り者の世界であると共に、又浪人の天国である。此（こ）は一は玄洋社なる浪人団の本場があるのと……」と書かれている（田岡嶺雲『数奇伝』玄黄社、明治四十五年五月、二二九ページ）。

パイオニア

『筑豊石炭礦業史年表』その他から、玄洋社関係の人物を拾ってみる。まず中山繁である。中山は明治八年に福岡士族が結成した堅志社（社長は箱田六輔）の一員だ。すでに明治六年十二月に、中山繁とその父は宗像郡津屋崎村の官林を借りて、砂鉄吹出製鉄を行いたいと当局に願い出ている。実行されたかどうかわからないが、福岡士族が産業を志した比較的早い例であろう。

明治七年以前に炭坑経営を目指した人には松本潜（ひそむ）・幾島徳（めぐむ）兄弟がある。幾島は佐賀の乱鎮圧の政府軍に越知彦四郎らと参加。実は佐賀の乱に呼応する機会をうかがっていたのだが、七年二月に幾島が戦死したので、炭坑経営は頓座した。そこで松本の末弟安川敬一郎は学業を断念して幾島の仕事を引き継ぐことになり、松本と安川は鞍手郡・穂波郡での炭坑経営に着手した。

潜の養家・松本家の祖父平内は、福岡藩の天保改革で石炭仕組法を建策した人。そうした事情が松本潜を石炭事業に近づけたのであろう。松本・安川兄弟が事業に打撃を受けたとき、若い二人の力になった博多商人も忘れることはできない。博多中奥堂町の清酒醸造業、萬屋堺惣平である。堺が二度にわたり八百円を貸し付けてテコ入れしたおかげで、松本兄弟は事業を継続することができ、成功者となることもできたのである。松本は明治十一年には嘉穂郡庄司村の〝かんかん山〟採掘を始めた。次の年、同じ庄司村の観音谷で箱田六輔らも採掘を開始したが、箱田らに炭坑経営を勧めたのは、松本潜ではなかっただろうか。松本のもとには、当時中野徳次郎（のちに炭坑主となって玄洋社にも協力。中国革命をも支援した）がいて石炭の運搬に当たっていた。箱田らが採掘を始めると、中野はその石炭運搬をも請け負い、自ら炭車を引いて働いていたのである。

明治八年十月には、今見義勇が遠賀郡古賀村木舟（きぶね）下山に千五百坪（約五〇〇〇平方メートル）の借区許可を受けたという記事が見える。一方、九年十二月、萩の乱呼応計画のかどで箱田六輔、頭山満らが逮捕されるが、遠賀郡でも今見義男、高山融、野口弥太郎、疋田進、高田広次が捕えられている。これまで、私は今見以下の人々が遠賀郡で逮捕された理由がわからなかったが、あるいは炭坑開発に従事していたのであろうか。両今見は一字違いだが、「勇」は「男」の誤りで、おそらく同一人物なのであろう。今見義男は玄洋社創立にも加わって、社員名簿に名を連ねている。

次に、西尾陽太郎氏の「九州における近代の思想状況」（『九州文化論集』第四巻）によると、越知彦四郎と加藤堅武、久光忍太郎の三人は、共同で鞍手郡小竹村に硝石買い入れの合資事業を起こしていた。三人は十年三月の福岡の変に参加、捕えられて、反乱軍の指導者としていずれも処刑されている。硝石事業に従事したのは九年ごろのことであろうか。今見にせよ、加藤にせよ、産業に従事する生活と士族反乱への参加が、容易に結びついていることが注目される。加藤は口供書の中で「国家の失体、貨財の空乏を憂ひ……兵力を以て政府に迫り君側の奸悪を掃除せんと相約した」と述べ、もっぱら不平等条約下での新政府の経済政策の失敗を、反乱の動機としているようである。

越知の生前か死後かは知らぬが、越知彦四郎の妹は筑豊の炭坑家に嫁している。幾つもの主要炭坑を所有した許斐鷹助（このみ）と結婚しているのである。私はこの話をある玄洋社員の子孫から聞いたが、永末十四雄氏の『筑豊讃歌』にも書かれている。許斐は直方近郊に生まれ、福岡に遊学して越知と舌間（したま）慎吾を知る。殊に越知には傾倒していたという。福岡の変では、福岡を逃れてきた平岡浩太郎をかくまい、平岡が西郷軍に合流すると、許斐も同志を集めようと、豊後高田から久留米を転々として、果たせなかった。許斐はそうした経歴の持ち主である。

明治十二年に箱田六輔らがコークス事業を起こしたことは述べたが、この年に、久野一栄（ひさのかずしげ）も炭坑経営に乗り出している。嘉麻郡勢田・鹿毛馬（かけのうま）村の坑区税納入書の中に久野の名があり、苗代谷千坪（約三三〇〇平方メートル）の坑区税として一円を納めている。久野一栄は福岡藩の天保改革で失脚した家老久野外記（げき）の子。福岡の変に参加して懲役五年の刑を受けたはずだが、在獄一、二年ですでに出獄していたということなのだろうか。

明治十年前後の筑豊に、以上の人々が〝山師〟として乗り込んでいたのであった。松本・安川兄弟を除けば、ほとんどがうたかたのように、いつの間にか消えてなくなっていたのである。しかし、彼らが石炭業苦闘時代の輝かしいパイオニアだったことは間違いない。

草莽の留学

筑前共愛会は、初め条約改正を議題とする有志会議として計画されたものであった。会議参加を勧誘するため筑前各郡をまわったのは、当時「博多新聞」を発行していた松田敏足と徳重正雄の二人である。徳重はドイツ帰りで、このころは銀行の取締役をしていた。徳重は共愛会の性格を見極める上で欠かすことのできない人物であると思われる。

徳重正雄の経歴は上妻国雄氏『宗像人物風土記』に詳しい。それによると、徳重は弘化三年（一八四六）宗像郡徳重村（現宗像市徳重）の大庄屋石松伴蔵の嫡子として生まれ、幼時から勉学に励んでいたが、桜田門外の変を知って時勢に目覚め、勤王の志を抱くようになった。文久二年（一八六二）に十七歳の若さで庄屋となったが、翌年自ら辞任して月形洗蔵（福岡藩の勤王家。慶応元年処刑された）の門をたたき、次いで日田の広瀬淡窓の塾咸宜園（淡窓は当時、故人）に入門した。このとき、すでに広く天下の志士と交わっていたという。時代の沸騰が早熟な少年の気持ちを駆り立てていった。このころの徳重は草莽の志士の一人と見てよいであろう。

元治二年（一八六五）、三条実美ら討幕派の五卿が宗像郡赤間宿に滞在した折、徳重は三条に近侍し、西郷隆盛に非凡の才を認められたという。その後、明治二年九月、徳重は福岡藩を脱走して鹿児島に向かう。石松姓から徳重に改めたのもこのときである。鹿児島では西郷の世話になった。翌三年三月、脱藩の罪を許され、藩命によって鹿児島・東京への遊学を命じられた。脱藩者に対しては異例の措置と言える。上京した徳重は、東京外語学校[1]に入ってドイツ語を学び、五年三月、私費でドイツ留学を目指し横浜港を出帆。ドイツ留学は西郷の勧めに従ったものという。ベルリンで赤星研造と会い、ハイデルベルクでは赤星の下宿に部屋をとった。赤星は慶応三年（一八六七）、福岡藩の留学生としてオランダに学び、このころドイツの大学病院で研究を続けていた。徳重はハイデルベルクの私塾で二年、次いで大学でも二年間、ドイツ語や経済学を学んで、九年七月帰国した。異国で健康を害し、学業なかばでの挫折であった。

帰国したのが秋月の乱の直前。病弱の徳重は西郷との恩義もあって十年三月の福岡の変に参画。計画がもれると追手を逃れて大阪の実業家大三輪長兵衛にかくまわれた。大阪で徳重は大三輪を助けて第五十八国立銀行設立に尽力し、十一年十一月開業と同時に取締役に就任した。以後十三年まで博多支店で事務を総轄する。ちょうどこのころが、共愛会結成に加わった時期でもある。十三年から十七年までは、福岡出身の官僚早川勇の庇護で療養生活を送り、十六年二月には『為替手形約束手形条例註釈』という著書を公にしている。十九年一月に宗像郡から県会議員に当選したが、翌二十年三月、四十二歳で病没した。徳重正雄は有為の才を抱きながら、十分な開花を見ずに逝ったのであった。

徳重の妹婿石松要一が大庄屋石松家を継いでいたが、石松は十一年十月以来県議当選を重ね、また筑前共愛会の人民総代委員にも選ばれた人物。のちに初代赤間村長となった。

私が徳重正雄に関心を持ったのは、徳重がドイツから家族に宛てた手紙を読んでからだ（福岡県立図書館に写しがある）。徳重は実学に関心が高く、明治七年正月元日付でハイデルベルクから家族に宛てた手紙には、宗像郡や筑前での殖産興業の方策をあれこれと述べている。その当否は私にはわからないが、これは徳重の持論であって、十二年に筑前各地の有志を説いてまわったときにも、殖産の話をしているのではないだろうか。共愛会の条約改正論というのは、地域レベルでは輸入品の排斥と倹約奨励に尽きているが、徳重の殖産に対する関心や考え方が、共愛会活動にある程度投影されているのではないかと思うのである。これは現在のところ

【徳重正雄の家系】

石松伴蔵 重住
宗像郡徳重触十九カ村大庄屋。明治九年四月十六日没。六十歳。

- **徳重正雄**
  伴蔵の嫡子。徳重村庄屋。石松氏を出て徳重を称す。ドイツに留学。福岡県会議員。明治二十年三月十一日没。四十二歳。
- **石松要一**
  本姓筋田氏。伴蔵の養子。徳重村庄屋。福岡県会議員。宗像郡赤間村長。大正元年十二月三日没。六十五歳。
- **桃**（伴蔵の二女） ＝ **武谷椋亭** 祐之
  福岡藩医。広瀬淡窓、緒方洪庵に学ぶ。福岡藩に西洋医学や西洋技術を導入する先進的役割を果たした。
  - **武谷椋山**
    本姓原田氏。椋亭の養子となるが、のち原田氏に復した。藩命でオランダに留学。
  - **武谷水城**
    御笠郡尾石惣平の子。椋亭の養子。陸軍軍医監。軍医少将。『筑紫史談』に拠って郷土史研究に貢献。

（伴蔵の妹） ＝ **武谷元立**
鞍手郡の蘭方医。シーボルトの門人。福岡藩で初めて解剖を行った。

筑前共愛会

徳重正雄……共愛会結成の母体となった条約改正についての会議開催のため、松田敏足とともに筑前各郡を遊説。共愛会第三期参謀。

石松要一……筑前国宗像郡六十カ村人民総代委員として、共愛会の国会開設・条約改正両建白書に署名。

資料：①武谷祐之『南柯一夢』（井上忠校訂・注解）
②『宗像郡誌』

推測にとどまっているが、徳重という人物の経歴は大いに興味を起こさせるものがある。

手紙には、例えばこう書かれている。「産物を繁殖」させることが大切で、日本の場合は茶、蚕、蠟など外国にない物を盛んにして輸出を増大することである。また輸入物であるビール、ラシャなども国内での生産を増せば、禁ぜずとも輸入は自然に減らすことができるであろう。宗像郡は鶏卵産地だから、一軒に一番ずつニワトリを増飼いし、鶏卵会所のような旧式はやめて、一切を商人にまかせれば、会所の益はないが地域の益にはなる、と述べている。赤間、津屋崎のように人口が多く田地不足の所は、「器械人業」（今日の工業か）を興し、筑前は米が多いから米のまま売るより酒にして売るのがいい、と勧めている。豪農出身で庄屋を務めていただけに、徳重の思考は地に根ざして極めて具体的である。共愛会にはこういう人物もいたのだった。

（1）東京外国語学校は明治六年創設なので、その前身である開成学校語学課程もしくは外国語学所（外務省）をさすか。

草の根

筑前共愛公衆会と玄洋社とは、どちらも明治十二年十二月に誕生した。では、両者の関係はどう考えたらいいであろうか。反目・対立していたか、それとも協調していたか。普通、共愛会と玄洋社は対立関係にあったと理解されているが、実際はそうではない。結論を先に言えば、玄洋社は共愛会の一角を占めていたし、現に共愛会の実務的・日常的活動は玄洋社員によってこそ担われてきたのである。例えば次のような事実がある。

頭山満の動向について、共愛会の初代会長郡利はのちに「頭山は向陽・玄洋・共愛の各社に往来し」ていたと書いている。つまり頭山は共愛会と対立していない。また、十三年十二月二十二日の「福岡日日新聞」によれば、共愛会の遠賀郡連合会書記に森祠火、藤（とう）規矩太郎、的野薫の三人が出向している。いずれも当時、玄洋社員だった人である。さらに十四年四月、奈良原至が共愛会常務員に当選、五月には箱田六輔が会長に当選した。共愛会連合本部は事実上玄洋社の手で運営されたと言ってもよい。発足当初から二度にわたって共愛会の会長を務めた郡利は「福岡日日新聞」の主筆・社長でもあったが、玄洋社にも所属していたようである[1]（十四年五月の玄洋社演説会に出演）。こうした事実から浮かび上がるのは、むしろ玄洋社と共愛会の一体感であり、両者の間柄は〝蜜月〟と言ってよいくらいである。かつて明治六年の筑前竹槍一揆（十万人が参加したと推定される）の際、鎮撫隊をつくって農民に斬り込んだ福岡士族も、農民と士族との越えがたい溝を、ついに克服したかに見える。

ところで、その共愛会は「九百三十三町村人民の結合体」と称しているが、ただのうたい文句だという見方もあろう。共愛会の下部組織の実態を確かめておくことが必要だ。そこで、幾つかの事例を見ておきたい。まず、玄界灘に浮かぶ孤島、小呂島（おろのしま）の漁民が共愛会結成に加わったことは、「福岡日日新聞」（明治十三年十二月十二日）の記事に見えている。

> 小呂・玄海（界）・姫島等の諸島ハ、怡土郡（ママ）に属する絶郷なるが、初め共愛会創立の時ハ、小呂の島よりも十数里の玄洋を航し来り会せしが、其後玄海・姫島等の如きも毎回必らず出頭し、舟子漁者の世間の事に心を寄せ純良質直の風ハ、真に愛するに堪へたり。都市（みやこ）に住（すみ）、暖衣飽食に安んずるの人々よ、少しく顧みて絶島の漁夫に笑ハるゝなかれ。

共愛会が上からのかけ声だけでなく、民衆の積極性によって、下から支えられていた実情がわかるであろう。

次に『鞍手町誌』に紹介された二つの史料がある。ひとつは「条約改正ニ付醵金人名簿」(表紙のみ残存)で、「明治十三年二月一日、筑前全州共愛会鞍手部古門村委員、伊藤熊雄」と記されている。共愛会による資金カンパが古門村で行われたということである。古門村は『太宰管内志』の編者伊藤常足の出身地で、熊雄は常足の曾孫。同村の神官だった人。もうひとつは、十四年一月制定の「協同期成会新北村分会定則」で、『鞍手町誌』によれば、協同期成会とは共愛会鞍手郡支部のことという。「定則」は四章からなり、「第二章　殖産教育」、「第三章　節倹法」が注目される。これは愛会にあっては殖産は条約改正と、教育は国会開設と、それぞれ関連して位置づけられる。これは共共愛会活動の最大公約数なのである。節倹法は倹約奨励と輸入品排斥が骨子で、使用禁止の物品を掲げ、厳しい罰則規定も設けている。

今日の目から見れば不思議なくらい節倹に熱意を燃やしているが、郡利が岩倉具視に「倹約法」を建白したこと(明治十三年十月)、福岡県下の各郡で僧佐田介石の輸入品排斥運動が広まっていったと言われることと併せて、民衆レベルでの生活運動としても、今後究明されるべき点を含んでいる。「強進社増株広告」にも輸入品減少をうたっていたが、舶来品排斥の運動は、当時の福岡県でかなりの深さと広がりをもって進められていたのである。

最後に、共愛会と博多商人との関係についてだが、博多商人から共愛会幹部への進出は見られない。しかし全く無関係だったのではない。十三年十二月十日の「福岡日日新聞」に「我共愛会博多部へ左ノ有志者ヨリ寄附致サレタルニ付一統誠ニ感激ニ耐ヘズ。依テ広ク謝ス。共愛会博多部会員総代、副部長岡清兵衛」の広告があって、以下三十四人の博多商人の名が並んでいる(寄付額は総額三百十五円)。磯野七平(のち第二代福岡市長)と内海善兵衛が最高で各三十円、他に下沢善四郎、瀬戸惣太郎、堺宗兵衛(惣平)、太田清蔵、渡辺与三郎ら当時の博多の豪商たちが共愛会博多部に軒並み寄付している。博多商人も共愛会に加わっていたわけだ。

以上に述べたのはほんの一端だが、共愛会は島・村・町の〝草の根〟的組織と緊密に結びついていたことが知られるであろう。

（1） 喜多島家文書中の「玄洋社員名簿」（『増補版　玄洋社発掘』収録）から、郡利が玄洋社員であることは確定できた。

私擬憲法

共愛会の活動で忘れてならないことのひとつに、私擬憲法草案の作成がある。民定憲法の実現を要求する民権派にとって、自主憲法案の作成は最も緊急な課題であった。明治二十二年に大日本帝国憲法が発布されるまでの十年間、民間の手で実に多くの私擬憲法草案が作られている。中でも共愛会の憲法草案は、民権派によるものとしては最も早い時期のものであった。

共愛会草案には二種類ある。「大日本国憲法大略見込書」（甲号）と「大日本帝国憲法概略見込書」（乙号）である。[1] 甲号は大塩操（向陽義塾講師）が、乙号は武谷（たけや）次郎（鞍手郡出身、十五年から県議）が、それぞれ起草したものという。甲号は十三年二月、連合本部研究所で起草され、審査委員の手を経て各郡区本部に送られた。また、二月十七日からの第二期会で討議され、第五号議案「憲法草案審査」の件は、「原案可決」となった。次いで七月の共愛会第四期臨時会が十月一日を期して憲法審査討論会を開くことを決定、会長三木隆介（小野隆助）、副会長箱田六輔の名で活版刷甲号案を郡区会員に配布し、討論会への積極的参加を求めたのであった。

こうしてみると、甲号案は大衆的討議にかけられた点に重要な意義があったと言えよう。乙号案作成の経過は不明だが、右の憲法審査討論会の結果を受けて甲号案を修正したものであろうか。いずれも百三十八カ条から成る。

甲号案には「甲号乙号トモ吾国体ニ対シ不穏当ノ文有リ、宜シク考思スベシ」との郡利の書き入れがあるが、郡個人の感想か、共愛会としての評価かは不明。ずっと後年の書き込みなのかもしれない。私は明治十三年の時点では、甲乙両案とも大筋において共愛会の思想を反映していると考えてよいと思う。共愛会の私擬憲法草案は、昭和十三年四月の福岡市発展史展覧会に玄洋社から出品されたが、そのころは「玄洋社私擬憲法」と称されていたという（『玄洋』第三十七号）。この呼称は当時の玄洋社公認であった。

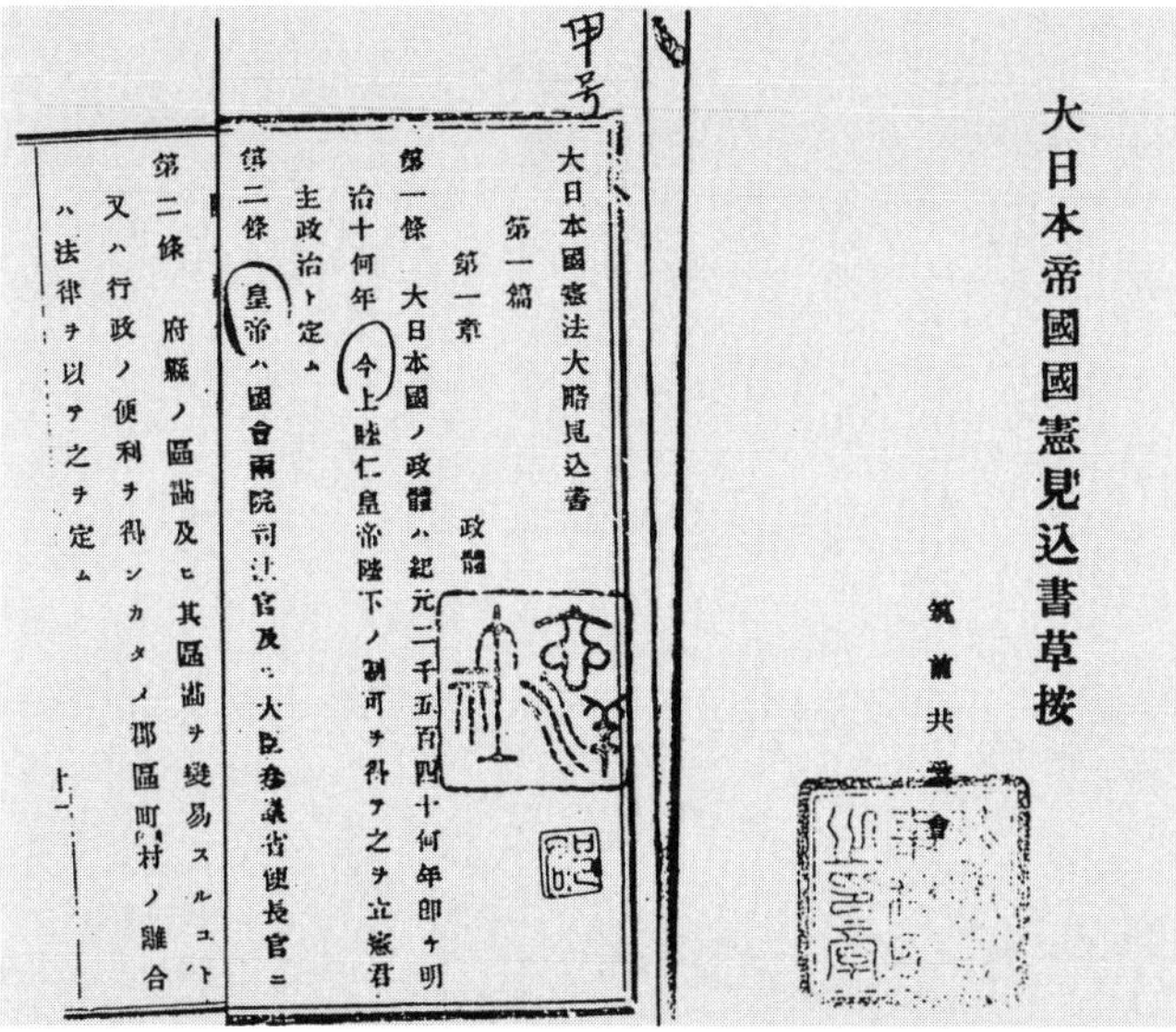
大日本帝國國憲見込書草按
筑前共愛會

甲号
大日本國憲法大略見込書
第一篇　政體
第一章
第一條　大日本國ノ政體ハ紀元二千五百四十何年即チ明治十何年今上睦仁皇帝陛下ノ制可ヲ得テ之ヲ立憲君主政治ト定ム
第二條　皇帝ハ國會兩院司法官及ヒ大臣参議省使長官ニ
第三條　府縣ノ區畫及ヒ其區畫ヲ變易スルコト又ハ行政ノ便利ヲ得ンカタメ郡區町村ノ離合ハ法律ヲ以テ之ヲ定ム

筑前共愛会の憲法草案。左側が甲号，右側が乙号の表紙。甲号には「玄洋社」，「郡」の印が押され，郡利の書き入れがあるのがわかる。九州帝国大学の金田平一郎が戦前撮影していた写真（九州大学法学部蔵）

甲乙両案のうち、より完成度が高いと思われる乙号案についてその内容を検討してみよう。

第一条は国体を規定し、「皇太神ノ神孫タル無姓ノ皇統」すなわち天皇家のみが皇位を伝えるもの、とする。また第二条では政体を規定して「永世立憲君主政治」であるとする。ここでは、天皇家の権威は太古からの神孫であるという点でだけ理由づけられており、現世における絶対的・超越的存在では決してない。しかしまた一方で、将来における共和制への移行も完全に否定している点が注目される。

両草案とも〝天皇〟の語を使わず〝皇帝〟を用いる。「皇帝ハ国ノ首長」（第八十四条）にすぎず全能の統治者ではないわけだし、「皇帝ハ国会ニ於テ国憲ト法律トヲ践守シ内国ノ安寧ヲ保護シ外国トノ和親ヲ保全スベキノ誓ヲ述ブベシ」（第九十六条）と規定されていて、皇帝は国会（国民）との契約によってのみ機能しうる存在である。一応ヨーロッパ的な社会契約説の原理が貫かれているが、契約破棄（革命権）の規定はない。それは、行政権を皇帝親政としながらも皇帝免責の立場をとったのと関係があって、実質的には皇帝よりも行政官僚を優位に置き、官僚よりも国会を優位に置いたからであろう。皇帝は結婚も皇位継承の変更も国会の承認を経なければならないし、皇帝と大臣に意見の衝突があれば、大臣は国会に自己の正当性を訴えて、国民の判断を仰ぐことができるのである。また大臣の副署なき勅書は執行できない。合理的に帝権乱用を制限する規定であった。

三権分立については、立法権を国会と皇帝に与えた。皇帝の立法権とは法案の国会通過後の「制可」（天子のゆるしの意）を指す。実際には拒否権ともなり得るわけで、三権分立は不十分と言える。ただし「司法権ハ不羈（ふき）独立タリ」（第百十三条）と明記し、しかも国会議員と行政職員は「皇帝への忠義」と「国憲・法律の遵守」を誓うが、司法官のみは後者だけ誓えばよいと区別した。国民は法の前に平等（同一ノ権ヲ有ス）であり、言論・印刷・出版・結社・集会の自由を無条件に認めている（ただし法律に責任を負う）。

国会は上院・下院の二院制で「両院ハ憲法法律及ビ国民自由ノ権ヲ監護ス」とし、刑事・国事裁判は陪審制とするなど、自由民権の要求を織り込んだが、議院内閣制は否定した。下院は一般国民の「普通複選法」によって代議士を選ぶことになっている。普通複選法は、甲号案によれば郡区選出の選挙人による間接選挙で、共愛会の組織原理と同じだ。乙号案の定める有権者は「一家ノ戸主ニシテ年齢満二十歳已上ノ男子」であり、一切の財産制限を撤廃した点で画期的だが、戸主に限った点で特異なものであった。

全体として、共愛会の憲法私案は現に進行しつつある〝天皇親政〟（実は官僚専制）と根本的に対立するものではなく、それだけ実現可能性はあったと思われる。制限的な立憲君主制を目指した点で、明治十三年当時としては可能な限り急進的であったと私は見る。

(1) 共愛会憲法草案はそれぞれ二つの題名を持つ。甲号は、表紙に「大日本帝国憲法見込書大略」と書いているが、内題は「大日本国憲法大略見込書」(末尾の留めには「大日本国憲法見込書」)となっている。また、乙号は表紙が「大日本帝国国憲見込書草按」、内題が「大日本帝国憲法概略見込書」である。いずれも『福岡県史 近代史料編 自由民権運動』に収録。なお、一四三ページ写真右側(乙号表紙)の印影は「共愛会事務所之印章」。

民衆の文明開化

「知恵の交易会」も生まれた。これは明治十三年ごろ上座(じょうざ)郡の人々が組織していたもので、上座郡共愛会の別名。上座郡は今は朝倉郡の一部だけれども、当時の筑前で最も辺境の地であったという。「知恵の交易会」という名称には、たくまぬわかりやすさ、健康な明るさが感じられる。これこそ〝民衆にとっての文明開化〟と言うべきであろう。この会は「法律其他万般」を研究する会であった。峠の向こうから村々に現れる新奇な品々のように、共愛会の憲法草案が「知恵の交易会」に持ち込まれ、討議と研究の対象にされた日もあったに違いないのだ。無名の先人たちのこうした営みのひとつひとつを、私たちはもっと注目すべきだし、丁寧に掘り起こす必要がある。

御笠郡の共愛会組織である思水会(しすいかい)の場合は、さらにはっきりと憲法研究を掲げている。思水会の趣旨は「智ヲ換ルニハ演説討論ヲ事トシ、オヲ養フニハ法律憲法ヲ研究シ、貧富四民ノ差別ナク共同公愛ノ真理ニ基キ真心相投ズルノ懇会」というものだ。「貧富四民ノ差別ナク」という一節と、憲法研究への情熱とが結びついたところに、新時代の理想と息吹を感じる。

右の二例は、「福岡日日新聞」に連載された「共愛会長巡回日誌」（明治十三年十二月十一日完結）からの引用だが、共愛会の会長（元の連合本部長）の各郡巡回は共愛会で特別な意義を持つ制度で、このときは筑前十五郡のうち十二郡を歩き、行く先々で親睦会に参加している。共愛会は近世農村の村落共同体を基盤に成立していると考えられるが、会長巡回によって実情視察と意思疎通を図ろうとした。各郡本部の自立性が強いので、会長巡回によって調整を図ろうとしたとも言える。

さて、この時期の玄洋社はほとんど共愛会の中に解消されていて、目ぼしい動きはない。ただ玄洋社演説会だけは定期的に行われていたようである。〝ある日の玄洋社〟をのぞいてみよう。十三年十二月十一日の演説会では、演説者が実に十一人もいる。演題には恋愛論あり、人生論、社会論、政治論あり、幅広いプログラムだ。もっともそのころの演説会は、今日の公開講座のような社会教育の場であったし、一面では娯楽の場でもあった。また、臨席警官の監視下では当たり障りのない題目でごまかしたのかもしれない。多彩なプログラムにはそんな事情もあろう。「明十一日玄洋社ニ於テ演説員名幷ニ題目ハ左ノ如シ」として、次のように続く。

恋ニ焦レル　宮原篤三郎○世界一統論　村井一英○製糞機械之談　大内源三郎○世間仮面ヲ蒙（かぶ）ル者多シ
西川九郎○白骨ヲ築テ日清両国和親ノ基礎ヲ固フスベシ　奈良原至○社会ノ勢力　松村玄三郎○外債募集ノ風説果シテ信ナル乎　久田全○自由論第二回　久野藤二郎○艱難身ヲ玉ニス　藤崎彦三郎○文明開化
田村仙司○僥倖論第一回　大塩操

（「福岡日日新聞」十三年十二月十日）

この中で「世界一統論」という興味深いテーマを論じた村井一英のことを書いておこう。村井の名は同年五月と十月に当局に出された玄洋社員名簿（九十三人）の中には見えないが、未届けの社員なのであろう。(1)同年二月の共愛会第二期会には福岡区選出の人民総代委員として出席しており、少なくとも共愛会の有力で熱心な活動家だったことは確かだ。『明治文化全集』第二巻所載の「自由民権文献年表」には村井の著作が記されているが、誤って村上と書かれている（編者は実物を見ていないようである）。村井の著作『（通俗）愛国民権論』は明治十三年刊行で、民権の名を冠して福岡で出版されたものとしては三番目のものである。植木枝盛の『民権自由論』（十二年四月）と福本日南の『普通民権論』（十二年十一月）に続いたものだ。この本自体についてはまだ一度も報告されたことがないので、おそらく未発見ではないだろうか。(2)「福岡日日新聞」（明治十三年十二月二十六日）に広告が載っていて内容のおおよそはうかがい知ることができる。

『（通俗）愛国民権論』は洋綴の一巻本で、版元は福岡橋口町の山崎登（玄洋社員）。織田純一郎が校閲し、宮本茂任が評を寄せている。宮本は旧福岡藩士で、有名な漢学者である。広告文は言う。「此書ノ如キハ至ツテ平易ニ説キ、其民権ノ因テ以テ興ル理由ヨリ、世ノ開ケルニ付ケ今日ニ在ツテハ是非共民権ヲ興暢セデハナラザル時節ノ来レルコトヨリ、政体ノ立方ニ依リ民権ノ伸縮アルコト等、夫レゾレ章ヲ別ケ詳ニ論ジタル者ナリ」と。地方都市に過ぎない福岡で、二年足らずの間に、三冊もの民権論啓蒙書が出されたことになる。それは、共愛会や玄洋社による民権運動底辺の拡大を抜きに語れない事実と言えよう。

（1）喜多島家文書中の「玄洋社員名簿」（『増補版　玄洋社発掘』収録）から、村井一英が玄洋社員であることは確定できた。

（2）国立国会図書館が所蔵し、インターネット上のサイト「近代デジタルライブラリー」で公開されている。表紙には題名の横に「福岡書肆　山崎氏蔵」とあり（「蔵」は「蔵版」の意味）、奥付は「明治十三年八月廿四日版権免許、同年十一月出版、著述人村井一英（福岡県福岡区地行東町百三十一番地・士族）、出版人山崎登（同県同区福岡橋口町四十番地・士族）、発兌弘令社（東京府神田区五軒町）、同古賀男夫（福岡県福岡区橋口町百四十二番地）」となっている。また取り扱い書店の意味で、東京・大坂・京都・熊本・筑後各一人のほか、福岡では林斧助、古野徳三郎の二人の名が上がっている。さらに正誤表も添付されている。「緒言」によると、村井の著した一小冊子に目をとめ、これを公刊するよう奨めたのは「書肆鴻文堂主人古賀氏」だったという。表紙には「織田純一郎閲、宮本茂任評、村井一英著」と書かれているが、織田純一郎の序、「緒言」、本文の順になり、宮本茂任の評は頭注の囲みの中に置かれている。

なお、村井一英も福本日南と同じく司法省法学校で学んでいる。

百年祭

〝玄洋社発掘〟は、一面では〝筑前民権運動の発掘〟でもある。もっとも、一、二を除いて「筑前民権運動」などというものをかつて唱えた人はないし、そう呼んだ場合にも、それは「筑前における」民権運動と言うに過ぎなかった。したがって、筑前民権運動の「発見」と言った方がよりふさわしいのかもしれない(1)。実際、これまで自由民権運動の研究者はもとより『福岡市史』や『福岡県議会史』などでさえ、玄洋社や筑前共愛会の活動を、筑前民権運動という一個の独自な潮流としてとらえたことはなかったのである。

私は、向陽社から共愛会、玄洋社に至る運動の流れを、筑前民権運動と呼ぼうと思う。言葉をもてあそぶつもりはない。そこには、他と区別されるだけの本質的な特徴(路線の問題)があると考えるからだ。従来、向陽社、共愛会、玄洋社の間の相違点のみを数えあげ、その間に大いなる〝断絶〟を指摘するのに急であった。しかし、その〝断絶〟は、向陽社の最も主要なメンバーである箱田六輔、奈良原至、林斧介らが、共愛会と玄洋社で重要な地位についている事実によって、明白に否定されざるを得ないのだ。したがって福岡向陽社と筑前共愛会の関係については、「福岡」から「筑前」への民権運動の地域的拡大に呼応した、組織の〝模様替え〟

と考えたほうが自然である。

もちろん両者には、すでに述べたように〝政社〟と〝自治組織〟という組織原理の違いがあるから、連続的発展ではなく、飛躍的発展という見方である。このように向陽社、共愛会、玄洋社をひとつの視野に収めない限り「全国」民権運動に対する筑前民権運動の貢献という事実は見えてこないのである。

明治十二年を通じて高知立志社に匹敵するとの評価を得ていた向陽社は、十三年になると共愛会に座を明け渡す。この年は共愛会が新たに立志社と対抗し、民権運動内で立志社にまさる支持を集めた年でもあった。十三年三月に愛国社第四回大会が大阪で開催されたが、参会した人々の要求で別個に国会期成同盟が結成され、同盟として国会開設請願書を提出することになった。この会議では、百十四人の代表が全国から集まったうち、実に四十数人が高知県代表であった。会議は荒れて「土佐派追放」の声すらあがったという。

筑前共愛会からは大阪出張外交委員の林斧介が参加したが、委任がないことを理由に請願署名には加わらなかった。署名者の中では、向陽社総代の松本俊之輔、筑前怡土郡二十五カ村総代の前田貢、大和柳本村総代の木下日出十の三人が筑前人である。松本は有力な玄洋社員。前田は、おそらく郡共愛会総代としての参加であろうと思われる。

このときの国会期成同盟は集会条例によって解散状態となり、請願書も受理されなかった。しかし十一月には、第二次国会期成同盟が東京で結成されることになった。この会議には高知からの参加者わずか二人、共愛会からは郡利、箱田六輔、香月恕経の大物三人が参加した。その結果、国会期成同盟はかなり共愛会に似かよった組織となり、郡が副議長、箱田・香月が幹事に当選、常務委員の選挙でもこの三人が二・三・四位を占めたほどで、多くの参加者から支持を得た（一位は議長の河野広中で福島出身。しかし四人とも辞退した）。

こうして見ると、向陽社と共愛会は常に立志社と対決しながら、民権運動を牽引してきたのであった。また愛国社から国会期成同盟への道のりは、さながら筑前派と土佐派とのシーソー・ゲームであった観がある。明治十三年という年は、国会開設請願運動と私擬憲法草案によって民権運動が国民的高まりを見せた年として高く評価されているが、そのいずれも共愛会が先駆けとなった。筑前民権運動は、その功績に比べてあまりにも知られざる存在だったのである。私は、筑前民権運動を復元する努力があってこそ、福岡近代史の真の意味も現れてくるであろうと思う。

（1）本書のもとになった新聞連載（昭和五十四年五月十一日から翌年七月二十五日）をまとめ、『玄洋社発掘――もうひとつの自由民権』（昭和五十六年五月二十日、第一刷）を上梓した際、「あとがき」で福井純子さんの論文「筑前民権運動についての一考察」（『立命館史学』第一号、昭和五十五年五月）についてふれた。私は新聞連載終了後に、福井論文に接したので、同時期、筑前共愛会という同じテーマを、同じ問題意識で追求していたことになる。福井さんが筑前民権運動について述べた一節は私のここでの問題意識と重なり合う。

ひるがえって考えてみるに、向陽社以来の筑前の民権運動は一貫して九州における民権運動をリードしており、その中心的な存在であった。また筑前においても、向陽社は他の民権結社を指導する立場にあったし、共愛会に至っては親睦会・諸結社と指導・同盟関係にあったといえるのである。従来の筑前民権運動研究が共愛会の動向を玄洋社成立の前史として取扱ってきたために、その運動のもつ性格について限界や負の面を強調する傾向が強かった。しかし本稿では、向陽社・共愛会の検討を通じて、筑前の民権運動が急進的な運動にはなりえなかったものの、早い時期から独自の運動を展開しており、単に玄洋社に収斂してしまうものではなかったという新たな筑前民権運動像を提示しえたものと思う。

なお、見出しの「百年祭」は初出時点（＊一九八〇年）での表現である。二〇一〇年の時点でさらに三十年を経ている。

政党観

筑前民権運動の特徴を一言(いちごん)で言えば、土佐派の中央集権的発想に対する地方分権重視の立場である。土佐派が少数有志による強固な団結を目指して大衆に信を置かないのに対し、筑前派は、たとえ主義を犠牲にしてでも村レベルでの大衆獲得を目指す。土佐派と筑前派の路線の相違はこのように対比できるかと思う。これは玄洋社を一匹狼の集団とする従来説の立場を根底から逆転させる見解だが、そう考えるほかはない。それが政党観の違いにもなって、筑前派は土佐派主導の自由党結成には、ついに加わらなかった。筑前派の政党観がどのようなものか、少し立ち入って考えてみよう。

明治十三年十一月の第二次国会期成同盟大会（東京）は〝政党〟の提唱という点で注目されているものだ。大会のもようを「福岡日日新聞」（明治十三年十二月七日）は詳しく報じているが、これは大会参加者（郡利か）の書簡をそのまま掲載したもののようだ。その中で政党と国会に関する部分を紹介すると、「右の三号案の修正案は、全国に一大政党を立て全国の連合を計り全国を視察巡導する事恰かも米国合衆政事の体にならい、国会の如きも此の政党中の一事業と為す〔此の連合法は我共愛会の当初の結合法と同(おなじ)なりとぞ〕の見込なりしに……」と報じられている。

第三号議案は「国会開設論者密議探聞書」によれば、大日本国会期成同盟規約のこと。この原案は結局破棄されたが、東京に中央本部を設けて部長を置き、中央本部からは視察委員を全国に派遣することなどを規定して、共愛会組織との共通点が見られる。また、その修正案というのは内容から見て郡利（福岡）と河野広中（福島）、松沢求策（長野）三人による修正建議を指すと思われるが、これは規約原案を補強したもので、国会

箱田六輔の記念碑（福岡市南区平尾霊園）

期成だけに目的を限らず、同盟自体を政党に高めよ、とする。全国八区の委員による中央本部を設け、中央本部の権限を強化して地方指導機関とする構想。ところが、筑前派の理解によれば、この政党が「米国合衆政事」にならったものとされているのである。この修正案も曲折を経て否定され、大会は「合議書」を採択するとともに、「盟約ハ国会期成ニ止マル。自由党ハ別ニ立ツ」と決定する。大会が進取の気に乏しく、消極的姿勢に終始した点を突いて、右の福日記事は大会決定に「すこぶる保守策」との不満をもらしている。

アメリカ合衆国の政治制度にならったという筑前派の政党観は、極めて特異なものだ。「政治上に主義思想を同一にする」有志が同盟とは別個に政党を結成するべきだ、とする大会の決定（今日の目から見ても納得できる）に対し、筑前派の意見は「政党を立つるは地方国会の結合に拠る」というものであった。アメリカ合衆国は、言うまでもなく一州一州が独自の法律を持ち、一種独立国のような風のある各州による連邦制度だが、それと同じように、独立的な「地方国会」（筑前共愛会のように国単位に組織された議会）の結合したものを政党と呼んでいるのである。具体的には、共愛会連合本部が郡本部代表者によって構成されたように、地方国会代表者の結集を中央本部と考えているようである。これが共愛会の中でどれほど煮つめられた構想か、なお明らかにできない点があるが、第二次国会期成同盟の討議経過や福日記事に見る限り、筑前派が大会でこの政党構想を主張したことは確かであろう。それは主体を地方国会に置いた点で、悪く言えば〝地方割拠〟主義だし、良く言えば地方分権主義である。しかしより本質的には、共愛会には〝階級対立〟という視点がなかったために、国単位での全人民の団結が夢物語ではなかったということだ。

「合議書」の第三条が「来会迄には其郡国県の戸数過半数の同意を得て出会すべし」と規定した点には筑前派主張の残影が見られるが、これに対し立志社の林包明(かねあき)は「如斯(かくのごとき)ハ吾人ノ目的トスル所ニアラザルベシ」と言い、無気力な多数の獲得を待って事を成そうとする「愚」であると断定している（内藤魯一宛書簡）。筑前派の大衆獲得路線と土佐派の少数精鋭路線の違いは明らかである。

最後に、第二の共愛会とも言うべき美作(みまさか)同盟会（旧美作国は今の岡山県の一部）の成立について述べる。美作同盟会は、国会期成同盟合議書の趣旨にそって明治十四年二月に設立された。その同盟主義三カ条には共愛会会憲三章との類似性が認められるし、町村部・郡部の積み上げの上に本部を設置する組織のあり方など共愛会とそっくり同じである。もともと筑前共愛会は同種組織を隣国から隣国に及ぼし、全国を結合することを目的に掲げていた。それを国会期成同盟でも主張したのであった。今の段階では安易な我田引水はつつしまねばならないが、内藤正中氏が『自由民権運動の研究』で報告された美作同盟会には、筑前共愛会組織路線の影響が見られるように思う、筑前民権運動の普遍化という問題を考える上で美作同盟会は好例になるのではなかろうか。

同盟主義（美作同盟会規則）

一　吾人一致協同シテ国憲ヲ伸張シ帝室ヲ輔翼スヘシ

一　吾人一致協同シテ自由ヲ進取シ幸福ヲ全(まっとう)フスヘシ

一　吾人一致協同シテ節約ヲ固守シ富強ヲ図ルヘシ

改進漸進

明治十四年十月のある日、夜須野ケ原に催された筑前有志大懇親会は、参会者千人以上を数え、その実況も出陣式を模した勇壮・盛大なものであったと伝えられる。しかしそれは、筑前共愛会がその終焉に際して放った一瞬の光芒に過ぎなかったと言えよう。このときを境に共愛会は一挙に瓦解したのであった。

共愛会のユニークな活動はいったい、いつ、どのような形で終わったのだろうか。共愛会の系譜については、のちの民党をその後身とする幾つかの説が出されているが、私には納得できない点が残る。多くは人脈の指摘に過ぎないし、組織継承の具体的な様相が少しも明らかでないからだ。

この疑問に明快に答えることは難しいが、私なりに共愛会終焉の真相に迫ってみることにしよう。

現存する「福岡日日新聞」に見る限り、共愛会の名が最後に表れるのは明治十四年十月だ。九月二日の同紙に共愛会会長箱田六輔（玄洋社社長も兼任）の名で定期会予告が出され、次いで十月十九日付同紙雑報欄には、共愛会の小野隆助と中村耕介が、前日「筑前東郡巡回」に旅立ったことが報じられた。これと前後する事態は「大阪日報」（明治十四年十一月一日）からも判明する。中村の巡回演説とともに、県下有志一千余人が夜須野ケ原に集まり、一大自由懇親会を開いたという（県下は筑前の誤りか）。「原野中央に壇、国旗を翻へし、両側に三郡ずつ相並び、幌幕を引具し、郡名を記したる徴章(ちょうしょう)を立て、恰(あたか)も昔時の戦場に陣営を立連ねたるが如き」と懇親会の盛況ぶりが報じられている（馬原鉄男論文による。「福日」はこれを十六日の六郡親睦会として報道）。

翌十五年三月の九州改進党結成大会参加者を見ると、中村が立憲帝政党、箱田が玄洋社を名乗っていて、もはや共愛会の名は見いだせない。この間に共愛会は解散したのである。立憲帝政党は十四年十一月の成立とされるから、その直前、共愛会は立憲帝政党系と玄洋社系とに分裂したのであろう。なお、この立憲帝政党は丸山作楽（さくら）の〝御用政党〟とは無関係。福岡県会議員グループからなる地方政党である。

共愛会分裂の原因は、共愛会思想の本質と、当時の政治状況の急変から説明できよう。では、共愛会思想の本質とは何か。〝地域での階級階層の利害対立〟という視点・認識が欠けていたということだ。だからこそ共愛会は、〝筑前全人民の結合〟を自称できたし、愛国社や国会期成同盟で立志社と対立しながら〝はば広い団結〟を主張し得たのであった。しかし社会の階層分化が進み、政治的要求が多様になれば、共愛会の団結が旧来通り維持できなくなるのも当然である。共愛会内での意見対立を顕在化するきっかけとなったのが、おそらく明治十四年の政変であった。

折しも明治十四年十月十二日、政府は突然、国会開設詔勅を発布し、参議大隈重信を罷免した。世間を驚倒させた大事件だ。詔勅は、天皇の名で二十三年に国会を開設することを約束したもの。国会は現実のものとなっても、それまで九年間の待機が強いられる。国会開設という統一目標を失った民権派は、詔勅への対応をめぐって対立を露呈することになるが、共愛会も例外ではなかったはずである。事実、中村耕介の巡回と夜須野ケ原の懇親会は、詔勅への対応策のひとつだったという。

私は、共愛会内部での階層分化の進行・政策対立表面化が、結局は共愛会の瓦解を招いたのであろうと考えるが、「福岡日日新聞」（明治十七年五月二十五日）の次の記事は、時期は一、二年遅れながらも、なお健在だった郡レベルの共愛会組織でも、同様の事態が進行しつつあったことを、実に見事にとらえている（改進主義は今日の急進主義の意）。

嘉麻・穂波両郡の景況とて、同郡某よりの通報に曰く。両郡内に客春以来政治上の主義、改進・漸進の二派に分れたれど、郡内公共の事業は協同一致、平生相親睦すること兄弟の如し。改進主義の諸氏ハ多くハ士族にして資産に富まざるより勢力微なり。然れど主義断乎として容易に他に動されず。之に反し漸進主義の人々ハ、古来土着の豪農にして、孰れも財産を有したれば、勢力も幾分か盛なりと雖も、其主義区々にして一定せざるが如し。曰く、予ハ立憲帝政党即ち丸山氏と同主義なり。曰く、余ハ立憲改進党大隈氏と同感なりと。……種々様々の説ありて其目的の何れにあるを探知する能ハざるなり（此主義の諸氏ハ暗に地方政党の組織をなせり）。右両派の重立たる有志人名左の如し。

改進主義（政党にあらず）　中野嘉四郎、角不為雄（生）、近藤多八郎、大邑新弥、浦上港（皆渡）

漸進主義（政党の組織をなす）　有松伴六、安田耕作、白土正尚、山内潜吉、麻生多吉（太）

中野と角は筑前共愛会委員。麻生は両郡友愛会（郡の共愛会）の幹事であった。ここには、筑前共愛会分裂後の両郡友愛会のひとコマが、鋭い観察眼で描かれているのである。

九州改進党

「明治十四年の政変」から十七日後、十月二十九日に、日本で最初の全国政党といわれる自由党が成立した。これより先、前年の国会期成同盟大会の約束に基づき全国の民権派代表七十八人が十月一日東京に会した。筑前共愛会からは参謀吉田鞆次郎が参加した。この会議が自由党結成大会へと発展する。吉田は自由党結成に加わった筑前でただ一人の自由党員、というのが福岡での定説。果たしてそうか。河野広中の回想によれば違う。

井生村楼に至れば、今や大会半ばにして、正に是れ自由党結成の事を議決し、盟約及び規則を審議決定し、役員の選挙に移らんとする時であつた。而かも九州の委員の如きは、大会の形勢に慊らず、席を蹴つて去り復た隻影を留めず、唯だ名標を存するのみで、従つて国会期成同盟会の合同は名のみにして、其の実無きに至つたのである。

（『河野磐州伝』）

名標を存するのみ――吉田鞆次郎ら九州派は土佐派の運営に反発、自由党結成の直前、一斉に退席したのである。これが二十九日当日のことだ。前日も「議場少しく沸騰」した、と『植木枝盛日記』に見える。河野と共に国会期成同盟を指導した筑前共愛会の退場は、河野をして、自由党と国会期成同盟との合同は「其の実無きに至つた」と嘆かせたのであった。

九州派は土佐派の自由党結党路線と対立した。そして翌十五年三月十二日から熊本で大会を開き、九州の民権派を連合した九州改進党が独自に結成された。『自由党史』はこの九州改進党を「其実は純然たる自由党系統なり」と断定しているが、九州民権派の主体性をあまりに無視した見方だ。九州改進党の組織活動を見ると、単一の中央指導部を置かず、年次大会と責任政社も各地の〝まわり持ち〟である。土佐派が人事を独占した自由党とは、組織のあり方がかなり異なる。九州改進党結成は、熊本公議政党が中心におぜん立てしたといわれる。福岡県からは（玄洋社）箱田六輔・頭山満、（立憲帝政党）中村耕介・南川正雄・吉田鞆次郎、（柳河有明会）十時一郎・岡田孤鹿・立花親信・風斗実ら、他に永江純一、野田卯太郎も参加した。

九州改進党結成に影響を及ぼしたとみられる九州連合本部の構想は、早く十三年九月二十二日の中津会議で出されている。この会議では十一月の国会期成同盟大会を前に、十月二十日福岡で臨時会議を開き、九州連合本部を設置することが話し合われた。土佐派が同盟大会で私立国会設立を主張した場合、九州各社は「愛国社

明治12年ごろの頭山満

をも脱して別に九州を団結したる一大社を立てん」とまで、突っこんだ話が出ている（「朝野新聞」明治十三年十月六日）。上村希美雄氏が「熊本国権党の成立」の中に紹介した一件もこれに関連したものであろう。十三年六月二十一日、熊本相愛社の池松豊記と松山・松川らの幹部が向陽社員川越余代を交えて会合し、民権派九州連合本部の早急な開設を協議したという。この川越は旧名吉田震太郎（正しくは真太郎。吉田鞆次郎の実弟）、西南戦争で西郷軍に加わった人である。ここにあげた九州連合本部の構想は九州改進党の萌芽として注目されよう。

ところが、玄洋社は九州改進党結成大会へは列席したものの、紫溟会（熊本国権党の前身で、佐々友房が率いた）の加盟を拒否する相愛社と対立して、加盟しないまま帰郷したといわれる。玄洋社が九州改進党に加盟しなかったことに対して、「かつて福岡の民権論の鼓吹者であった玄洋社の人びとは民権運動から離れた」とする見解がある（『福岡県の歴史』山川出版社）。〝九州改進党にあらずんば民権運動にあらず〟ということになるが、これも真実から遠いようである。玄洋社は、九州改進党との友好関係を保っていたからだ。玄洋社が九州改進党に非加盟ながら、なお同党との交際を断たなかった、というのは重要な事実である。この点については、上村希美雄氏が「初期玄洋社と頭山満」の中に指摘され、次いで頭山統一氏が『筑前玄洋社』（葦書房、一九七七）で詳しく論証された。殊に、頭山氏は来島恒喜書簡を分析して、明治二十二年当時まで玄洋社員の大多数は紫溟会に反感を抱き、相愛社（熊本の民権政社で紫溟会と激しく対立した）との提携を考えていたと結論した。私はこれに次の事実を付け加えることができる（いずれも「福岡日日新聞」による）。

九州改進党は十七年五月二日から博多聖福寺で第四回大会を開催、五日には中洲劇場永楽舎で政談大演説会を開いた。この弁士に、玄洋社からも大内義瑛が加わっていた。演説会に引き続いて開かれた大阪の河津祐之、沢辺正修を招いての宴会には、嘉悦氏房や岡田孤鹿と並んで玄洋社の箱田六輔、林斧介、藤島一造らが参加した。玄洋社がこのときなお、九州改進党と敵対関係になかったこと、民権派陣営の一翼に連なっていたことはこうした事実からも明白である。

烈士たち

私立養鋭学校は軍人志望の少年らに、陸軍士官学校・教導団入学のための予備教育を施すことを目的に設立された。直接に玄洋社と関係はないが、人脈的には大きなつながりを持つ。玄洋社の歴史を語る上でも、福岡近代史を考える上でも無視できない存在である。『福岡市史』はわずか数行を記すのみだが、その中でも設立年を誤っているほどで、ほとんど忘れ去られた存在であった。

私立養鋭学校は明治十五年、当時の福岡区材木町（現福岡市中央区天神三丁目）に設立された。その後十八年六月、糸島郡前原町の旧前原中学校跡地に移転、翌十九年には廃校になっている。わずかに五年の命脈であったが、この間九州各地から入学する者多く、生徒からは、軍人は当然として、のちにアジア問題に奔走した人物も出した点で一見する価値はあろう。私の知るところでは鐘崎三郎、郡島忠次郎、奈良崎八郎、豊村文平、石橋禹三郎らが養鋭学校の出身である。

養鋭校の創立者は旧福岡藩士津田信秀。戊辰戦争にわずか十六歳で従軍、東北各地を転戦したつわものであった。明治七年陸軍士官学校に入学、西南戦争には政府軍に属し、熊本で西郷軍との戦闘に参加。貫通銃創で片脚を切断する手術を受けた（二十五歳）。執刀者が石黒忠悳（のちの陸軍軍医総監）で、これを機に両人の交際が深まり、津田の墓碑銘は石黒の撰文であるから、人間の出会いにはほんとうに不思議を感ずる。「隻脚中尉」津田信秀は馬上、養鋭学校生徒を指揮鍛錬したと伝えられるが、十五年の開校時、津田はまだ三十歳、逆境にくじけぬ精神を持った明るい好青年だったのであろう。当初数人の生徒が、二年後には数十、百人に達したという。

「前原の、養鋭学校の生徒たちゃ、来るとそのままつまみぐい、ささ法界」――これは『前原町誌』の編者牛原賢二氏が、「母からよく聞かされていた歌」として紹介されているものだが、意気盛んな生徒たちの悪童ぶりが伝わってくる。この養鋭学校の教師としてはただ一人の名しかわかっていない。香月恕経(かつきひろつね)である。香月は秋月の民権政社・集志社の社長から筑前共愛会参謀となり、国会期成同盟でも活躍したことはこれまでも述べた。玄洋社員で「福陵新報」主幹、のちには代議士も務めたが、もともとは医者であった。養鋭学校出の軍人としては、安河内丈夫という人がいる。この人は福岡県知事安河内麻吉（糟屋郡須恵町出身）の兄で、小学校から養鋭学校を経て、陸軍で主計佐官まで進んだという。

軍人外では、〝三崎烈士〟として有名な鐘崎三郎が養鋭学校で津田・香月の薫陶を受けた一人である〝三崎烈士〟というのは、日清戦争のさなか、明治二十七年十月三十日、中国の金州城外で捕えられ、処刑された三人の軍事探偵鐘崎三郎、山崎羔三郎(こうざぶろう)、藤崎秀を指す。鐘崎は三潴郡の出身で、福岡市の勝立寺(しょうりゅうじ)に弟子入りしていたことがある。語学の天才だったという。山崎は旧福岡藩士の子で、玄洋社四天王と称された一人である。鐘崎は養鋭学校から陸軍幼年学校に入学したが、中退して日清貿易研究所に入った。郡島忠次郎（糟屋郡出身）も養鋭学校で鐘崎と親交を結び、同じく日清貿易研究所に入っている。豊村文平は遠賀郡出身で、日清戦争には通訳として従軍、奈良崎八郎は玄洋社員で日清・日露戦争に従軍している。

変わり種は石橋禹三郎である。石橋は肥前平戸の出身。軍人を志して養鋭学校に入ったものの、その教育にあきたらず、〝人参畑の婆(ばば)さん〟こと高場乱の塾に入門している。高場塾から玄洋社が誕生したと言ってもよいほど、玄洋社とは深いつながりがあったところだ。石橋は明治二十年上京して苦学し（十九歳）、サンフランシスコに渡航して経済学を修めた。滞米中、チリに革命が起こると、米軍に義勇兵として志願。病気の身であったが米軍艦「サンフランシスコ号」に二等水兵として乗艦し、四カ月を従軍した。従軍記によって、日本人石橋の俠名は広く知られるようになったという。明治二十五年に帰国したが、二十七年にはシャム（タイ国）に渡る。植民事業に従事したが失敗した。バンコクで石橋と面会した宮崎滔天は、その著『三十三年の夢』の中で、石橋を「言動活発、宛然古壮士を見るの感あり」と評している。石橋は明治三十一年、三十歳で没した（上村希美雄著『宮崎兄弟伝』を参照した）。

さて『福岡県碑誌』の編者は、津田信秀の項に特に注記して、津田に『石城遺文』を著して元寇の史実を解明した功績を認めている。この著作が、山崎藤四郎編の有名な『石城遺聞』と関係があるのかどうか私にはわからない。津田は無味庵蘇山と号した茶人でもあったという。

義勇軍計画

民権派を結集した九州改進党（明治十五年二月結成、十八年五月解党）には参加を見合わせた玄洋社だったが、この間、九州改進党そのものと対立したわけでなく、殊に同党の中核をなした熊本相愛社とは密接な関係があった。それは、はなはだ物騒な関係ではあったが……。

十五年、朝鮮に壬午軍乱が起きると、玄洋社の平岡浩太郎は、西郷軍生き残りの野村忍助（鹿児島人）と義勇軍計画を進めた。壬午軍乱は漢城に起きた反日クーデターで、その際日本公使館が焼き討ちにあっている。それを収拾する政府間交渉に民間から圧力を加えようというのだ。

福岡・鹿児島の有志からなる先発隊は、秘かに博多発大阪行きの汽船「此花丸」に乗り込んだ。玄界灘に出たところで船長を脅した。むりやり、船を釜山へ行かせようという計画だ。今でいう〝シージャック〟はホントに実行されたらしい。だが、途中対馬で同志を拾い釜山に到着してみると、すでに交渉は終わっていた。後の祭りだったのである。後続する義勇軍本隊は平岡が率いて渡韓し、野村は政府代表団に属して、いざとなれば全権井上馨を斬る覚悟だったという。ムチャというか、いちずというか、ともかく大がかりな作戦であった。この時期を境に、玄洋社は朝鮮・中国をめぐる情勢に危機感を深めていく。朝鮮の亡命革命家金玉均（きんぎょくきん）との交渉が始まる。日清戦争の伏線は次第に張られていく。

この計画の中心にあった野村と平岡とは西南戦争で捕われの身となり、東京市ケ谷監獄で同房にいた関係で親交を結んだ。十四年に野村が出獄すると、平岡・野村は東洋運輸会社創設に努力した。東洋貿易振興のため海運業を興そうというので、実際に、筑前甘木の豪商佐野屋弥平所有の汽船「高尾丸」がチャーターされたこともあったという。平岡は海運にどれだけ深入りしていたのだろうか。野村の方は、義勇軍計画が破綻すると、共同運輸会社の役員を務めている。

さて、この壬午軍乱ののちにも「活動党」計画があったというが、これは『玄洋社社史』が記すのみで詳細はわからない。この活動党には玄洋社から九十人、熊本相愛社からは六十人が加盟したことになっている。またその計画は中江兆民、樽井藤吉、宗像政、長谷場純孝らが企てたものという。

中江は〝東洋のルソー〟と呼ばれることでもわかるように、最も徹底した民権思想家・平等論者として名高い。樽井は大和の人だが、長崎県の島原で平等主義を掲げた東洋社会党を結成、たちまち弾圧をくらっている（明治十五年）。宗像は熊本相愛社のリーダー、長谷場は鹿児島から九州改進党に参加した人物である。これらの人々は、十七年に上海で設立された東洋学館に関係するが、それは後述する。

当時国内では、急進的な自由党員や極貧の農民たちが武装蜂起に走っていた。有名な秩父困民党事件は明治十七年の出来事で、軍隊とも衝突した。しかし、玄洋社の人々は激化事件には関心を示さなかったようで、彼らの心は国内の政治改革や反政府運動よりは、独立への危機感で満たされていたのであった。彼らは、そのためには非合法手段をも辞さなかった。明治十八年、自由党大阪事件が摘発されたが、玄洋社員も同様の事件を計画中であった。密偵の動きに不審を抱いた頭山満が自重論を唱えて発覚を免れたのである。大阪事件は自由党左派の論客大井憲太郎（大分県人）を中心に、朝鮮の内政改革を目的に掲げ、朝鮮での挙兵を企図した事件である。そのため強盗を手段に資金を集めた。同志の磯山清兵衛の変節が事件を露顕させたことになっている。

東京在住の玄洋社員――来島恒喜、的野半介、久田全らは、赤沢常容（越後の人。自由党結成大会に列したこともある）や樽井藤吉らと謀り、朝鮮挙兵策を練った。これらの人は朝鮮の亡命革命家を後押しし、彼らのクーデターを実現させることで、朝鮮から大国・清の影響力を一掃しようとしたのである。玄洋社からは美和作次郎、竹下篤次郎、岡保三郎らが続々上京して機を待った。頭山は亡命中の金玉均に会って援助を約束したが、結局この計画は、大阪事件発覚で日の目を見なかった。

熊本相愛社の日下部正一は玄洋社とも親しく交際していた人だが、玄洋社の計画支援に京阪地方に至り、そこで「たまたま大井等から離れ去らんとする磯山清兵衛と相知り、遂に磯山と謀議を共にする」ようになったという。磯山は、大井らの計画から玄洋社の計画に乗り換えたのだろうか。『東亜先覚志士記伝』に書かれているのだが、磯山の変節ともかかわる謎めいた記述である。

秋瑾女士

明治十八年の大阪事件当時、玄洋社の周辺では語学校善隣館を釜山に設立する計画が進められていた。日本から青年を派遣して在学させ、日本語・朝鮮語・中国語を教授する計画だったという。これも、頭山満が亡命中の金玉均と意気投合したことから芽ばえた計画であった。しかし、これは実現されずに終わった。

玄洋社は明治十七年上海に設立された東洋学館にも関係し、しかも重要な役割を演じた。東洋学館は一年間経営されただけで閉鎖されたらしいが、のちの日清貿易研究所や東亜同文書院の先駆とする見方がある。東洋学館に参画した人物としては平岡浩太郎、宗像政、日下部正一、樽井藤吉、和泉邦彦、長谷場純孝、末広鉄腸、佐々友房、中江兆民、栗原亮一、また杉田定一、植木枝盛、小林樟雄、鈴木昌司らの名が知られている。自由民権運動のそうそうたる顔ぶれを含んでいた。館務に最も尽力したのは玄洋社の大内義瑛であった。大内は先にも紹介したように、この年五月の九州改進党主催の政談演説会（博多）で講演した人だ。なかなかの能書家で、玄洋社の看板にも腕をふるっている。学者でもあったようだ。もともと資金不足の東洋学館であり、上海の中江兆民からは「金送れ」の催促がしきり。頭山満がそれにこたえて、かなりの金額を送った話も伝えられている。

『東亜先覚志士記伝』は東洋学館設立計画の発端を、明治十七年の平岡と日下部の長崎での出会いに求め、二人は「上海で青年子弟を養成し、支那の国語・国情を学ばせよう。他日大陸経営をなす上での必要な事業である」と話し合ったのだと書いている。しかし、これには後世の史観や編者の主観が混在しているようで、文字通り受け取ることはできない。なぜなら、当の『東洋学館趣旨書』を読むと「大陸経営」といった趣はないからだ。趣旨書に「我国ニシテ永ク独立ノ体面ヲ完ウセント欲セバ、東洋政策ノ得否ニ注思セザル可カラズ」とあるように、独立確保のために中国情勢に目を向けているのである。西欧列強の進出を許す清国政府への敵意はあっただろうが、中国人そのものへの敵視でなかったことは認めてよいのではないか。

東洋学館の中国革命への影響という点で、注目すべき記述が杉田定一の伝記『杉田鶉山翁』にあるので、紹介してみよう。著者の雑賀博愛（鹿野と号す）は朝倉郡比良松の福岡藩士の家に生まれ、福岡高小在学中に、当時「九州日報」主筆だった福本日南に見込まれて、少年ながら同紙の記者となった。のち三宅雪嶺の後を受けて政教社を主宰し、『日本及日本人』の刊行に当たった人。『杉田鶉山翁』の東洋学館に関する部分は『日本及日本人』第六七七号（大正五年四月）掲載の「杉田鶉山翁昔日譚」（銀城逸民筆）が種本になっているが、昔日譚の筆者はこの部分の記述を、杉田の直話でないと断っているので、結局その根拠は不明と言うほかないのが残念である。

さて『杉田鶉山翁』は、東洋学館は「支那革命史上に於いて、（当初の目的とは）又た別に、没すべからざる功績を残した」として、次の諸点をあげている。それは、康有為一派の新学を促したこと、黄遵憲（詩人・外交官）の理想主義（革新運動）に影響を与えたこと、女性革命家秋瑾への思想的感化、である。秋瑾についてはかなり詳しい紹介がある。それによると、秋瑾の親族の馮華川という人物が東洋学館に出入りしていたのだという。秋瑾は鑑湖女俠と号し、競雄と称した。魯迅の小説「薬」に出てくる青年革命家夏瑜は秋瑾を置き換えたものであろう。

秋瑾は短い人生を雷鳴のように走り抜けた人であった。明治三十七年、夫と二児を北京に残し、三十歳の秋瑾は日本に留学した。翌年、中国革命同盟会が東京に成立すると、秋瑾は直ちに加盟した。彼女はまた光復会にも参加し、明治四十年（一九〇七）中国の浙江省に秘密活動を組織し、事破れて処刑されたのであった（三十三歳）。辛亥革命はその四年後に起きる。秋瑾は男女平等論者であった。二年間の日本留学から帰国すると、女学校を興して女子教育に当たり、上海で「中国女報」という婦人向け新聞を発行した。鶉山杉田定一は明治十四年、三十一歳で『経世新論』を著し、筆禍にあって下獄したことがあったが、秋瑾はこの『経世新論』に感銘を受け、詩に歌ったほどであったという。自由民権運動の中国への伝播として、私は興味深く感じている。

杉田定一が福岡玄洋社の人々と密接なつながりのあったことはすでにふれたが、杉田の著書『経世新論』には、福岡の書店林斧介が大阪、福井の書店とともに売捌所（うりさばきしょ）として名を並べている。「腕力論」、「東洋恢復論」といった題目を論じた『経世新論』は、当時の福岡でどれほどの売れ行きを示したであろうか。

箱田六輔の死

「玄洋社は箱田の賜物（たまもの）」――こう言ったのは頭山満である。箱田の正邪の区別に厳しい性格が玄洋社員に与えた感化は、計り知れないものがあったという。「明治民権家合鏡（あわせかがみ）」という明治十三年の民権家番付の中で、箱田は大関板垣退助に次ぐ関脇の地位を与えられている（本書五一ページ）。板垣は箱田を評して「箱田あれば西南の方面は安心なり」と語ったというけれども、確かに箱田は、玄洋社という枠を越えてもっと注目されてよい人であろう。

箱田の生涯を簡単にたどってみよう。箱田は嘉永三年（一八五〇）に福岡に生まれた。青木善平の第二子で、箱田仙蔵の後を継いだ。養家箱田家は福岡藩の足軽（無足組（むそくぐみ）という説もある）だが、「箱田金（はこだかね）」という言葉があったほどの金持ちであった。こうした資産も、箱田が政治活動につぎ込んでしまった。生家青木家もたいへんな金満家で、大きな倉があり、広い庭があり、近隣に類のない立派な家が青木家であったそうだ（青木家を相続した恒樹は第十七銀行の株主である)。

慶応元年、筑前勤王党は一斉に捕えられ、処刑された。野村望東尼は姫島に流されたが、護送の足軽の中には、十六歳の箱田の顔もあったという。慶応四年の戊辰戦争では奥羽地方を転戦して功があった。凱旋後、箱田は武部小四郎率いる就義隊に属した。一方、宮川太一郎(代議士宮川一貫の父、のち玄洋社員)の併心隊もあって、両隊は反目対立していた。ある日街頭での衝突をきっかけに、妙楽寺屯集の併心隊は、隣の承天寺(いずれも博多区)を本拠とする就義隊を焼き討ちし、皆殺しにする計画を立てた。しかしこの計画は未然に現れ、併心隊から宮川ら三人、就義隊からは箱田ら三人が逮捕された。明治二年、箱田は二十歳であった。六人は博多の豪商大賀家の一室に禁錮の身となり、胸襟を開いて語り合い、両隊の敵意は消えた。箱田は姫島流刑三年を言い渡された。

姫島から帰ると箱田は女傑高場乱の門に入った。就義・併心隊の解体後、主だった隊士は高場塾に集まっていた。彼らが明治八年の愛国社結成の影響を受けて、福岡に矯志・強忍・堅志三社を結ぶ。この三社が向陽社や玄洋社につながるのである。向陽社と筑前共愛会を舞台にした箱田六輔の活躍は、全国にその名をとどろかせた。民権運動期の箱田については、これまでもたびたびふれたので重複は避けよう。国会期成同盟の国会開設請願書が政府に受理を拒否された際に、総代河野広中と片岡健吉はいきさつを記して箱田に提出し、箱田の名で全国の民権家に通知された。箱田が常勤の役員として東京の愛国社支社に寝起きしていたからである。この時代が箱田の絶頂期であったが、箱田が健在で国会議員になっていたとすれば、その信望と経歴からいっても、衆院議長は間違いないところであった。箱田の突然の死がそれを妨げたのである。

自由民権運動史の中では、植木枝盛の急死が政府による謀殺説もあって論議を呼んでいるが、箱田の死の真相も謎に包まれている。箱田六輔の碑(題額山岡鉄舟、撰文香月恕経)には、「明治二十一年一月十九日、劇症

箱田六輔の墓（福岡市中央区今泉・長円寺）

心臓病にかかり、忽焉（こつえん）として歿す。享年三十九」とある。前日まで元気だった人が、心臓マヒか何かで突然世を去ったというのである。自殺説は『巨人頭山満翁』が「島（養三郎）氏は……モトは医者を業とし、箱田氏の自殺したときその検視をした人である」と、さりげなくふれている。近年（＊一九八〇年時点）、杉山龍丸氏（夢野久作の長男）と頭山統一氏は割腹自殺説を発表されているが、私はいずれとも判断しかねている。箱田の死の真相はいまだに謎である。

箱田が死んだとき、箱田の妻は妊娠四カ月であった（この人はクリスチャンとの説がある）。箱田はその子が男の子なら頭山の娘と結婚させる約束で、大六という名を用意していた。生まれた子は女の子だったので大（だい）と名付けられた。玄洋社の人々は夫人と遺児に気を配り、高場乱も遺児のことでたびたび訪問したという。箱田の養子として、玄洋社員藤崎彦三郎の子達磨が後を継いだのも頭山らの配慮であった。玄洋社員の一種の相互扶助的傾向がうかがえる話だ。

箱田の高場塾以来の友人に味岡俊太郎という人がいた。味岡は早く亡くなったが、箱田は「味岡の墓を早く建ててやらねば」といつも気にしていたという。私が長円寺を訪れたとき、箱田六輔の墓は、相次いで若くして世を去った味岡夫婦の墓と並んで、初夏の日の光を浴びていたのだった。

素封家

再び玄洋社と石炭の話に戻る。玄洋社の頭山満に石炭業に手を染めるよう勧めたのはだれか。三説ある。ひとつは、朝鮮の亡命政治家金玉均という説。もうひとつは、のちに政界の黒幕といわれた杉山茂丸（夢野久作の父）説。最後に、福岡の醬油屋関運七説である。最後の説は頭山自身の回想であり、傍証もあって確かだ。私は決してやみくもに前二説を否定し去るものではないが、玄洋社と豪農・豪商との関係という点から、関運七説は興味深く感じている。関運七は幕末の篤行者関文七（本姓高橋）の孫である。文七は、一説には戦国時代の御笠郡岩屋城主高橋紹運（じょううん）の末裔だといわれる。紹運は太宰府を望む岩屋城に籠城したが、島津氏の大軍に囲まれて、城兵全員とともに玉砕した武将だ。文七は春吉一番町（いちばんちょう）に店を設け、文久二年（一八六二）に家業を運七に譲った。運七は今はないが、そのころ「イビシ」を商標にした大きな醬油醸造業を営んでいた。

頭山によれば明治二十一、二年ごろ、玄洋社の活動資金源として炭坑を経営するよう勧めたのは関運七であった。頭山自身は、それまで炭坑のことなど考えたこともなかったそうである。折から、やはり玄洋社の平岡浩太郎が、豊前の赤池炭坑の権利を持っていたが、資金が足りず共同経営者を募集していた。頭山はそこに目をつけた。赤池の権利を譲り受けることにし、杉山茂丸が金策に走った。杉山は若いが話術の天才で、借金の名人だ。早速、杉山は二万両という大金を借り出してきた。私など、どれほどの額か想像もつかないが、頭山は今（昭和十四年時点）の金で二十万円に当たる、と語っている。

この巨額の資金をポンと提供したのは、谷彦一という二日市の大金持ちだ。谷家は醬油と酒の醸造を家業としており、筑前随一の資産家と称されたほどの素封家である。谷彦一は典型的な地方名望家とも言うべき人で、県道数カ所の木橋を自費で石橋に架け替えるなどしている。学問もあり、剣法・馬術にもすぐれ、村会議員や県会議員を歴任した。その碑文には、「頭山満・平岡浩太郎の未だ雄飛せざる」ころ、谷彦一の庇護を受けたことが刻まれている。谷は明治三十三年四十七歳で没している。頭山が資金援助を仰いだ二十一年ごろ、谷はまだ三十五歳の若さだったのである。

関運七・谷彦一と同じく、矢野喜平次も玄洋社に手を貸した資産家である[1]。矢野は嘉麻郡大隈町に酒造業を営む豪商で、玄洋社の主要なメンバーと見られ、明治二十二年の来島恒喜による大隈重信外相爆殺未遂事件で、多くの玄洋社員とともに検束されている（永末十四雄『筑豊讃歌』）。これらの豪農・豪商たちが玄洋社と親交を保ち、結果として玄洋社の石炭業進出を容易にしたという事実があった。玄洋社にはどうしても〝一匹狼の士族集団〟といったイメージがつきまとうのだが、事実を見ていくと、そうとばかりは言えない点が多い。なお、関運七は明治二十五年に筑豊石炭取扱会社を設立し、若松に石炭市場を設置している（『筑豊石炭礦業史年表』による）。関その人も石炭業界に乗り出していた。

谷から借り出した二万両で、頭山は平岡の権利を三分させるつもりであった。赤池炭坑の収益の三割ずつを谷と平岡が取り、残り四割を頭山が玄洋社の費用に使うという計画。しかし、時すでに遅し。頭山が赤池まで行って平岡に会ったとき、平岡は一日違いで安川敬一郎と利益折半を契約済みだったのだ（と、頭山は語っている）。この赤池炭坑はその後、明治三十四年、安川が平岡の権利をも買い取り、すべて安川の所有となった。赤池炭坑買収に失敗した頭山は〝乗りかかった船〟とばかり、杉山と結城虎五郎を使って手当たり次第に炭山を手に入れていった。九州ばかりか北海道夕張炭山まで所有し、頭山の炭山は、平岡や安川よりも多かった。世人は頭山を「石炭王」と呼ぶまでになった。時には同じ玄洋社同士、平岡と頭山とが鉱区争奪戦を演じたこともあった。

（1）『大アジア　燃ゆるまなざし――頭山満と玄洋社』（海鳥社、二〇〇一）の五一ページに、頭山が矢野に借金を要請した際の電報、手紙が掲載されている。

文豪日南

玄洋社員の多くをとらえていたものに、開拓と植民に対する情熱といったものがある。今日では〝侵略〟という言葉でくくられてしまいかねないが、玄洋社員の一人一人が、なによりも冒険者であり開拓者であった。彼らをそれほどまでに駆り立てたのはいったい何であったのか、不思議に思われるくらいだ。開拓に情熱を燃やし続けた一人として、福本日南を取り上げてみる。(1) 日南は、かつては〝文豪〟の名を冠せられた新聞人である。彼の数多い著作は今ではなかなか見ることができない。文学と歴史にまたがったその業績は、今ならノンフィクションに分類されるのかもしれない。興味を持つ人は多いようだが、文学と歴史のはざまで埋もれているのが現実である。『元禄快挙録』の成功で知られ、中央義士会の創設者でもある。

日南は親子二代にわたる開拓者であった。日南の父福本泰風は旧福岡藩士で、平野国臣と親しい関係にあった勤王家で、筑前勤王党への弾圧として名高い乙丑（いっちゅう）の獄で幽閉されたこともある。戊辰戦争には〝勇敢隊〟を組織して転戦。平田門下で国学を学び、文武兼ね備えた人物であった。明治二年、福岡藩は北海道に分領地として後志（しりべし）国久遠郡・奥尻郡を支配することになったが、当時藩庁にあって率先エゾ地に渡り、その開拓・経営に当たったのが福本泰風で、三年間を開拓に明け暮れた。安川巖氏によると、分領地支配を命ぜられた九藩のうち、四年八月まで支配を継続したのは静岡・山口・福岡の三藩のみであったという。それほど困難な事業だったのである。福岡藩贋札事件の舞台となったのがこの北海道分領地であったから、泰風は贋札事件に関係した一人でもあろう。

日南は明治九年、司法省法学校に入学し、十二年には『普通民権論』一巻を著したものの「賄征伐」事件によって中退した（司馬遼太郎著『ひとびとの跫音』に詳しい）。面白いことに、『愛国民権論』を書いた村井一英（筑前共愛会の委員）も司法省法学校に在学していた。法学校を中退した日南は明治十三年五月、福岡の同志を語らい、北海道開拓を志して石狩に赴いた。これは士族移住による辺境の開拓であるとともに、ロシアの南下を防衛する屯田兵的な意図も持っていたという。しかし失敗して東京に帰り、十四年に再び北海道へ。「見るたびに憂ぞまさる我ためにくもりてかくせ樺太の島」――〝北海道に遊びて〟と題したこの和歌は、十四年の旅行で宗谷から樺太を望んだ際のもの。日南はこのとき、二十五歳である。

『福岡縣史資料』第一輯に次の一節がある。「一金一万二千円。是ハ旧福岡藩士族福本巴外数十名、北海道札幌県へ移住者へ、明治十五年四月貸与、尤返納等ノ義、一切移住地地方官へ引継候ニ付、本県ハ之レニ関係ナシ」。巴は日南の幼名である。十五年五月、福本は巴を誠と改め、決意も新たに北海道へと出発した。同行の士族は数十人、家族を加えて百人程はいただろうか。酷寒の地での彼らの運命は気になるところだが、明らかではない。しかしこの年十一月、福本が東京にいるのを見ると、またしても失敗したとも考えられる。(2) 北海道開拓に幾度もチャレンジした日南であったが、明治二十三年、今度はフィリピンのマニラに渡った。フィリピンでは、江戸時代以前の在留日本人の遺跡を研究した。このとき『大日本商業史』の著者菅沼貞風（平戸の人で、秀才として名高い）が病死すると、遺髪を携えて帰国した。当時、福本の関心は北方から南方に移り、「赤日緯南之人」と号していた。これから転じて「日南」と名乗るようになるのである。

明治三十二年、日南は四十三歳。すでに中年の半ばであるが、驚いたことに彼はフィリピン独立運動・中国革命支援の第一線に参加している。前年の米西戦争の結果、スペインの植民地だったフィリピンはアメリカの植民地と化しつつあった。独立運動の指導者アギナルドの求めに応じた宮崎滔天や犬養毅たち民間人は、武器を「布引丸」に積み込んで提供しようと画策した。これは、滔天に対する孫文の懇請をいれた行為である。

「布引丸」は不幸にも沈没し、再挙を図ろうとする滔天に協力を誓った一人が福本日南であった。日南は孫文と同船してシンガポール、ホンコンにまで至っている。中国の革命派挙兵に参加し、ひいてはフィリピン独立運動を支援しようとの計画であったが、一日本人の裏切りもあって水泡に帰した。明治三十三年の恵州事件（中国における革命派の挙兵）前後の日南の奔走ぶりには、青春時代の情熱がよみがえったのであろうかという気さえする。

九州日報社在職当時の日南は住吉神社付近に住んでいた。そのときの一首──「我宿は那珂の流れをなかに見て春は春吉住めば住吉」。孫文の友人であった末永節（みさお）（筥崎宮宮司末永茂世の子）によると、日南はつまるところ詩人なのであった。

（1）福本日南に関して私が発表した主なものに次の二点がある。
・「南進北鎖の夢　素描・明治の史論家福本日南」九回連載（「西日本新聞」朝刊、一九九八年十一月三〜十八日）。後に石瀧『近代福岡の歴史と人物──異・偉人伝』（イシタキ人権学研究所、二〇〇九年十一月）に収録。
・「校訂・福本日南年譜」（『福岡県地域史研究』二十三号、西日本文化協会〈福岡県地域史研究所〉、二〇〇六年三月）

（2）このときの北海道移住は開墾社によるもので、社長は福本誠（日南）だった。ところが、移住者、男女百七十余人は入植地に近い北海道石狩国篠路（しのろ）村に入ったまま仮宿舎に足止めをくった。開墾のための費用が東京の会計担当者によって費消され、現地に届かなかったのである。明治十五年八月、日南は責任をとって社長を辞任。九月、北海道を去った。十六年八月の時点で、日南ら開墾社幹部は「東京で予審中」である（石瀧「南進北鎖の夢　素描・明治の史論家福本日南」第五回、一九九八年十一月十一日）。

九州鉄道建設

明治十九年に福岡県令として赴任してきた安場保和(やすばやすかず)は〝九州探題〟という異名をとったほどの実力者であった。旧熊本藩士で横井小楠の高弟という安場は、県官を腹心で固めて、県会と激しい対立を繰り返した。前任者の岸良俊介(きしらしゅんすけ)県令は、県会対策で九州改進党陣営に譲歩し過ぎるという理由で、つまりは民主的だというわけでクビがとんだ。その後を襲った安場である。〝改進党退治〟を最大の役目としたのも当然であった。「九州改進党をつぶしにきた」(1)と高言してはばからない。

この安場県令と玄洋社が手を握った。そして日本の選挙史上に最大の汚点となった明治二十五年の選挙大干渉が行われた。玄洋社が警察と県当局の黙認・支援を受け、民党陣営に斬り込みをかけて双方に死傷者を出したことに弁護の余地はない。玄洋社精神の顕彰を目指したはずの『玄洋社社史』ですら、選挙干渉における玄洋社の役割を強く批判しているほどである。しかしである。これによって玄洋社を「吏党」と断定したり「政府の走狗」と呼んだりして、玄洋社の歴史的な評価に置き換えることには私は賛成しかねる。私は、玄洋社を有名無名の人物をひっくるめた「群像」としてとらえようとしている。玄洋社の歴史を善玉・悪玉の二分法でなく、「運動史」として考えてみたいとも思っている。安場の側の事情はそれとして、ここはどうしても、玄洋社の側から安場と手を組んだ主体的・能動的な理由を明らかにしておかねばならない気がするのだ。

民権政社として発足した玄洋社が、この時点で安場に与(くみ)したのはなぜだろうか。安場（当時元老院議官）を県令として福岡にひっぱってきたのは杉山茂丸だという。彼自身がその著『百魔』にそう書いている。杉山は自ら「法螺丸」という印鑑を作って持っていたという痛快な人なので、その話に彼一流のホラがないという保証はない。だが、玄洋社でも安場の手腕に目をつけ、必要としていた事情が確かにあった。それが杉山による安場担ぎ出しになったとするなら、ありうる話である。

明治十六年四月、来島恒喜と的野半介（のち代議士）の玄洋社員若手二人が東北旅行に出立した。一行は新潟県の西蒲原郡で私塾明訓校を営む大橋一蔵のもとに滞在した。大橋は萩の乱に連携して新潟で挙兵を図り投獄されたという人物。奈良原至が北陸遊説の途次、入獄中の大橋の家族を訪問したこともある。来島・的野の旅行は、しかし旧同志訪問が第一の目的ではなく、実は安場主唱の鉄道工事の成果を見るのが目的であった。また、現場で工事の進展と運輸の実際を見守っている平岡浩太郎（この人が何にでも顔を出しているのには驚かされる）を訪問するためでもあった。なお、このころ敦賀―直江津間の工事を指揮していたのは、旧福岡藩士の本間英一郎である。本間は福岡藩選抜のアメリカ留学生として十代で渡米し、マサチューセッツ工科大学を卒業した。人格的にも立派な人で、鉄道技術界の第一人者の地位にあった。

来島恒喜

安場は欧米視察ののち政府に意見書を出し、「富国の基礎は必ず国内の交通機関の整備にあり」と述べていた（十四年一月）。安場は鉄道の重要性に着眼した先覚者であり、彼の意見を採用して、いま北越地方の鉄道工事が進められている最中なのだ。そして九州鉄道敷設の早期実現を目指した玄洋社の人々は、安場を県令として招く必要性を感ずるようになった。これが安場と玄洋社の接近を促した根本の理由なのである。そのころの福岡で鉄道敷設を願っていたのは、もちろん玄洋社だけではない。県会でも決議したし、民間の産業人の間でこそ、その願いは切実だったかもしれない。

では、鉄道建設をめぐる玄洋社と九州改進党の主要な対立点はどこにあったのか。残念ながら私の探求はまだそこまで至っていない。県会を完全に無視する安場と、〝安場憎し〟で固まる県会との対立を前に、官民一致の鉄道建設など、それこそできぬ相談である。鉄道建設での玄洋社の積極姿勢が安場との接近をより一層促したと見てよいのではないか。

玄洋社の頭山や平岡に援助を惜しまなかった二日市の資産家谷彦一は安場とも親しかった。九州鉄道建設での用地買収には献身的に協力し、地主の不満を抑えたともいわれている。こうして明治二十一年、九州鉄道株式会社は創立され、二十二年に博多－千歳川（筑後川北岸）間の開通にこぎつけた。これが九州最初の鉄道であった。

（1）九州改進党は明治十五年三月の結成で、十八年五月に解散した。しかし、その後も〝改進党〟の名は伝説的に通用した。

帝国の権理

玄洋社の「民権から〝国権〟への転向」という問題を、最初にはっきりと主張したのはほかでもない、大正六年刊行の『玄洋社社史』であった。その有名な一節は諸書に引用されることが多い。

民権の伸張大いによし。しかれども、いたずらに民権を説いて、国権の消長を顧みる無くんば、もつて国辱を如何せん。よろしく日本帝国の元気を維持せんと欲せば、軍国主義に依らざるべからずとし、国権大いに張らざるべからずとし、遂にさきの民権論を捨つる弊履（へいり）のごとくなりしなり。

『社史』は、玄洋社が明治十九年八月の清国水兵暴行事件（長崎）に憤慨し、結成以来の民権論をボロぞうり（弊履）のように投げ捨てた、としたのである。この『社史』の一節はその後、自明のことのように受け取られた。そしてさらに、幾つかのバリエーションをも生んだ。例えば、民権論放棄の時点をある人は十五年三月の九州改進党不参加のときとし、他の人は十四年二月（実は十二年十二月）の玄洋社成立自体がそうであるとする。また別の意見によれば、明治二十一年の箱田六輔の死が、玄洋社民権論の象徴的な死であるとされるのである。しかし、これだけ多様な解釈が可能だということがすでに「玄洋社の国権論への転向」という、これまで自明とされてきた前提そのものの脆弱さを物語ると言えよう。実際、のちに二十三年の会議で、玄洋社は自由主義を主義とし、皇室奉戴・責任内閣制実現を目的とすることを決定する（『巨人頭山満翁』による）。この一事に照らしても「民権論＝ボロぞうり」説は、そう簡単には成立できないことがわかるのである。

ここで、私は「玄洋社は転向していない」と言いたいわけではなくて、ただ、玄洋社転向説には常識的であるがゆえの安易さ、性急さがあることを指摘したかったのである。玄洋社が転向したと結論づけるのであれば、玄洋社の歴史や思想それ自体に即して、その過程を明らかにすべきである。確かに、そのための資料はあまりにも少ない。だからこそあらためて問い直すべきであろう。

しかし、玄洋社転向説にはもう一つの問題がある。転向という以上は「民権」と「国権」とが相反して両立できない概念であることが必要である。しかし、この点、従来必ずしも明確でなかった。素人の私が疑問に思うのは、「国権」という言葉の意味がまずはっきりしない。明治当時に使われていた「国権」という言葉をどう解釈するか。現代の学者が自分の言葉として「国権」を使用するとき、どういう意味で使っているのか。中には「国家権力」の単なる略語として使っている人もいて（日本国憲法での用例もその意味）、実に各人各様で、なににか、わかったようでわからないところがある。

一般に「国権」は民権の反対語として現在では使われている。それは〝国家の独立〟を表す言葉だが、アジア諸国への侵略に転化しかねない主張として拡大解釈されているようである。これに批判的な別の見解もある。それは、民権即国権とか、民権と国権とは刃の両面とする見方だ。民権と国権とを対立する二大陣営としてではなく、不可分の一体関係としてとらえようとする。たいていの事典類は玄洋社を国権団体と決めつけている。では、玄洋社が「国権」という場合、彼ら自身はどういう意味をこめていたのだろうか。

明治初期の文書を読んでいて気のつくことは、民権・国権が一対の語として出てくることである。西南戦争に参加した中津隊の檄文を一例にとれば「……国権を失墜し……民権を剝奪し」と対句表現になっている。これは政府の失策を論じた部分である。この場合「民権」は人民の権利の意であり、「国権」も国家の権利の意と解するほかない。

愛国社の機関誌『愛国志林』のある論文の一節には「我邦ノ国権未ダ立ザルナリ、西洋各邦ト同等ノ権理ヲ得ザルナリ」とあるが、国権を〝欧米諸国と対等の日本国の権利〟の意で使っているのである。明治十二年福岡で創刊の「東洋新誌」にも「我ガ帝国ノ権理ハ其レ何ヲ以テ伸暢セン」とあるし、共愛会の改約建言書には「一国ノ独立ヲ保持スル者ハ必ズ其之(そのこれ)ヲ保持スルノ権理ヲ固有セリ」と書かれている。「国権」はここでは明らかに国家の権利として理解され、しかも天賦人権説と同じ論理で補強されている。つまり〝独立国固有の権利〟なのである。

私は「民権」と「国権」とを、対立でも刃の両面でもなく、天賦人権説を共通の中心とした同心円として理解している。すなわち、天賦人権論の国家レベルへの拡張ないし援用と見る。明治十二年の筑前糟屋郡人民による条約改正建言書では、もっとはっきりと「天理の国権」という語が見られる(「朝野新聞」明治十二年十一月二十一日から三回連載)。

選挙干渉

先ごろ（＊一九八〇年時点）、福岡市美術館に収められた母里（もり）太兵衛の飲み取り槍（「日本号」、一八七ページ以下参照）に、こんな伝説がある。江戸時代のこと、福岡城下に〝狐つき〟の病人があると、母里家の主人に〝往診〟を頼みに来た。母里はもちろん医者ではない。「なにとぞ名槍でおはらいを」という頼みだ。そのたびに、主人は「名槍日本号」を携えて行き、病人の頭上で穂先をひらめかした。それが効いて、不思議に病人は全快したというのである（なお、母里（森、毛利とも書かれる）の読み「もり」は、現在は「ぼり」で通っている）。

その「日本号」の霊力も玄洋社には通じなかったとみえる。「日本号」は明治中ごろ、親類の浦上某の手で母里家から持ち出され、頭山満に売り渡された。私は今、これが玄洋社の選挙干渉の資金づくりではなかったかと疑っている。福岡市天神町（てんじんのちょう）にあった母里家の本邸が取り壊されるのも、選挙干渉の直後なのである。明治二十五年の総選挙当時、母里太兵衛旧邸は貸家になっていて玄洋社員が借りていた。そこには流行の白木綿の兵児帯を巻いた七、八人の書生たちがたむろしていた。選挙運動に奔走する彼らは刀を藁包みに隠して持ち歩き、上から泥を塗ってレンコンに見せかけていたという。選挙に刀が必要な時代であった。

悪名高い選挙干渉というのは、明治二十五年の第二回総選挙に猛威を振るった政府の民党弾圧事件のことだ。第一回帝国議会はその二年前に召集された。立憲自由党、立憲改進党など、いわゆる「民党」陣営が過半数を占め、「民力休養・政費節減」のスローガンで政府の予算案に反対した。軍艦建造費の拡大をもくろむ政府は議会を解散、自派による議席の独占をねらった。政府にすれば、なにがなんでも民党を当選させてはならない。こうして、二十五年の一月中旬から投票日までの一カ月間、内相品川弥二郎の号令下、政府・警察の一体となった公然たる選挙干渉が行われた。民党勢力の強いところほど弾圧も激しい理屈である。板垣退助と大隈重信の出身地、高知県と佐賀県が最もひどく、次いで犠牲者の多かったのが福岡県であった。

民権運動の中で、かつては立志社と並び称された歴史を持つ玄洋社は、このとき政府側についた。海軍拡張に賛成する玄洋社は、安場県令と組んで「民党」弾圧の先頭に立ったのだ。福岡県の選挙干渉をめぐっては、当然この点が問題にされるべきだと思う。民党も吏党も、民権運動の洗礼を受けた人々であったこと、旧来の同志であったということが――。玄洋社が吏党の立場を選んだのは、権力との癒着や民党攻撃が目的ではなく、あくまでも政策として打ち出されたものなのである。

選挙戦は舌戦で始まった。旧改進党（民党）は「福岡日日新聞」を、玄洋社（吏党）は「福陵新報」を機関紙として利用した（福陵紙は福日を「偽民党」と呼んだ）。福日は襲撃を恐れて社員が刀を枕に社内で寝泊まりしたほどだ。そんなある日、福日主筆宮城坎一（かんいち）が襲われる事件が起きた。

一月二十一日夜のことである。宮城は同志といつわって呼び出され、迎えの人力車に乗った。今の（＊一九八〇年時点）玉屋デパート（福岡市・東中洲、その後平成十一年閉店）の少し上手にあった作人橋（さくにんばし）の中ほどにさしかかったとき、夜の闇から大男が現れ、いきなり宮城を那珂川にほうり込んだ。「福陵新報」は「（宮城）氏は誤つて水中に陥ゐり腰骨の辺を打しと聞く」と皮肉たっぷり報じた。その翌々日、作人橋にまた〝弁慶〟が現れた。今度襲われたのは児玉音松という学生で、民党陣営の津田利夫に間違えられ、やはり那珂川に投げ込まれた。この二件の犯人は玄洋社の木原勇三郎（のち藤島）であった。

木原は福岡藩士の子で博多の春吉の生まれ。向陽義塾に学び、京都同志社に入学したが病気のため中退。宮崎滔天の『三十三年の夢』に登場するのがこのころで、明治二十一年（二十三歳）政府批判文書の秘密出版事件に連座して、星亨らの自由党大物とともに石川島監獄に投ぜられている。ちょうど東京専門学校（のちの早

明治40年３月23日，福岡同人の会合記念写真（東京・芝の丸木利陽写真館）。前列左から月成功太郎，福本誠，頭山満，内田良五郎，進藤喜平太，杉山茂丸，末永純一郎，後列左から武井忍助，古賀壮兵衛，大原義剛，内田良平，的野半介，月成勲，児玉音松

稲田大学）に在学中で、憲法発布の特赦で出獄し、二十四年に同校を卒業した。なお、二十四年には「福陵新報」への投書でも筆禍にあっている。身長五尺八寸の大男、柔道は四段の腕前。二十七年に三十歳の若さで世を去った。

一方、児玉音松も全く偶然だが、同志社の学生であった。この人は後年玄洋社員となる（もっとも、社員名簿には登場せず、確かめることはできない）。児玉は宗像郡津屋崎の人。明治三十五年刊行の『筑豊鑛業頭領伝』の著者として知られている。この本は炭鉱の頭領（親方）たちの伝記として異彩を放つ。序文は内田良平（硬石）が書いている。児玉その人も炭鉱の親方分となった侠気あふれる人物で、のちには南洋開拓を志してセイロンまで出かけたこともあった。

さて、宮城主筆と児玉の事件が伝わってよりしばらくは、夜間の作人橋は人通りが絶えてしまったという。選挙干渉の一挿話である。

比良松事件

福岡の民党は岡田孤鹿、中村耕介、多田作兵衛、野田卯太

郎、藤金作ら、そうそうたる顔ぶれがそろい、政治的影響力も大きい。玄洋社が旧士族や俠客・坑夫を動員したのに対し、民党側は地元消防団を動員して対決した。民党は自力の闘いを強いられた。

安場知事は県下の警察・役場に命じて、公然と吏党票獲得に走らせた。このとき知事の片腕となったのが警部長中原尚雄、西南戦争の火付け役となった男である。明治九年暮れ、当時警視庁警部の中原は、西郷隆盛の動静探索のため鹿児島に潜入。「西郷を視察に来た」という言葉が「刺殺」と受け取られ、私学校派に捕まって拷問された。この西郷暗殺説に憤慨した私学校派が西南戦争を引き起こしたとされる。西郷の後継を任ずる玄洋社にとって、中原はいわば〝不倶戴天の敵〟のはず。両者が選挙干渉で協力することになるのも皮肉な話だ。玄洋社は主だった幹部を中心に、県内各地に散った。いずれも、鉢巻きにたすきの十字がけ、木刀や仕込み杖を携えた。福岡城下では「今度は官軍でござすな、賊軍でござすな」と社員に問いかける人もあった。人々は福岡士族の反乱、福岡の変（明治十年三月）を想起していた。

「吏党」玄洋社は、開通直後の九州鉄道もフリー・パス。電信も利用して大いに機動力を発揮した。飯塚には赤池炭坑の頭領松岡陸平が、坑夫五十人を率いて乗り込んできた。柳川・三池には杉山茂丸、的野半介ら二百人が福岡から押しかけた。朝倉・嘉穂に向かったのは進藤喜平太の一隊である。熊本からは国権党の三百人が吏党応援に駆けつけたともいわれている。実際、吏党側死者一人は熊本県人であった。

県内各地に完全な無政府状態が現出した。玄洋社の壮士たちは日本刀で、民党側の消防組は〝とび口〟や竹槍で互いに渡り合った。夜になると、一団の壮士たちが民家の戸板に日本刀をブスブスと突きたてて歩いた。吏党に投票を強要する示威であった。銃声がとどろき、反対派の事務所に火がつけられた。中でも、民党演説会に吏党側が、いわゆるなぐり込みをかけた比良松事件は、規模の大きさと警察のあいまいな警備から、のちのちまで県会で問題になった事件である。

二月一日、上座郡（今の朝倉郡）比良松の民党演説会は、会場「舒翠館」に竹矢来をめぐらして、まるで〝仇討ち場〟のようなありさま。前日、夜須郡甘木の希声館演説会での乱闘騒ぎで、多勢に無勢の吏党側はさんざんな目にあった。吏党の巻き返しが予想され、比良松の演説会は前日に増して不穏の色が見えた。会場は七百人で超満員、場外にも二千人が詰めかけた。その中には、玄洋社員大原義剛（のち九州日報社長・代議士）に率いられた二百余の吏党勢もいた。彼らは赤の布ぎれを巻きつけて目印とし、他方の民党勢は黄の布ぎれをつけて、同士討ちを防ごうとした。

大正四年、福日連載の「選挙大干渉の回顧（当年民軍の意気を看よ）」は、その日の大原義剛の姿を、「大原其日の扮装は、黒の木綿の紋付羽織に腕まくりし、右手に四尺許りの生木刀を杖つきて威風堂々たる骨柄で……」と、まるで軍記物語のような筆致で描く。

演説会は民党候補多田作兵衛の登壇で始まるが、多田の演説に、たちまち両派入り乱れてのなぐり合い。多田を護衛していた山中茂は頭をなぐられて重傷を負い、その場に倒れた。凶器は手ぬぐいに包んだ石であった。犯人はあとで自首して出たが、警官が目撃しながら現行犯逮捕できなかったことが、警察もグルだとして問題になるのである。翌二月二日、大原義剛、木原勇三郎、安永東之助らの一隊は甘木から筑紫郡に向かい、防戦のため集まった民党勢と衝突した。民派の指導者山内万代雄は当時十七、八歳の安永少年に斬りつけられ負傷した。この山内のもとに、一見玄洋社員風の青年が見舞いの品を持って現れ、緊張する一幕もあった。玄洋社員林斧介（出版業）が、今は敵陣にいるかねての友人山中茂に見舞いを送り、それを山中が山内に転送したものとわかったが、友人同士が敵味方に別れたための悲喜劇であった。

玄洋社壮士の盛んな横行に、ついにニセ玄洋社員の強盗事件というおまけまでがつく。二月十七日の「福陵新報」によると、嘉穂郡千手村の民家に二人組強盗が押し入り「玄洋社の者だ。国家のために米を出せ」と米一俵を奪った。幕末の「御用盗」もどきだが、捕縛された犯人は、もちろん玄洋社とは縁もゆかりもなかった。

民党と吏党の逆転

明治二十五年の第二回総選挙は、政府の激しい弾圧にもかかわらず、当選者数で民党が吏党を上回り、民党は依然として議場に優位を保った。福岡県はどうか。ここだけは吏党の圧倒的勝利に終わった。吏党の当選八人に対し、民党わずかに一人。第六区三池・柳川方面から岡田孤鹿が当選を果たしただけだ。多田作兵衛も藤金作も苦杯をなめた。しかも、岡田の勝利にしてなお〝傷だらけの栄光〟と言うよりほかなかった。

第二回総選挙に福岡県下の犠牲者は死者四人（全国二十五人）にのぼった。内訳は民党三、吏党一だ。負傷者が双方合わせて七十二人、家屋の放火・破壊が九件ある。岡田の参謀を務めた県議永江純一と野田卯太郎は絶えず生命の危険にさらされ、永江に至っては暗がりで斬りつけられて瀕死の重傷を負ったほどだ。民党にとり、岡田ひとりの当選ですら並大抵ではなかったのである。永江を斬ったのは、福岡から三池に乗り込んだ吏党側運動員だ。敵将永江とは旧知の間柄、的野半介・杉山茂丸両人が玄洋社の壮士二、三百を指揮する。その中には勇敢仁平（大野仁平）、蓮池（はすいけ）の壮兵衛（古賀壮兵衛）、喧嘩勘兵衛（小森勘兵衛）、ほぐろの留（若松の井上留吉か）……こうしたひとくせありげな異名をとった連中も、子分たちを引き連れて加わっていた。

永江襲撃の犯人は小森勘兵衛で、後年このときの凶行を悔いて永江に謝罪してきたといわれる。大野は福博の世話役、「鎮西義胆・筑紫侠骨」とうたわれた名うての大親分で、古賀壮兵衛とともに炭鉱経営に手をつけ、関門トンネル計画にもそろって名を連ねている。選挙干渉の非は非として、しかし彼らを、ただの侠客とだけ見ることはできない。ここに大野仁平の死亡記事がある。玄洋社とは反対陣営の「福岡日日新聞」のものなので、まあ掛け値なし、大野仁平の真価がとらえられているであろう。これもまた、一人の玄洋社員の生涯である。

大野仁平氏　福岡市天神町大野仁平氏は、去明治四十四年中臂（ママ）臓病に罹り中風を併発し、九大教授稲田博士、井上医学士を主治医として久しく病床に在りしが、心臓苦しく衰弱を覚へ、去一日午後三時十五分終に逝去せり。享年七十一。可惜（おしむべし）。氏は明治二（ママ）年福岡藩にて編成せし勇敢隊の顔役に挙げられ奥羽戦に従軍し、同十三年福岡玄洋社の別働隊たる金剛党の主領となりて自由民権の拡張に尽瘁し、後、故平岡氏を援けて炭坑事業に尽す処多く、専ら任侠を以て立ち、故渡辺（与三郎）氏と親交あり。各種の紛擾問題には自費を投じ進んで其渦中に投じ解決をなし、福博の名物男として顔を売り、最初病を得たるは博軌・九水合併問題に与（あずか）り数回上京したる時なりしが、爾来隠居して家督を嗣子徳太郎氏に譲り、有為子弟には学費を投じ、其恩恵に依り目下高等の位置にある者少からず。昨二日火葬に付し、来る七日午後正三時途中葬列を廃し、博多御供所町（ごくしょまち）妙楽寺に於て葬儀を執行する由。

（「福岡日日新聞」大正七年一月三日）

侠客が玄洋社員だったと、それだけ取り出して言うと語弊がある。頭山満は大野の人物を評して「大野仁平などは立派な男じゃった。元は博徒で、玄洋社と喧嘩してその後かえって同志となったが、平岡の事業などでは大野の力があずかって多きに居るのだ」と語っているが、先の記事とも符合するもので、頭山の欲目とばかりは言えない。戊辰戦争に従軍したとき、弾丸を歯で受け止めたとの伝説を持ち、〝勇敢仁平〟とあだ名された大野は、確かに玄洋社員であったが、単なる侠客とばかりは言えぬ人でもあった。

ひと口に吏党と言うが、その実情は各地で異なることと思う。官吏・警察官を主体にした吏党、政府と聞いただけでありがたがる御用政党式の吏党、金で雇われたヤクザ連中の吏党、脅迫まがいに当局に狩り出された吏党など……。玄洋社の場合は、ひとしく吏党であっても、そのどれにも当てはまらない。私の考えでは、玄洋社には額面通りに「吏党」と言い難いところすらある。

逆に、民党は果たして根底から政府批判者だったのだろうか。例えば、岡田孤鹿は元来が役人の出だ。ついこの間まで安場保和が愛知県令のとき、その下で地租改正課長の任にあった。県会副議長から代議士になった岡田だが、根っからの民権家とは考えにくい。中村耕介[1]（県会議長）と吉田鞆次郎――二人は向陽社・筑前共愛会の昔から民権運動に活躍した。しかし、彼らとて武部・越知の挙兵をよそに県官や郡長の職についた人々だ。挙兵派の流れをくむ玄洋社とは肌合いが異なる。

明治十二年、当時の福岡県令渡辺清が向陽社を正論党と激論党に分かち、多数穏健派の正論党には官員もいるので、激論党（玄洋社系）の抑えを期待している、と述べたことがある。その官員とは中村・吉田らのことだった、と私は見ている。彼らを現実主義者と言えば言い過ぎだろうか。

野田卯太郎は天秤棒を担いで豆腐を売っていた境涯から民権運動に加わった人だ。永江純一と、明治十九年に三池銀行を創設する。次いで二十二年、三井家の後援のもとに三池紡績会社を興す。選挙干渉のころはともに県議で少壮の産業資本家に成長している。多田作兵衛、藤金作は旧庄屋を務めた人で、百姓議員とも呼ばれた。素朴な実学的気風にあふれていたが、それだけに過激な反政府運動とはやはり異質には違いない。要するに「民党」は本質的には体制補完派だ。福岡県の民党は、県会議員を主柱に県会活動の中から形成された。そこに、民党が資本主義勃興の精神に満ちていたのも当然であった。それにひきかえ、玄洋社は政治闘争に傾きがちで、場合によっては政府とも鋭く対立する。現象的な民党・吏党の図式を超えて、本質的には「民党」と「吏党」の立場の逆転を見ることもまた可能なのである。

選挙の結果、民党が再び多数を占め、松方内閣の民党つぶしが腰砕けになるという、玄洋社にとって不本意な状況が訪れた。有言不実行の品川弥二郎、西郷従道（つぐみち）に、頭山は「諸氏は為すと称して為さざるの徒か、予は為さずと称して為さざらんのみ」と、絶望の言葉を投げつけて政界に背を向ける。頭山は松方正義首相に「民党撲滅」を建議するが松方内閣も瓦解し、上京した玄洋社員たちは、予戒令の適用で首都を追われた。政界の裏面にあって時の内閣に陰陽の圧力を加えたことが、玄洋社の特質であったといわれるが、そうした玄洋社の活動スタイルは、このときの深い絶望に端を発したのである。

（1）喜多島家文書中の「玄洋社員名簿」（『増補版　玄洋社発掘』収録）から、中村耕介が一時期、玄洋社に属していたことが明らかになった。

「名槍日本号」

もうひとつ、「名槍日本号」と玄洋社との関係についてもふれておこう。昭和五十四年開館した福岡市美術館の数ある展示品の中でも、「日本号」はひときわ注目を浴びた（現在は福岡市博物館で見ることができる）。ところで、この槍は旧福岡藩主黒田家から市に寄贈されたものだが、もともと黒田家が所蔵していたわけではない。しかも黒田家の所蔵に帰すまでには、明治以降玄洋社関係者の手元を転々とした時期もあったのである。この間のいきさつを見ながら「名槍日本号」の行方を探ってみよう。

無銘で、日本一と称された逸品であるこの槍は、もと太閤秀吉の秘蔵した品であり、戦功を賞して幕下の大名福島正則に与えられたものである。それが黒田長政（初代福岡藩主）の家臣で、豪傑・酒豪として名高い母里但馬の手に落ちたのは、福島のもとを主君の用で訪れた母里が、勧められるままに大盃の酒を飲みほし、酒席の約束から「日本号」を持ち帰ったのである。翌朝酔いのさめた福島はあわてて返還を申し入れたが後の祭り。ためにこの槍は黒田家中で〝母里但馬飲取槍〟と賞されて筑前今様にも歌われることになった。

母里但馬（太兵衛友信）から十代目太兵衛友諒まで、「日本号」は累代母里家に伝えられてきた。母里家は今の天神二丁目にあったが、現在は母里太兵衛屋敷跡碑が建ち、同家長屋門は福岡城内に移築保存されている。十代太兵衛の長女チセは加藤堅武に嫁した。だが堅武と太兵衛の長男母里良度は明治十年福岡の変に参加、母里は戦死し、加藤は斬罪となった。加藤は妻に宛てた遺書で、決して驚き騒ぐことなく「ひたすらに女こども等立派に成長させらるるこそ本望なれ」と、当時二歳と四歳の二人の子を妻に託している。このとき反乱の矢面に立ち、乱後の処刑を指揮したのが県令渡辺清（旧大村藩士）。渡辺は堅武の父加藤司書切腹の際助命に奔走した人だが、時代は移り、司書の子を処刑するめぐりあわせになっていた。渡辺はのち男爵になり、先妻の死後、加藤堅武未亡人チセを後妻に迎えている。

母里家はこうして長男と娘婿を同時に失い、家運も傾いた（のちに渡辺清の甥が養子となる）。そして「日本号」も母里家を離れていく。明治三十年代になって、友諒の甥浦上某の手で母里家から持ち出されたのだという（麻生徹男『母里家のこと』）。その槍はどこへ行ったかというと、玄洋社の頭山のもとに持ち込まれたようである。『頭山満翁写真伝』に「（母里家の）子孫のものが自分に買つてくれといふから千両で買つた」という頭山の直話がある。これが「日本号」に値のついた最初だ。頭山家に置かれた日本号は、今度は博多の侠客、大野仁平親分の家に移される。ある日頭山家を訪れた大野は、日本号を見つけてあまりの見事さに欲しくてたまらない。それを頭山があっさりタダで与えた。大野はこのころ玄洋社の一員だったようだ。平岡浩太郎に心酔した人物で、平岡の死後、豊国炭坑大爆発の際は、安川第五郎の父敬一郎とともに平岡の子を助けながら、収拾のために尽力している。

昭和13年ごろの大名町付近図（『福岡市縦横詳細図』）。上部中央に玄洋社と明道館がある（↘）。路面電車に面した福岡地裁の位置が今の中央区役所である

仁平の生前、日本号は大野家に飾られていた。大野の死後、その子が頭山に槍の処分を相談した。頭山が「一度やったもんだし、好きにしてよい」と答えたため、安川敬一郎に一万円で売られてしまったという。大正九年五月に、それが安川敬一郎から黒田家に寄贈されたのであった（中島利一郎「母里但馬飲取槍由来」）。お礼として黒田家からは安川家へ狩野安信筆三幅対（さんぷくつい）が贈られた。昭和十九年十月、第十代玄洋社長となった進藤一馬氏の就任式は東京赤坂の黒田侯爵邸で行われた。一室に「名槍日本号」を飾り、広田弘毅、松本健次郎、緒方竹虎が立ち合ったのであった。今日では福岡市民の共有物となった「日本号」のこの百年の変転を追うだけでも、織りなす人間模様は興味尽きぬものがある。

金玉均暗殺

金玉均は朝鮮の両班（ヤンバン）（貴族）の家に生まれた政治家である。日本の急激な近代化に刺激されて、朝鮮の近代的改革のため奔走した。明治十七年、三十四歳の金玉均は、日本から資金と武力を得て漢城（ソウル）にクーデターを起こす。いわゆる甲申（こうしん）事変である。金らの開化派（独立党）は、清国に依存する守旧派（事大党）を倒して一時政権を奪取することに成功したものの、わずか三日にして清国軍隊の手で倒された。金玉均は再起を期して日本に亡命し、頭山満、福沢諭吉、犬養毅ら同情者の庇護を受けた。

明治十八年の、自由党左派大井憲太郎らによる大阪事件は、金を擁して朝鮮に事を構えようとする計画であった。このころ、玄洋社の来島恒喜や熊本の前田下学（かがく）らが同様の計画を実行に移そうとしていたが、頭山は初めて会った金に自重を勧め、玄洋社の朝鮮挙兵計画は自然、さたやみになったのである。だが、初対面の金と頭山は以後親しい交わりを持つようになる。

甲申事変では日本政府は金玉均を積極的に手助けした。ところが事破れて亡命した無力の金玉均に対しては、むしろ迷惑顔であった。大阪事件が発覚すると、政府は絶海の小笠原島に金玉均を移した。流罪同様の処置である。当時、小笠原には年四回しか定期船が通わなかったという。世捨て人の境涯を強いられた金玉均は、それでも禅書などを読んで悠々たる生活ぶりだったらしい。玄洋社員来島恒喜、的野半介、竹下篤次郎の三人は、同志と頼む金の退屈を慰めるべく、十九年四月、小笠原島に渡航した。島を探検し、開拓や資源開発に道を開くつもりもあったようで、竹下は当時二十一歳の青年だが、この時から二カ年を母島の開墾に従事した。その後は渡米してカリフォルニアに農園を経営したりしている。

小笠原に二年程いた金玉均は病を得て東京に戻ったが、日本政府は今度は北海道に送って、再び軟禁同様の身とした。彼が自由の身となるのは、ようやく明治二十四年になってからだ。一方、本国の事大党は、この手強い政敵の息の根をとめようと次々に刺客を放った。金も、頭山ら日本での友人も、この点に十分な警戒を払った。あるときなど、頭山は金玉均に向かって、大石内蔵助の祇園遊びの故事にならい、あえて軟弱な生活を装って敵の目をあざむいてはどうか、と助言した話まである。

金玉均（琴秉洞著『金玉均と日本 その滞日の軌跡』〔緑蔭書房，1991年〕より）

明治二十七年、駐日公使を務めたことのある清国の李経芳から、父李鴻章との間を取りもとうという申し出が、秘かに金玉均に届いた。金は、李鴻章との会見で朝鮮の内政改革にきっかけをつかもうと、上海に渡ることにした。頭山、福沢にはこれがわなに思える。金玉均をしきりに引きとめた。金は「危険は承知の上。虎穴に入らずんば虎児を得ず、と言うではないか」と決意を述べて、頭山に大阪駅までの見送りを頼んだ。李経芳へのみやげにと頭山秘蔵の三条小鍛冶の名刀を欲しがる金に、頭山は一度は断ったものの「武士に二言はない。そんなに欲しければ、盗んで行けばいい」。結局は黙って持たせてやった頭山である。遠慮のいらない間柄であった。

金玉均は上海の東和洋行に投宿したところを、同行の洪鐘宇の手で銃弾に倒れた。金はまだ四十四歳だった。洪は同志と見せて金に近づいた刺客だったのである。遺体は従者和田延次郎の手から奪い去られ、清国軍艦によって朝鮮政府に引き渡された。金の遺体に手ひどい凌辱が加えられたことで、日本側世論は沸騰した。清国・朝鮮に対する敵意をかき立てることになったが、日清戦争の足音がつい間近に聞こえていた時代なのだ。金玉均暗殺から五カ月後、日本は清に宣戦布告する。

ところで、上村希美雄『宮崎兄弟伝』によると、朴仁根編『金玉均年表』には、金の上海渡航直前の三月十一日、頭山満が「大阪駅頭で刺客李逸植、洪鐘宇と密談を進め」たとの一行が見られるという。金の永年の友人である頭山が、金玉均暗殺事件に一枚かんでいたとすれば、こんな不思議な話もない。何か根拠があるのだろうか。もっとも、頭山が洪鐘宇と全く関係がなかったわけではない。というのは、洪鐘宇は頭山が社長をしていた福陵新報社に在籍していたらしいからだ。福陵新報社員高山源太郎という人に「上海で金玉均を暗殺した洪鐘宇も、その野心を蔵して此の社の植字部に働」いていた、との一文がある。フランス帰りの洪鐘宇が、金の同志を装ったその巧みさに驚くべきかもしれない。金玉均の死もさることながら、本国での栄達と引き替えに刺客の役割を演じた洪鐘宇には、さながらトロツキー暗殺者にも似た心中の葛藤があったはずである。

天佑俠

明治二十七年は日清戦争の起きた年である。日本は七月二十五日豊島沖の海戦で戦闘の火ぶたを切った。八月、清国に宣戦布告。九月、日本陸軍は平壌を占領し、海軍は黄海海戦で制海権を握る。日本連合艦隊と清国北洋艦隊の戦いに、日本側は勝利を収めることができた……。

日清戦争は、日本と清国が朝鮮を舞台に戦った戦争である。朝鮮の人々にとってこれ以上の迷惑はない。しかし、日清戦争というのがそもそも、日本と清国とが朝鮮の支配権を争奪した戦争なのであった。この年三月、日本の亡命先からおびき出された金玉均が上海で暗殺されると、日本の民間世論は、清国との開戦を一層声高に叫ぶようになった。玄洋社はその急先鋒として、開戦に及び腰な政府をつきあげていた。

開戦をめぐって、ここにひとつの伝説がある。日清戦争の導火線となったのは玄洋社だという説——つまり日本に開戦の口実を与えたのが、その結成に玄洋社もまた一役買った天佑俠だったというのだ。それは、例えば『東亜先覚志士記伝』によると、次のようないきさつである。

東京での金玉均の葬儀の翌日（五月二十一日のことだ）、玄洋社員的野半介は陸奥宗光外相を訪ね、開戦の意志の有無をたたいた。的野は、かつて来島恒喜（このころ、すでに故人）と一緒に小笠原島に流寓の金玉均を慰問したこともある。外相は警戒してか多くを語らず、的野はさらに陸奥の紹介を得て、参謀次長川上操六のもとに赴いた。川上とは初対面である。川上は的野半介に「意味深長の一言」をもらす。「玄洋社は多士済々の遠征党の本拠と聞く。だれか一人付け火をする者はないか。火の手が挙がれば、消すのはわれわれの任務だ」。これが朝鮮の農民反乱、東学党の乱にはるばるはせ参じた十四人の日本人グループ「天佑俠」の、そもそもの発端ということになっている。天佑俠の〝活躍〟が日清開戦のきっかけを作った、「付け火」になったとの主張である。

だが、いささか我田引水のように思われる。話としてはよくできているが、やはりひとつの伝説と見るべきであろう。今日では、天佑俠が日清戦争の導火線たり得たなどとはだれも信じていない。というより、様々な事情が徐々に開戦を準備していったのであって、何が導火線であったかに、たいした意味はないのである。日清戦争が日本の勝利に終わってから、関係者が強引に付会した手柄話のひとつという可能性が強い。ただ、このことは確かだ。天佑俠結成の際、関係者の脳裏には農民反乱、東学党に対する共感がまずあったこと、さらに、この東学党の乱によって、朝鮮から清国の影響力をなくそうとしたこと、いずれは朝鮮半島での日清の衝突は避けられないとし、むしろ、それを望んでいたことである。参謀本部の暗黙の了解があったかどうかは〝藪の中〟であるが、残された関係者の回想は、朝鮮改革と日清開戦とを矛盾なく同居させている点では共通しているのである。

天佑俠に加わった内田良平（当時二十一歳）の自伝には、すでに五月初旬、天佑俠の面々は釜山を去って東学党の所在を捜し求めていたことが記されている。天佑俠は川上参謀次長の示唆を待つまでもなく、すでに活動を開始していた。東学は西学（キリスト教）に対する語で、朝鮮の民族的宗教である。キリスト教や西洋文明の朝鮮侵入、日本の朝鮮介入に反対の立場をとった。腐敗した官吏に対する批判から政府とも対立した。教祖崔済愚（さいせいぐ）も斬罪となったほどで、激しい弾圧を受けている。東学党が暴動を起こすのは明治二十七年二月で、朝鮮半島南部に反乱は次第に燃え広がっていく。そのスローガンは「斥倭洋倡義（せきわようしょうぎ）」（倭〔日本〕と洋〔西洋〕をしりぞけ、義をとなえる）、日本や欧米諸国の排斥を掲げていた。これが東学党の乱とか甲午（こうご）農民戦争と呼ばれているものである。

天佑俠は反日スローガンを掲げたこの農民反乱に、日本人として武器をもって参加しようとした一種の義勇兵的動きである。天佑俠はわずか十四、五人に過ぎなかったが、その背後には、東学党支援のためにさらに続々と有志を送り出そうという頭山満らの計画もあった。天佑俠の実態や評価をめぐっては論議が多いが、天佑俠の活動の核に、朝鮮農民の反乱への素朴な共感があったことは確かだ。内田良平らの活動は、日本政府から「持凶器強盗」として追われながら決行されたものであった。

東学党支援

武田範之（はんし）は旧久留米藩士の子。越後顕聖寺の学僧になったが、明治二十七年の天佑俠に参加して当時三十二歳ながら「謀師」として重きをなしたという奇才あふれる人物である。天佑俠十四人の中では、武田範之と鈴木天眼（てんがん）（福島県出身）、大原義剛（ぎこう）と内田良平の四人が玄洋社の同人であったという。また、白水健吉（しろうず）は玄洋社四天王の山崎羔三郎の実弟だ。天佑俠と玄洋社の関係は深い。明治二十四、五年ごろ、武田和尚は玄洋社の財政方結城虎五郎と謀って、朝鮮全羅道の一島に渡り、島守李周会の世話で漁場開拓に従事していた。李周会は金玉均の同志として北海道に亡命したこともある人だ。これに限らず、玄洋社や〝浪人〟と呼ばれた民間の人々が朝鮮独立党の志士たちと具体的なつながりを持っていたことは、見過ごすことのできない事実だと思う。私は、一部にせよ当時日本と朝鮮の人々が、いわば〝同じ釜の飯を食う〟といった形で、日常の親しい交わりを保っていたことを、もっと深く考えてみたいと思っている。

天佑俠の企ては、福岡と釜山で同時に別個に動き出した。それらをひとつに結びつけるのは頭山満である。明治二十七年の二月に東学の信徒たちが朝鮮に乱を起こすと、その直後三月には、早くも福岡で東学支援の動きが始まっている。内田良平（二十一歳）と末永節（みさお）（二十六歳）らが、武器弾薬を求めて朝鮮から帰ってきた関屋斧太郎と東学支援の渡鮮を画策していたのである。もうひとつは、釜山梁山泊といわれた大崎正吉の法律事務所の一党に支援計画が生まれた。大崎は「二六新報」主筆の鈴木天眼に計画を持ち込み、頭山満、平岡浩太郎の賛成があって、福岡組が釜山組に合流することになる。

筑豊田川の赤池炭坑は平岡浩太郎の経営で、平岡の兄内田良五郎が監督に当たっていた。良五郎の子内田良平は大原義剛とともに、赤池からダイナマイトを持ち出そうとしたが失敗する。内田と大原は、それでも警察の目をかいくぐって釜山に渡ることができたが、末永節と島田経一はそのころ警察の取り調べを受けていた。島田は博多川端の旅館業に生まれた人である。釜山に集まった武田範之、鈴木天眼、内田良平らは東学党に加わろうと策をこらし、釜山の日本領事館倉庫から小銃弾薬を奪おうとして果たせなかった。結局、武器を持たぬまま東学党のもとへ赴こうと釜山を出発するのが「時に明治二十七年五月初旬なり」と良平は『硬石五拾年譜』に記している（通説では釜山到着が六月二十七日となっているので、これとは大きくかけ離れている）。

釜山を去った一行は、昌原金鉱で鉱主牧健三らに銃をつきつけて縛り上げ、火薬・ダイナマイト類を強奪する。牧は長崎の人で、十七年の甲申事変では金玉均を助けて日本に亡命させたこともある。元来が内田たちとは同志的立場だが、互いにそれを知らなかった。こうして爆薬強奪事件によって天佑俠の一行は、日本政府から強盗罪で追われる羽目に陥るのである。

天佑俠の十四人が東学の指導者全琫準（ぜんほうじゅん）に会見するのは、ようやく全羅道淳昌においてだ。これより先、東学党は占領中の全州城を官兵・清国兵の攻撃で奪取されている。それが六月十一日なので、天佑俠の東学党合流はそれ以降のことになる。敗走中の東学党陣営は負傷者多数を抱えていたから、天佑俠とダイナマイトの到着に大いに意気上がったという。天佑俠の連中は朝鮮語ができないから全て筆談である。朝鮮改革と清国勢力駆逐のため東学支援に赴いたことを全琫準に告げた。全琫準もこれを歓迎して東学党に加入させたという。その後の天佑俠の動向は正確な資料を欠く上、残された伝記類は誇張が多いといわれている。比較的率直な語り口を持つ『硬石五拾年譜』では、全琫準と打ち合わせて、天佑俠は漢城（ソウル）に挙兵することになっていた。しかしそれを実現せぬまま日清開戦の日となった。この間、天佑俠の活動は四カ月にわたった、と内田良平は書いている。

七月下旬、日本では頭山の指示を受けた宮川五郎三郎（奈良原至の実弟）が軍資金を携えて釜山に渡った。強盗事件で追われる天佑俠を救出したのは山座円次郎といわれているが、山座はこの時期（三月から八月まで）釜山領事館にはいない。宮川が「秘事」として語るところによると、牧に強盗事件の告訴を取り下げさせた陰に宮川の努力があった。全琫準は日本軍に捕えられ、朝鮮政府に引き渡されて死刑に処された。全琫準は、彼と連絡をとるため獄中にもぐり込んだ天佑俠の一人に「私の死後、東学を救ってくれ」と言い残したということである。

明治四十三年一月二十三日の「福岡日日新聞」に次の広告が出ている。

> 白浪庵滔天
> 満員続きに付日延　川丈座

白浪庵滔天とは、言うまでもなく玄洋社と近く、一時は九州日報社にもいたことのある宮崎滔天のこと。浪花節の滔天一座の興行はすでに千秋楽を過ぎても続演の盛況、そのだしもののひとつは「滔天の天佑俠の旗揚」というものであった（滔天は浪曲師桃中軒雲右衛門（くもえもん）に入門し、桃中軒牛右衛門（うしえもん）と名乗っていた。中国語訳の『三十三年落花夢』〔三十三年の夢〕は白浪滔天著として、上海・台北で刊行されている。宮崎滔天は明治二十八年から白浪庵と号していた）。

閔妃事件

明治二十八年十月八日——朝鮮・漢城（現在のソウル）で、未明の街路を武器をとった一団が行く。これから王宮に押し入って親露勢力を除き、親日派クーデターを決行しようとする人々だ。朝鮮側が日本の影響下にある訓練隊の兵士たち、日本側は領事館巡査や新聞記者が参加し、守備隊も支援に動いた。国王高宗（こうそう）の父大院君（だいいんくん）を一応は立てていたが、朝鮮駐在の日本公使三浦梧楼（陸軍中将）が演出した事件である。中に二人の玄洋社員の顔も見られた。梯子を用いて光化門の高壁を乗り越えると、門を開いて次々に景福宮に乱入する。宮廷における親露派の中心は王妃・閔妃（ミンビ）である。王妃の顔を知らない侵入者たちは、見境なく女官らに斬りつける。混乱の中に斬殺された閔妃の遺体はその場で焼かれた[1]。一国の王妃に対する儀礼などというものは彼らの頭にはない。日本と朝鮮の歴史の中で、最も凄惨な事件のひとつに数えられるこれを「閔妃事件」（閔妃暗殺事件）と呼んでいる。

日清戦争で勝利を得た日本は、二十八年四月下関講和条約を結ぶが、続くドイツ・ロシア・フランスの三国干渉によって、条約で得た遼東半島還付を余儀なくされた。「臥薪嘗胆」が国民の合言葉となった時代——ロシアが大敵として日本の進路に立ちはだかる。韓国では、国王の背後にあって実権を握る閔妃の一派が親露路線をとった。危機感を抱いた日本の出先機関が独走したのが閔妃事件であり、日本公使館が朝鮮の主権を公然と蹂躙した暴挙だったことは否定できない。

この事件は日本政府にとっても寝耳に水の驚きであり、国際的非難にあわてて、日本側関係者四十八人を広島で裁判にかけた[2]。結果は「証拠不十分による免訴」。日本人による閔妃暗殺事件という事実は存在したが、

「国家のため」にやったことだからという政治的判断が優先されたのだ。司法権は独立した機能を果たすことができなかった。その意味で閔妃事件は、私たちにとって二重の痛恨事として残ったことになる。隣国への主権の蹂躙と、その事実を自らの手で裁くことができなかったことによって。

ところで、閔妃事件に参加した日本人壮士についてである。従来、彼らを〝朝鮮浪人〟として一括し、「ゴロツキ」呼ばわりする風があるが、それが事実に忠実なる所以とは思えない。ゴロツキまがいの凶行を働いたからゴロツキだ、とは言えないのだ。由来、人は政治的事件では、目的のゆえに愚劣な犯行に及ぶということがあり得る。目的のためには手段を選ばないのである。いわゆる確信犯だ。閔妃事件の加担者も、むしろ人望ある知識人と言うべき人々を多く含んでいる。そうした教養ある人々が、隣国では疑念もなく凶行を演じたことこそ問題にされるべきではなかろうか。ここでは、閔妃事件に加わった二人の玄洋社員、月成光（つきなりひかる）と藤勝顕（とうかつあき）を取り上げてみる。

月成光は、福岡藩家老の月成権太夫（三千石）の第四子である。長兄元雄は西南戦争の際、福岡の変に参加して戦死し、残る三兄弟、麓・勲・光はいずれも玄洋社で活動した。月成勲の夫人は郡利の娘であり、勲は明石元二郎（陸軍大将）の義兄に当たる。勲は後年、玄洋社の社長を務めている。光は、来島恒喜が大隈重信外相に爆弾を投じたとき、二番手を受け持つ予定で来島自決の一部始終を目撃した人である。過激な男ではあっても、決して粗暴な性格ではない。頭山の身辺で秘書のような仕事をしていたが、その礼儀正しさが来客の好評を得たという。三浦公使の随員として韓国に渡ったことから、閔妃事件に参加することになったものである。

藤勝顕は女傑高場乱の塾で漢学を修め、太宰府の宮小路康文に書を学んだ。十九歳で福岡の変に参加（明治十年）、懲役二年に服した。剣術・柔術は免許皆伝の域に達し、舌間（したま）道場で師範代を務めた。文武両道に秀で、福岡県会開設と同時に記録掛として令名を上げ、自由民権運動でも活躍した。閔妃事件ののち、責任者四人が

閔妃の顔を写したといわれる子安観音（福岡市博多区・節信院）。ただし，藤勝顕が作らせたのは銅像。戦時中に供出したため戦後石像として再建された

すべての罪をかぶることになったとき、名乗り出た中に月成と藤がいた。広島監獄を釈放されると福岡に帰ったが、朝鮮政府に賞金一万円で追及され、二度も刺客に襲われたという。雲水となって諸国を行脚したのがこのころであった。櫛田神社に「閔妃を斬った刀」と称するものを奉納、犠牲者の冥福を祈って節信院（加藤司書の菩提寺。藤の妻は加藤家の家臣の出）に子安観音を建てた。

この子安観音は藤が閔妃の顔に似せて下絵を書き、仏師高田又四郎が原型を作り[3]、磯野鉄工所で銅像としたものという。高場乱の肖像画を描いたのも藤であり、明治三十四年には博多に私立福博学館を開いて教育界に足跡を印した。

閔妃事件の朝鮮側加担者として三人が死刑となったが、その一人は先にもふれた李周会である。日本側加担者が多く出世街道を歩むのに比して、彼の運命はあまりにも対照的であった。

（1）この事件は閔妃の抵抗を押し切って、大院君を王宮に迎え入れることが本来の目的で、あらかじめ三浦梧楼公使と大院君との間で示し合わせてのことだった。流血の惨事の中、大院君は王宮に入った。

（略）其後間モナク三浦公使ハ杉村書記官、国分通訳官ヲ伴ヒ参内シ、大院君列座ノ上、国王ニ謁見シ、何事カ奏上スル所アリシ趣キナルガ、王妃ノ屍ハ三浦公使ノ入闕（王宮に入ること――石瀧）後、公使ノ意ニ出デタルヤ否ヤ詳カナラザレドモ、荻原（荻原秀次郎警部――石瀧）ノ差図ニヨリ、韓人ヲシテ或門外ノ松林ニ運ビ行カシメ、薪ヲ積ンデ其上ニ載セ、直チニ之ヲ焼キ棄テタリト云フ。（略）

JACAR：B08090168300（第20画像目）、韓国王妃殺害一件　第一巻（分割4）（5.3.2）（外務省外交史料館）

閔妃の遺体を焼いたことについて、一等領事内田定槌は外務大臣代理西園寺公望に対し、①三浦公使が王宮に参内し、大院君に付き添われた国王と謁見した後だったこと、②公使の命令があったかどうかはわからないが、荻原

警部が指図して焼かせたこと、を報告している。内田は自分の部下を三浦公使が勝手に動かしたことに憤慨しているので、この場合も荻原の行為には三浦公使の指示があったことがほのめかされていると言えよう。

内田は王宮での殺害行為はすべて日本人の手になるものと断定している。

（略）然ルニ右ノ人人ハ皆本邦人ノ手ニ掛リ殺害サレタルニハ相違ナカルベキモ、日本人中何人ノ手ニ殺サレタルヤ、未ダ判然セズ。（略）

JACAR：B08090168300（第20・第21画像目）

本文では月成光と藤勝顕ら四人が罪をかぶることになったと書いたが、内田領事の報告では、三浦梧楼の言葉として、いざとなったら藤勝顕、月成光ともう一人が、仲間を守るために重刑となることを覚悟している、と記録されている。右の引用部分に続き、内田が殺害行為を行ったとみられる人物名を列挙した中には、藤と月成の名は見られない。以下の記述は、事が起きる前に、あらかじめ自首する人間を定めていたとも見なしうる。

三浦公使ニ向ツテ其善後策ヲ尋ネタルニ、公使曰ク、朝鮮政府部内ノ事ハ大院君ニ於テ一切其責任ヲ帯ブル筈ニ付、毫モ心配スルニ及バズ。（略）若シ已ムヲ得ズンバ、其内数名ヲ重刑ニ処シ、尚二十名許退韓ノ処分ヲ行フベキノミ。本件ニ関係セシ壮士中、藤勝顕、月成光外壱名ノ如キハ、如何ナル重刑ニ処セラル、モ異存ナシ、ト申シ居レリトノコトニ付（略）

JACAR：B08090168300（第24画像目）

右に引いた証言はいずれも、「在朝鮮国京城日本領事館」用箋に書かれた在京城一等領事内田定槌より外務大臣臨時代理・文部大臣・侯爵西園寺公望宛の報告書中のもので、明治二十八年十一月五日に書かれている。書き出しは次の通りである。

機密第三十六号

明治廿八年十月八日王城事変ノ顚末ニ付具報

今回当地ニ起リタル事変ノ性質、及其顚末ニ関シテハ、小村（寿太郎――石瀧）辨理公使ヨリノ具報、及其他公私ノ報告ニヨリ、已ニ詳細御承知相成候事トハ存候へ共、尚為御参考本件ニ関シ小官ノ実地見聞シタルコト、及ビ職務上取計ヒタルコトヲ、左ニ開陳具報致候。（略）

JACAR：B08090168300（第10・第29画像目）

（2）この時の広島地方裁判所長は旧福岡藩出身の松下直美である。

（3）この部分は初版での誤りを節信院住職加藤昌弘師の談話により正した。現存する子安観音（石像）は昭和四十三年五月、神宮家による寄進で、加藤師によると、デザインは元の銅像を模したものだという。

開戦前夜

日露の対決――明治二、三十年代を通じて日本国民の頭上には、常にこの問題が暗雲となってたれこめていた。南下するロシア、北上する日本。朝鮮半島と満州の原野を舞台に、日本とロシアの衝突はだれの目にも避けられない事態に思われた。しかしそのとき、日本は果たして勝てるか。弱肉強食の時代、アジアのほとんどがヨーロッパ列強の植民地と化した時代に、唯一独立を維持した新興国日本ではあったが、日露戦争での敗北は民族の滅亡を意味するかもしれない。大国ロシアを相手に、日本の勝利を断言できる者はだれもいない。少なくとも、当時の日本国民が日露決戦の危機感にあおられていったのは、無理からぬものがあった。

日清戦争は、日本が「圧迫される国」から「圧迫する国」へと転化した近代史上のひとつのメルクマールといわれる。さらに十年後の日露戦争では、日本は帝国主義国の仲間入りをし、ついには韓国を併合する。満州に勢力を伸ばしたことからアメリカとの摩擦が起き、昭和七年満州国建国、八年国際連盟脱退、十六年アメリカに宣戦布告――またたく間に大日本帝国は崩壊してしまう。日露戦争は、日本が負ければ独立すら危うかったのかもしれない。しかし、辛うじて勝ちを占めたことで、現実には異民族支配の道を歩み続けて日米開戦にまで至る。まことに微妙な分水嶺が、日露戦争であったことになる。そのような意味で、私は日露戦争前夜の国民的熱狂、愛国心の高揚を一概に否定できない気がする。防衛と侵略――ひとつのものの二つの顔。しかし、ナショナリズムはそれ自体を悪と決めつけることができないと思うのだ。

わざわざこんなことを言うのも、日露戦争における玄洋社の主戦論、諜報活動、ゲリラ活動を、ＣＩＡなどに擬することによって、何か人間的に低劣な行為だとか、利欲に目のくらんだ行動だったかのように見なす人々がいるからだ。こうしたフィルターを取り去って、玄洋社をありのままとらえるべきではないか。私はいずれにせよ、一方に加担することで他方をことさらにおとしめようとは思わない。だから、玄洋社の日露戦争当時の活動が唯一絶対の正義であり、美挙であったなどとふりかざすつもりは全くない。ただ、〝歴史に参加した〟一人一人の血と涙に、もう少し寛容なまなざしで対してもよいのではないかと思うだけだ。たとえどんなに精密な研究方法をとっても、日露戦争の政治的経済的背景がどれほど解明できたとしても、それでもそれは、やはり「一面での真実」にしか過ぎないのだから。

日露戦争での福岡県人の活躍は際立っていた。もっとも、「薩の海軍・長の陸軍」といわれたほど軍部は薩長閥の独占で、筑前人の出る幕はなかった。福岡県人の活躍は、歴史に名をとどめない舞台裏の仕事に限られた。柳猛直(やなぎたけなお)氏は著書『日露戦争の裏方たち――ハカタ巷談 2』の中で、裏方の代表として七人の筑前人を挙げている。駐露公使栗野慎一郎、講和会議をお膳立てした金子堅太郎、小村寿太郎全権大使に随行した外務省政務局長山座円次郎、三井三池で石炭増産に取り組んだ團琢磨、レーニンら革命派に資金援助してロシアの内政攪乱工作に当たった陸軍大佐明石元二郎、それに対露強硬世論をリードした玄洋社の頭山満と黒龍会の内田良平。柳氏が「七人の侍」と呼んだ面々で、いずれも旧福岡藩士か、その子弟たちであった。

そのほか、思いつくまま日露戦争に関係した福岡人を挙げてみよう。明治三十六年六月、桂太郎首相に意見書を提出、対露軟弱外交を非難した七博士事件というのがあるが、七博士の一人寺尾亨(とおる)(東京帝大教授)がやはり旧福岡藩士の子だ。

社会主義陣営では、「平民新聞」が平和主義の立場から、ただひとり日露開戦に反対して非戦論を掲げた。「平民新聞」は明治三十六年十一月、幸徳秋水、堺利彦が創刊したもので、安部磯雄、片山潜らも加わる。堺は旧豊津士族（豊前）で、一時、「福岡日日新聞」の記者として福岡にいた。そのころは玄洋社員とも交わりがあったらしい。早大教授の安部も旧福岡士族の出身だが、寺尾や頭山とは対極にあって信念を貫いた人である。

東大在学中の三十六年夏、満州・シベリアのロシア進出を現地調査した広田弘毅（のち首相）。シベリア横断を実行して、『露西亜論』（発禁）を著した内田良平。彼は講和反対の市民暴動〝日比谷焼討ち事件〟を演出した男ともいわれる。そして、日露戦争当時、ロシア軍の背後をおびやかしたゲリラ満州義軍は、玄洋社と参謀本部が協力し、満州の馬賊を組織したものだ。福岡人の対外問題への関心の深さ、それは何から来たものだろうか。

満州義軍

福岡や博多では、泣く子をあやすのに「ムクリコクリが来るぞ」と言っておどしたものだという。ムクリコクリ――蒙古と高句麗（こうくり）である。十三世紀、出兵を強いられた高麗（こうらい）の案内で、博多湾岸一帯を襲った元（げん）の記憶は、その後も福岡人の胸に暗い影を落とし、長きにわたって海の向こうへの恐怖をつのらせたことになる。中国大陸と東シナ海に向かって開かれた国際都市・博多の地理的条件が、そこで生まれた玄洋社の活動に、日韓・日清・日露関係へのしばしば過剰な関心となって表れ、他方、海外から日本へ亡命した革命家たちへの献身的な援助という形で結実したとも言えるのではなかろうか。風土とそこに住む人々の思想・生活との関係は、恣意的な解釈に陥りやすいと思うが、玄洋社という近代史に特異な政治結社の誕生は、福岡藩の勤王運動の継承という側面とともに、風土性を抜きにしては論じることができないという気がする。

「玄洋社」という名称自体がそのことを考えさせる。玄洋とは玄界灘を表す玄海を言い換えたものだ。福岡人にとって身近な荒海のイメージで命名したわけだが、その陰には〝玄洋は七つの海に通じている〟といった壮大な気分ももちろんあっただろう。日露戦争のさなか、ライバルのマドリドフ少佐が「露軍の目に突き刺さった釘」と、ため息まじりにほめあげたという「満州義軍」も、もとはと言えば、玄洋社員らの間に芽ばえた計画であった。ここでは満州義軍の生き残りの一人金子克己[1]が、三十年後の昭和十年から十一年にかけて〝黒頭巾生〟の名で「玄洋」紙に連載した手記「日露戦争と玄洋社」によりながら、満州義軍結成のいきさつなどをたどってみよう。

満州義軍の玄洋社員（明治37年４月）

日露戦争が起こると、玄洋社員安永東之助は佐世保軍港で戦況の掌握に努力した。安永は東京美術学校の出身で、「九州日報」の記者をしている。写真によると、穏やかで知的な風貌の人物だ。満州義軍を企画し、実現に最も尽力したのが安永であった。佐世保で宮崎滔天に会って相談し、末永節、内田良平らの賛成を得た安永の計画というのは、ある意味で満州義軍よりはずっと遠大であって、「単なる軍事探偵とか、特別任務」ではなかった。清朝打倒を目指す中国の志士と連絡し「大に天下に義を唱へてアジアの黎明運動を指導せんとするもので、一に戦時中を限れるものではなかつた」と、黒頭巾生は語る。

安永は直ちに上京して頭山満に報告し、同郷の山座円次郎（外務省政務局長）の仲介で参謀本部の福島安正（陸軍少将。単騎シベリア横断で知られる）に計画をぶつけた。折から、特別任務班を立案中の参謀本部は大乗り気で、安永らの玄洋社員と花田仲之助少佐指揮下の軍人を合した特別任務隊が編成され、明治三十七年五月、門司港から満州の前線に出発した。参謀本部の指揮に取りこまれた段階で、安永ら玄洋社員が当初企図していた日中両国の民間志士の連合・アジア各国の独立運動指導といった理想は消え、構想はやせたものになったと言うべきだろう。満州義軍は地元の馬賊を組織して、コサック騎兵に戦いを挑んだけれども、それはもはや純軍事的行動の一環でしかなかった。

花田仲之助は、少佐とはいえ通常の軍人コースをはずれた人物である。本願寺の僧侶に身をいつわり、シベリア各地で諜報活動をしていた際も僧侶になりきって、決して身分を明かすことがなかったという。花田は「花大人（ホアターレン）」の異名で馬賊に君臨することになる。

第一次として派遣されたのは軍人八人、通訳一人、玄洋社員八人で、第二次として社員六人が加わり、軍人や民間の参加者も加えて、総勢五十五人が日本人隊員であった。玄洋社側隊員のうち主な人物を挙げれば、安永東之助（戦後、満州に残ったが銃撃されて死亡）、小野鴻之助（負傷、片足切断）、真藤慎太郎（負傷、のち日魯漁業取締役）、吉田庾（こくら）（旧福岡藩家老の子孫、のち玄洋社社長）、藤井種太郎、河村武道、樋口満、柴田麟次郎ら。大本営付き陸軍通訳に形だけ任じられた隊員一同は、満州安東県で募兵に取りかかった。武器は時代遅れのスナイドル銃一千挺。鴨緑江流域一帯に檄を飛ばし、村落の民兵に加入を呼びかけた。総団練長馬連瑞が部下を率いて義軍に投じてからは四隊を編成した。馬賊王の名で呼ばれる楊二虎も加わり、一説には総員は五千人にも膨れあがる。規律厳正な義軍には、ロシア軍に反発する馬賊が陸続と志願したのである。

（1）初版および増補版では筆者を柴田麟次郎と想定していたが、上村希美雄『宮崎兄弟伝　アジア篇 中』二八三ページから、山名正二『満洲義軍』が筆者を金子（福住）克己に比定していることを教えられた。同書を私も入手して確認できたので筆者名を書き改めた。正確な書名は『日露戦争秘史　満洲義軍』、月刊満洲社東京出版部、昭和十七年九月二十日発行。「満洲義軍に関する資料」の中に次の記述がある。
日露戦争と玄洋社　金子克己氏筆（玄洋、昭和十年九月号～昭和十一年十一月号）

ゲリラ隊

敵に通じる者は斬る。財を掠める者は斬る。女を姦する者は斬る――満州義軍が軍規としたのは、この三カ条であった。義軍に応じた玄洋社員の一行が東京新橋をたったのは明治三十七年五月十八日のこと。見送るのは頭山満以下、在京の玄洋社幹部たち。満州義軍の計画に当初から関係し、今は浪花節語りの宮崎滔天が「人生わずか五十年」と声を張りあげて壮途を祝った。門司で花田少佐ら軍人一行と合流し、海路、戦地に向かう。六月一日、南満州の安東県に上陸し、前日ロシア軍が敗退したばかりの道をたどって前線を目指す。

まず日本軍前哨戦を突出すること数里、団練長陳国恩という人物を味方につけ、彼の配下八十余人をもって満州義軍の結隊式を行った。六月二十二日、義軍の教練を行っているところへ、佐々木支隊を攻撃するロシア兵が襲いかかった。レネンカンプ将軍指揮する歩騎砲兵三千である。まだ寄せ集めにすぎない義軍は、退路を断たれて四散するほかない。天門槍（スナイドル銃の中国名）を担いだ義軍の兵士は疾駆するロシア軍騎兵を眼前にして、危うく森林に逃げこんだ。緒戦はかくして義軍の敗走に終わった。義軍は、鴨緑江から鳳凰城にかけて再び馬賊に結集を呼びかける。これに応じて馬連瑞が部下を率いて投じ来り、義軍は四個隊で再編成される。この馬連瑞は後年、義軍を統率して奉天総督に属し、中国官兵の中堅をなすことになったという。

義軍が勝ちどきをあげたのは、ようやく城廠攻撃戦においてであった。密偵報告から、マドリドフ少佐の八百人が城廠で日本軍を待ち受けていることを知った花田少佐は、義軍を二手に分かち、秘かに敵陣を見おろす〝まんじゅう山〟に進出した。廃銃同様のスナイドルは射程わずかに五〇〇メートル。身を潜める義軍は、ロシア騎兵百騎が射程に入るまで息を殺して待った。距離三百。「花大人」花田少佐は軍刀を一閃、「カイチャン」(開杖。戦闘開始)と鋭い叫びを放つ。義軍の中国兵は一斉につるべ打ちに撃った。ロシア軍は義軍の側面攻撃に狼狽して退却を開始。少数で敵前渡河を敢行した鈴木大隊とともに、義軍は難なく城廠を占領した。

「日支連合の義軍、城廠を占領」——一報はたちまち四方に飛ぶ。義軍兵士はほとんどこの地方の出身者である。「われわれが暴俄(横暴なロシア)を駆逐した」との誇りから、義軍の評判はいよいよ高まり、多くの新たな中国兵を編入して、一躍大勢力になったと黒頭巾生は書いている。

義軍の評判を伝え聞いて、馬賊の大頭目・楊二虎が一部隊をなして義軍に投じた。馬賊は山賊のたぐいではない。中国の民衆社会に伝統を持つ、一種の自衛民兵組織である。泣く子も黙るという楊二虎の加入で、問題はだれがこれを統率するかであった。そのクジは玄洋社員福島熊次郎が引いた。福島は内田良平と同じく講道館の出身。東洋日の出新聞社では元老格だった男だ。楊二虎は福島と組み打ちして見事に腰車・巴投げと続けざまに投げ飛ばされたことがあった。楊は、馬上疾駆しながら標的を射抜くほどの射撃の名手であり、腕力も人並みすぐれた男だったが、小柄で総髪を無造作にグルグルまきにした奇人・福島熊次郎には、頭があがらなかったという。

日露戦争は広い満州が舞台であった。そこには中国民衆の生活の場がある。規律厳格な満州義軍は民衆の支持を得たし、地元青年の参加で地理にも通じていた。時には敵陣深く侵入して兵站部を襲い、ロシア軍は、恐れるあまり満州義軍の兵力を二個旅団と過大に評価したほどであった。鉄道・電信の破壊、兵站線の切断と、主に機動性を生かしたゲリラ活動に任じた満州義軍の事跡は、当然ながら日露戦史の表面には表れない性格のものである。五十五人の日本人と数千の満州馬賊が、ロシア軍の謀将マドリドフをして「露軍眼中の釘」と嘆

玄洋社墓地（福岡市博多区・崇福寺内）
と墓地内に建つ「満洲義軍志士之碑」

ぜしめたほどの活躍を示したといわれるが、実のところ、参加者のこうした不確かな手記によるほか史実のうかがいようはないのである。しかし、当時の「福岡日日新聞」を開くと、日本軍側に立った満州馬賊がロシア軍を悩ませた記事など目にすることができる。義軍活躍の素地はあったのだ。

「満洲義軍志士之碑」は、最後の生き残り真藤慎太郎らの手で福岡市博多区千代、崇福寺内の玄洋社墓地に建てられている。

中国革命同盟会

中国革命同盟会が東京で結成されたのは、明治三十八年八月二十日のことである。前年二月に始まった日露戦争は、この年五月の日本海海戦が日本の圧倒的勝利に終わったことで軍事的にはほぼ決着がついていたが、ポーツマスでの講和会議が八月十日に始まったばかりで、講和条約の調印は九月五日まで待たねばならない。歴史的な中国革命同盟会の成立は、まさに日露戦争のさなかのことであると言ってよい。

当時、日本に来ていた中国人留学生の数は一万人にものぼったといわれ、そのほかにも中国国内での革命運動に失敗して亡命してきた革命家たちも数多い。彼らは東京で雑誌を発行したり会合を持ったり、盛んに活動を繰り広げた。のちに作家魯迅となる周樹人が「幻灯事件」で日本人学生の中国民衆への偏見に憤ったり、革命の秘密組織に加わったりするのがこのころのことである。

中国人による革命組織は大きく三つに分かれていて、しかも、それぞれ出身省ごとに作られていた。広東派の興中会、湖南派の華興会、浙江派の光復会といった具合で、「滅満興漢（清朝を打倒して中国人の国家を樹立する）」のスローガンでは一致できても、出身省の違いが互いの交流を妨げていた。組織の合同など考えることもできなかったのである。

ところが、ここに革命の三大組織を統一し、中国革命の一大司令部を作りあげようとする日本人がでてきた。宮崎滔天と末永節である。この二人の発起と努力によって中国革命同盟会は誕生し、孫文の三民主義（民族主義・民権主義・民生主義）が中国革命の指導理念として掲げられることになる。六年後の明治四十四年に辛亥革命が起き、翌年には南京に孫文が中華民国臨時政府を樹立することを思えば、孫文を総理にいただく中国革命同盟会の成立は、画期的なひとつの世界史的出来事なのであった。しかも、そのために尽力した宮崎と末永は、満州義軍の計画にも積極的に加担していたことが思い合わされる。少なくとも宮崎と末永の内心で、満州義軍と中国革命同盟会とは矛盾なく連続しているという点に注目しておきたい。

日露戦争当時、孫文はイギリスにいた。日本海海戦に日本がロシアを破ったとの報がヨーロッパに伝わると、日本の同盟国であるイギリスの人々でさえ、白人の不幸として眉をひそめたという。これは孫文の観察である。それから、孫文は日本に向かう途中スエズ運河を通る際、アラビア人たちに日本人と間違われて祝福を受けた。同じ有色人種である日本の勝利を、わがことのように喜ぶ人たちを目撃して、孫文は日露講和直前の日本に上陸した。旧知の宮崎滔天を訪問した孫文は滔天の斡旋で、そのころ東京の神楽坂に末永節と同居していた黄興に引き合わされた。場所は中国料理店「鳳楽園」で、同座したのは孫文、滔天と黄興、末永、それにやはり末永と同居していた張継の五人であった。黄興は湖南省長沙の人で、幾度も蜂起を企てた末、今度が二度目の日本亡命であった。

華興会の指導者である黄興は、在日留学生・革命家の間で信望厚い人物であったが、孫文とはこのときが初対面である。二人は革命団体の合同について語り合った。七月三十日、在京の主な革命家を集め、秘密裏に組織合同の準備会が開かれた。会場は内田良平宅。内田は玄洋社の平岡浩太郎の甥で、末永とは義理だがイトコの間柄。四年前の明治三十四年には玄洋社から独立し黒龍会を結成したばかりだ。内田邸での準備会には参会者も多く、会議中に根太が落ちる一幕もあった、と宮崎滔天が『清国革命軍談』に書いている。参加した人々は、根太が落ちたのも「是れ革命党、満朝を倒すの前兆なりとて、バンザイを唱へ拍手して相慶んだ」という。参会者は七十数人であった。

黄興（左）と孫文

こうして、同志たちの革命的な雰囲気が盛り上がる中で、八月十三日千人以上を集めた孫文歓迎会があり、滔天と末永も演壇に上がった。次いで二十日、赤坂霊南坂の坂本金弥宅で中国革命同盟会は成立した。会する者三百。このときの感激を、のちに孫文はこう記す。「全国の俊英を集めて、革命同盟会を東京に結成した日、私は初めて、革命の大業が自分の生涯のうちに成就するであろうことを信ずるにいたった」と。中国革命同盟会の機関誌『民報』の発行人は末永節が引き受けた。末永は筥崎宮で宮司をしていた学者末永茂世の子である。末永自身の語るところでは、彼は玄洋社同人の間で虚無党（アナーキストや社会主義者を指す）ではないかと疑われたこともあった。玄洋社でも異色の人物で、中国革命の支援に終始、無償の情熱を傾けた人である。

昭和三十一年、末永節翁の米寿の祝いが福岡市東公園の武徳殿で行われた。この集いには中華人民共和国と中華民国の両政府から祝辞や〝末永先生をたたえる言録集〟が寄せられたという（「西日本新聞」昭和三十五年八月二十一日による）。末永は昭和三十五年、九十二歳で没した。

中江兆民と頭山満

玄洋社の歴史を代表する人物と言えば、頭山満の名を第一に挙げねばならない。明治十二年に玄洋社が成立し、昭和二十一年にGHQ指令で解散するまで、玄洋社の歴史は実に足かけ六十八年にも及んでいる。頭山満は昭和十九年、九十歳で亡くなったが、その生涯は玄洋社活動のほぼ全時代をカバーしていたわけである。戦前、頭山満の名は「国士」という言葉を冠して呼ばれていた。終戦を境に、この「国士」という言葉は一挙に輝きを失うことになり、それとともに頭山満の生涯は、謀略とか利権といった、うさん臭い背景のもとで語られるようになった。足利尊氏や井伊直弼を引くまでもなく、歴史上の人物に対する評価が時代とともに逆転する例は多いが、頭山満の場合も、その極端なひとつに数えることができる。

私はこれまで、頭山満個人にスポットを当てることを意識的に避けてきたつもりだ。それは、頭山満がどれほど卓越した指導力を持った人物であったにせよ、玄洋社の活動は頭山個人の思想を正面に押し立てたものではなかった、と思うからである。頭山満を〝ワン・オブ・ゼム〟（大勢の中の一人）としたうえで、これまで不当に埋もれてきた個々の玄洋社員の生涯、哀歓に目を向けたかったのである。その人たちのベクトルの総和として、玄洋社をとらえてみたいと思ったのだ。しかし、頭山満を全く無視するのも玄洋社への理解を妨げることになろう。ここでは、頭山満の人間像を時代の証言によって考えてみる。

頭山満に対する今日的な評価の一例として『日本近現代史小辞典』（角川書店）の一節を引く。〈頭山満〉の項の終わりにこうある。「みずから天下の浪人と称し、豪傑然として非合理な言動が多かった」と。

この、頭山満の言動の「非合理」というのは、意外に多くの学者が指摘するところである。確かに、頭山満の政治的行動は、選挙干渉の一事に見られるように、論理的な一貫性を欠いているような点がある。しかし、多くの場合それは、私たちの側が頭山の行動に論理性を見いだす努力を放棄していることに責任がある。一人の人間が、さしたる定見もなく一流の人物と対等に交わり、長期にわたる名声を維持できるはずがない。頭山満が同時代の人々から「今西郷」、「最後の古武士」という評価を受けたのをみても、現在では見ることのできない、伝統的な日本人のひとつのありようを、頭山は体現していたということなのであろう。

中江兆民は民権思想の鼓吹者として〝東洋のルソー〟と称される人だが、その著『一年有半』の中で頭山満を次のように評している。『一年有半』はガンの宣告を受けた兆民が、余命一年半になすべきことがあると書き上げた遺言の書で、当時のベストセラーとなった。


頭山満君、大人長者の風あり、かつ今の世、古（いにしえ）の武士道を存して全き者は、独り君有るのみ、君言はずしてしかして知れり、けだし機知を朴実に寓する者といふべし。

晩年の頭山満

フランスに留学し、フランスの自由思想の紹介に努力した兆民の言として、聞くべきものがある。兆民は、頭山を無学な者としておとしめるでなく、頑固な反動として背を向けるでもない。頭山が、寡黙のうちに真理のありかを知っているというのは、他の人々にも共通する頭山評である。天性の洞察力と言うべきか。中江と頭山は、互いを理解し合ったうえでの友人同士であった。酒が飲めない頭山と、土佐仕込みの酒豪中江ではあったが、真からの友人なのであった。兆民がいよいよ危篤と伝えられたとき、頭山は兆民を病室に見舞った。兆民はすでに声も出せなかったが、かたわらの石盤をとって「伊藤山県ダメ、後の事気づかわれる」と書いた。頭山に「アトヲタノム」と言いたかったのである。

頭山の亜流や取り巻きでない人々の評として、高橋是清の場合も見ておこう。高橋はアメリカに留学し、日銀総裁・首相となった。蔵相を歴任したが、昭和十一年、二・二六事件で暗殺された。

高橋は昭和七年の『ジャパン・タイムズ』に、英文で頭山評を寄せている。彼は頭山の「先見の明」について語り、「スフィンクスの如く無口で無為」な頭山は、同時代の人より遠い将来を先見した。常に極東平和の維持を目的とした。「彼の政治的手腕と、先見の明とは、彼の助けを求めてきた外国の愛国者に対して自由に与えた援助によっても知られる」と書いているのである。後代の私たちは、ただ中江や高橋の評言の中に、巨人と仰がれた頭山満の真価を感じとるだけである。

木鐸

玄洋社と新聞界との交渉について書いておこう。これには二つの側面があって、玄洋社が直接に新聞を発行した場合と、社員が各地で新聞に関係した場合とがある。いずれにしても、玄洋社が新聞に深い愛着を感じていたことは事実である。「玄洋社は士族団体であって、社員は大衆に背を向けた活動に終始した」というたぐいの通説は信じることができない。むしろ新聞を通じて国民に訴えかけようとする苦闘のあとがそこにはある。

玄洋社成立よりさかのぼることになるが、明治十年に「福岡新聞」、十一年に「平仮名新聞」、十二年に「東洋新誌」が福岡で発行されている。これらは、玄洋社系の人物によって発行されたものに間違いない。「福岡新聞」の成美社と「東洋新誌」の同義社は、いずれも玄洋社の前身である向陽社に関係を持つし、「平仮名新聞」は後年九州日報社の社長となる宮川武行が出していたものだ。宮川は面白い人で、「平仮名新聞」廃刊後は警察に入り〝馬乗警部〟として名声をあげた。明治十三年発刊の「福岡日日新聞」も玄洋社と関係がないわけでなく、主筆郡利（次いで第二代社長）が玄洋社員。このころ、郡が会長をしていた筑前共愛会が新聞発行を企てた事実もあるが、これは日の目を見なかった。郡は、二十年創刊の「福陵新報」にも関係した一人だ。

さてその「福陵新報」だが、頭山満が社長。社屋は玄洋社の移転したあとを利用したもので、純然たる玄洋社の機関新聞としての出発だった。頭山はなにしろ自分でも言っている〝だだくさ〟（だらくさ）。あるときなど、芸者と往来を歩いていてふんどしがほどけてしまったが、平気で町を歩いたなどという話すら残している。頭山が新聞を出す気だというので「頭山に出せるならお日様が西から出る」というのがもっぱらの評判であった。「福陵新報」は安場県知事の肩入れや全郡長が給料を割き献金するなど、資本をすべて寄付金でまかなって発足したものだ。創刊号には頭山の恩師、人参畑の婆さんこと高場乱も漢詩を寄せて前途を祝った。

「福陵新報」は発刊から三カ月後、二十年十一月に高島炭坑（長崎県、三菱経営）の坑夫虐待を報じて批判の火の手をあげている。これは、雑誌『日本人』に掲載されて衝撃を与えた松岡好一の報告（二十一年）に先行するもので、一種の金字塔と言えるだろう。「福陵新報」は社員を高島炭坑に潜り込ませた上で坑夫虐待の悲惨さを訴えたのだが、その立場は「人権問題としてきびしく追及するとともに、虐待は鉱山への労働力補給を困難にし、鉱業発展を阻害する」という二点だった、と『西日本新聞百年史』が書いている。玄洋社、福陵新報社が、筑豊の炭坑主たちと深いつながりがあったことを思えば、背後の事情がうかがわれて面白い。

当時新聞「日本」にいた玄洋社員本城（ほんじょう）安太郎も、高島炭坑事件の報道に活躍した一人。この「日本」は玄洋社と関係深く、編集長の末永純一郎（節の兄）、福本日南らが編集部にいた。他に古島（こじま）一雄（のち「九州日報」）、三宅雪嶺（中野正剛の岳父となる）や正岡子規もいたし、創立者陸羯南は福本日南と同じ司法省法学校中退組である。末永純一郎は明治三十八年大連に「遼東新報」をおこし、満州邦字紙の鼻祖となったという人物。

「福陵新報」は明治三十一年「九州日報」と改題し、的野半介が社主となる。的野は平岡浩太郎の妹婿であり、門司に「門司新報」を設立してもいる。彼の著書としては江藤新平伝と来島恒喜伝が有名だ。八幡製鉄所の北九州誘致に尽くして功績のあった人で、その間の事情を記した「嗚呼洞海湾」執筆半ばに倒れた。「九州日報」がライバル「福岡日日新聞」と合併して「西日本新聞」が誕生するのである。

中島町時代（明治31年〜昭和７年）の九州日報社（『西日本新聞社百年史』より）

「福陵新報」は玄洋社員の巣窟とも言える。今村外園（高場塾出身）の小説が目玉だった。他には詩人宮崎来城の顔もあり、彼は「二六新報」に移り、早稲田大学で教鞭をとった。久留米の人で末永節、内田良平と親しく、黒龍会にも加わる。「九州日報」には大原義剛や岸本辰三郎（大原の実弟）のほか、社員外では杉山泰道（夢野久作）、矢田挿雲、『博多二千年史』の村瀬時雄、『博多風土記』の小田部博美もいた。彼らはのちに〝あの頃の会〟という親睦会をつくって旧交を温めている。

目を転じて、中江兆民の創設した「北門新報」（札幌）にいたのが宮川五郎三郎と吉田庾（のちに玄洋社社長）。明治二十七年ごろのことで、北海道開拓に筆陣を張った。秋月の乱の生き残り牟田常儀も玄洋社員で、明治二十年ごろは佐賀新聞社員。これより先、秋月の乱で下獄し、出獄後は福岡で新聞を創刊したというが、紙名は伝わっていない。「朝日新聞」で活躍した緒方竹虎、中野正剛（九州日報社長）らも含めれば、玄洋社系の新聞人は枚挙にいとまがないほど豊富である。

明道館と和田三造

洋画家和田三造は、ほとんど知られていないが玄洋社員であった。和田の作品には、一時期ペルシャ・インドなどアジアの美術工芸に対する強い関心が見られる。そのことと、和田がアジア主義を唱える玄洋社に属した事実との間には何か関連がないであろうか。

和田三造は明治十六年、兵庫県生野の生まれ。兄が鉱業に従事した関係で福岡市に移転し、大名尋常小学校を経て、三十一年中学修猷館に進んだ。そのころから玄洋社付属柔道道場明道館で柔道に励むようになり、自剛天真流（福岡藩に伝わる流儀）の奥入相伝（おくいりそうでん）を受けている。三十二年、福岡市の柔道家を網羅した常盤館での懇親会には、明道館から三造（当時は白馬会洋画研究所）と兄の皐造（さいぞう）も出席した。

玄洋社は、初め福岡本町にあったが、社屋を福陵新報社に明け渡し西職人町に移った。ここは、かつては筑前勤王党の加藤司書（家老）の浜屋敷跡だ。そのころ大森治豊医学博士の居宅だったのを買い取ったものという。今の福岡市中央区舞鶴二丁目、「あいれふ」と道路を隔てた南側一帯が社の跡地で、往時は「あいれふ」のあたりまで海岸線が迫っていた。玄洋社の裏からは博多湾が一望でき、志賀島や能古島も遠く望まれた。明道館は玄洋社の敷地内にあり、つまり明道館に通うというのは、玄洋社に通うことでもあったのである。

和田三造は明道館柔道に親しみながらも新聞・雑誌の挿絵を写して、画家への望みをつのらせていた。そして、明治三十二年〝青坊主〟というアダ名の数学教師と対立し、棒でなぐりつけて出奔する。修猷館を二年で中退、十七歳の少年はその足で上京して黒田清輝に師事した。三十七年、東京美術学校卒業。同窓には青木繁や熊谷守一がいた。

河野半次郎

和田三造画「南風」（東京国立近代美術館蔵）

和田の名を一躍高めたのは、明治四十年の第一回文展に出品し、最高賞を得た「南風」である。三十五年八月、二十歳の和田は八丈島へ渡ろうとしたが、途中暴風雨にあって漂流、三日間の得がたい経験の末、大島にたどり着いた。この遭難体験が「南風」を描く動機となった。波の激しい動き、衣服を巻き上げる強い風。ぽっかり浮かぶ大島。四人の男の思い思いの表情。くっきりした影を落とす強い午後の日差し。静と動の不思議な調和の中に、時間の流れまでが見事に描き込まれている。北九州市立美術館の和田三造展で、私はやはり「南風」に最も深い感銘を受けた。名作「南風」の画面にあって、中央の、足をやや開いて立った男は、画家によって特に重要な役割を与えられている人物だ。衣服を頭上にかざして、裸の胸を陽光にさらしている青年。胸も腕も毎日の厳しい労働に鍛え抜かれ、美しく筋肉質に引き締まっている。

「南風」はモデルを使って制作されたというが、この立っている男は、明道館の柔道家河野半次郎（桃太郎）をモデルにしたとする説がある。これは昭和二十七年、和田の親友鬼木万次郎氏（修猷館で一級後輩）が和田の直話として披露したものである。河野半次郎は和田より三歳の年長、明治三十八年に二十六歳で明道館の後目録を受けているが、後目録まで進んだのは河野以前に二人きりあるだけで、猛者ぞろいの玄洋社の中でも、一頭ぬきんでた実力の持ち主であった。もちろん玄洋社員である。他日、私が河野半次郎の令息河野淳一郎氏に問い合わせたところ、半次郎が「南風」のモデルであることは間違いない、との返事であった。

ところで、明道館（今は福岡市中央区赤坂一丁目）は和田三造の絵二点を所蔵している。一点は日本画「猛虎」、もう一点は油彩の「河村武道肖像画」である。この二点は、昭和五十四年秋の和田三造展にも出品されていない。「猛虎」は、明道館出身の実業家真藤慎太郎の依頼で、明道館に学ぶ青少年を鼓舞するため昭和二十七年に和田が描いたもの。また、「河村武道肖像画」は明治四十一年、河村死去の翌年に、在りし日をしのんで描き上げたもので、明道館の道場にかけられていた。これは「南風」が文展に入選直後の作品だが、惜しくも昭和二十年六月の福岡空襲で焼失してしまった。現存しているのは昭和三十八年に、やはり真藤の依頼で再び同じ題材に挑んだものである。

河村武道は玄洋社内にあった柔道道場に、明治二十九年初めて明道館と命名、弱冠二十歳でその館長となった人である。和田も真藤も親しくその指導を受けた。河村は高場乱の人参畑塾出身。満州義軍に参加。その後、進藤喜平太代議士の秘書を務めて上京中、三十二歳の若さで病没した[1]。

和田三造は昭和七年東京美術学校教授になるが、戦時中の十九年罷免される。学生に、校庭の草むしりを強制する軍命令に反対したのが原因だった（中島順一編「和田三造年譜」、北九州市立美術館・和田三造展図録による）。

（1）この項は、財団法人明道会理事の財部一雄氏編「明道」に負うところが大きい。明道館と和田三造の関係については、財部氏のご教示をいただいた。

戦時宰相論

SF作家星新一氏の作品には、SF以外に明治人を扱った伝記も幾つかある。戦前、星製薬の創業者となった厳父星一（はじめ）の交友に取材したものだ。『明治の人物誌』もそうした系列に属する本だが、その中に頭山満にふれた部分がある。星一は頭山宅を時折訪れていて、ある日の頭山の言葉を日記に書きとめていた。同書から引用すると「亡父の日記には『ドイツも軍備でなく道義の競争をすればいいのに』との頭山のナチス批判の言葉が書かれており、（頭山が）超国家主義者だったとは思えない。なぞの人としておく以外にないようだ」。一般には、頭山は右翼であり、しかも侵略主義的な超国家主義者とする評価が定着している。道義の競争を説く頭山の言葉を見つけて、星新一氏が困惑するのも無理ないのである。

しかし、私は星一のような第三者が、率直に日記に書きつけたものの中にこそ、頭山満の真価が現れているように思う。貼られたレッテルと生身の人間とがチグハグなら、レッテルの方を貼り替えるべきなのだ。玄洋社は戦後、好戦的・侵略的と見なされた。福岡出身の広田弘毅元首相が文官として唯一、A級戦犯で処刑されたのも、玄洋社との関係を問われたものといわれる。玄洋社の歴史の中には、そうした好戦的・侵略的という評価とはそぐわない点が多々あるのだが、そうした面も含めて玄洋社を再評価・再批判することが必要であろう。その課題はまだ果たされていないように、私には思われる。

例えば、生前の頭山満に接したことのある葦津珍彦（うずひこ）氏の次の一文。これも先の頭山の言葉と通じるものを、私たちに伝えている。

私は、東条政権下に、天下のマスコミが自由民権の思想を犯罪扱いしていた時に、有名な明治十四年の玄洋社憲則を引用した文を書いて、晩年の頭山翁に示して「この憲則を今でも正しいと思われますか」と質した。翁は、朗々と「人民の権利を固守すべし」との語のある三章を暗誦し、とくに最後の「もし後世子孫之に背戻せば、粋然たる日本人民の後昆に非ず矣」との語に力を入れ「この信条は、後世の子孫にまで守らせると誓ったものだ。おれの生涯に変るはずがない」と断言された。

（葦津珍彦『筑前玄洋社史評論』）

そういえば、この玄洋社憲則第三条が結成当初は「人民ノ主権ヲ固守ス可シ」となっていたことを玄洋社発行の「玄洋」が紹介しているが、これは昭和十一年十一月、二・二六事件の年に発行されたものである。「人民ノ主権」の一語が重い意味を持っていた時代のことなのだ。

葦津珍彦氏の厳父耕次郎は福岡の筥崎宮神官の家に生まれた人である。葦津耕次郎は玄洋社員ではなかったようだが、頭山満を深く敬愛した人であった。葦津耕次郎は昭和十四年九月「国難に直面し我政府当局の反省を望む」という論文を発表し、政府の忌諱にふれて、直ちに発禁押収の憂き目にあった。

この論文は、昭和十二年勃発した日支事変が、戦争目的も明らかでないまま、ずるずると侵略戦争として遂行されているのを批判したものだ。「日本が当初声明した王道楽土は横道烙土の間違であつた」とか「我国民は官憲と称する月給盗人を高給を支払つて雇入れている」といった具合で、言論統制の厳しかった時期に、実に思いきった政府批判の言葉を書き連ねた。頭山も、そうした葦津を高く評価していたのである。

玄洋社系の人物による戦時下抵抗の一例として、中野正剛の場合を見よう。福岡市出身の政治家中野正剛は、中学修猷館から早稲田大学へ進んだ。中学時代は明道館柔道に励み、稽古中の負傷がもとで足が不自由だった

中野正剛

(四十歳の時には左足切断の手術を受け義足になった)。朝日新聞社に入社し、二十七歳で『明治民権史論』を著す。
昭和十五年大政翼賛会が成立し、政界は御用政治家一色になるが、中野は十六年翼賛会を脱退、東方会を率いて各地に演説会を催している。十七年の総選挙には、翼賛会の推薦を拒否して出馬、福岡市民の圧倒的支持を受けて最高点で当選を決めた。昭和十八年一月一日の「朝日新聞」は、盟友緒方竹虎の依頼で中野が書き上げた一文「戦時宰相論」を掲載した。戦時宰相の評論に名を借りて、時の独裁者東條英機を批判したものだ。正月のおとそ気分で新聞をひろげた東條を激怒させるに十分のものであった。その後も中野は東條退陣を工作するが失敗、十月二十六日東京憲兵隊で取り調べを受け、帰宅したその夜、名刺の裏に「断十二時」と記しただけで、自宅居間で自決をとげた。隣室には憲兵が泊まり込んでいた。これより先、中野の演説会は禁止され、東方会も一斉検挙を受けていたのであった。

玄洋社に解散命令

昭和二十一年一月四日(金曜日)——連合軍総司令部マッカーサー元帥は、日本政府に対し二つの重大指令を与えた。戦争指導者の公職追放と、もうひとつは超国家主義(極端な国家主義)諸団体の結社・活動を禁止する措置である。後者は二十七の団体名を列挙し、文書・記録類はもとより、土地や住居を含む一切の資産を没収する、としていた。玄洋社の名も禁止団体のリストに見いだされた。黒龍会も東方会もその中にあった。明治十二年以来、福岡市に本拠を置いてきた玄洋社は、ついに六十八年にわたる歴史にピリオドを打たざるを得なかった。しかし、玄洋社をリストに載せたのは果たして妥当な措置だったのであろうか。

　この指令の立案に大きな影響を及ぼした人物として、カナダ人Ｅ・Ｈ・ノーマンの名を挙げることができる。外交官にして歴史学者であったノーマンは指令から三カ月後、その解説を意図した公文書「日本における特定政党・団体・結社の解散」を著しているし、調査分析課長として連合軍総司令部に属していたこともある人なのである。

　ノーマンは、玄洋社を学問的な研究対象としてまともに論じた最初の人である。『ハーバート・ノーマン全集』（岩波書店）第二巻に収録されている「日本政治の封建的背景」のうち、第五章は玄洋社をテーマとしたものだ。この論文は昭和十九年（すなわち戦時中）に書かれたものだそうだ。牧師の子として日本に生まれたノーマンは、大学で日本史を学び、外交官となって東京のカナダ公使館に勤務した。すでに昭和十四、五年には玄洋社研究に着手したようである。戦後は総司令部に在籍。昭和三十二年に、アメリカ上院で共産主義者として指弾されたことが原因で自殺した。彼の著作は、戦後の歴史学界に大きな影響を与えたものである。

　ノーマンの玄洋社観には、外国人としての無理からぬ誤解が含まれて

日本政界に肅清の巨弾
マ元帥・二重大指令を發す
軍國主義的指導者
官公職から追放
二十七團體をも解散
玄洋社、言報など
諸團體の結社、活動禁止
總選擧出馬も禁止
日政、翼賛幹部など罷免

玄洋社などの活動禁止指令を報道した
昭和21年１月５日付「西日本新聞」

いて不満が残る。その誤解は、ある意味で今日の学者にも引き継がれているような気がする。今日なお、玄洋社を「日本帝国主義の侵略の露払い」とする見方が強いが、ノーマンが「日本帝国主義の前衛」、「招かれざる水先案内」と書いたものの単なる焼き直しと言えば言い過ぎだろうか。ノーマンは「福岡こそは日本の国家主義と帝国主義のうちでも最も気違いじみた一派の精神的発祥地として重要である」と書いている。また「玄洋社の指導者たち」を「ミュンヘン一揆から教訓を学んだヒトラー」にたとえ、別のところでは、「政権を取る前のヒトラーと同じく、頭山はいつも利殖にたけていた」と、唐突で無意味な比較すら行っている。頭をひねらざるを得ない一文だ。

ノーマンが『玄洋社社史』や『東亜先覚志士記伝』などの資料にまで広く目を通し、明確な方法意識をもって玄洋社研究に取り組んだその先駆性は評価すべきだろう。しかし、ドイツとのあまりに性急な比較と、古い資料に基づく玄洋社観を、現に進行しつつある戦争に投影させたことが、ノーマンの目を曇らせたのではないだろうか。玄洋社に対する過剰な警戒心には驚くばかりである。一般に、外国人にとって玄洋社は〝秘密結社〟と映っていた。ノーマンは慎重に〝半秘密結社〟と書いているが、いずれにせよ、読み手の側は、フリーメーソンやクー・クラックス・クランのイメージで玄洋社を受け取ったに違いない。誤れる玄洋社観が玄洋社の解散指令を生み、それが今日に至るまで玄洋社に対する正当な批判と評価を妨げてきたという事情を、私は思う。

昭和十九年十月、頭山満が御殿場の山荘に死んで、九十歳の長寿をまっとうした。同じ月、玄洋社社長吉田庾が退任、当時三十九歳の進藤一馬新社長が誕生する。このころの玄洋社は、すでに実践的な政治団体ではなくなっている。(1) 福岡出身知名士の懇親会みたいなもので、先輩・後輩の関係で結ばれた〝郷土閥〟と見てもいい。昭和十年から十九年十月まで出された月刊の「玄洋」を繰っても実践的な課題はなく、郷土史や回顧、社員の近況報告といったもの、せいぜい時局解説があるぐらい。玄洋社の活動はこの程度だったのだ。なお、玄洋社は昭和十年五月三十日付で「財団法人玄洋社」設立を申請し、翌十一年六月二十九日、内相・文相による許可がおりた。結社禁止となったのは、この財団法人玄洋社であった。

(1) 表紙に「極秘」と書かれた、警保局保安課編、特高資料第七輯『国家主義団體綱領集(昭和九年十二月末調)』に、玄洋社に関する記載がある。[*] 警保局は内務省に属し、特高は特別高等警察の略である。団体を国家主義団体、国家主義学生団体、農本主義団体の三種に分類し、玄洋社を国家主義団体の項で取り上げている。

記載は事務所・中心人物・社是・社憲則・備考に分けられ、「社憲則」はこれまでも知られていた三カ条である。「社是」には「国體を宣明し民権の伸張を計つて国運の発展を期し以て国威を海外に発揚す」と、まだ「民権」の語が生きているのが不思議なくらいだ。注目すべきは備考で、「目下財団法人として改組すべく計画中」とある。

次に昭和十一年十二月末調の特高資料第十三輯では、事務所・中心人物・社是・社憲則・社則(第三〜五条)を掲げている。[**] 中心人物の項で、昭和九年の「社長月成勲」から「理事長美和作次郎」へと変化しているのが、財団法人への改組の事実を暗示する。構成員数は昭和九年の六十名から、同十一年は百二十名へ倍増した。引用された社則は次の通り。財団法人玄洋社は依然、特高の監視下に置かれていたわけだが、その特高がピックアップした社則でも、教育、実業、研究、友愛といった言葉が散見されるのみである。

一、後進子弟の教育を奨励し実業の発展を計画す
一、国家主要の問題を研究実践す
一、社員は平素品行を端正にし友愛を重にすべし

* JACAR(アジア歴史資料センター)Ref. A04010482400(第36画像目)、特高資料・国家主義団体綱領集(国立公文書館)
** JACAR：A04010483000(第49画像目)、特高資料・国家主義団体綱領集(国立公文書館)

【玄洋社の沿革】

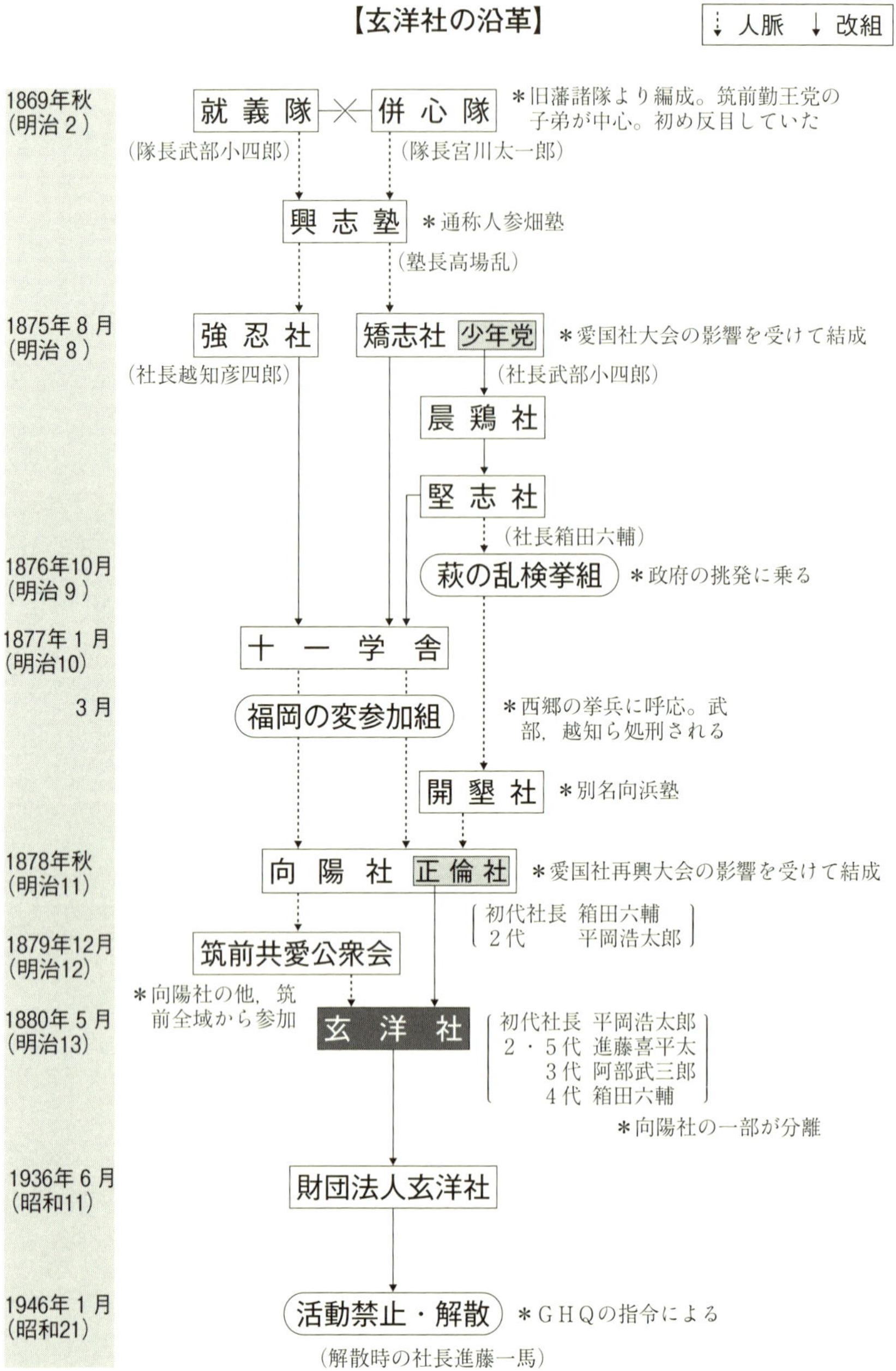

人脈
改組
1869年秋
(明治２)
就義隊
併心隊
＊旧藩諸隊より編成。筑前勤王党の子弟が中心。初め反目していた
(隊長武部小四郎)
(隊長宮川太一郎)
興志塾
＊通称人参畑塾
(塾長高場乱)
1875年８月
(明治８)
強忍社
矯志社
少年党
＊愛国社大会の影響を受けて結成
(社長越知彦四郎)
(社長武部小四郎)
晨鶏社
堅志社
(社長箱田六輔)
1876年10月
(明治９)
萩の乱検挙組
＊政府の挑発に乗る
1877年１月
(明治10)
十一学舎
３月
福岡の変参加組
＊西郷の挙兵に呼応。武部，越知ら処刑される
開墾社
＊別名向浜塾
1878年秋
(明治11)
向陽社
正倫社
＊愛国社再興大会の影響を受けて結成
初代社長　箱田六輔
２代　平岡浩太郎
1879年12月
(明治12)
筑前共愛公衆会
＊向陽社の他，筑前全域から参加
1880年５月
(明治13)
玄洋社
初代社長　平岡浩太郎
２・５代　進藤喜平太
３代　阿部武三郎
４代　箱田六輔
＊向陽社の一部が分離
1936年６月
(昭和11)
財団法人玄洋社
1946年１月
(昭和21)
活動禁止・解散
＊ＧＨＱの指令による
(解散時の社長進藤一馬)

Ⅲ

玄洋社史の周辺

1　頭山満と玄洋社　その封印された実像

玄洋社とは何か

二〇〇一年五月下旬、五木寛之さんが玄洋社記念館を訪れた。衛星放送の番組「日本人のこころ」の取材だ。[1]五木さんはかねてから玄洋社に深い関心を抱いてきた。

後に映画にもなった小説『戒厳令の夜』（一九七五年）には、玄洋社の周辺にいたという老人が重要な役回りで登場する。政財界の裏側に人脈を持つ、自称〝浪人〟の鳴海望洋だ。鳴海の次の言葉には、作者の玄洋社についての見解が込められている。

「右翼と左翼は正反対のものではなか。時には紙一重でかさなる部分もある。ましてわしらは右翼というより、地方民権の立場から中央の権力金力の悪を撃つという志で生きておった人間たい。わしははみ出しもので、玄洋社などの組織には属しておらなかったが、後には国権に傾いて軍と手をにぎった玄洋社でさえも、その創立の憲則には〈人民の権利を固守すべし〉の一条をかかげておる」

頭山満をはじめとする玄洋社を右翼として切り捨てることに対する疑念――戦後も、一部の作家や評論家たちがそのことを表明してきた。五木さんもその一人だ。戦後の価値観は右翼と左翼を対極に置き、左翼であることが表向き、無条件に進歩的とされた。しかし、「右翼と左翼は正反対のものではなか」と、こだわり続けた人たちもいた。五木さんは、玄洋社に反中央・反権力のイメージを重ねている。

戦後、半世紀以上を経過し、「頭山満」、「玄洋社」という名前すら聞いたことがないという人が大部分のはずだ。玄洋社とそのメンバーは、時間とともに忘れられたのではない。ある時期から意図的に封印された、と言ったほうが実情に近い。玄洋社について公の場で語ることをタブーとする空気が確かにあった。福岡市中央区の玄洋社記念館[2]は、頭山満をはじめ、ゆかりの人々の遺品を展示しているが、歴史研究者でここを訪れる人はまれだ。

玄洋社はどの「日本史辞典」でも、政治結社と定義され、右翼の源流として位置付けられ、侵略主義のレッテルが貼られている。私の疑問はこの点にあった。玄洋社は政治結社なのか、右翼なのか、侵略主義なのか。もちろん、それは従来の見方を単純に否定しようというのではない。問題は、玄洋社自体が、繰り返し語られたそういうステレオタイプな見方をはみ出してしまうことである。玄洋社は単に右翼ではないし、単に侵略主義ではないし、単に政治結社ですらない。もっと他の何かである。

私が今（＊二〇〇一年）から二十年以上も前に発表した一文に、「玄洋社発掘」というタイトルを付けたのも、玄洋社の実像が明らかになっていない、明らかにされないままに批判の対象にされている、と感じたからである。玄洋社の歴史的な意味を問いなおすことは、戦後の歴史観を問うことでもある。そして、その問いは今も有効である。

日本の歴史の中で、玄洋社が異彩を放っているのは確かだ。全国のどこにも、似た、同じようなものがない。玄洋社は自由民権運動の中で誕生し（私の説では明治十二年〔一八七九〕）、終戦直後の昭和二十一年（一九四六）、GHQによる結社禁止の命令で解散した。明治十年代の自由民権運動では全国に多くの政社が誕生したが、二十年代に入ると、いずれも議会政党へと再編されていく。その奔流に背を向けて、足かけ六十八年にわたって結社を維持したのは他に例がなかった。父から子へ、孫へと継承されて、玄洋社は続いていったのである。

玄洋社の、他に類のない特色はもうひとつある。それは、福岡市に根拠を置き続けたことである。私に言わせると、この一点をとっても、政治結社とは言えそうにない。玄洋社のメンバーは福岡県でも筑前、中でも旧福岡藩領域の出身者に限られ、しかも旧士族がほとんどだった。政治的な影響力を増すために、大衆を組織するとか、全国に支部を展開するとか、そのような方向性は全くゼロだ。

日清戦争、日露戦争、韓国併合……。近代のさまざまな大きな出来事に玄洋社は関わっている。しかも、玄洋社が何をしたのかは、証拠を挙げて具体的に語ることができない。そのことがむしろ、玄洋社の秘密活動の証拠とされた。逆理と言うしかない。

いったい玄洋社とは何か。この問いを前にして私が始めたのは、玄洋社を計量可能な実体として把握しようということだった。従来の玄洋社についての言及は、結局、スクリーンに拡大された虚像を見ていただけなのではないか、という思いだった。

（1）その後、五木寛之『日本人のこころ　5』（講談社、二〇〇二）に「大陸へのロマンとアジア主義」として収録されている。

（2）平成二十年（二〇〇八）五月末で閉館した。

筑前勤王党の壊滅

なぜ、ほかならぬこの福岡の地で玄洋社は誕生したのか。

玄洋社がホップ・ステップ・ジャンプで誕生したとすると、ホップが幕末の勤王運動、ステップが西南戦争ということになる。ホップ・ステップで蓄め込まれたエネルギー（深い挫折感）がジャンプ（自由民権運動）で解放されたという図式になる。ホップとステップのどちらが欠けても、玄洋社の誕生はありえなかった。

作家夢野久作は昭和十年（一九三五）刊の『近世快人伝』に、福岡藩の人材が「維新以後、音も香もなく此の地上から消え失せてしまった」と書いている。福岡藩には西郷、高杉に匹敵する勤王家たちがいた。しかし福岡藩はかれらに弾圧を加え、結果として、新政府に迎えられるはずの人材を失ったというのである。

その弾圧事件のひとつが「乙丑の獄」と呼ばれる。幕末期の藩主は黒田長溥。薩摩の島津家から養子に入った。西洋の文化に強い関心を抱いたことから蘭癖大名と呼ばれたが、筋金入りの開国論者で、幕府に対しても早くから貿易立国を訴えていた。福岡藩で近代産業を興そうとするなど、長溥は孤軍奮闘、さまざまな近代化の試みに着手していた。

英明な藩主のもと、家臣の間には勤王と佐幕の対立があった。長溥はその間を揺れる。慶応元年（一八六五）二月、筑前勤王党のリーダー加藤司書は家老に登用された。しかし、長溥は佐幕派を重用し、やがて勤王党は政権を追われる。十月、加藤司書、建部武彦ら七名が切腹、月形洗蔵ら十四名が斬罪となる。高杉晋作と親しかった野村望東尼を含め、四十一名が流罪・幽閉となり、全体では処分を受けた者は百四十名以上にのぼったとされる。明治維新を目前に、他藩にまで名を知られた勤王家は福岡藩からいっせいに姿を消した。

明治維新が成ると、福岡藩は窮地に追い込まれた。今度は弾圧を指揮した佐幕派の家老たちが切腹、流罪などの処分を受ける番だった。振り子が右へ、左へと振れるたびに、人材が失われた。藩公が優柔不断だからだ、と夢野久作は言う。

加藤司書の遺児加藤堅武、建部武彦の遺児武部小四郎は、いずれも福岡士族の指導者として西南戦争に参加し（「福岡の変」という）、捕えられて斬罪に処せられた。司書と同じく切腹を命じられた万代十兵衛の二人の弟、江上述直は西南戦争で戦死し、久光忍太郎は斬罪となる。

筑前勤王党の崩壊が、十二年後の士族反乱「福岡の変」を生んだのだ。父から子へ、兄から弟へと、託されたものは何だったのだろうか。福岡藩は維新のバスに乗り遅れた、と評されることがある。言葉を換えると、維新の分け前に与（あずか）れなかったということになる。この見方に立てば、藩閥に加われなかった福岡士族はその不平・不満の解消を西郷隆盛に期待したということになろう。

私はそうは思わない。この場合、勤王党の衣鉢を継ぐ人たちの頭にあったのは、父が、兄が、一身を犠牲にしてまで実現しようとしていたのは、目の前にある藩閥政府のようなものではないという、新政府に対する強い違和感である。藩閥政府の有司専制（官僚の独裁）。つまり、ねじ曲げられた明治維新を、本来あるべき姿に戻そうとしたとも言える。

福岡士族の西南戦争への参加には、筑前勤王党の崩壊という事態を受けた、必然的ななりゆきであったという意味がある。

西南戦争・福岡の変

福岡士族の中に、全体から見るとごく一部だが、反政府の意思を持ち続ける人々がいた。

慶応元年（一八六五）の乙丑の獄で筑前勤王党は多大な犠牲を払った。新政府は勤王家を弾圧した福岡藩に疑惑の目を向けた。その疑惑を払拭するために、戊辰戦争で福岡藩兵は奮戦した。

明治四年（一八七一）七月二日、太政官札（紙幣）の贋造、いわゆる贋札事件で、福岡藩知事黒田長知が罷免された。これは全国的な廃藩置県にさきがけて、福岡藩が廃止されたということを意味した。新政府の役人が福岡城の明け渡しを求めたとき、藩士の中には城を枕に討ち死にを、という意見もあった。

贋札事件の処分は藩の中枢にいた人々の斬罪を含む、厳しいものだった。全国に蔓延する贋札取り締まりの、見せしめにしようとする意図が政府にあったからである。乙丑の獄という、最初のボタンのかけ違えが、意に反する結果となって、次々に福岡藩を襲う。

明治七年、佐賀の乱で、福岡士族の一部は江藤新平に与しようとする。しかし、大久保利通らに利用され、政府軍の一部として佐賀士族の攻撃を受ける始末であった。

九年には、神風連の乱（熊本）、秋月の乱（福岡・旧秋月藩士）、萩の乱（山口）が起こる。反政府の意思を秘めた福岡士族（武部小四郎の矯志社、越知彦四郎の強忍社）は秋月士族の誘いにはのらなかった。

「魂」の碑（福岡の変の戦死者・刑死者慰霊碑。福岡市南区平尾霊園）

あくまでも西郷の決起を待つという姿勢だった。しかし、一部のグループ（箱田六輔をリーダーとする堅志社のメンバー）が暴発しようとする。彼らは前原一誠と連絡を取っていた。そのことで、箱田をはじめ、頭山満、進藤喜平太、奈良原至ら、後の玄洋社の主要メンバーが拘束される。かれらは西南戦争の間、ずっと獄中にいた。運命の皮肉と言うしかないが、福岡士族の一部勢力が結果的に温存された。

十年二月、いよいよ西郷隆盛が動き出す。武部、越知らはかねての盟約により、西郷と行動をともにしようとする。しかし、博多湾には官軍が続々と到着し、県も福岡士族の動向に目を光らせている。集会を禁じられ、互いの連絡にも不自由であった。

しかも、二人の指導者、武部と越知との間で、決起の時期をめぐり意見が対立した。越知は決起を急ごうとし、武部は時期尚早とした。越知は死に場所を求めて気持ちがはやっていたし、武部は勝機のないまま部下を死に追いやるわけにはいかないと考えたのだった。

結局、三月二十八日未明、福岡城内の兵営を襲撃すると決した。その情報は同志のすべてに行き渡らなかったようだし、事前にもれていて、集合場所に向かう途中、検束された者もいた。八百名が参加する予定だったが、集合したのは百五十名程らしい。

福岡城襲撃は失敗し、西郷軍との合流を意図して、決起士族の長駆が始まる。福岡市早良区野芥（のけ）、佐賀県鳥栖市田代、小郡市・筑紫野市の境界付近、甘木市秋月と移動する過程で、次々に同志を失っていった。

五月二日、越知彦四郎、久光忍太郎、村上彦十、加藤堅武の四名が死刑となり、同四日、武部小四郎も刑死した。その他、懲役十年〜三年が二十二名、二年が三百三十五名、一年が六十五名、百日が一名など総計四百五十七名。その内、四十三名が獄死した。他に戦死者五十一名。鹿児島城山で戦死した人や、萩の乱嫌疑で獄死した人を含め、百二名が命を落とした。

米国留学の後、福岡にもどった金子堅太郎は、幼い子の手を引いて墓参に向かう若い母親を目撃して心を痛めている。

玄洋社誕生す

玄洋社は、正確には福岡玄洋社と言う。県内でも甘木には集志社（しゅうししゃ）があり、全国に同じような結社が多数存在していた。玄洋社もそうした中の一つだ。玄洋とは玄界灘を風雅に表現したもので、江戸時代の雅号にもその例があるから、ごくふつうに思いつく名称である。

ところが、ある人は「玄洋」と付けたからには、玄界灘を越えて、大陸に雄飛しようとする侵略的な意図が込められていたはずだとする。こんなのは暴論に近い。結社名に郷土の山川の名を付けた例は他にもある。

玄洋社の歴史にはまだまだわからないことが多いが、成立年をめぐっても異説がある。歴史年表の類は、玄洋社は明治十四年二月に結成されたとする。これは大正時代に書かれた『玄洋社社史』にもとづいている。ところが、十三年十二月の新聞記事に玄洋社演説会が見えるから、その時点で玄洋社はまちがいなく存在していた。

戦前に発行されていた玄洋社の機関紙「玄洋」には、明治十三年五月十三日付の「玄洋社設置届」があり、五月一日制定の玄洋社憲則が添付されている。私は十二年十二月成立説を提示したが、今のところ、直接それを証明する史料を見いだし得ない。それで、だれもが認めることのできるのは、明治十三年五月、玄洋社は結成を届け出たということだろう。

玄洋社憲則は次の三条である（三条としたのは、中国でいう法三章に相当しよう）。

第一条　皇室ヲ敬戴ス可シ

第二条　本国ヲ愛重ス可シ

第三条　人民ノ主権ヲ固守ス可シ

『玄洋社社史』では最後の「主権」が「権利」となっている。これは、「主権」のままでは天皇の大権を冒すという発想から、後に「権利」に改竄（かいざん）されたのだろうと想像される。皇室・本国・人民という順序になっているから、やはり民権より国権を優先しているではないか、という見解もある。しかし、当時、皇室や国家を先に置き、人民を後回しにするのはごくふつうに見られたことで、玄洋社に特徴的なことではない。

玄洋社の結成は自由民権運動からの離脱を意味した、とする説がある。しかし、十二年もしくは十三年に玄洋社が結成されたとすると、それは自由民権運動の高揚のさなかであり、その見方は当たらない。事実は、玄洋社は自由民権運動の結社として誕生したのであり、しかも、福岡県の自由民権運動は全国的にも有力な一翼を担っていた。それに比肩できるのは高知立志社だけだった。頭山満は後に「わが福岡は憲政発祥の地である」と述べているが、玄洋社が先駆けたという自負を込めての言葉である。

西南戦争の敗北の中から生まれたのが玄洋社だった。玄洋社の三傑、平岡浩太郎、箱田六輔、頭山満はいずれも士族反乱に加わり、下獄した経験を持っていた。今ふりかえって痛感するのは、彼らが直面したのは、西郷か板垣か、武力か言論か、反乱か民権かという二者択一ではなかったということである。彼らは反乱も民権も、という立場に立っていた。

要するに反政府（打倒藩閥）という一点で統一が保たれていたのである。武力か言論かは、その時々の戦術の問題でしかなかった。もはや反乱が通じないことがわかったから、民権へと向かったのである。玄洋社を含めて自由民権運動があったという意図を込めて、私は自分の著書『玄洋社発掘』に、「もうひとつの自由民権」と副題を付けた。

辛亥革命を支援

明治三十三年（一九〇〇）五月二十六日の新聞「日本」におもしろい記事を見つけた。福岡出身のジャーナリスト福本日南の書いた「余は今ま筆硯を棄てたり」。

ところで、宮崎滔天『三十三年の夢』には、明治三十三年の出来事として次のような回想がある。孫文が中国で武装蜂起を計画し（恵州事件）、滔天や末永節に相談する。筑豊の炭鉱経営者中野徳次郎が資金援助を請け負う。そこで、末永が滔天に言う。「福本日南はわが同郷の先輩なり。彼年すでに四十を越え、なりわいに筆硯の事に従うといえども、想うにこれその志にあらず。彼を誘うてこの事に加わらしめ、もって死後の栄を担わしめては如何」

孫文の賛成を得て、滔天は日南を訪ねる。日南は躊躇せず答える。「それはよい死に場所じゃわい」。日南はすでにジャーナリストとしての名声を得ていたのだが、筆硯を投げ捨てて、中国革命に命をささげる決意をした。頭山満は「命もいらず、官位も金もいらぬ人は始末に困る」という西郷隆盛の言葉をよく引いた。このときの日南の選択がその典型であろう。「日本」の記事はこのときのやりとりを裏付ける。

滔天の回想には、孫文の身近にいて、恵州事件に関係した日本人として、日南、末永節、内田良平、島田経一らの名が出てくる。日南を除き、いずれも玄洋社員であった。

自由民権運動の中から生まれ出た玄洋社は、やがて国内改革からアジアの革命へと目を転じた。これが玄洋社の「民権から国権への転向」と言われる問題である。この過程で、民権運動の中で板垣退助に継ぐ有力者と目された、玄洋社社長箱田六輔が、頭山満との路線対立の末に割腹自殺したと伝えられる（明治二十一年）。真相はわからないが、全国に名を知られた箱田の急死が、頭山への求心力を高める結果となったことは想像できる。

玄洋社は頭山を司令塔として、アジアへと活動の場を広げていった。韓国の親日派政治家金玉均との交際、アギナルドのフィリピン独立運動への支援、孫文、黄興ら中国革命の志士の支援と革命への参加、インドの独立運動家ラス・ビハリ・ボースをかくまったことなどはよく知られている。これらは政府の意に反してなされた行動であった。

隣の町へ行くような気安さで彼らは国境を越えていった。アジアをヨーロッパと対立するものとして想定し、アジアの諸民族が一丸となってヨーロッパの侵略に対抗するという考え方、いわゆる〝アジア主義〟の立場からであった。

大正二年（一九一三）三月十八日、孫文が玄洋社を訪れた。明治四十四年（一九一一）十月十日、辛亥革命が起こり、中華民国が成立すると、孫文は三カ月程、臨時大総統の地位に就く。かつての亡命革命家が前国家元首という栄光に包まれて福岡へもどってきた。

孫文（中央）と頭山満（大正13年11月，神戸）

孫文を迎えた玄洋社の扱いは驚くほど飾り気のないものだった。「素朴なる冷や畳の上、座布団なく、テーブルなく、きわめて簡素なる酒茶の饗（あえ）ありしのみ」と、当時の新聞は伝えている。これに対し、「玄洋社式の飾らずつくろわざる待遇ぶりはかえって」孫文の悦に入ったらしく、「謹厚寡黙の孫氏も少なからず微笑をたたえ」ていたと言う。

私は、こういう何気ないエピソードに真実が垣間見えるような気がする。玄洋社のアジアへの関心は侵略的な志向の現れだとする見解が一方にある。筑豊の炭鉱家たちは長年にわたって資金を提供し、孫文の亡命生活や革命資金がそれによってまかなわれた。侵略的な意図があったのなら、恩を着せるのはこのときである。しかし、玄洋社のメンバーは前国家元首をも昔の友人として変わりなく扱う。孫文もそれを喜んで受け入れたのだった。

日韓合邦と韓国併合

頭山満は旧福岡藩士筒井家の出。生家は現在の西新岩田屋付近[1]にあった。頭山家を継ぎ、天満宮の満の字から満と改めた。玄洋社の結成に加わり、一個人でありながら玄洋社を体現するような人物と見なされた。頭山が戦前の右翼の巨頭であったことはまちがいない。ただ、そのことで、侵略主義者と言えるかどうかとなると、躊躇せざるをえない。

星新一が、父一（はじめ）の日記を引いている（『明治の人物誌』）。「亡父の日記には『ドイツも軍備でなく道義の競争をすればいいのに』との頭山のナチス批判の言葉が書かれており、超国家主義者だったとは思えない。なぞの人としておく以外にないようだ」

軍備による征服でなく、「道義の競争を」と説く頭山。侵略主義者、超国家主義者とする戦後の歴史的評価との落差に、星は困惑して「なぞの人」と評したのだ。仮に頭山を侵略主義者と見るとしても、それが絵に描いたような侵略主義者ではない、ということは同意してもらえるだろう。

昭和十年（一九三五）、夢野久作が発表した「日韓合併思ひ出話」。ここには内田良平の側から見た韓国併合（一九一〇）が語られる。一言で言えば、「裏切られた日韓合邦」というストーリーである。

久作は本名を杉山泰道（たいどう）といい、その父が「政界の黒幕」杉山茂丸である。福岡藩士の出身で、頭山満とは青年時代からつかず離れずの交際を保った。茂丸の名は玄洋社員名簿に載っているが、茂丸自身は社員という意識はなかったかもしれない。

杉山茂丸と内田良平は民間の側から韓国併合を推進した。茂丸が亡くなるのが昭和十年七月十九日（七十二歳）。久作が内田を訪ねたのが九月八日。翌十一年三月十一日には、久作自身が四十七歳で急死する。内田は十二年七月二十六日に死亡（六十四歳）。内田良平は玄洋社三傑の一人平岡浩太郎の甥で玄洋社員。黒竜江（アムール川）にちなんだ黒龍会を起こす。玄洋社と同様、昭和二十一年にGHQによって結社禁止の処分を受けた。

さて、久作は内田良平を訪ね、聞き書きの形で「日韓合併思ひ出話」を著した。

昭和十年当時の朝鮮への植民地支配に対し、内田は「内鮮人（日本人と朝鮮人）が融和されて居るように見えるのはほんの表面だけの話である」と言う。「当局の高圧によってドウにかコウにか押付けられいる鬱勃（うつぼつ）の気」、それらが爆発したとき、当局者は「不逞無知」のせいにするだろう。しかし、そうした「朝鮮の当事者（植民地支配の当局者）は、その民族よりもはるかに恥を知らず、義理を知らず、人情を知らぬ、文化的に不逞無知な官僚人種である」と、韓国併合後の日本政府のやり口を痛烈に批判する。

玄洋社の歴史を考える上で、韓国併合は避けて通れないテーマだ。彼らは自分たちの理想を「日韓合邦」と表現する。そして、現実の「韓国併合」に対して、内田は「日本民間の有志として朝鮮民族の為にイクラ謝罪しても謝罪し切れない」とまで言うのである。

朝鮮側で韓国併合を推進したのが一進会の李容九。内田が病床の李容九を見舞うと、内田の手を握り、「われわれは馬鹿でしたね、だまされましたよ」と涙を流す。内田良平や李容九からすると、韓国併合は日本政府にだまされた、官僚や軍人に裏切られたということになる。

いったいこれは何なのだろう。内田は「日韓合邦……は、東洋の平和、精神文化建設の為に日本民族が大陸に一歩を踏出した、その第一礎石である」と言うから、現代人の目には侵略的な言辞と映る。にもかかわらず、合邦は日本が朝鮮を植民地化することとは違う、とされる。要するに彼らは二十世紀的な「国民国家」とは異なる国家像を前提にしていたのだ。現代史を正確に理解するには、思想的なレベルでその違和を解きほぐす努力が必要だと感じる。

（1）西新岩田屋は平成十五年（二〇〇三）に閉店し、翌十六年、同地のビルに西新エルモールプラリバが開業した。頭山満関係の石碑は近くの西新緑地に保存されている。

思想の寛容

瀬戸内晴美の『美は乱調にあり』は、伊藤野枝を主人公にしている。野枝は福岡市西区今宿（いまじゅく）の出身。無政府主義者大杉栄とともに、大正十二年（一九二三）九月、関東大震災の際、憲兵大尉甘粕正彦によって殺害された。

この本に、野枝の叔母（代準介の妻）の回想が出てくる。

代準介と野枝の父親が、野枝らの遺骨を受け取りに上京したとき、「頭山さんが御自分の車をずっと出して下さいましてね。子分のような人が、何人も主人たちの護衛について守ってくれたと申しておりました。右翼の襲撃にあう恐れがあるとか申しておりました」。

実は、代準介の回想録が『部落解放史・ふくおか』創刊号に発表されているのだが、それによると、頭山との関係を慮った新聞社が順番に車を提供したと書かれているので、頭山がみずから車と護衛を派遣したものではなかったようだ。代家はさかのぼると、頭山満の生家筒井家と縁続きになる家で、上京した代準介はまず国士舘に頭山を訪ねている。

『美は乱調にあり』には、資金繰りに窮した野枝と大杉栄が頭山満、杉山茂丸のもとを訪ねる場面も描かれている（大杉の日記が元になっているのだろう）。「野枝は代準介のつてで頭山満に面会を申しこんだり、頭山の紹介で杉山茂丸に逢いにいったりした」。「（大杉は）野枝が道をつけてきた杉山茂丸に逢ったことから思いつき、内務大臣の後藤新平に直談判をして（三百円を）得た」

危険思想の持ち主とされた伊藤野枝や大杉栄に、頭山、杉山ばかりか、取り締まる側の後藤新平までが直接会い、資金を提供している。

私が興味深く思うのはこの点である。頭山や杉山の思想的寛容性だ。彼らは思想によって人を敵味方に分けるような態度を取っていない。それらは無原則さの証拠と受け取られそうだが、私は思想的寛容と見るべきだと思う。

宮崎滔天の『三十三年の夢』[1]（平凡社東洋文庫）には吉野作造の解題が収められているが、吉野作造は「頭山満翁、寺尾亨先生の一派は……支那革命史の編纂を思い立たれ、その事を実は私に託されたのであった」と書いている。通常の理解では、吉野作造は大正デモクラシーの側、頭山や寺尾はその対極にあった人たちである。思想の違いは必ずしも人脈の違いではなかったことがわかる。

頭山満をめぐって最も人を驚かせるのは、中江兆民と頭山とがたがいに信頼を寄せた友人であったということだろう。現在の目で見ると、兆民は左翼の源流であり、頭山は右翼の源流ということになる。兆民は『一年有半』の中に、「頭山満君、大人長者の風あり」とし、「君言(くん)わずしてしかして知れり」と書いている。頭山は口に出さなくてもすべてを見通していると、その洞察力を高く評価しているのだ。兆民は高等教育によって得られるたぐいの、外来の知識の多寡ではなく、人間としての知恵を計っていたにちがいない。

玄洋社員は私の作成した名簿では約六百名に及ぶ。元総理広田弘毅の名も、もちろんある。職業はさまざま。その全体を「右翼」という言葉でくくるには無理がある。ましてや、外国人にそう映っていたように秘密結社などであったはずがない。玄洋社は政治結社というより、もっとゆるやかな結合であった。一部には、思想的に先鋭な部分を含みながら、裾野では思想のハードルは低かった。その意味でも、郷党的結合と言った方がぴったりくる。

伊藤野枝の遺族が戦前の社会でどんなに不寛容な目にさらされたかは想像に難くない。戦前、頭山家の住み込みの書生に伊藤という若者がいた。この人は野枝の実弟だ、という話を聞いた。

(1) 法学博士吉野作造・慶大教授加藤繁共著『支那革命史』(内外出版株式会社、一九二二)。

2 『近世快人伝』と奈良原至

福岡出身の作家夢野久作に、郷土の人物を題材にした『近世快人伝』と題する作品がある。「怪人」ではなく「快人」! 久作の父杉山茂丸をはじめ、福岡の政治結社・玄洋社の面々が活写された痛快な読み物だが、中でも異様なエピソードに満ち満ちた人物が奈良原至である。久作は『犬神博士』で作中の玄洋社社長に楢山到の名を与えたが、実在の奈良原の名がヒントになっている。奈良原は夢野久作が最もほれこんだ男の一人なのだ。

明治十年代、玄洋社草創期に活躍した奈良原は、自由民権運動史にも有力な活動家として名を残した人物。そのまま順調に進めば、代議士はおろか、衆院議長も夢ではなかったような立場にいたのだが、生理的に上昇志向をきらったような人で、無冠の生き方を選び、家族ともども極貧の生活に甘んじたという。奈良原の、時代を超越したような生涯は、明らかに『近世快人伝』の魅力の一つである。

私の手元に奈良原自筆の葉書のコピーがある。大正四年(一九一五)九月十一日から六年三月八日まで、一年半に三十一通の葉書が、いずれも対馬の大船越(おおふなこし)から差し出されている。奈良原は最後の葉書から一カ月後、四月六日に亡くなる(六十一歳)。一通が阿部武三郎(元玄洋社社長)に宛てられた他は、全てが残島(のこのしま)(福岡市西区能古島)在住の清原強之助(きよはらきょうのすけ)に宛てたものである。清原はやはり玄洋社員で、最近明らかになったところでは、代言人(だいげんにん)(後の弁護士)として福岡では草分けの人物である(『福岡県弁護士会史』上巻)。

葉書を読んでいると、奈良原の人物像が伝わってくる。葉書と言っても、多いものでは六百字、原稿用紙一枚半の分量がある。精神修養の意味もあって、奈良原は筆で、細字をびっしりと書き込んでいるのだ。

　つなぎとめし心の駒のかひ（飼）なれ（慣）て散らずなりけり庭のもみぢ葉　（四年十二月八日の葉書）

心に暴れ馬を飼って、自分でも持て余していた男である。対馬の風光を友にする生活は、奈良原にひとときの安らぎを与えた。

しかし、娘婿を頼って対馬に渡ったのは、「当春ヨリノ予定ノ退却」（四年十月十四日）で、「名モナキ奴輩ノ暴動」が原因だった。玄洋社の世代交代のあつれきに、「過飲ノ結果、脳漿ヲ掻キ乱シテ健忘症ニ陥」るほどに追い込まれたのである。久作が、晩年の奈良原を「遂には玄洋社一派とさえ相容れなくなった位、極度に徹底した正義観念——もしくは病的に近い潔癖」と表現しているのに照応する。帰福を求める友人らの声にも、「福岡ニハ居タクナイ」（六年一月十四日）と、残島での借間探しを依頼する。

自分の性格を分析した奈良原は、「弟ハ玄洋社ノ創立時ニ、黒旋風李逵ト云ハレタ位、思ヒ立チタ日ニハ矢モ楯モアッタモノナラヌガ、フット思ヒ切ル時ハ、一息ニ吹キ飛ハシテ、跟形モナクナリ候生分ニ御座候」（五年一月十四日）と書くが、このあたり、奈良原の葉書は、『近世快人伝』と比較して読むと、相互に補い合う点があっておもしろい。

久作は、奈良原の風貌をこう表現した。「その真黒く、物凄く輝く眼光は常に鉄壁をも貫く正義観念を凝視していた。その怒った鼻。一文字にギューと締った唇。殺気を横たえた太い眉。その間に凝結、磅礴している悽愴の気魄はさながらに鉄と火と血の中を突破して来た志士の生涯の断面そのものであった」（ちくま文庫版、一三七ページ）

奈良原至の写真。右写真は宮川五郎三郎と（猪野祐造氏提供）

奈良原の写真をぜひとも見たいものだと思った。平成四年、猪野祐造氏から、思いがけず提供を受けることができたが、なるほど、久作の筆に無駄はない。奈良原の表情はすさまじい迫力に満ちていた。

【奈良原至関係略系図】

- 興膳八蔵正倫 ＝ 鹿（武豊の姉）
  - 興膳駛郎（明治13年から東京府職員〔80歳過ぎまで勤務したという〕・能書家・号悟堂）
- 猪野　昌
  - 猪野鹿次（飯塚町長〔昭和3年～〕を経て、飯塚市長を4期〔昭和7～19年〕）＝ 利
    - 猪野祐造
    - 猪野又太郎＊
- 宮川武豊（轍）
  - 宮川武行（轍次）
    - 利
  - 奈良原　至
    - 奈良原牛之介（夢野久作の親友、在米）
    - 奈良原健介
  - 宮川五郎三郎
    - 宮川覚之助
      - 宮川英之助＊＊
    - 宮川泰助

＊猪野家とその親族の歴史をたどった『櫻ケ峰物語』（非売品、一九九七）を刊行。

＊＊宮川五郎三郎原文・現代語訳宮川英之助『朝鮮統監府ならびに朝鮮総督府宛建白書』（櫂歌書房、二〇〇八）を刊行。

3　選挙干渉と杉山茂丸

伝記作家として知られる小島直記氏が、自伝の中でもっともおもしろいもののひとつとして、『福翁自伝』などとともに杉山茂丸の『百魔』をあげている（星新一『明治・父・アメリカ』新潮文庫版の解説）。大正十五年（一九二六）刊行の『百魔』は、当時版を重ねて広く読まれたようだ。このほど講談社学術文庫に収められて、ようやく古典としての地位を確立したと言えるだろう。

杉山茂丸（一八六四～一九三五年）は福岡県出身の在野の政治家である。伊藤博文、桂太郎ら明治・大正期に政権の中枢にあった人々と親交を結んだ。その頃、国士とか浪人とか呼ばれた種類の人物で、終始政界の裏面にあって活躍したことから「政界の人形遣い」の異名をとったという。

ところで、『百魔』の中に私がかねて気にかけてきた一節がある。それは選挙干渉についてで、杉山の叙述には史実との間に微妙なズレがうかがわれ、しかも単に記憶違いですますことができないからだ。

明治十九年（一八八六）、元老院議官だった安場保和（やすばやすかず）が、杉山の画策で福岡県令として赴任してくる。安場は民権派勢力の強い県議会に対決姿勢で臨み、たまたま彼の在任中に、明治二十五年第二回総選挙での大干渉事件が起きる。

選挙干渉は松方内閣の内相品川弥二郎の下で行われた民党弾圧で、全国で二十五人の死者が出た。福岡は高知・佐賀・石川とならんで激しく、民吏双方に、死者四、負傷者七十二、家屋の放火・破壊は九件を数えた。

杉山茂丸

福岡では吏党側に立った玄洋社と安場が結んだのだから、杉山が事件と無縁のはずがない。このとき杉山は、玄洋社の壮士二、三百を率いて福岡から三池に乗り込んだといわれる（『野田大塊伝』ほか）。

ところが『百魔』によると、杉山が当時筑後にいたのは、船小屋温泉で病気療養中だったからである。玄洋社員と民党支持者との乱闘は杉山のあずかり知らぬことで、自分の役割を善意の調停者であったかのように描く。

彼は選挙干渉の最中というのに候補者名も知らず、衝突をしりめに病床にあった。軽快後は「今となっては止むに止まれず、どんと決心をして八方の指図を始めた」。だが、そこで杉山は筆を止め、指図の具体的内容にはふれずじまいである。

『百魔』のこの部分で、杉山はウソをついたのだろうか。自己弁護のため、史実をねじまげたと解釈することもできる。だが、私はもっと深い事情があったと考えたい。

選挙干渉の責めを負って辞任した品川弥二郎が遊説のために九州に来たとき、杉山は品川をはじめ藩閥政府を「政権の詐欺師」と呼び、「俺の生きている間は、（品川には）一歩もこの地（筑後）には踏み込ませぬと覚悟」した。その頃「旧柳川領はこの品川子干渉の為めに家を焼かれ、人を殺し、多数は今なお牢獄に繋がれて、人心全く荒（すさ）んで」と、あたかもひとごとのように当時を回想する杉山だが、おそらく後年の杉山には、選挙干渉に荷担し政府に踊らされたことへの負い目があったのだと思う。

玄洋社の頭山満は、選挙干渉直後、品川弥二郎、西郷従道に「諸氏は為すと称して為さざるの徒か、予は為さずと称して為さざらんのみ」と、絶望の言葉を吐いて政界に背を向けたが、杉山が「俺の勤王主義は饒舌（しゃべ）らぬ勤王主義じゃぞ。あの品川と云う男は勤王の触売り商人（あきんど）じゃ」と述べたのと、ぴったり符節を合している。

選挙干渉に加わった玄洋社員の多くが、事件後、同種の絶望に身を浸していたに違いない。その苦い記憶が、思わず知らず杉山の曲筆をうながしたとは言えないだろうか。

その点で、杉山茂丸の長男、作家夢野久作の小説『犬神博士』は、玄洋社の側からの、選挙干渉への総括という意味を持つ、と私は考える。

『犬神博士』は日清戦争直前の筑豊地域を舞台とし（実は明治二十五～三十年の世相が渾然と織り込まれている）、県知事（財閥）と玄洋社（地元資本）との坑区争奪戦が一つのヤマ場となっている。従来、この坑区争奪の意味を軸に『犬神博士』を解釈しがちであったが、私の考えではそれは見当ちがいである。筑豊は、玄洋社が知事と闘う理由を合理的に説明するための借景でしかなく、そこには隠れた構図として選挙干渉が含意されていると思われるからだ。

ハゲ頭でカンシャク持ち、漢学好みの福岡県知事筑波子爵は、言うまでもなく安場保和（明治二十九年男爵）の〝戯画〟である。安場は横井小楠の高弟として知られ、知事在任中はカンシャクを起こしては、那珂川べりの官舎から川に飛び込む奇行があったといわれる。

「選挙大干渉以上のセンセーショナルな大事件」（『犬神博士』）で、玄洋社が筑波子爵に敢然と対決を挑むのは、選挙干渉において、玄洋社は官憲に与すべきではなかったという、夢野久作の暗喩があると見るべきだろう。要するに彼は、攻守所を変えて選挙干渉を再演して見せたのだった。夢野久作は『犬神博士』を書くことで、杉山茂丸はもとより、玄洋社の人々の心底の思いを代弁したのである。

4　総長室にかかる孫文の書

九州大学総長室に孫文の額が掛かっている。[1]縦三四・五センチ、横一一三・五センチ。全体に黄色味を帯びた絹地に、右から左に「學道愛人」の四文字。左端に見覚えのある、少し左に傾いた「孫文」の署名がある。孫文の書は肉太で、濃い同じ太さの線で、筆先のかすれや墨の濃淡があまり見られないのが特色である。書家の器用さはないが、どこまでも端正な、几帳面な字体は、孫文の温かい人柄をしのばせる。

実は県立三池工業高校（旧三井工業学校）の校長室にも同じような額があり、こちらには「開物成務」の四文字が書かれている。孫文は九大では「道を学ぶ」、三井工業学校では「物を開く」と、それぞれにふさわしい言葉を選んで揮毫したのである。

九州大学と三池工業高校の書は、どちらも年号がないが、大正二年（一九一三）、孫文が来日した折り、訪問先で書かれたものにまちがいない。私の知る限り、福岡市内にはほかにふたつ、そうした書が残っている。それは孫文と福岡県人との友情のあかしでもある。

孫文（一八六六～一九二五）は中国で「国父」と仰がれる人物である。生涯、中国革命の苦難の道を歩んで屈しなかった。植民地化の危機にあった清国に、一九一一年、辛亥革命が起こり、翌年には中華民国が樹立された。孫文は初代の臨時大総統に就任した。まもなく袁世凱にその地位を譲り、前国家元首として来日、各地で大歓迎を受けたのである。

孫文揮毫の額。上＝九州大学蔵（同大学広報室提供）
下＝福岡県立三池工業高等学校蔵（同校提供）

孫文の来日は三月十三日から三月二十三日までの三十九日間。福岡県には、三月十七日門司に上陸。二十日大牟田を立つまでの四日間滞在し、明治専門学校（現九州工業大学）、八幡製鉄所、三池炭坑、三井工業学校などを視察した。孫文が福岡市を訪れたのは、かつて日本亡命中の孫文に献身的な支援を惜しまなかった旧友に、革命の成功を報告するため。福岡市に本拠を置く政治結社・玄洋社に立ち寄り、聖福寺、崇福寺で旧友の墓参を果たし、西中洲公会堂での歓迎会に臨むなど、短い滞在中に次々とスケジュールをこなした。

三月十九日午後三時、孫文は崇福寺の玄洋社墓地から、隣接する九州帝国大学医科大学（現九州大学医学部）へと向かった。総長山川健次郎は不在のため、伊東医科大学長、中山大学医院長らが案内し、医院（附属病院）の各科も見学した。革命家孫文は西洋医学を学んだ医学博士でもある。香港西医書院（香港大学医学部の前身）を首席で卒業していた。その目は専門家のものだ。

午後五時、孫文は学友会の求めで講演を行った。「傍聴者は同大学職員・学生および一般有志者にして、広き同教室もあふれんばかりの盛況を呈したり」と、当時の新聞に報じられている。このとき、孫文は、中国の将来は科学の発展に負うところが大きいが、学術、思想で先んじている日本の支援を期待している、ことに、現在の学者、将来の学者である教授諸君、学生諸君の役割は大きい、学術、思想の交流をさきがけとして、両国の親善が深まることを願う、という意味のことを述べている。

孫文の死後、日本は中国との戦争の道を歩んだ。孫文の願いの実現は今日に生きる私たちへと託されている。総長室に掲げられた孫文の額には日中親善のメッセージが秘められていることを、もっと広く知ってほしいと思う。

（1）現在は九州大学箱崎キャンパスの中央図書館二階閲覧室に移されている。

5 孫文と福岡 生誕一三〇年に寄せて

偶然だがふたりはともに十一月十二日の生まれだった。ひとりは中国で「革命の父」、「国父」としたわれる孫文。一八六六年、中国広東省の生まれ。言うまでもなく、辛亥革命を成功に導き、中華民国を樹立して、中国の近代化に道を開いた最大の功労者である。今年（＊一九九六年）は孫文生誕百三十年の年にあたっている。もうひとりは末永節（みさお）。明治二年（一八六九）、現在の福岡市中央区春吉に生まれた。みずから「天下の浪人」をもって任じたという。住吉神社の近くにあった末永の旧居には日本亡命中の孫文も訪れたことがあると、節の次男賢次さん（故人）から聞いたことを思い出す。

末永は中国革命に献身的な援助を与え、革命派の両巨頭であった孫文、黄興と親交があった。黄興は上海で脱獄し、日本に留学した革命家。東京神楽坂でその黄興と同居していたのが末永である。

宮崎滔天の案内で孫文は神楽坂に黄興を訪ねた。中国料理店に座を移しての、孫文、黄興の密談に末永も立ち会う。滔天は「この黄、孫ふたりの握手が革命運動にたいして非常なる発展の動機となった」と書いている（「清国革命軍談」）。中国革命史での歴史的場面と言ってよい。これを機に、明治三十八年（一九〇五）の中国革命同盟会の結成へと至るのである。そして、末永は同盟会の機関誌『民報』の発行人をかって出ている。

明治四十四年（一九一一）十月十日、上海から長江をさかのぼること九六〇キロ、湖北省の武昌城で、革命派の軍事反乱が起こった。これが辛亥革命の旗あげとなった武昌起義である。その記念日は、十がならんだ日

左から末永節，内田良平，宮崎滔天，右端が孫文

付から、のちに双十節と呼ばれることになる。

大連に滞在していた末永は機敏に行動した（十月六日に挙兵の予定だった）。上海へ急行して孫文とならぶ革命派の指導者宋教仁と連絡を取り、その晩のうちに漢口に向かった。漢口は長江をはさんで武昌と相対し、漢陽と合わせて武漢と総称される。末永が革命軍に身を投じたのは十月十二日。黄興と宋教仁が武昌に入る一日前といわれている（『東亜先覚志士記伝』）。末永は革命の現場にかけつけた最初の日本人であった。

明治四十五年（一九一二）一月一日、南京で孫文が臨時大総統に就任し、中華民国が成立した。末永は招かれて南京臨時政府の外交顧問に就任したといわれている（時期や、職名には諸説あって一致しない）。

大正二年（一九一三）、孫文が日本を訪れた。それまでの、孫文の十数度に及んだと言われる日本滞在は、清国官憲に追われての不自由な亡命生活だった。今度は袁世凱に臨時大総統の地位を譲った後とはいえ、栄光に包まれての来日である。長崎に着くと、特別列車で東京へ向かった。孫文は行くさきざきで大歓迎の人波にもまれ続けた。

福岡県訪問は三月十六日から二十日まで。北九州と福岡と大牟田を訪れた。十八日、孫文は博多聖福寺で平岡浩太郎の墓に詣でた。平岡は玄洋社の幹部で、炭鉱家、代議士。明治三十九年（一九〇六）に五十六歳で亡くなっていた。孫文と平岡の間には次のようなエピソードが伝えられている。

孫文が二度目に来日した明治三十年（一八九七）のこと。日本政府は清国との関係に配慮し、孫文の滞在を快く思っていなかった。やむなく、孫文は中山樵という偽名を使い、日本人になりすました。

亡命中の孫文は生活費の確保に苦しんだが、毎月二十五日、平岡が提供することで解決した。ただ、孫文としてはそれでは心苦しい。生活費を切り詰め、余裕が出ると、もらいに行かない月もあった。そんなときには、「おついでの節、お立ち寄りを願います」と、平岡の方から葉書で来訪をうながしてきた。孫文は日本人への信頼を深めたという。

この日、孫文は西職人町（現福岡市中央区舞鶴）の玄洋社も訪れている。右翼の源流と称される福岡の政治結社である。「福岡日日新聞」は、そのもようをこう報じている。


素朴なる冷や畳の上、座ぶとんなく、テーブルなく、きわめて簡素なる酒茶の饗ありしのみなるが、玄洋社式の飾らず、つくろわざる待遇ぶりは、かえって孫氏の悦に入りしがごとく、謹厚寡黙の孫氏も少なからず微笑をたたえつつ、一同うちくつろぎて談笑せり。


座ぶとんを出さないのが玄洋社の鉄則である。孫文も例外ではなかった。苦闘時代を知る人々が、あくまでも一友人として孫文を迎えているようすが目に浮かぶようである。

中国での武装蜂起に失敗して日本に亡命した孫文、黄興らを支援したのは、大陸浪人とか民間志士と言われた人々である。福岡県の場合、多くの玄洋社員、あるいはその周辺にいた炭鉱家であった。福岡と孫文との縁は深いが、辛亥革命史や孫文伝ではほとんど取り上げられることがない。近年、福岡では〈アジア〉という言葉がとびかう。今こそ、末永や平岡らの事跡も顧みられるべきではないだろうか。

（1）孫文の号を中山（ちゅうざん）といい、南京にある孫文の墓は中山陵と呼ばれる。中華人民共和国の中山市、中山大学など、いずれも孫文にちなんだ命名である。孫文は通りがかりに見た中山家の表札から、亡命中の日本名を中山としたが、それは明治天皇の母の実家にあたる中山侯爵家であった。孫文が中山樵と称したのは、山の中の樵（きこり）という洒落だろうか。明治三十三年（一九〇〇）箱根の富士屋ホテルに投宿した孫文は、宿帳にS. NAKAYAMAという署名を残している（山口守「記憶への旅・㈤中国」〈『リベラシオン』一三六号、福岡県人権研究所、二〇〇九年十二月〉）。

6　五十二年後の決算　財団法人玄洋社「解散」に思う

昭和二十一年（一九四六）一月五日付の「西日本新聞」は「玄洋社、言報など、諸団体の結社、活動禁止」という見出しを掲げ、前日の四日、連合軍総司令部が日本政府に「一部政党、協会、結社その他団体の廃止」を指示したことを報じた。超国家主義（極端な国家主義）と見なされた二十七の団体。その中には、福岡市に本社を置く玄洋社と、玄洋社から派生したと言ってもよい黒龍会、東方会が含まれていた。黒龍会、東方会を率いた内田良平、中野正剛はいずれも福岡市出身で、玄洋社の一員でもある。

戦後の玄洋社に対する評価は、この超国家主義というレッテルから自由ではなかった。私にはそれは、産湯を流そうとして赤子も流したという印象である。玄洋社は自由民権運動の高揚した明治十三年（一八八〇）五月、民権政社としての結社を届け出ているので、その実際の活動は六十七年に及んでいる。明治、大正、昭和と世代交代を繰り返しながら、福岡の政治・経済・文化の至るところに玄洋社の痕跡は残された。その意味では多くの歴史事典がそうであるように、玄洋社を政治結社という一面でとらえ、〝右翼〟の一言でかたづけるのでは、歴史的評価としては完全ではない。

他ならぬこの「西日本新聞」も、その一半は玄洋社系の新聞としてスタートした「福陵新報」に源を発している。福岡県出身でただ一人の総理大臣[1]となり、後にA級戦犯として刑死した広田弘毅は、現職の外務大臣のころから玄洋社のメンバーであることを隠してはいなかった。

私は昨年（＊一九九七年）、西日本新聞社から刊行した『増補版 玄洋社発掘』の中で、

玄洋社は昭和十年五月三十日付で「財団法人玄洋社」設立を申請し、翌十一年六月二十九日、内相・文相による許可がおりた。結社禁止となったのは、この財団法人玄洋社であった。

と書いた（本書二二五ページ参照）。

ところが……、財団法人玄洋社は解散していなかった。正規に解散手続きが取られたのは、実にマッカーサーの命令から五十二年を経た今年二月六日のことである（登記は四月六日）。登記簿謄本には「文部大臣の設立許可の取消により解散」とその事由が記されている。財団法人が脱税の手段に利用されているというので、政府は休眠状態の財団法人を洗い直し、解散の手続きを取ることにした。その網の目に玄洋社が引っかかって、結社禁止となっていた玄洋社が、なぜか戦後も登記簿の上では生き残っていたことが明らかになった。玄洋社的なものを一切洗い流したところに生まれた戦後民主主義という価値観。その戦後社会をタイム・カプセルに閉じ込められたように、玄洋社は生きながらえていた。

玄洋社関係者が財団法人玄洋社の登記は取り消された、と思い込んでいたことは間違いあるまい。昭和三十六年、「玄洋社（国際文化福祉協会）」が設立された。事務局長は故杉山龍丸氏。杉山氏は作家夢野久作の子息で、祖父はやはり玄洋社のメンバーだった杉山茂丸。解散した玄洋社を継承しようとする意図があったことは疑いない。もっとも、政治結社としての再興ではなく、子孫の親睦、交遊のよりどころを必要としてのことであったらしい。登記上、財団法人玄洋社がなお有効であることは知られていなかったはずだ。

玄洋社の結社禁止は、文書・記録類はもとより、土地や住居を含む一切の資産の没収をともなうものであっ

た。玄洋社は福岡西職人町（現福岡市中央区舞鶴）の浜側にあり、その裏手はすぐに博多湾に面していた。戦災復興で道が付け替えられ、海面の埋め立ても進んで、往時をしのぶべくもないが、玄洋社跡は戦後、電電公社の社宅となり、昨年、そこにNTTドコモ九州のビル建設にともない、玄洋社跡の記念碑が設置された。隣り合って、昭和五十三年に開館し今年で設立二十年になる玄洋社記念館[2]がある。

玄洋社跡の記念碑が現れ、ほぼ時を同じくして、宿題を果たすように財団法人玄洋社の登記が取り消された。最後の玄洋社社長だった進藤一馬氏（前福岡市長）をはじめ、関係者の多くが世を去って、玄洋社もいよいよ歴史のかなたへとその姿を没しつつある。

（1）平成二十年（二〇〇八）九月、麻生太郎総理大臣の誕生により、〝ただ一人〟ではなくなった。

（2）玄洋社記念館は平成二十年（二〇〇八）五月末で閉館した。

7　中野正剛「戦時宰相論」と発禁処分

『朝日新聞社史　大正・昭和戦前編』（一九九一）では、五九九ページから六〇一ページにかけて中野正剛「戦時宰相論」の発禁問題を取り上げている。この中に「そのゲラで情報局の検閲は通っていた」、「情報局の検閲課長」といった記述が出て来る。当時の朝日側の当事者、東京本社査閲課長三大寺義久の回顧を引用した中でも、三大寺が情報局からの電話に出て、検閲課の「朝日」担当事務官と話したとか、大石検閲官に直接電話し、金井元彦課長のことが話題になったとしている。『朝日新聞社史　資料編』（一九九五）でも八七ページに「情報局検閲課からの（発禁の――石瀧）通知」とあり、検閲課の所属は一貫して情報局とされ、疑われることがない。

しかし、情報局に検閲課はなかった。先に出て来た金井元彦は警保局検閲課長（官職・書記官）であり、大石検閲官というのは検閲課所属の大石芳[1]（官職・検閲官）のことだ。このときの内務省警保局長は三好重夫で、その下に外事課、検閲課、経済保安課、警務課、保安課があった。[2]同書に引かれた、金井元彦の戦後の談話では、内務省の新年祝賀のパーティの場で局長から発禁の指示を受け、その場には検閲課の全員が居合わせたとなっているが、ここに描かれた内務省―警保局―検閲課というラインはもちろん正しい。それがどうして新聞社側からは情報局となるのだろうか。「戦時宰相論」の発禁に関与したのはいったい情報局なのか、警保局なのか。後出の史料の理解を助ける意味も含め、当時の「検閲」について簡単にふれておこう。

新聞・出版（映画なども含む）に関する検閲は内閣の組織上、内務省警保局検閲課と情報局第四部第一課[3]が担当し、第一課長は検閲課長が兼務した。その他、第四部長は警保局勤務者の兼任であったし、検閲の実働部隊である「検閲課勤務ノ内務属中、直接検閲事務ニ従事スル者、概(おおむ)ネ全員……ハ情報局属ヲ兼官シ……第一課勤務ヲ兼ヌルコト」[4]（傍点石瀧）とあるなど、事実上両者は一体化し、不可分の関係に置かれていた。

昭和十六年の場合を見ると、四月十八日現在「情報局職員表」では、第四部の第一課長が高橋三郎で、情報官に宮崎信善、大石芳ら九人（内、七人が兼務）が上がっている。[5]一方、九月一日現在の内務省「警保局現員調」では、検閲課長（書記官）は高橋三郎、検閲官に宮崎信善、大石芳の二人の名がある。[6]第一課長と検閲課長、情報官と検閲官が同一人物であったことを確認できる。

当然の結果として、事務室は同一だった。内務省内の一室に二つの看板がかかっていたわけで、ゲラを提出する方、電話を受ける方からすると、相手が警保局検閲課であっても、情報局第四部第一課であっても区別する必要はなかった（できなかった、とも言える）。次に述べるように、違いは検閲の目的と依拠する法律の方にあった。[7]金井元彦・警保局検閲課長は同時に情報局第四部第一課長であり、一人の人間が二つの立場を使い分けていたのである。

ただし、第一課長の上司である情報局第四部長は、警保局検閲課長を指揮命令することはできない、と釘を刺されている（「昭和十五年十二月二十日、久富(達夫)情報局次長・挟間(茂)内務次官間情報局第四部職員ニ関スル諒解事項」[8]）。昭和十五年十二月六日、内閣情報局が設置されて（「情報局官制」の公布・施行）、情報局と内務省とで「検閲」の実務が競合することになり、人事の調整が図られたのだが、「検閲」に関してはあくまでも内務省が情報局に優越した。

表紙に「極秘」と書かれた、昭和十六年五月一日、情報局編『情報局ノ組織ト機能』によると、その間の事情が次のように説明されている[9]。第四部第一課の検閲業務は「国家総動員法第二十条ニ基ヅク取締」に限られる点が、治安・風俗の維持に関わる内務省警保局検閲課と異なる。

尚ホ当課員ハ一方ニ於テ内務省警保局検閲課員トシテ新聞紙法、出版法等ノ一般出版法制或ヒハ不穏文書臨時取締法其ノ他ノ特別法ニ依ル新聞紙其ノ他各種出版物ノ取締並ニ映画、演劇、演芸ノ取締ニ関スル一般的事務ヲ管掌シテ居ルノデアルガ、前記国家総動員法第二十条ニ基ヅク取締等ト右一般取締トノ関係ニ於テ其ノ運営ニ緊密不可分ノ関係ヲ有シテ居リ、従ツテ両者間ノ円満ナ調整ヲ図リツ、取締ニ万遺憾ナキヲ期シテ居ルノデアル。（「各部課ノ業務」中、第四部第一課に関する一部分を引用。傍線石瀧）

昭和十八年、検閲課（内務省警保局）作成の『新聞紙処分簿』に、「朝日新聞」（東京・大阪）掲載の中野正剛「戦時宰相論」を発禁処分に付したことが記録されている[10]。原本は表形式になっているが、内容は以下の通りである。空欄は無視し、算用数字は漢数字に直した場合がある。タイトルが〝非常時宰相論〟と書かれているのは、検閲用のゲラ刷りに依った可能性がある（後でもう一度ふれる）。

著訳者・題名　朝日新聞〈朝刊〉／**発行日附・号数**　一月一日・第二〇、三九四号／**処分月日**　一月一日／**処分種別**　安寧／**発行地**（**所**）**名・納本中報ノ区別**　東京市・納本／**手配要領**　内地植民地手配済・警視庁（橋詰）・朝日（三大寺）[11]／**摘要**　p.2　非常時宰相論　〝誠忠絶対に強かれ　斗争に弱きは罪悪なり〟（東條首相誹謗　政治不信醸成）／**取扱者印**　小平[12]

著訳者・題名　朝日新聞〈朝刊〉／発行日附・号数　一月一日・第二二、九九九号／処分月日　一月一日／処分種別　安寧／発行地（所）名・納本申報ノ区別　大阪市・大阪申報／手配要領　内地植民地手配済・大阪（松浦）／摘要　p.2　非常時宰相論（前同）／取扱者印　小平

「朝日新聞」の元日朝刊に掲載された「戦時宰相論」は東條を直接名指ししたものではないが、「東條首相を誹謗したもの」として〝正確に〟記されていたことがわかる。

　中野は「戦時宰相論」で次のように論じた。「戦時宰相たる第一の資格は絶対に強きことにある。……闘争において弱きは罪悪である」。発禁の理由で〝斗争に弱きは罪悪なり〟と要約されているのがこの部分である。これに「国は経済によりて滅びず、敗戦によりてすら滅びず、指導者が自信を喪失し、国民が帰趨に迷ふことによりて滅びるのである」という言葉が続く。一般論として述べる形をとっているが、明らかに現下の指導者東條の資質を問うているのである。

　そして「戦時宰相論」はこう結ばれた。「難局日本の名宰相は絶対に強くなければならぬ。強からんが為には、誠忠に謹慎に廉潔に、而(しか)して気宇広大でなければならぬ」。検閲担当者が記した〝誠忠絶対に強かれ〟は新聞の見出しを拾った[13]ものだが、この見出し自体、意図的にしたものか、本文の趣旨とは微妙にずれているように思われる。見出しでは誠忠の思いが強くなければならない、ことになる。中野が言っているのは、名宰相の条件は絶対に強いことであり、その強さの根拠の一つが誠忠だということだ。

　中野が最も意識したのは「謹慎」という言葉だったという。中野自身が、「戦時宰相論」の趣旨は「東條に謹慎を求むるにある」と語ったと、緒方竹虎が『人間中野正剛』（鱒書房、一九五一）に書いている。「謹慎」を欠く者は名宰相たり得ない。指導者が私心を去ることによって（中野の表現では「陛下の御為に」と重なる）、

戦時宰相の強さは根拠を得、国民の激励をすら受ける。国民との一体感が生まれる。

戦時宰相の「謹慎」の例として日露戦争のときの桂太郎をあげる。すなわち「外交には天下の賢才小村を用ひ、出征軍に大山を頂き、聯合艦隊に東郷を推し、鬼才児玉源太郎をして文武の聯絡たらしめ、傲岸なる山本権兵衛をも懼(おそ)れずして閣内の重鎮とした」ことは、「寧ろ貫禄なき首相」の「大幅にして剰(あま)す所なき人材動員」だったと。ところが東條の行いは逆だった。昭和十六年、内閣総理大臣就任と同時に内務大臣、陸軍大臣(兼・対満事務局総裁)を兼任し、十八年には商工大臣とこれを移行した軍需大臣を兼任し、十九年には参謀総長をも兼任するに至った(他にごく短期間だが外務大臣、文部大臣を兼任した時期もある)[14]。もちろん兼任期間が完全に重なるわけではないが、参謀総長に就任した昭和十九年二月から七月の間は、内閣総理大臣、陸軍大臣(兼・対満事務局総裁)、軍需大臣と計五つのポストに就いていたのである。特に陸軍大臣(内閣の一員)と参謀総長の兼任は軍政(行政事務)と軍令(作戦行動)を一手に握ることを意味し、統帥権干犯(政治が統帥権(天皇に直属する、軍の指揮権)の独立を侵すこと)に関わる微妙な問題を含んでいた。逆説的だが、まさに戦時宰相ゆえに可能な、平時には紛議を引き起こすであろう君臨だった。その点では桂太郎と逆を行ったわけで、中野正剛の指摘が当たっていることを東條自らが証明したようなものだ。

永田正義「奇蹟!! 中野正剛先生直筆の戦時宰相論が発見さる(二)」(『玄洋』三十九号、玄洋社記念館、平成元年一月二十日)によると、朝日新聞社に保存されていた自筆原稿には、

> 一枚目の上欄には赤色の「検閲用至急」と浮きぼりしたゴムの角判が押してあり、それに一部重なるように赤インキの筆書きで「了、三十日」と記してあった[15]。

ゲラ刷りとなった「戦時宰相論」は、掲載二日前の昭和十七年十二月三十日には検閲を受けており（担当は内務省警保局検閲課）、問題なく検閲を通過していた。自筆原稿からわかったのは、中野の付した原題は「非常時名宰相の資格」だったことと、それが編集局内で赤鉛筆で「非常時宰相論」と改められたことである。その題名のゲラが検閲を通過し、大阪本社はそのまま掲載したが、東京本社はさらにこれを改めて「戦時宰相論」として発行した[16]。

それが一転、発売禁止となるのは、東條の怒りを買ったことによる。緒方竹虎によると、「然るに驕慢の極に達した東条は朝食の卓上これを一見するなり、怒気満面、傍らの電話機を取り上げ、彼自ら情報局に朝日新聞の発売禁止を命じたのである」（『人間中野正剛』、傍線石瀧、以下同）。

一方、今西光男『新聞 資本と経営の昭和史――朝日新聞筆政・緒方竹虎の苦悩』（朝日選書）によると、「元日の朝、食卓で一読するや、東条は秘書官に、『朝日新聞は発禁だ』とどなったという。ただちに内務省警保局長に発禁、差し押さえを命じた[17]」。

発禁を知って朝日新聞社に赴いた中野正剛の談話を、子息の泰雄が回顧した中に、「東条首相自身が朝食をすませてからこの記事を読み、読みおわるとすぐに情報局にみずから電話をして発禁を命令したのであると、屠蘇をおわって東条が新聞を読むなり血相をかえて『ハッキーン』と叫んだのだと見てきたかのように話し……」という箇所がある（『政治家中野正剛』下巻、一九七一）。

東條は私邸で読んだのか、官邸[18]で読んだのか、情報局と警保局のどちらに圧力を加えたのか、自ら電話したのか、秘書官に命じたのか、この三冊以外にも諸書の記述に異同が見られるが、すでに見たように、内務省警保局検閲課と情報局第四部第一課は実体は一つであり、実際に処分を行ったのは検閲課であった[19]。しかし、東條自身に結果したように、元日の新聞はすでに読者のもとに配達を終えていたので、「内地植民地手配済」（警察官に押収を命じる）の効力はほとんどなかった。そして、実は「朝日新聞」の東京本社版では一面に「東條首相、年頭の決意」、大阪本社版では二面に「年頭の辞　東條首相」を掲載していたので、新聞が回収されたとすれば、それも発禁処分の巻き添えとなってしまった。

なお、昭和十八年、検閲課作成『思想関係新聞雑誌処分日誌』には、同時期の『東大陸』発禁の記事が見える[20]。中野正剛の「天下一人を以て興る」を掲載し（二回連載の二回目）、政治不信をあおったことが理由であった。「天下一人を以て興る」は、前年十一月十日に早稲田大学大隈講堂で行った講演の記録で、東條内閣の統制経済を批判したが、権力に対する個人の自由をも主張していた。そして、十二月二十一日、開戦一周年記念を名目にした日比谷公会堂での演説会（「国民的必勝陣を結成せよ」）を最後に、中野の講演会は許されず[21]、大衆に直接語りかける術を失った。

> **著訳者・題名**　東大陸／**発行日附・号数**　一月八日・第一月号／**処分月日**　一月八日／**処分種別**　安寧・風俗[22]／**発行地（所）名・納本申報ノ区別**　東京市・納本「新聞雑誌」／**手配要領**　警視庁（村永）・全国電報手配／**摘要**　天下一人を以て興る（中野正剛署名）　戦時統制経済ハ官僚ト悪質資本家ノ結托ニヨル搾取ニシテユダヤ的統制ナリト全面的ニ反政府的気運ノ挑発　政治不信／**取扱者印・起案月日**　中西[23]・1、16

さらに、昭和十九年／昭和二十年襲用、検閲課作成の『思想関係新聞雑誌処分日誌』によると、『東大陸』の後継誌である『我観』二巻二号（昭和二十年二月五日発行）の「国は敗戦によりて滅びず」が「安寧」を害するものとして発禁となっているが[24]、これは中野正剛「戦時宰相論」の前四分の一ほどを、改題して掲載したものである（二十五ページ目の一ページ分にちょうど収まっていて、後略という断り書きもない）。「戦時宰相論」の初めの方から、「国は……敗戦によりて……滅びず」を引いて表題とした。すでにこのとき、昭和十八年十月に中野正剛が自決した後であり、十九年七月には東條は退陣して小磯国昭内閣へと替わった。しかも朝日新聞主筆として、中野正剛に「戦時宰相論」執筆を依頼する立場にあった緒方竹虎その人が、入閣して情報局総裁（国務大臣として兼任）の地位に就いていたのだが、内務省は依然、手を緩めてはいなかった。

著訳者・題名　我観／**発行日附・号数**　二月五日・第二巻二号／**処分月日**　三月一五日／**処分種別**　安寧／**発行地（所）名・納本中報ノ区別**　東京都・納本／**手配要領**　警視庁　机／**摘要**　p19　飴と甘酒　p25　国は敗戦によりて滅びす（ママ）　p49　編輯後記／**取扱者印**　本多[25]

注

（1）昭和十六年四月十八日現在「情報局職員表」では、第四部第一課の「情報官（兼務）」として大石芳を上げている。すなわち検閲官が本務、情報官が兼務という意味である。**JACAR**（アジア歴史資料センター）**Ref. A06031104700**（第53画像目）、情報局ノ組織ト機能　昭和16年5月（国立公文書館）

（2）昭和十七年十二月一日現在の「警保局現員調」。**JACAR：A05020346600**（第46画像目）、警保局現員調（昭16から21）（国立公文書館）

（3）香内三郎「情報局の機構とその変容」（『文学』二十九巻五号、一九六一）の「情報局内部組織図」によると、第一部（企画）、第二部（報道）、第三部（対外）、第四部（検閲）、第五部（文化）に分かれ、第四部はさらに第一課（検閲）、第二課（編集）に分かれていた。第一課の仕事は「新聞雑誌その他の出版物の検閲、その他の取締」、「蓄音器レコード、映画、演劇及演芸の検閲その他の取締」、第二課は「週報、写真週報その他の編集出版」、「各種冊子、雑誌等原稿の提供」である。

なお、青地晨「言論弾圧」(『語りつぐ昭和史 2』朝日文庫、一九九〇)の「内閣情報局と軍人情報官」の項には、「内閣情報局は帝国劇場を借り上げて仮事務所にしていましたが、やがて三宅坂の陸軍省の建物に移転しました。いま尾崎会館になってるところですが、以前はあそこに陸軍省と参謀本部があった。赤レンガの明治調の感じのよい建物でしたが、情報局が陸軍からゆずり受けたわけです。そのへんの事情をみても、情報局への陸軍の熱の入れ方がわかります」(三四六ページ)と書かれている。ただし、情報局でも第四部第一課だけは内務省内に置かれていたわけである。

(4) JACAR：A03025357400(第2画像目)、各種情報資料・主要文書綴(一)(国立公文書館)

(5) JACAR：A06031104700(第53画像目)、情報局ノ組織ト機能　昭和16年5月(国立公文書館)

(6) JACAR：A05020346600(第21画像目)、警保局現員調(昭16から21)(国立公文書館)

(7) JACAR：A05032350800(第116・第117画像目)、「警保局所管事務の概況」警保局長決裁書類・昭和16年(国立公文書館)。新聞に関して言えば、内務省警保局検閲課の取締りの根拠は新聞紙法第二十三条、情報局第四部第一課は国家総動員法第二十条であった。二つの条文については後出の注19に引用。「情報局官制」第一条二に、情報局の掌る事務として「新聞紙其ノ他ノ出版物ニ関スル国家総動員法第二十条ニ規定スル処分」が見える。

(8) JACAR：A03025357400(第1・第2画像目)、各種情報資料・主要文書綴(一)(国立公文書館)

(9) JACAR：A06031104700(第32画像目)、情報局ノ組織ト機能　昭和16年5月(国立公文書館)

(10) JACAR：A06030083800(第2画像目)、新聞紙処分日誌(国立公文書館)

(11)『朝日新聞社史　大正・昭和戦前編』六〇〇ページに見える、朝日新聞東京本社査閲課長三大寺義久。

(12) 昭和十七年十二月一日現在の「警保局現員調」に、検閲課・属・小平三次がいる。JACAR：A05020346600(第47画像目)、警保局現員調(昭16から21)(国立公文書館)

(13)『朝日新聞社史　大正・昭和戦前編』によると、東京本社の紙面は柱が「戦時宰相論・中野正剛」、見出しが「誠忠・絶対に強かれ」、大阪本社の紙面は柱が「非常時宰相論・中野正剛」、見出しが「国民の愛国心と同化揺がぬ強き自信もて邁進」と、それぞれの編集部の判断で柱・見出しともに異なっていた。「朝日新聞」縮刷版(東京本社分)で当時の紙面(昭和十八年一月一日、第二万三百九十四号)を見ると、本来「戦時宰相論」のあった二面左上は、「南の護り揺がず　ジャワ派遣軍、今村最高指揮官強調」、「新なる決意　蒙古聯合自治政府主席、徳王談」という別の二本の記事と「大黄河に旭日を仰ぐ　北支軍提供」の写真に差し替えられている（この写真はいかにも埋め草という感じの扱いだ）。縮刷版・昭和十八年一月号は同年二月十一日発行のため、発禁となった「戦時宰相論」を載せたままでは収録できなかったのである。

新聞原紙を確かめてみると、東京朝日では「国民の愛国熱と同化」、「尽忠の至誠を捧げよ」、「謹慎にして廉潔たれ」、「天下の人材を活用」と、小見出しが付されている。見出しの「強かれ」、小見出しの「捧げよ」、「廉潔たれ」がいずれも命令調で、歴史の中に韜晦した中野の本文と比べ強い調子が出ている。命令されている「戦時宰相」は東條のみが該当する。

大阪朝日は本文の一部を改行して太字にすることで、小見出しの役割を果たすという方法を取っている。「国民を信頼せず」、「仮令（たとい）英雄の本質」、「己の盛名を厭う」、「公平無私にして」、「彼は孔明のやう」がそれで、小見出しのインパクトはあまりない。大阪朝日の場合、見出しが「国民の愛国心と同化」となっているが、東京朝日の小見出しでは「国民の愛国熱と同化」で、一文字の違いがある。これは本文に「国民の愛国的情熱と同化し」とあることに由来する。

(14) この兼任には一つ一つ理由があり、東條の権勢欲ではなく責任感の表れだったと、秘書官を務めた赤松貞雄（終戦時、大佐）が述べている（『語りつぐ昭和史 2』〔朝日文庫、一九九〇〕に収録の赤松貞雄「東条論」の内、「五、兼任大臣の件について」）。

(15) モノクロだが『朝日新聞社史　大正・昭和戦前編』六〇〇ページに写真が掲載されている。「検閲用至急」は編集担当者から製版担当者への指示で、「了、三十日」はゲラ刷りができあがったことを示すのであろう。

(16) したがって検閲担当者の手元には、当初の「非常時宰相論」のゲラが残っていた。また、新聞紙法第十一条の規定「新聞紙ハ発行ト同時ニ内務省ニ二部……ヲ納ムヘシ」により、「戦時宰相論」の紙面も届けられていた。そうすると、前掲『新聞紙処分簿』の「摘要」に、なぜゲラ刷りの方の題「非常時宰相論」が書き込まれたか、という謎は残る。考えられるのは、検閲を担当した小平三次が、紙面を確認せず、ゲラ刷りの題のまま発行されたと誤認していたということであろう。

(17) 『朝日新聞社史　大正・昭和戦前編』六〇〇ページにもほぼ同文の趣旨で書かれている。

(18) 『東條内閣総理大臣機密記録』（東京大学出版会）によると、昭和十八年一月一日の東條首相の行動は、九時四十分、日本家発。十一時、陸相官邸着。十三時五分、陸相官邸発。十四時十五分、陸相官邸帰着。十六時三十分、日本家帰着、と記録されている。日本家は別に出て来る総理官邸日本間（官邸の私生活部分を表現）と同一ののようである。自宅は玉川自邸と書かれる。

総理官邸は表の本館と奥の日本間から成り、本館と日本間の間は二枚の板戸で仕切られていたという（田中健之「〈検証　五・一五事件〉第一回　犬養襲撃」『歴史群像』八八号、二〇〇八）。同誌には五・一五事件当時の首相官邸の間取りを復原した図が付されている。

(19)『朝日新聞社史　大正・昭和戦前編』六〇一ページが引用した金井元彦検閲課長の談話を併せ考えると、東條は警保局長を経て検閲課長に指示した。東條は内務大臣の頭越しに、私的感情にかられてふるまっているように見える。注5で上げた『情報局ノ組織ト機能』でも、「新聞雑誌ソノ他ノ出版物ノ取締ヤ処分」は内務大臣の管掌、「国家総動員関係ノモノ」は内閣総理大臣の管掌として、両者をはっきり区別している（第7画像目）。

新聞紙法第二十三条では、新聞紙の発禁は内務大臣の権限であった。（傍点石瀧）

【新聞紙法】（明治四十二年五月六日、法律第四十一号）

第二十三条　内務大臣ハ新聞紙掲載ノ事項ニシテ安寧秩序ヲ紊シ又ハ風俗ヲ害スルモノト認ムルトキハ其ノ発売及頒布ヲ禁止シ必要ノ場合ニ於テハ之ヲ差押フルコトヲ得（後略）

なお、参考までに国家総動員法第二十条は次の通り。

【国家総動員法】（昭和十三年四月一日、法律第五十五号）

第二十条　政府ハ戦時ニ際シ国家総動員上必要アルトキハ勅令ノ定ムル所ニ依リ新聞紙其ノ他ノ出版物ノ掲載ニ付制限又ハ禁止ヲ為スコトヲ得（後略）

第二十条は内閣情報局の設置に合わせて発動され、取締りの根拠となる勅令、すなわち「新聞紙等掲載制限令」（昭和十六年一月十一日公布・施行、勅令第三十七号）が制定された。これにより、掲載禁止の対象の範囲が「総動員業務ニ関スル官庁ノ機密」などと明示された。

(20) JACAR：A06030061600（第3画像目）、昭和十八年・思想関係新聞雑誌処分日誌・検閲課（国立公文書館）。中野泰雄『政治家中野正剛』下巻、六九六ページでは、『東大陸』昭和十七年十二月号が「天下一人を以て興る」（二回連載の一回目）を掲載して発禁となった、とある。確かに同号は発禁となっているが、その理由では「天下一人を以て興る」とは別の記事を問題にしている。JACAR：A06030061400（第66画像目）、昭和十七年・思想関係新聞雑誌処分日誌・検閲課（国立公文書館）

(21) 長谷川峻「政治生命を賭けた最後の戦い　堂々たり中野正剛先生」（『玄洋』二十六号、昭和六十年九月十五日）に、このときの演説会のもようが書かれている。長谷川は当日、演説会の司会を務めた。会場整理費三十銭の有料だったが、押しかける者一万、公会堂を十重二十重に取り囲んだという。「国民的必勝陣を結成せよ」と題した講演は、早大と同じ「天下一人を以て興る」を大衆向けにしたもので（猪俣敬太郎『中野正剛』）、聴衆は熱狂した。その二十数日後、内務省・警視庁・内閣情報局の幹部が相談、「言論、出版、集会、結社等臨時取締法」により、東條内閣を批判する「中野の公的活動を一切封ずる」ことになったのだという（長谷川峻）。この法律は開戦直後に成立し（昭和十六年十二月十九日公布、二十一日施行）、戦時下を理由に、政事（ママ）に関する結社・集会を許可制にし、「行政官庁必要アリト認ムルトキハ」許可の取消や、届け出た集会の禁止を命じることができた。

（22）通常は安寧と風俗の内、どちらかを二本線で消して、生きている方が指示されるが、この場合はどちらも消されていないので並記した。いい加減な話だが、風俗を消し忘れたのであろう。

（23）昭和十七年十二月一日現在の「警保局現員調」に、検閲課・属・中西作治がいる。JACAR：A05020346600（第47画像目）、警保局現員調（昭16から21）（国立公文書館）

（24）JACAR：A07040000900（第27画像目）、昭和十九年、昭和二十年襲用・思想関係新聞雑誌処分日誌・検閲課（国立公文書館）。対象となったのは木村毅「飴と甘酒」、中野正剛「国は敗戦によりて滅びず」、長谷川峻「編輯後記」である。

（25）昭和十九年七月三十一日現在の「警保局現員調」に、検閲課・内務属・本多勤がいる。JACAR：A05020346600（第99画像目）、警保局現員調（昭16から21）（国立公文書館）

戰時宰相論

誠忠・絶對に強かれ

中野正剛

【資料】中野正剛「戦時宰相論」（「朝日新聞」（東京本社）・昭和十八年一月一日朝刊二面）

「戦時宰相論」は目にする機会に乏しく（「朝日新聞」の縮刷版では記事を削除して、そのスペースを写真で埋めている）、たまたま目にすることができても、引用の正確さに欠けるようである。そこで、「朝日新聞」に掲載されたままを以下に復原した。「朝日新聞」東京本社版では文字がつぶれたり、欠けたりして読み取れない場合は、大阪本社版を参照した。東京本社版と大阪本社版では用字など、多少の異同が見られる。

［凡例］旧字体は新字体に直した。本文の旧仮名遣いはそのままだが、ルビは新仮名遣いを用いた。原ルビの一部を残し、新たに付したルビは（）で区別した。引用を示す『』は「」に直した。本文中の【】は引用者による補足である。なお、「靖献遺言の〈て…a〉傍頭には非常時宰相の典型とし〈て…b〉諸葛孔明を」の部分で、a位置の「て」をb位置に移して印刷上のミスを補正した。

戦時宰相論

誠忠・絶対に強かれ

中野正剛

国民の愛国熱と同化

西郷南洲曰く「仏蘭西三十万の兵、三年の糧ありて敵に降りしは、余り算盤に精しかりしが故なり」と。老虎クレマンソウは曰く「今やロシヤ(ママ)は吾人を裏切つた。されど余は戦争を行ふ。憐れむべきルーマニアは敵に降つた。されど余は戦争を行ふ」と。又「巴里を喪失せば、ロアール河の線に拠り、ロアール河支へずんば、ピレネイ山脈の線に拠り、断じて敵を反撃撃滅せん」と。

ナポレオン三世の屈服せし所、クレマンソウは見事に之を克服した。戦時宰相たる第一の資格は絶対に強きことにある。戦は闘争の最も激烈にして大規模なるものである。闘争において弱きは罪悪である。国は経済によりて滅びず、敗戦によりてすら滅びず、指導者が自信を喪失し、国民が帰趨に迷ふことによりて滅びるのである。前大戦の際帝政ロシアは滅びた。されどブレストリトウスクの屈辱講和の後、レイニンは昂然として曰うた。

「ペトログラードを失はゞモスクワに拠り、モスクワを失はゞシベリアに、シベリアを失はゞ、カムチヤツカの一角に、同志と共に理想社会を建設して世界革命を指導せん」

と。これは武力戦、経済戦が絶望となりたる後、猶ほ思想戦によりて積極的抗戦の強行を決意したのである。然るに今次大戦に於て、「巴里の文化を救はんが為に」仏蘭西は降伏した。西郷南洲をして之を目撃せしめば何と嘆ずるであらう。巴里の「建物」を以て「文化」なりと解する所に、人民戦線以来の誤れる唯物的世界観が覗はれる。

非常時宰相は絶対に強きを要する。されど個人の強さには限りがある。宰相として真（しん）に強からんがためには、国民の愛国的情熱と同化し、時にこれを鼓舞し、時にこれに激励さるゝことが必要である。カイゼル【ドイツ皇帝ヴィルヘルム二世】は個人として俊敏であつた。されど各方面の戦況少しく悪化すると、忽ち顔色憔悴し、何時もの颯爽たる英姿は急に消え失せた。ヒンデンブルグ、ルーデンドルフは個人としては固（もと）より強かつたに相違ない、されど彼等が真に強さを発揮したのはタンネンベルヒの陣中、戦袍を煙硝の奥に浸（ひた）して居た際である。全軍の総指揮権を握つた刹那、彼等は半可通の専制政治家に顚落した。独逸の全国民があれだけ愛国心に燃え、最前線の少年兵が虚空（こくう）をつかんで斃（たお）れても、猶ほ巴里の方向ににじり寄らんとした光景、それが彼等の眼には映らなかつたのか、彼等は国民を信頼せずして、之を拘束せんとした。彼等は生産能力に対して何等の認識なく、「補助勤務法案」なるものを提出し、「満十五歳より六十歳に至る全男女に労役義務を課する」ことを強行した。これが所謂「ヒンデンブルグの絶望案」である。それは国民の自主的愛国心を蹂躙して、屈従的労務を要求するものであり、忽ち生産力を減退して、随所に怨嗟の声を招き、遂に思想の悪化による国民的頽廃を誘致したのである。ヒンデンブルグとルーデンドルフとは、戦線の民衆即（そく）兵士と共にある時には強いが、国民感情から遊離し、国民から怨嗟せらるゝに及びては、忽ち指導者としての腰抜けとなつてしまつた。あれだけの権勢を把握しながら、政治屋どもに嚇（おど）かされ、遂には政治家の真似して「名誉ある休戦」など言ひ出し、やがて左翼敗戦論者に死命を制せられたのは、軍服に似合はしからざる一大醜態である、彼等は黔首（けんしゅ）【人民の意】を愚劣にし、卑怯にし、遂に敗戦主義を醸成して、自らその犠牲となつたのである。

尽忠の至誠を捧げよ

大日本国は上(かみ)に世界無比なる皇室を戴いて居る。忝(かたじ)けないことには、非常時宰相は必ずしも蓋世(がいせい)の英雄たらずともその任務を果し得るのである。否日本の非常時宰相は仮令(たとい)英雄の本質を有するも、英雄の盛名を恣(ほしいまま)にしてはならないのである。日本の非常時宰相は殉国の至誠を捧げ、匪躬(ひきゅう)の節(せつ)【自分の利害のためでなく君主に忠節を尽くすこと】を尽せば自(おのずか)ら強さが出て来るのである。山崎闇斎の高弟浅見絅斎(けいさい)は日本主義に徹底した儒者であるが、幕府を憚り靖献遺言(せいけんいげん)を著して支那の先烈を語り、日本武士に節義を教へた人である。玄洋社の創設者頭山満翁の如きはこれを味読して部下の青年を薫陶した。その靖献遺言の劈頭には非常時宰相の典型として諸葛孔明を掲げてゐる。固(もと)より国体は違ふが、東洋の一先烈として我等に非常時宰相の必須要件を教ゆるものがある。諸葛孔明が兵を用ふること神の如く、民を視ること慈父の如く、文武の大宰相として蜀漢の興廃を担ひて起ち、死を以て節を全うせし所は、実に英雄にして忠臣の資質を兼ねる者である。彼が非常時宰相たるの心得は出師(すいし)【軍隊を出す】の表(ひょう)にも現はれて居る。彼は虚名を求めず、英雄を気取らず、専ら君主の為に人材を推挽(すいばん)し、寧ろ己の盛名を厭うて、本質的に国家の全責任を担つて居る。宮中向きは誰々、政治向きは誰々、前線将軍は誰々と、言を極めてその誠忠と智能とを称揚し、唯自己に就いては「先帝臣が謹慎なるを知る」と奏し、真に臣たる者の心だてを語つてゐる。

彼は謹慎である。それ故に私生活も清楚である。彼は曰く

「臣は成都に桑八百株、瘠田十五頃がある。これで子孫の衣食は余饒があり、臣は在外勤務に就いてゐて私の調度は入りませぬ。身に必要な衣食は皆な官費で頂き別に生活の為に一尺一寸も増す必要はない。臣が死するの日、決して余財ありて陛下に負(そむ)くやうなことはありませぬ」

と。彼は誠忠なるが故に謹慎であり、謹慎なるが故に廉潔である。

謹慎にして廉潔たれ

南宋の忠臣岳飛が「文臣銭を愛(おし)まず、武臣命を愛まざれば天下平かならん」と言うた言葉が偲ばれる。彼は誠忠、謹慎、廉潔なるが故に百姓を労(いた)はりおきてを示し、赤誠を開き、公道を布(し)き、賞する時には遠き者を遺(わす)れず、罰する時には近親に阿(おもね)らず、涙を呑んで馬稷(ばしょく)【正しくは謖】を斬つたが、彼に貶黜(へんちゅつ)せられた者も、彼の公平無私にして温情あるに感動し、彼の死を聞きては泣いて嘆息した。彼の信賞必罰は誠忠より発するが故に、偏私なくして、温情がある。孔明の強さは比辺(このへん)から出発する。彼の仕へたる蜀は敵国たる魏や呉に対して、土地狭小、資源貧弱であつた。彼は智計を出して天下三分の略を立て、殆(ほとん)ど中(ちゅう)原(げん)を制せんとして未だ成らず、盟邦に背かれ、名将関羽に戦死せられ、先帝は崩じ、精鋭は尽くるといふ窮境に立つた。されど窮境に立ちて絶対強硬方針であつた。彼は安易を講和に求むるが如きは絶対に反対であり、所謂五月瀘水(ろすい)を渡りて不毛の雲貴【雲南省と貴州省】を攻略し挺身軍を提(ひっさ)げて魏と雌雄を決せんとし、敵地に屯田して短期決戦の策を廻らしながら、陣中病を得て五丈原頭に歿した。彼は難局に当り、「今や民窮し兵疲るゝも、事息(や)む可らず。則ち住(とど)まると行くと労費相等し」と言ひ、クレマンソウやレイニンの如き絶対不屈の意気を示してゐる。

天下の人材を活用

日露戦争に於て桂公【公爵桂太郎】は寧ろ貫禄なき首相であつた。彼は孔明のやうに謹慎には見えなかつたが、陛下の御為に天下の人材を活用して、専ら実質上の責任者を以て任じた。山県公【公爵山県有朋】

に頭が上らず、井上侯【侯爵井上馨】に叱られ、伊藤公【公爵伊藤博文】を奉り、それで外交には天下の賢才小村【寿太郎】を用ひ、出征軍に大山【巌】を頂き、聯合艦隊に東郷【平八郎】を推し、鬼才児玉源太郎をして文武の聯絡たらしめ、傲岸なる山本権兵衛をも懼れずして閣内の重鎮とした。而（しか）して民衆の敵愾（てきがい）心（しん）勃発して、日比谷の焼討となつた時、窃（ひそ）かに国民に感謝して会心の笑みを漏らした。桂公は横着なるかに見えて、心の奥底に誠忠と謹慎とを蔵し、それがあの大幅にして剰（あま）す所なき人材動員となつて現はれたのでないか。難局日本の名宰相は絶対に強くなければならぬ。強からんが為には、誠忠に謹慎に廉潔に、而して気宇広大でなければならぬ。

【資料①】孫文と福岡

孫文生誕百年を記念した「中山紀念碑」（福岡市南公園）

辛亥革命に助力した日本人は多かったが、殊に福岡県では玄洋社の人々や筑豊の炭鉱経営者たちの与えた援助が知られている。ただ、これらの福岡県人と辛亥革命の関わりについても、わかっているのは通りいっぺんのことであって、具体的な事実についてはほとんど解明されていないのではなかろうか。私が知りたいのは事実である。

福岡県所在の孫文関係資料を集め、記録にとどめることを本稿の目的としたい。孫文関係の資料を追うことで、ひいては孫文と玄洋社・筑豊鉱業家との関係を、その細かいひだに至るまで、見きわめたいものだと思う。まず、大正二年二・三月の孫文訪日関係記事を、当時の「福岡日日新聞」からひろってみる（他に、孫文の動向に関連するものも、合わせて採用した）。

台湾（中華民国）では十月十日を双十節と呼ぶ。武昌（今、中華人民共和国湖北省武漢市の一部）に辛亥革命の火ぶたを切った記念日である。今年（＊一九八一年）はちょうどその七十周年にあたる。

中国革命同盟会の結成（明治三十八年八月）から辛亥革命（同四十四年十月）に至る過程で、宮崎滔天をはじめ、革命派を支援した日本人には九州出身の人々が多かった。中でも福岡県では、玄洋社が組織をあげて孫文を支援していた。その人たちの名は、枚挙にいとまがないほどである。亡命中の孫文の生活を支えていたのは、筑豊の炭鉱経営者が提供した資金であった。このように、「孫文と福岡」は、中国近代史や日本近代史といったレベルだけでなく、福岡地方史の分野でも興味深いテーマである。

辛亥革命の直後、中華民国臨時大総統に就任した孫文は、在任二カ月余にして袁世凱にその地位を譲る。中華民国元年、明治四十五年三月（七月、大正に改元）のことである。翌大正二年二月十三日、孫文は前・国家元首としての栄光につつまれて来日、三月二十三日帰途につくまでの三十九日間、行く先々で歓迎の人波にもまれたのだった。この間、福岡県内では戸畑、八幡、福岡、大牟田の各地を訪れた。八幡製鉄所や三池炭鉱を視察し、明治専門学校、九州帝国大学、三井工業学校を見学した。殊に福岡市では西職人町の玄洋社を訪問し、聖福寺（しょうふくじ）と崇福寺（そうふくじ）に革命を支援した玄洋社員の墓参を行った。

孫文来日の直前、二月十日には東京日比谷の内閣弾劾国民大会が騒擾化し、焼打ちにまで発展して軍隊が出動した。孫文の来日中には、上海で宋教仁（国民党指導者の一人）が袁世凱の手で暗殺されるという事件が起きた。日本も中国も政変のさなかであった。この年七月には袁世凱打倒の第二革命が失敗、孫文は黄興とともに日本に亡命するのである（九月七日）。この孫文来日の当時は、革命派と袁世凱の妥協が成立していた時期だったが、一方では不安な序奏が聞こえ始めていたのでもあった。

記事転載にあたり、次の取り扱いをした。

①漢字の旧字体は新字体に改めた。次のように、同音の常用漢字で置き換えた場合もある。「聯→連」

②ルビは原文によらず、必要なものだけ新たに付けた。ルビは新かなづかいに従っている。

③原文には句点はなく、読点はあるがその数は少ない。新たに読点のみ補って読みやすくした。また、単語が並んでいる場合は中黒を付した。圏点は略した。

④孫文関係記事一覧のうち、福岡県関係分（太字で区別）だけを掲載した。

⑤記事本文中のゴシック体の部分は石瀧による強調である。

⑥新聞は、福岡県文化会館所蔵の「福岡日日新聞」（大正二年二・三月分）を利用した。……（補足：私が本稿を作成した昭和五十六年当時、須崎にあった福岡県文化会館図書部は現在、箱崎に移り福岡県立図書館となっている。当時は新聞の原紙を閲覧できたが、今はマイクロフィルムでしか見ることができない）

孫文関係記事一覧

＊「」内は見出し、（）内は小見出しの区別。

月・日	
2・3	上海電報「孫文渡日確定」、東京電話「孫逸仙入京期」
2・4	東京電話「孫逸仙待遇」
2・5	東京電話「孫逸仙来着期」
2・7	長崎電話「孫逸仙来着期」
2・9	雑報「**瑛胡**（ママ）**来着期**」
2・12	雑報「**胡暎**（ママ）**氏一行来着**」
2・13	東京電話「孫氏来遊目的」、「写真、本日来朝の孫逸仙氏」
2・14	長崎電話「孫逸仙来る」、雑報「**孫逸仙氏と語る**」、「写真、博多駅停車中の孫逸仙氏」
2・15	雑報「関門に於る孫逸仙氏」・「**胡瑛氏歓迎会**」
2・16	東京電話「孫逸仙入京す」・「孫逸仙氏歓迎」・「孫逸仙氏歓迎会」・「孫氏延命寺参詣」
2・17	東京電話「孫氏と知人」、雑報「**来福せる胡瑛氏**」

2・18　東京電話「孫逸仙歓迎会」・「東邦協会の孫氏歓迎」、雑報「**胡瑛氏一行招待会**」、「写真、孫逸仙氏の入京――新橋着当時の出迎人雑沓」・「写真、帝国ホテルに於けり（ママ）孫氏」
2・20　東京電話「大岡議長の孫氏歓迎」・「両氏の辞令交歓」、「写真、滞京中の孫逸仙氏――日暮里近衛公の墓参」
2・23　東京電話「孫逸仙氏動静」
2・24　東京電話「孫氏と日華学生」
2・26　「北京宮の悲雲――隆裕皇太后の御事共」（孫氏一行の談・某支那通の談）
2・27　東京電話「孫逸仙氏帰程」・「孫氏歓迎会」
3・1　上海電報「孫逸仙氏の電告」
3・2　東京電話「孫氏と実業関係」
3・4　東京電話「孫氏の首相訪問」、雑報「寺尾博士の対支談――二日福岡県教育会主催先賢追慕会に於る演説」
3・5　東京電話「民国承認問題」・「孫逸仙氏歓迎」、雑報「寺尾博士の対支談（承前）」
3・8　雑報「孫逸仙氏旅程」
3・9　名古屋電話「孫氏一行来着」
3・10　京都電話「孫逸仙氏入洛」、長崎電話「孫と香港日報」
3・11　東京電話「日華国民連合会の活動」
3・13　雑報「**孫逸仙氏の旅程**」
3・14　長崎電話「孫氏歓迎の影響」、雑報「**孫氏と筑豊鉱業家**」

3・16　呉電報「孫氏の海軍見学」、雑報「孫逸仙氏出迎」

3・17　呉電報「孫逸仙氏の答詞」、雑報「**関門に於ける孫氏一行**」・「**戸畑に於ける孫氏一行**」・「**孫氏歓迎余話**」・「**孫氏十七日日程**」・「**孫逸仙氏講演**」、「孫逸仙氏小伝――本日午後来福すべき（写真）」、「驩迎孫逸仙先生来博（クラブ歯磨広告、写真、中華民国創剏の元勲孫逸仙先生最近の肖像）」

3・18　雑報「**孫逸仙氏一行――昨日午後三時半来福**」（**安川邸にて・製鉄所参観・列車内の孫氏一行・福岡来着・孫氏代理の来社・孫夫人等遭難・本日の日程**）

3・19　東京電話「**孫夫人経過**」、雑報「**孫逸仙氏一行**」（**午前中の行動・旧友会の招待・九州大学参観・公会堂の歓迎会・本日の日程**）・「**寺尾博士と宮崎氏**」、「**写真、福岡医科大学講話会に臨みし孫逸仙氏（昨日所見）**」

3・20　雑報「**孫逸仙氏一行**」（**列車中の一行・三池港其他観覧・宮崎家訪問・万田坑を見る・熊本の日程**）・「**孫氏講演と歓迎**」（**九大に於る講演・公会堂の講演**）・「**不体裁なる歓迎会**」

3・21　雑報「**孫逸仙氏一行**」（**工業学校参観・晩餐会・大牟田出発**・熊本駅着・熊本見物）

3・22　上海電報「宋教仁狙撃さる」、雑報「孫氏の熊本出発」・「長崎に於ける孫中山」

3・23　長崎電話「孫逸仙氏一行」、「写真、狙撃されたる宋教仁氏」

3・24　東京電話「宋教仁氏」、長崎電話「孫逸仙氏一行」・「孫氏の日支親睦論」、雑報「嗟乎宋教仁氏」

＊以上二つは、三月二十日上海で狙撃され二十二日死亡した宋教仁の訃報。以後続報相次ぐが割愛する。

3・28　上海電報「孫逸仙氏帰着」、東京電話「宋教仁追悼会」

3・30　東京電話「日華国民会成立」

【2・9】雑報　○瑛胡(ママ)来着期

本邦来遊中なる支那屯墾使胡瑛は、十日夜大阪発、十一日若松安川(ママ)家に一泊、十二日午前十一時四十分博多着の列車にて福岡に来遊し、同日の夜行列車にて孫逸仙出迎へのため長崎に赴く予定也、

【2・12】雑報　○胡暎(ママ)氏一行来着

民国毛(ママ)墾使胡暎(ママ)氏一行は、予定の如く明十三日長崎来着の孫文氏一行出迎への為め、昨十一日午前九時三十八分、鉄路神戸より下関着、直に予て出迎へたる戸畑安川氏の家族、其他数名と共に、特に門司港務部より借入れたる汽艇神風丸に搭乗渡門、門司鉄道桟橋待合所に少憩、特別借切電車にて戸畑に赴き同地専問(ママ)学校の視察を為し、夫より安川(ママ)氏に入りたり、一泊の上本日長崎に向ふ筈、

【2・14】雑報　○孫逸仙氏と語る

長崎上り二時三十三分の列車を鳥栖駅に迎ふ、列車の最終尾なる展望車に入る間もあらず、孫逸仙氏等の一行、熊本に向へる胡瑛氏一行と分れて車中に入り来る、孫氏の外かねて見知り越の戴天仇・山田純三郎氏等も亦一行の中にありて、来べかりし筈の前司法大臣王寵恵氏はあらず、十三師団の参謀袁・参議院議員宋の二氏新に加はれり、孫氏に対して曾て我紙に寄せたる好意を謝し、携へ来れる孫氏肖像入りの本紙を呈すれば、莞爾として御礼は当方よりこそ申すべけれ、貴国は政変時に際して新聞記者は最も多忙なる時なり、遠方の接迎感激尽きずと答へ、長崎着の時間狂ひて彼地にては我国領事の外何人とも相見ざりきと語る、其面持ち昨臘贈られたる写真に比して稍や痩せ、フロックコートの肩のあたり何となく殺げて見え、手頸に捲きたる金時計の光冷たし、今日は新聞記者としての応接なり、記者の外に朝日・九州日報等の同僚もあり、何にもあれ時事談を

承はりたしと云へば、匆忙の際なり、近き中に又見るべし、第二の故郷たる日本の春こそ快けれと顧みて他を語る、乃ち「中国革命史」に孫氏の自署を請ひ受けたる後、其れと推して食堂に避けて待つ間も無く、宮崎・山田・馬君武（京都帝大工科出身にして南京政府の実業次長）及び大阪より長崎まで出迎たる大毎新聞の佐藤君と共に食堂に入り来り卓を囲んで寛談す、孫氏、卓上の落花生に砂糖かけたる菓子を取りポロ〳〵と囓ぢりながら、新聞記者としての君に対しては我が来遊の目的は単に観光の為なりとのみ告げん、未だ入京せざる中途詳しき談話は甚だ迷惑なり、又政論を試みんも好ましからず、君は弊邦の事に精しく我が今日の境遇をも問はで知りたらん、近日再会の機もあるべし、是非に発表したき意見もあれば、其は載（ママ）君をして書を致さしめん、今日は久闊をこそ叙すべけれと語る、此時隣座の山田君我を顧みて政変の次第、山本内閣の閣員予想に就いて日本語もて問答するに、孫氏は耳を傾むけて、貴国の政変に血を見たるは聞くも憂たてしと挿む、否、憲政の完美のために流す血なり、不幸なる死傷者自らも亦以て慰むべしと我抗がへば、孫氏微笑して点頭し、只無辜の人の血を見たくなしとの意なりと云ふ、傍の宮崎君又言を挿みて尾崎行雄君は司法大臣に、犬養毅君は逓信大臣には擬せられ居ると云ふにあらずや、彼等も天下を取れり、我等も天下を取らざらんや、百二百の犠牲何かあらんと豪語し、更に英訳して孫君に告ぐれば卓を繞れる各人一斉に歓笑す、此より英・日・支那三国語をチヤンポンにしたる異様の言語もて食卓に時ならぬ花を咲かすれば、彼の国会歓迎会に孫氏一派が関係あるやう北京に伝へられて大に迷惑せる事、江西都督李烈鈞が醸せし紛擾も其実は憂ふるに足らず、又李都督のみを責むるは酷に過ぐることなどの談より、新聞紙の偉力の称賛となり新聞記者道徳論となる、我山本内閣成立すると仮定して、山本内閣に対する貴邦人の感想如何と質し、孫氏何事をか之に答へんとする際、汽車生憎も博多駅に着す、乃ち孫氏に請ふて展望車外に出で写真を撮影せんことを請へば、孫氏快く諾して馬・載（ママ）・何・宮崎・山田氏と共に車外に出で、我社員の指向たる写真器のレンズ中に入る、駅頭には福岡県庁・福岡市役所・博多商業会議所等の各代表者等の歓迎者多数ありき、尚ほ孫氏一行は昨日午後五時廿五分、門司着、水上署の特別差立の汽船筑紫丸にて渡門、山陽ホテルに少憩の後、七時十分下関発京都に向ひし筈なり（澤村生）

同〔掲載写真〕博多駅停車中の孫逸仙氏（中央孫、右馬君武、孫の左に顔を出したるは宮崎滔天）

【2・15】雑報　**○胡瑛氏歓迎会**

九州遊歴中なる胡瑛氏一行の福岡来遊を期とし、市役所・商業会議所・九日福日両新聞社発起にて、十六日午後五時より水茶屋常磐（ママ）館にて其歓迎会を催す筈、出席希望者は本日中に商業会議所に申込むべし、尚（なお）氏は同夜福岡一泊の筈なり、

【2・17】雑報　**○来福せる胡瑛氏**

来朝中なる中華民国屯墾使胡瑛氏は、昨日午前五時三十分熊本より来着、松島屋に投じ、暫時休憩の上午前十一時同旅館を発し、天神町（てんじんのちょう）平岡良助氏の邸に至り、故浩太郎氏の未亡人等と撮影し、夫より大名町の中野徳次郎氏、西職人町の玄洋社、西公園、市外住吉末永茂世氏等を歴問し、博多聖福寺内の故平岡氏の墓を弔ひ、午後二時三十分東公園一方亭（いっぽう）に至り同所に於ける中野・平岡氏等の招宴に列し、午後五時より水茶屋常盤館に於ける市内有志者の招宴に臨みたり、

【2・18】雑報　**○胡瑛氏一行招待会**

中華民国屯墾使胡瑛氏一行は、既報の如く一昨日市内各所訪問の後、午後三時より東公園一方亭に於ける中

野・平岡二氏及び玄洋社の主催に係る招宴に臨みたるが、来賓側には胡瑛・周慶慈・余長輔・彭毅外数氏、並に川路福岡県知事、永田・馬渡・大島各事務官、横地連隊長・日野少佐・秦市助役、九日・福日両新聞社員其他数氏あり、席定まつて中野徳次郎氏主催者側を代表して簡単なる挨拶を述べ、次いで川路知事彼我両国親善の意を陳べ、酒間胡瑛氏起ち一行中周慶慈氏の通訳を以て答辞を述ぶ、斯くて主客歓語多時にして散会、更に午後七時より一般市(ママ)有志者の催せる常盤館に於ける招宴に臨みたるが、此処にも川路知事始め前記諸氏の外五十余名出席、小野市助役主催者側を代表して歓迎の辞を述べ、少時にして胡氏亦起つて左の答辞を述べ、午後九時散会せり、因に氏等一行は昨日午後三時廿一分博多発列車にて東上の途に就きたり、

孫逸仙先生を長崎に迎接し途たま〱此地を過ぎるに方り、予が為に此の盛大なる歓迎会を催されしは予の感激了るを得ざる所なり、九州の地、特に福岡と敝(ママ)邦との交通は往昔甚だ頻繁なるものあり、史蹟歴々として徴すべし、**近ごろ十数年来、敝邦に対し九州人士の暗に之を援助し以て、一昨秋の革命を完成するを得せしめられたる**は、敝邦人悉く感謝措かざる所なり、而して敝邦は今や革命を遂行し得たりと雖、百端ともに興るを俟つ、兄分たる貴国の指導協賛を得るに非ずんば全からんこと難し、凡そ亜細亜に国するもの数邦あれども、東亜に位地(ママ)して其眉目を為すものは貴邦と敝邦とあるのみ、貴邦と敝邦とは同種なり、同文なり、又同洲なり、二邦提携せずして可ならんや、理応に提携すべき也、然れども談何ぞ容易なるといふ語あり、同種同文同洲なるが故に提携すべしとの論を聞くは久しけれども、既往に於ては空論に了らんとせしこと少からざりき、予の今日諸君に切望する所の者は実々在々の提携なり、実々在々の協助なり、而して提携協助を実行するの捷径如何、曰く、商工業上に於ける関係を層一層密接ならしむるに在り、凡そ近世の文明の発達は科学の力に待たざること無し、敝邦の科学の発達及び人智の程度は貴邦に比し遜色甚し、此点に於ても兄分たる貴邦は、敝邦を啓発さる丶の義務ありと信ず、科学の力に頼る殖産興業は実に敝邦今日の急務にし

て、之が為めには貴邦人の援力を請ふと共に、敝邦人は之に酬ふるの途を忘れざるべし、予一人にても苟も計り能ふ所の便宜は、今後之を計るに躊躇せず、予日本語に熟せず、通訳を介しての演説は心肝を披瀝し悉さゝるの憾みあれども、言外の言、意中の意は略ぼ了得せられたりと信ず、敢へて多く言はず、冀くは国民的・経済的携帯（ママ）の実行に予が趣旨なるを記せられんことを、

【3・13】雑報　**〇孫逸仙氏の旅程**

孫逸仙氏一行は、来る十七日午後三時三十二分下り列車にて来福、水茶屋常盤館に投宿、十八日午後四時より川路知事・山田旅団長・湯浅裁判所長・神崎県会議長及び市長・市会議長・商業会議所会頭等の主催に係る、西中洲公会堂に官民連合歓迎会に臨み、十九日午前八時熊本に向け出発の筈、因に歓迎会々費は一円にて此際成るべく多数の来会を期する由、

【3・14】雑報　**〇孫氏と筑豊鉱業家**

不日来県すべき中華民国孫逸仙氏歓迎に関し、曩に筑豊鉱業組合の名を以て同氏を門司倶楽部に招待の筈なりしも、旅程取急ぎの為め右は中止し、安川・貝島・松本・麻生・中野・伊藤・堀七氏の連合にて、来十七日福岡着当日午後六時より東公園一方亭に招待の筈にて、同所嵯峨（ママ）経吉氏は専ら準備中なるが、同亭門頭には日華両国国旗を交叉し、玄関には赤地「歓迎孫氏」と金文字し縁に電灯装飾を施したる長五尺の扁額を掲げ、宴会場なる階上の大広間天井には民国々旗に因て径五尺許の円形五色の彩灯二個を吊るし、室の周囲に彩色硝子の装飾を施こし、室外表通りには両国々旗五十流（ママ）を交互に吊るし、同室及控室には安川氏外各主催者の秘蔵せる珍什佳品を配置する等、最も意匠を凝らしつゝあり、

【3・17】雑報　○関門に於ける孫氏一行

孫逸仙氏は秘書官戴天仇及何天炯（かてんけい）・馬君武・宗（ママ）嘉樹（かじゅ）・袁華選（えんかせん）氏等を随へ、宮崎滔天氏等と与（とも）に宮島より昨十六日午前五時五十分下関停車場着、プラットホームに待受けたる小林下関市長・宝辺（たからべ）同市会議長・内田下関商業会議所会頭・市参事会員・市会議員・杉下関水上署長・新聞記者其他官民数十名の歓迎を受け、直（ただち）に山陽ホテルに入り、楼上にて歓迎者の訪問に接し、少憩後一行と与（とも）に食堂に入り、朝餐を終へて暫時休憩し、此間新聞記者其他に対し会談したり、氏は載（ママ）天仇氏の流暢なる通訳に依り記者等に対し例の荘重なる態度語調を以て語つて曰く、

今回予の貴国訪問に際し、長崎上陸以来各地を歴遊せるに、到る所熱誠にして盛大なる歓迎を受けしは、今将に貴国を去らんとするに方（あた）り予の深く感謝して措く能はざる所なり、是れ貴国人の博愛の同情を以て世界の平和の為め、又た東洋の平和の為め弊国人に好意を表せらるゝ証拠にして、予は一私人のみならず民国の人民一同に代りて感謝の意を表せざるべからず、貴国人と弊両（ママ）人の間には一部誤解を懐きし者なきにあらざるも、唇歯輔車の両国間に於ては、互に博愛親密の精神を以て平和の為に提携協力せざるべからず、而（しか）して両国の親密は之を実行の上に現はさゞる可からず、今後民国に於ては、商工業其他国富の増進に事業の計画を要するもの多々あることなれば、提携協力以て其の発展を期せんことを望む、今回貴国人の予等一行に寄せられたる誠意好情は、予帰国の上は必ず普（あまね）く之を全国民に伝ふべし、而して感謝の趣旨は亦貴国人一般に伝へられんことを望む、云々、

話頭は鉄道其他に及びたり、一行休憩中、下関市よりは菓（ママ）物一籠、下関商業会議所よりは菓子一箱を何（いず）れも贈呈したり、斯（か）くて出迎への汽艇は八時二十分門司鉄道桟橋着、安川清三郎・加納九鉄営業課長・岩崎門司水上警察署長等の出迎ひを受け、一行徒歩にて電車通に至り特別電車にて戸畑に向ひたり、

同　○戸畑に於ける孫氏一行

門司上陸後の孫逸仙氏は岩橋（ママ）水上警察署長に迎へられ、安川清三郎・加納九管営業課長等と共に、八時二十五分停車場前より安川家借切の軌電九車に乗り、戸畑に向ふ途中小倉より松本九軌支配人乗り込み、八時五十分三六停留所にて一同下車、其れより孫氏及び安川氏其他数名は自働（ママ）車にて、外は腕車（わんしゃ）にて午前九時明治専門学校々門に着し、安川敬一郎氏・的場校長以下職員諸氏に迎へられて校長室に入り、其れより校長以下諸教授の案内にて各教室・工場等を順次参観し、諸教授の説明、各種の実験等あり、十一時運動場に至り、当日は日曜なるに拘（かかわ）らず特に外出を見合せ此珍客を迎へし約二百の生徒等が勇壮なる発火演習と分列式を観、其れより職員・生徒の方陣に囲まれ、随員載（ママ）氏の通訳にて大要左の如き演説をなし、終つて一同と共に安川邸に入り、午餐入浴の後休憩したり、

余は本日当校を参観し、生徒諸氏の兵式体操を見て其規律あるは痛感に禁（た）へず、却説（さて）余は深く今日世界の文明は科学の力に俟（ま）たざるべからざるを信ずるものなるが、当校は由来科学上の進歩発達を図らんが為めに設立したるものなり、然るに貴国に当校ありて諸氏が当校に在学せるは、啻（ただ）に貴国進歩の為めなるのみならず、又東洋科学の進歩の為めなる事を知らざるべからず、されば余は諸氏に望む、諸氏は将来貴国の科学興業の責任を負ふのみならず、又東洋発展の為め大なる責任を負ひたるものなり、故に余は此点に於て東洋の為め実に欣喜に堪へざるなり、最後に当校の進運を祝すると共に諸氏が斯（か）く各其志す処を大成せられん事を祈る、

同　○孫氏歓迎余話

孫逸仙氏昨十六日朝山陽ホテルに休憩中、記者孫氏に対し、日本の鉄道御視察に関するに感想如何と問へば、氏は呵々笑つて曰く、ドウも到る処盛大の歓迎に殆（ほと）んど寸暇なく、実は鉄道視察も今回来遊の一の目的なりし

も特に視察と云ふべきは東京にて中央停車場を視たる位のものにて、其他は往復旅行の汽車中の視察位に過ぎず、お話する程の事もありません▲宮崎滔天氏は関門間の船中にて語つて居つた、一昨日孫氏が宮島に於て神戸クロニクルを手にしながら、数日前のノースチヤイナデリーニユウズに東京電報として、北京より孫逸仙氏が日本に滞在するは不可なる由を在東京同国汪代表（宛脱カ）打電したるより、汪代表は日本政府と交渉の結果、遂に日本を退去するに至れり云々の記事を、更に神戸クロニクルに転載せるを見て荒唐無稽も茲に至つては殆んど噴飯に値すと、孫氏は傍人を顧みて哄笑したりと、

同　**○孫氏十七日日程**
安川邸に滞在せる孫氏一行は、本日午前九時四十分戸畑発八幡に向ひ八幡製鉄所を参観し、午後一時二十分同駅発午後一時二十分同駅発（重複ママ）午後三時三十分博多駅着の予定なり、

同　**○孫逸仙氏講演**
本日来福すべき孫逸仙氏は明十八日午後三時より九大学友会の求めに応じ、病院等を視察したる後同大学図書館に於て一場の講演を為す由、一般有志も参聴自由なりと、

【3・18】雑報　**○孫逸仙氏一行――昨日午後三時半来福**
▲安川邸にて　既報一昨十六日私立明治専門学校参観の後、安川敬一郎氏邸に入りたる孫氏一行は、同邸に於て午餐入浴の後一同就寝長途の労を休め、夕食後は同家の需（もとめ）に応じて揮毫をなし、且（か）つ雑談時を移して就寝せり、尚（なお）中途一行を離れたりし寺尾法学博士も当日一行に参加したり、

▲製鉄所参観　孫氏一行は昨日八幡製鉄所を参観したるが、孫氏外(ほか)数氏は午前八時半安川家の自働車(ママ)にて、他は九時四十分戸畑発列車にて製鉄所に向ひ、孫氏の一行は九時過同所着、折柄長官上京中にて安河内次長之を事務所に迎へ、少時休憩の後同所工場内貴賓列車にて、第二鎔礦炉・骸炭工場・洗炭工場・製鋼工場・平炉・転炉・延塊工場・厚板工場等を順次参観、此処にて他の一行と合し、更に分塊工場・斬(ママ)条工場等を観、其より徒歩にて坩堝(かんか)鋼(こう)工場・鍛鋼工場等を観終つて高台食堂に上り、少時休憩中安河内次長は左の如き歓迎の辞を述べたり、

今日孫中山閣下並(ならびに)御一行の御来観を辱(かたじけの)ふしたるは当工場の光栄にして深く感謝する所なり、殊に閣下並御一行は渡日以来各地に於ける歓迎会及各所御視察等の為寸暇なき御多忙中にも不拘(かかわらず)(ママ)、克(よ)く賁臨(ひりん)の栄を賜はりたるは一層感謝に堪へず、当所の創立は恰(あたか)も十六年前に決定せられ、其運転を初めたるは正に十一年前に属し、尚未だ幼稚の域を脱せざるが故に、其発達進歩は之を今後に待たざるべからず、其前途は実に遼遠なり、之を貴邦漢陽製鉄所に比すれば実に五歳以上の弱年なり、而(し)かも此幼稚なる二人の兄弟は東洋に於ける製鉄事業唯一の代表者なれば、此を扶掖誘導して健全なる成育を遂げしめ真正なる工業独立の先駆たらしむるは、実に両邦先覚者の天職なれば、閣下並御一行の如き資望ある搢紳(しんしん)の特殊なる御尽力に期待する所甚だ多し、

孫中山閣下並御一行の搢紳は夙(つと)に大勢の趨向を洞察し、曩(さき)に中華民国に於て治世上驚天動地の偉業を成就し、其名声坤輿(こんよ)に嘖々(さくさく)たるは吾々の欣慕措く能はざる所なり、伝ふる所に依れば閣下は夙に中華民国開発の発程として近き将来に於て二十万清里の鉄道網建設の方針を懐かるゝ趣、閣下の盛望を以てすれば曩に形而上に成功せられたると同様、此形而下の大事業に於ても必ず成功せらるゝことを信じて疑はず、而して製鉄事業の殷盛を促進する動機は種々あるべしと雖、就中(なかんずく)鉄道網の建設が要求する、製作比較的簡単にして重量大

なる軌条、其他付属鋼鉄材料の自給が其最大原因をなすことは、亜米利加・独逸の製鉄業発達史の証する所なり、閣下の偉大なる中華鉄道網に対する理想御実行の暁には必ず中華に於て製鉄業勃興の機運を促すべく、又是非共斯くあらざるべからずと信ず、従て軌条其他鉄道用鋼鉄材料の製作に製鉄業の基礎を定め、漸次複雑なる製鉄工業の隆盛を見るに至るべし、此場合は地理上の利益を有する本那(ママ)の製鉄業も亦定めて貴邦の例に刺激せられて顕著なる発達をなすべく、日華両国の商業上並工業上の関係は一層親密を加ふるなるべし、而して閣下は曩に中華民国の設立者たる偉大なる光栄を有せらるゝが、是に於て更に東洋製鉄業の第一保護者たる名誉を博せらるべし、当製鉄所は創立以来貴邦とは経済上密接の関係を有し、有力なる貴邦搢紳の御眷顧に待つべきもの甚だ多し、茲に過去に於て偉大なる事業を遂行し、又将来に於て斯業の発達に密接の関係ある最も有望なる前途を有せらるゝ英傑を迎ふるは当所の最も欣幸とする所にして、深く今後の御垂顧を希望して止まず、重ねて敬虔の意を表す、云々、

孫氏秘書戴氏之を自国の語に訳し、次で孫氏は戴氏の通訳を以て左の意味の答辞を述べたり、

余は本日当製鉄所を参観し、其規模の大、設備の完美なるを見て一驚を喫したり、是蓋し日本帝国の誇りたるのみならず、亦我東洋の大なる誇りとする所なり、唯当所をして此盛大を致さしめに(ママ)る当事者御一同の格勤努力に対しては余が謹んで敬意を表する所なり、云々

軈て午餐の後、室外に於て一同記念の撮影をなし、午後一時再び以前の工場列車に送られて八幡停車場に向へり、

▲列車内の孫氏一行　孫氏一行を載せたる九管差向の特別車は午後一時二十分安河内次長以下同地官民有志者に送られて博多に向へり、車中には孫氏以下同国人六名及日本人四名より成る一行の外、寺尾博士・松本健次

郎・進藤喜平太・中野徳次郎其他の諸氏、及新聞社員等あり、行々沿道の各停車場には此友邦の珍客を迎ふべく来れる者少からず、斯くて午後三時半予定の通り博多駅に着せり、

▲福岡来着　博多駅にては官民有志多数の歓迎を受け、階上貴賓室に於て少憩中歓迎者中の主なる諸氏の訪問を受け、四時一同腕車を駆り予て旅館と定めある常盤館に向ひ、同所休憩後本社及九州日報社訪問の筈なりしも都合に依り見合せ、随員戴秘書を代理として遣はし、午後六時より筑豊礦業家安川外七氏の催せる晩餐会に臨みたり、

▲孫氏代理の来社　前記孫氏代理・随員秘書戴天仇氏は昨日午後五時来社、会議室に於て本社々長其他に対し孫氏よりの挨拶として左の言を伝へたり、曰く、由来貴国と我国との間には不幸にして多少の誤解ありしが如きも、是唯両国の事情を明かにせざる少数者の臆断より生ずるものにして、生等今回貴国に来り各地に於ける官民一般の深厚なる歓迎に接し、益々其誤謬なりしを悟り欣喜措く能はざる所なり、生等不日帰国の後は必ず此両国友誼の深厚なる由に我国民一般に伝ふべければ、貴国に於ても亦貴社紙上に於て普く此意一般貴国民に伝達せられんことを希望す、云々、斯くて同氏は自ら上海に於て経営せる民権報社の現状等に関し少時談ずるところあり、其より編輯部・印刷部等を一順観覧し、更に九州日報社（以下原文欠字、記事差替のためか）

▲孫夫人等遭難　昨日八幡より博多に至る列車中、孫氏随員の一人たる宋嘉樹氏は大阪なる某氏よりの英文電報に接したるが、文中目下在東京同氏夫人及令嬢が病気の為め病院に入りたる由の意味あるより、同氏は着福後一行中なる山田純三郎氏と共に昨夜七時半急行列車にて直に上京すること丶せり、更に一行中なる宮崎虎蔵（ママ）

氏着福後東京某氏より受取りたる電報に依るに、一昨十六日支那夫人三名（姓名未詳）自働(ママ)車転覆の為め負傷したりとの事なれば、或は孫氏夫人及前記二婦人にてはあらざるか、

▲本日の日程　在福中の一行は、本日午前九時旅館を発し博多聖福寺内故平岡浩太郎氏墓及び福岡天神町同氏未亡人等を訪ひ、西公園に登臨して付近の風光を眺め、正午常盤館に帰りて旧友諸氏と午餐を共にし、午後三時より九州帝国大学医科大学に向ひ、同大学外科・解剖科・精神病科等を参観し、構内図書館に於て学友人員の請ひに応じて一場の談話を試み、五時西中洲公会堂に於ける官民有志の歓迎会に臨む筈、

【3・19】東京電話　**○孫夫人経過**
十六日自働(ママ)車の転覆災厄に遭ひ、築地聖路加(セントルカ)病院に入院し同院のフレス副院長・藤田医員等の治療を受けし孫逸仙夫人・宋嘉樹氏夫人・令嬢は、其後経過良好なれば十七日夜三人共二番室に入りたり、

同　雑報　**○孫逸仙氏一行**
▲午前中の行動　来福中の孫逸仙一行は昨日午前十時寺尾博士・安川敬一郎・松本健二(ママ)郎・進藤喜平太氏等と共に旅館常盤館を出で、平岡常次郎氏の嚮導にて博多聖福寺境内なる故平岡浩太郎氏の墓に展したるが、東瀛(とうえい)禅師以下寺僧数名大悲集の読経を為し、了りて孫氏親しく花環を捧げ一揖(いちゆう)して退き、随行の何天烱(ママ)・袁華選・戴天仇・宮崎滔天諸氏も順次礼拝し、一同平岡氏の墓碑を背景として撮影を為したるが、当年を追想してか孫氏の面上にも多少感慨の禁ぜざるものあるが如くに見受られたり、夫より一同又車を連ねて天神町の平岡良助氏宅に抵(いた)り、主客の間に軽き挨拶ありて茶菓の饗を受け、一行は更に中野徳次郎氏別邸を訪ひたる後西職人町

玄洋社を訪問したるが、素撲（ママ）なる冷畳の上、座蒲団なく卓子なく極めて簡素なる酒茶の饗ありしのみなるが、玄洋社式の飾らず繕はざる待遇振りは却て孫氏の悦に入りしが如く、謹厚寡黙の孫氏も少からず微笑を湛へつゝ一同打寛ぎて談笑せり、次で一行再び車を駆りて常盤館に帰り安川・進藤・平岡・中野四氏の催しに係る旧友会に臨みたり、

▲旧友会の招待　午後一時より孫氏一行を主賓として、常盤館二階の大広間に於て開催、寺尾享（ママ）・安川敬一郎・進藤喜平太・中野徳次郎・平岡良助・松本健次郎・平岡常次郎・安川清三郎諸氏及び支那革命関係者等二十余名列座し、席定まるや進藤氏発起人を代表して一場の歓迎辞を述べ、孫氏が多年の宿望たる革命の大業を遂げたるを祝するの意を致したるが、之に対し孫氏は戴天仇氏の通訳にて大要左の意味の答辞を述たり、

由来貴国と弊邦とは歴史上深き関係を有し、就中九州とは一層の深縁あり、**最近吾国の大事業たる革命に際しては、貴国の諸人士の助力を辱ふしたる中にも最も大なる補助を得たるは実に九州の方々なりき**、併し前途の大局より謂へば之れ僅に第一歩のみ、将来吾国に於てに（ママ）為すべき起すべき事業甚だ多く、此等凡ゆる方面に於て貴国殊に貴地方の補助を得ざる可らず、希くば従来の縁故を第一歩として益す両国の連絡を密接にし、以て東洋の開発進歩を図られんことを期む（ママ）、云々、

夫より校書の斡旋にて開宴、主客歓座三時に及びて撤宴せり、

▲九州大学参観　午後三時過孫氏は一行と共に人車を駆りて東公園松原内の崇福寺に、革命縁故者故安永東之助氏の墓に展し、美なる花環を墓前に呈し安永氏遺族に挨拶し、紀（ママ）念の為め東之助氏の遺子当年十歳の亮介氏の手を取りて撮影し、夫より九州大学々友会幹事諸岡存氏等の迎ひにて同大学医科大学に入れるが、山川総

長不在に付伊東医科大学長・中山大学医院長・坂根事務官等出迎へ、直に図書館に入りて少時休憩し此処にても撮影あり、軈て学長・院長及び小山・榊・桜井・中山其他各博士の案内にて基礎医学の各教室・標本室・器械室・実験室・暗室等を順次歴覧し、更に医院各科を巡視したる後、精神病学室に少憩の上午後五時同教室に於て戴氏の通訳にて講演を為せり、傍聴者は同大学職員・学生及一般有志者にして広き同教室も溢れん許りの盛況を呈したり、

▲**公会堂の歓迎会** 右講演の大喝采を以て終りを告ぐるや、一行は直に、東中洲公会堂の官民連合歓迎会に臨み、此又非常の盛況なりき、

▲**本日の日程** 孫氏一行は今十九日午前八時半博多発大牟田に向ひ同地一泊の筈にて、二十日は熊本一泊、二十一・二十二両日は長崎滞泊、二十三日発の天洋丸にて帰国の予定なるが、大牟田に於る旅程は左の如く、最初同地有志の歓迎会ある筈なりしも時間の都合に依り中止し、専ら三井礦山会社に於て接待すべしと、因に福岡の平岡氏より孫氏に対し古今の博多人形十二組を贈呈したりと、

十時五十八分 大牟田駅着、十一時八分 同駅発、十一時十分 港倶楽部着、十二時三十分迄昼食、十二時三十分 三池築港着、一時三十分迄見物、一時三十分 炭坑鉄道にて万田炭坑へ向ふ、一時四十分 万田着、三時迄同坑見物、三時二十分 コークス工場着、四時二十分迄見物、四時二十五分 製作工場着、四時四十五分迄見物、四時五十五分 三井工業学校着、五時五十分迄参観、六時五分 炭坑倶楽部着、本夜一泊、

同 雑報 ○**寺尾博士と宮崎氏**

一旦帰京の途に着きたる寺尾法学博士は大阪より孫逸仙氏と同行再び来福したるが、本日二日市迄孫氏を見送り宰府に賽して明日東上の筈、又孫氏に随行せる宮崎滔天氏は孫氏と共に二十三日長崎発上海に赴き、近々帰国の筈、

同〔掲載写真〕福岡医科大学講話会に臨みし孫逸仙氏（昨日所見）

【3・20】雑報　○孫逸仙氏一行

▲列車中の一行　昨朝八時半博多駅を発したる孫逸仙氏一行の特別車内は、一行及び見送の人々に充たされたるが、雑餉隈駅にて日野少佐下車し、二日市駅にて寺尾博士・武谷軍医監・進藤玄洋社長、平井チヤイナ・ムユチユアル生命保険会社支店長等下車し、沿道各駅に於て迎送せられ、同十時五十八分予定の通り大牟田駅に着したり、列車中福岡末永茂世氏より送りたる国風一首を孫氏に示すものあり、「ちよろづの年をふるきに土かひて花や咲かせん君ぞ雄々しき」、戴秘書之を訳して孫氏に与へたり、

▲三池港其他観覧　大牟田駅にては、之より先き牧田三池炭坑事務長及び植木同次長・同坑各課長・其他事務員並に三池郡長代理・大牟田町長・官民有志・実業家五十余名出迎し、岩谷町長一同に代りて歓迎の挨拶をなし、それより一同車を列ねて三池築港に向ひ、同十一時十分四ツ山発電所に着し、同所内部の大器械を観覧したる上運輸桟橋に上り、牧田事務長は港内地図を開き孫氏を中心として一行に対し英語を以て同港内部に就き詳細に説明をなし、それより運炭鉄道線路に下り三池式ローダーの設備及び其運転状況を視察し、終つて発電所裏より出で、同十一時四十分三井港倶楽部に着し、大広間に少憩の後、食堂にて昼餐の饗応あり、主客席定

まるや主人役たる牧田事務長は立つて孫氏に対し大要左の意味の挨拶をなしたり、

只今承はりますれば、孫氏は十七年振に当地に来られたと云ふ話であります。その当時と今日の状況は凡(すべ)ての点に於て非常に変代を来して居る事と信じます、今日はどうか夫等の点に付御存分の御視察を願ひたいのであります、実は今日町民有志は盛大なる歓迎宴を開く筈でありましたが、御一行は御急ぎださうでありますから、特に大牟田町長は町民を代表して列席致したのでありますから、悪(あし)からず御承知を願ひたいのであります、私は御一行が三井炭山を特に御視察下さるのは非常な光栄と存じます、終りに一同貴下の御健康を祈ります、

右に対し、孫氏は戴秘書の通訳によりて大要左の挨拶をなしたり、

今回当地に参りまして、特に優遇を辱(かたじけ)なくしたのは誠に感謝の至りであります、先刻港を拝見致しまして、設備の機械的に進歩して居るのに驚きました、本日は之より炭山其他の視察を致すのでありますれば、何卒(なにとぞ)よろしくお願ひ致します、終りに臨んで同炭山の将来ます〳〵発展せんことを祈ります、

昼餐を終り、一時二十分同倶楽部を出で、炭山其他を視察したる上、宮崎滔天氏の先導にて玉名郡荒尾村なる滔天氏の宅に向ひたり、

▲宮崎家訪問　湊(ママ)倶楽部を発したる一行は、肥後玉名郡なる荒尾村の宮崎寅蔵氏（滔天）邸に向へり、村の入口には荒尾村の有志者・学校生徒等一同出迎へ国旗を掲げて歓迎の意を表し、軈て午後一時半宮崎氏方に到着、暫時一同休憩し、平岡村長其他の有志歓迎し席上酒肴の饗応あり、座中宮崎氏は其姉及び実兄民蔵氏の妻子等を孫氏に紹介し、夫より平岡氏は起つて一場の挨拶を述べ日支両国の和親と宮崎兄弟が貴国との連鎖とならんことを希望し、宮崎氏の功労を称(ママ)して孫氏の来遊に付宮崎家及び荒尾村の光栄を謝し、孫氏の為めに一同万歳

を三唱したり、例に由り戴氏之を孫氏に伝へ、孫氏亦起ちて答礼を述て曰く、
今より十七年前、曾て同志とともに貴地に遊びし以来再遊の機会なかりしが、今日再び諸君と相見(まみえ)るを得たるを喜び、次に宮崎氏兄弟が孫氏の親交、及び同兄弟が民国の国事に尽力したるは感謝措く能はざる所なりと言ひ、今日及び将来に於て孫氏と宮崎兄弟とが親交の益々厚きを加ふるが如く、日華両国の親交の益々厚からんことを望み、更に宮崎兄弟が民国の為に尽力せる所は啻(ただ)に民国人が感謝する所なるのみならず、亦世界の斉(ひと)しく名誉とする所にして、人道の為め欣懐に堪へずと述べ、最後に両兄弟と同一の志を有したりし兄弟の労を謝し、且(かつ)其老母の今日に生存して此悦びを共にするを得ざりしを遺憾とし、同家及び同村の幸福を祈る旨を告げたり、

右了つて一同庭前の老梅樹の前に立て記念撮影を為し、三時半官民・生徒に送られ一行宮崎邸を辞して万田炭坑に向へり、

▲万田坑を見る　万田炭坑にては、汽鑵(ボイラ)・ラビ喞筒(ポンプ)・坑口・捲揚機・撰炭機等を順覧し、四時半炭坑客車にてコークス工場に向ひ、同所及び製作工場を見て五時三井工業学校に向ひ、参観後五時四十分三井倶楽部に入りて、休憩後晩餐を認(したた)め、同夜は此処に一泊せり、

▲熊本の日程　本日午前大牟田駅出発、午前十時十六分熊本駅着の筈なるが、東亜同志会・実業団体・同仁会・各新聞社・実業家等の出迎へを受け、師団司令部に入り梅沢師団長の案内にて熊本城趾を観、夫より支那留学生招待の午餐会に臨み、午後高等工業学校及済々黌(せいせいこう)を参観して三時県会議場にて公開演説を為し、五時半物産館梅林内の歓迎会に臨席し、八時より日本(にほん)店の特別宴会に臨み、研屋(ときや)支店に投宿して明日午前九時熊本

発長崎に向ふ予定、

同　雑報　○孫氏講演と歓迎

▲九大に於る講演　既報の如く、十八日大学参観後同大学々友会集会部長榊博士の紹介にて大要左の意味の講演を為したり、

将来支那の開発を謀るには、第一着に科学の力を藉(か)らざる可らず、而(しか)して貴国と吾国と密接なる関係を保つが為めには先づ思想及学術の連絡を謀るの必要あり、此等の目的を達するが為めには学術思想上の先進たる貴国の援助誘導に待つべきもの甚だ多く、殊に最も多くの助力を現在の学者たり又将来の学者たらんとする大学の教授諸君・学生諸君に仰がざるを得ず、而して此学術思想上の連絡を先駆として、益両国の親善提携を促成せんことを希望す、云々

▲公会堂の講演　一昨夜、福岡市東中洲(ママ)の公会堂に於る歓迎会は、午後六時より開始せられたるが、来会者は官民各階級の人士約二百名、開宴に先だち川路知事は主催者総代として歓迎の意と御来臨を感謝するの辞を述べ、将来益々両国の親善に貢献せられんことを希望すと説き降壇するや、孫氏は雷の如き拍手に迎へられ悠揚演壇に立て一場の演説を為し、之に次(つぎ)上海民権報主筆戴天仇氏は流暢なる日本語を以て爽利なる雄弁を振ひ殆んど遺憾なき通訳を為せり、演説の要旨は左の如し、

今回余の貴国に遊ぶ□貴国の官民上下より斉(ひと)しく熱誠なる歓迎、同情を蒙るを得たるは、余の衷心より甚だ光栄とする所なり、而して今夕此福岡市に於て亦同様なる盛宴に招待せられ有力なる各方面の諸君と相会し食卓を与(とも)にするを得るは何よりの幸福なり、

由来貴国と吾国、殊に九州の地とは遠き以前より密接なる因縁あり、吾国が貴国と交通を開くや九州は実に最初の発源地又最も主要なる連絡地なりき、而も貴国と吾国の関係たる、唯歴史上の事のみに止まらず、其同種同文の親善国たり文明系統の同一国たる以外、**最近に於ける吾国の大事業たる革命に際しても、最も多大の援助力を貴国の人士殊に九州の人士に仰ぎたりき**、此等の諸点より見るも貴国と吾国とは益ます親密強大なる連絡を希図するの必要あるは勿論、吾国の開発を遂げるが為めには、是非共貴国及貴国人士の指導誘掖を請はざる可らずと信ず、蓋し革命に対する貴邦人の助力の如きは正に其第一歩に過ぎざりし也、抑も国と国との交際、即ち国際関係の連絡親善には其前提として先づ両国思想上の連絡提携を謀るの必要あり、思想の密接なる関係は実に国交進展の基礎なり、必要条件なり、由来貴国と吾国とが同種同文の国にてありながら、従来尚、十分なる親善、十分なる提携を見る能はざりし主要原は畢竟十分なる思想の共通なかりし為めに外ならず、即ち貴国人民の思想は進歩的なるに対し吾国人民の思想は旧習旧慣を重んずる保守主義なる結果、両国人民の意志感情の上に多大の懸隔を生じたるなりき、然るに今や我国は幸にして最近の革命に由り国民の思想一変して、従来の保守主義より進歩主義に遷り、両国の親密を妨げたる思想上の障壁は此に撤去せらるゝ機運に際会せり、然れ共両国の関係は単に思想上の親密のみを以て甘んずべきに非ず、実業経済上の関係は固より、更に一歩を進めて政治上の連合提携を策せざる可らず、又其実現を策するの必要ありと信ず、今回余に対し貴国の上下官民各階級が盛大なる同情を賜ひたるは、唯一個人たる余に対する優待に非ずして実に貴国人士が弊国を愛し又同時に弊国を改良発達せしめんとする熱誠に出たるものと信ず、将来吾国の進展発達を来すが為めには凡ての方面に於て貴国の助力補導を待たざる可からざるのみならず、亜細亜洲に於ける黄色人将来の進歩を見る為めには何事にも貴国と弊国との協力を要すべしと信ず、希くは将来永遠に貴国及福岡県の諸君の深厚なる同情を賜はらんことを祈る、此に諸君の盛大なる厚意を謝し併せて

諸君の健康を賀す、云々、

右の演説は会衆に多大の感動を与へ、孫・戴二氏は大喝采の裡に降壇し直に食卓に就きたるが、午後七時過孫氏一行は満足と感謝の意を述べ退散したるが、当日司会者側の挙措不注意の点ありて、孫氏の退去に際し謝意を表したるに対し、何等の応答方法を執ること勿りしは来会者の聊か遺憾とする所なりき、

同　**○不体裁なる歓迎会**

福日新聞記者足下、小生は今回孫氏一行の歓迎会に臨席せんが為に地方より出福したる一人に御座候、扨も孫氏に対する款(ママ)待振は何たる簡易粗朴のものに有之候ひしぞや、場所は福岡市唯一の公会堂、歓迎者も亦市及郡部の有力家にして決して世界の人気男たる孫氏を迎ふるに不足は無かりしも、一たび其饗応の食物を見るに至りては鮨と蒲鉾と刺身と其他一二種の肴が大皿に盛られて卓上に散在、之に副ふて一陶の徳利あるのみに候、聞く所によれば今回歓迎の計画は主として県庁側之に当りたるものにして、一円の会費中、煙火代、卓上装飾の草花代及び其他の雑費を除き、其余を以て県庁出入の料理屋に受負はせたるものゝ由に候へば、料理代は大概一人分四五十銭位のものに候はん歟、小生は地方に在りて粗食に慣れ、且時や晩餐に際したれども一品も之を口にする勇気なかりしを以て、他の歓迎者の方々も左こそと推測られ申候、曩に胡瑛氏の歓迎会には会費は二円五十銭なりしと覚え候、今更之と比較に(ママ)するには無之候へ共節倹にも程度と云ふものが有之、余り極端に走り候ては賓客に対して失礼とも不調法とも相成るべく、また福岡市の名誉、福岡県の外聞にも影響することゝ可相成候、況んや国内に関するものにあらずして福岡県民として名誉ある外賓を款(ママ)待せんとするものなるをや、今後のこともあることなれば局に当るものは深く此点に注意を願敷候、何卒記者足下、此意を一般に表白せられんことを、草々、(注(ママ)告生)

【3・21】雑報　○**孫逸仙氏一行**

▲工業学校参観　一昨十九日午後三時半、万田炭坑よりコークス工場・製作所を見たる一行は、同五時三井工業学校に着し、職員一同の出迎へを受け接待室に於て休憩し神作校長より校務に関する説明を聴き、其れより各室を巡覧して生徒談話室を通過する際、昨日の本紙上に掲載せる「孫氏九州大学講演場に入るの光景」を切抜きて掲示板に貼付せられたるを見るや、莞爾として打(うち)うなづきつゝ、標本室に入り、模型日本大地図を眺め敦賀を発見するや、孫氏は同地の位置が浦塩(ウラジオ)方面との接続の点に於て琵琶湖を経て大阪に出づるの捷路(しょうろ)たるべく、此間運河を開鑿(かいさく)せば太平洋と日本海との連絡忽ち開けて如何ばかり交通の便を得んものをと熟視しつゝ傍人に語り、而(しか)る後(のち)校庭に出でゝ記念樹五葉松(ママ)の植了りて学校を辞し、六時一行の旅館なる新築炭礦倶楽部に帰れり、

▲晩餐会　七時より同倶楽部に於ける三井重役有志の晩餐会に列せり、席上牧田氏の此新築倶楽部に於て名誉ある孫氏一行を迎へたるは誠に光栄とする旨の挨拶に対し、孫氏は余等一行が当地を訪問するに当り最新建物の第一回の客となり、且つ歓待を玉はりたるは深く感謝すと陳(の)べ九時撤宴せり、

▲大牟田出発　廿日午前七時半起床、朝食の後同八時半停車場に向ひ、熊本より出迎へたる肥後農工銀行頭取内藤正義・商業会議所会頭林千八・騎兵大佐永江虎臣・県医師会長行徳健男・東亜同志会員宗方小太郎・緒方二三・松倉善家・勝本(ママ)恒喜・其他村上一郎諸氏と会し、八時四十八分熊本に向へり（以下略）

【資料②】「玄洋」創刊号（昭和十年六月一日）

［石瀧蔵］

今秋を期して殉難三士祭
來島、山崎、清水の三氏を祭祀　本社主催の下に嚴修

盡忠報國といひ義勇奉公といふ何れも我玄洋社の憲章であつて、鮮血を以て彩られたる玄洋社六十年の青史に盡く所要するに此の憲章の發露に外ならない。國際非常時の本舞臺は愈よ今からだといはれる際、我社の大精神を更に廣く弘通せしむるため今秋を期して來島恒喜、山崎羔三郎、清水正次郎三君の聖靈祭を福岡に於いて執行する計畫を樹て調査を進めつゝある。即ち此の擧は萬人の實踐服膺すべき盡忠、責任の二大觀念を目のあたり警示すると共に、故人に對し現社員の深甚なる敬悼の意を表さんとするもので、之が祭典具體案は追つて本紙其の他の方法で發表するが、此機會に『玄洋社史』中より來島氏、藤島長和氏記『山崎羔三郎君小傳』及び碑銘に依り清水氏の各略歷を抄錄して大方の想起を乞ふ事とする。

來島君

條約改正に就いて内に閣議から責められ、外に民論囂々、進退谷つた大隈外務大臣は尚ほも徹底に實施案を押通して所信を貫うとした。玄洋社は國家の大事、威信を如何せんと反對決議を爲して箱田、平岡、進藤氏等は地方を固め頭山氏は玄洋社總代を提げて東上する、來島君は當時玄洋社が組織した演説會にあつて東奔西走したが、大隈の此の態度を見て遂に八月十七日夜（明治二十二年）東上の途に就いた 壯士等を擧げて郷里を出づ、風蕭々易水寒の吟を濺波に諷けて船脚漸く狹く二十二日帝都に入り、改正案の火を採るべき十月十八日の御前會議の日を迎へた—斯くて閣議の大勢は改正中止說に傾いたが擬議を仰ぐに至らずして散會となり、午後四時五分退出せる外務卿の馬車が外務省の門前に來るや一彈は投ぜられ、其の爆聲と共に來島君は三十年の短い生涯を散らしたのであつた、遺骸は一旦青山共同墓地に埋葬したが二十一日同志に下渡され青山隠町三丁目總泉寺に於て弔祭を行ひ狼谷で荼毘に附し遺髮を谷中天王寺に葬つた、淨心院殿譽信尊居士と諡られた遺骨は郷國に送られ、十一月一日崇福寺境内玄洋社墓地に納めたが、此の葬儀は會葬者五千名、謝罪の一里に亘り稀有の盛儀であつた、當時崇福寺月松和尚は

生歟元來都寂光　獅莪不動露堂々
玄洋一路溜春香　十圓挿花發時香

の偈を賦した、明治三十九年十月頭山滿氏の建碑會を東京築地本願寺で擧行した時、參會した大隈伯が碑壇に上つて條約改正當時を追想して『來島の擧は犠牲的愛國の發現だつた』と語つて曰く

彼來島は我輩の倒るゝを見て目的を達したと思つたのであらう短刀を抜くより早く、見事と突んで咽喉笛を掻き切つて自殺した、元來人を殺す奴は臆病である、人を殺して自己も死ぬといふ様な勇者は少い、來島は目的を達したと早合點して止めも刺さず自殺したのは惜しいやうであるが現場で命を棄てたのは日本男兒の覺悟として實に天晴れな最期である、目的を達して現場で死ぬ…何と武士らしい覺悟ではないか、來島の最期は彼の赤穗義士の最期よりも秀れてゐる又我輩の馬車が徐行せねばならぬ外務省の門内の狹い處を選んだのは目先の見えた伶俐な男と思つてゐる……

來島君は若い頃から常に『思慮も思案も國家の為にや無分別にもなる男』と口誦んでゐた、その人爲は此の歌が最も雄弁に語つてゐる

創刊之辭
玄洋社理事長　美和作次郎

玄洋社は今回月刊『玄洋』を出す事になりました。是は多事多難の現代に鑑し我社の根本的綱領を詳論し、廣く天下に呼び掛くるといふ意味からでなく要するに從來の舊社友その他の人方に活動されてゐる社員、社友のそれぞれの行蹟なり、動きなどの一般的消息を能ふ限り取纏め之を洩れなく配付し、緊密な相互の連絡を圖つて、社としての他日の飛躍に便ならしめんことが差向き第一段の目的であります。

○

尤も社同人の中には從來たる政治家、教育家があり、言論界の明星もあれば實業界の猛者も居られるのでありますから、將來寄稿を願ふ上には飽からざる利便があるので、行く行くは更に洗練された資料玉稿を『玄洋』を通じて諸君に紹介する事は可能だと確く信じます。

玄洋社綱領を掲げて國論を喚起する必要に直面した場合は何時にても臨時増刊が出來るし、更に不斷には我姉妹紙とも觀るべき日刊『九州日報』があり、特に最近愛名ある森田久君を社長に迎へ、取締役會長としては中野正剛君を推し、之を九州に雄へやうといふ意氣込みをもつ更生の九日紙を我社の傘下に有する以上、吾人同志の面目は何等かの樣式の下に該紙を通じて大方に宣布し得るでありませう。

聊か當面の所感を略敍して創刊の辭と致します。

金菊の祝…右より荒木大將、望月圭介、杉山茂丸、黒田侯、頭山翁、廣田外相の諸氏

頭山翁　杉山翁
金菊のお祝に　兩翁無言の禮
代表の二氏上京參列

氷炭容れざる性格でありながら、國家のため固く結んで來た頭山翁、杉山翁の御齢五十年を祝ふ『金菊の祝ひ』は五月二十三日東京丸之内日本工業クラブで催された、肝煎り役は内田良平、國廣源太郎、屋一氏等、出席者は黒田長成侯はじめ望月圭介、荒木大將、廣田外相、重光同次官、松岡洋右、中野正剛、三宅雄二郎、柳澤保惠伯、吉田内閣調査局長官、川島浪速、山崎農相、井上、四王天兩中將等名士約三百五十名、三階大ホールの會場は埋め盡された

午後五時半屋氏開會の辭に次いで廣田外相起ち『私は兩先生のお蔭で人間になつた、十二三の頃から玄洋社に出入りし、十九の春進藤社長の御紹介を頂いて上京頭山先生をお訪ねして外務省の山座氏に紹介されたのが今日ある所以であります…』と感謝を述べた、十五運びの峰尾夫人を伴なうた八十一歳の頭山翁、七十二歳で同年の茂丸夫人を携へた杉山翁は終始沈默、僅かに微笑をもつて好意に答へられたのは床しき限りであつた、それより諸名士の謝辭あり黒田侯の發聲で『兩翁萬歳』を唱へたが堂を搖がすばかり、八時過ぎ閉會となり屋氏作『金菊行進曲』で和やかに解散した、此の日玄洋社から大島桃三、山内傑作の兩氏が代表として上京參列、兩氏は二十七日歸福した

山崎君

山崎羔三郎君は明治廿七八年役に金州城外刑場の朝露と消えた、歳三十一歳本年は實に四十一周年である——山崎君は生來頭腦雄偉にして資性沈毅、武道を好み鐵鐙を時も離さず竹刀を揮ひ、鮭を食ふなど逸話の方も出色であつた、

東亞の形勢漸く逼迫せんとする頃岸田吟香氏の友人で支那探險者として聞え、後ち二十七年支那奥地に於いて兇刃に殪れたと傳へられる浦尾精氏と會見するや意氣投合し年來の志望たる渡清の決意を固め同志と約して二十一年十月二十五歳の時始めて上海に渡り荒尾氏の經營する樂善堂に投じた、君の支那に於ける鞍鬮は日本人の為に根據地を造つて先づ基礎を固めることにあつて之がため先づ二ケ年を費した、經驗を蓄へ、風俗習語に熟するや荒尾氏らの事業を輔翼したが此の間の辛苦は言語に絶したものがあつた、然し斯くして學業を修めた後上海に歸つてから荒尾、根津氏らの日清貿易研究所に支那語を教授してゐたが生徒募集のため一旦歸朝した、所かる中に日清の國交を害ぐるや我徒輩を成すの機來れりと明識京城に入り其のまゝの支那人服を利用して牙山に潜入、敵の兵數、武器、布陣を偵察することと數日に亙り之を我軍山口混成旅團司令部に報告した、故に於て我軍は偵察の鋒を揚り一擧北上するや、君は司令部附通譯として從ひ常に我軍の先鋒に起ち常時先地に出入するので司令部では君の身一を虞り戒告するの始末であつた、斯くて平壤陥るや廣島に歸り大本營にて陸軍省通譯官の辭令を受け、第二軍司令部附通譯として有栖川總長宮殿下に親謁して從軍の命令を授けられ、十月十六日宇品の征途に上つたが其の時下關にて頭山滿、平岡浩太郎其他同志友人の歡送を受け意氣虹の如きものがあつた、此の行を壯にした

二十三日金州半島花園口より上陸するや大山司令官は君の手を握りて第一着手に普蘭店より復州に至る敵情偵察の重任を含めるや君は慨然其の旨を拜し翌二十四日午前十時同志に先んじて出發したが誰か知る此れ死地行ならんとは——十一月六日我軍金州城を陥れ敵の文書を押收、之によつて刑場の露に消えた同志鐘崎三郎、藤崎秀兩氏と共に殉城に骨を埋めた事が判明した、則ち君は二十六日碧流河附近にて敵兵に包圍捕へられ鐘崎、藤崎兩氏も同附近にて同じ運命に落ちた、當宵に遭うたが三氏口を誠して我軍の機密を吐かず、山崎氏は『我は大日本帝國縣人なり速かに首を斬れ何ぞ死を恐れんや』と叱咤して神色自若、遂に三十一日金州西門外にて斬られたのである、敵は習俗に倣ひ三氏を西面させんとするや山崎君は顧みて一番『天子東にあり何ぞ西面せんや』と、鐘崎君二十六歳、藤崎君二十三歳であつた

豪快な山崎君に有名な逸話がある、明治な擴揚に支那服を纏つた君が博多中島町通の銭湯に行つた時帽子を脫ぐや客の連中が『チヤン〳〵』とさゝやいたが君は平氣で當時流行つた服部時計店に歸り『支那人の値價はこの通り……』と家人に爆笑一番した、明治二十八年三月二十六日郷里鞍手郡の中央たる直方町に於いて葬儀を執行したが會葬者三萬人を超えた、諡して英烈院忠山義勇居士といふ

清水君

清水正次郎君は鐵道院書記であつた、明治四十四年十一月聖駕西の地に進み久留米地方に於ける陸軍特別大演習御統監に行幸あらせらるゝや、君は軌道監督として此の千載一遇の重職に當つたが不幸にして事故の爲め御車を遲延せしめるの重大事故に際會し、平素責任觀念の旺んなる君は恐懼措く所を知らず翌日自ら線路の錆と消えたのである

此の報天聽に達するや一小吏が職責の重きを知つて悲壯なる最期を遂げたるを憐れませられ畏くも御下賜金あるなど破天荒の光榮に浴した、當時玄洋社にては士風頽廢して天下滔々唯利に趨くの時、義を重んじて毅然殉命する君の擧こそ何かある、これ玄洋社精神と一致するものゝ顯露であるとし、その功績の湮滅せんを惧れて建碑の擧を志し即ち大正元年十一月碑は時の樞密院議長公爵山縣公の篆額、同副議長芳川伯の撰文を大島少將が揮毫を揮つた堂々たるもので正に全官吏の守護神と謂ふべきものである、本年は丁度君の二十五回忌に相當する

同血族國家へ
大陸政策の基調

創生會顧問 清水芳太郎

神武天皇が御即位あらせられた時八紘一字の大詔を御宣言になつた。從來、この八紘一字の大宣言を世界統一の御意に拜察してゐた。しかし古事記其他の古語を通じて此の大宣言の御意を拜察するに、筆者は次の如く解すべきものと思ふ。

◇

八紘はもとより天の下と從來讀ませ世界の事であらう。一字は一家である。歐洲大戰前の世界はイギリスによつて支配されてゐたのであるが、イギリスは印度を亡ぼして自己の領土とし、自己の國より白色人種を送出してこれを治め統治した。この形式は他の列強も同じであつた。世界統一には二つの點がある。一つは白色人種が全ての弱小國を亡ぼしてしまふ點である。他の一つは國際聯盟が企てた樣な聯合の點である。八紘一字の御意味は第三の或る新しいものと拜察する。

◇

イギリスの如く他國を亡ぼして搾取に次ぐに搾取を以てするのは理想でない。そんな社會を弱肉強食と昔から呼んで來た。強い國が弱い國を搾取する國際秩序である。所が八紘一字といふのはそれと反對である。世界一家族主義である。一家の內では家長は一番強い。しかし一番強い家長は家族を搾取するのでない。一番強い家長が家族のために働いてやるのである。一番病弱で働けない家族が、一家中で一番費用を消費することさへある。世界で一番強い國が、弱い國々のために働いてやる國際秩序が八紘一字である。弱肉強食では世界に平和は來ない。八紘一字の世界秩序が出來上る時に、世界は初めて平和になる。

八紘一字の理想を實現するためには、日本は世界中で一番強い國にならねばならん。そして日本は、他國を亡ぼしてしまう事ではなく、弱小國をそれぞれ助けて、世界の平和、人類の幸福がもたらされる樣に努力してやらねばならん。六韜三略に、民を使ふこと四股の如くすれば離叛すなしとある。何たる名言ぞ。一番強い國が弱い國を使ふこと自分の手足の如くいたはつて使へば、世界の秩序は保たれるのである。自分より一寸弱ければ、これを押へつけて搾取をする樣では人類の幸福は來ない。

◇

例へば神器を拜觀しても判る。御鏡は一つの大蛇が持つてゐたのでない。八つの頭のある蛇が持つてゐたのである。八つは無數を示し、個人主義である。その個人主義は一つの御鏡によつて統一されてゐたのである。蛇の樣な形態なものは鏡によつて統一せねばならん。しかし八つの頭で示す通り、個人の存在はあくまで認めるのである。全體を忘れた個人主義を許さないのである。全體主義と個人主義との融合である。八頭の鏡、八咫の鏡、蟲頭の鏡と、色々の字が當はめられてゐるが、丸い周圍に八つの頭が出てゐるかを示すのである。これも同じ樣な意味である。包容を中心にした統一を表現したのである。日本の組織からの思想は個人の發展と、和の精神にある。國際秩序に於ても、日本が世界の總ての國を亡ぼして、イギリスの如く世界に覇權を極めることでない。

清水芳太郎氏

◇

軍讖に柔能く剛を制し、弱能く強を制す、柔は德なり、剛は賊なり、弱は人の助くる所、強は怨の攻むるところ、柔も設くるところあり、剛も施すところあり、弱も用ふるところあり、強も加ふるところあり、この四者を兼ねてその宜しきを制す、とある。強き者は横暴に流れて總ての憎む所となつて、やがて弱者の協力によつて倒れる。弱者は正しき主張さへ通らぬに、曲つた主張は尚更通らぬ。そこで弱者はあぶなく正しい。柔は德なりとある。日本は各國の獨立を尊重しつゝ四者の長を兼ね、日本が家長、各國を家族とする國際秩序を建てねばならん。

◇

しからば日本は、如何にして世界の最強國となるか。第一國內改革である。それが先決問題である。しかしここでは與へられた題と少し離れるから論じない。第二に大陸發展である。玄洋社はその創立以來、大陸の發展に力を注いで來た。吾等は今大陸發展の基礎をどこに置くべきか。民族自決と言ふ言葉が可なり魅力を持つてゐる。血による結合力は、或程度に強いものであらう。明治十年頃から日本民族とは何ぞやといふ事が研究し初められ、爾來半世紀を閲した今日、やうやく日本民族の本質がはつきりして來た。日本民族はツングース民族を主體とし、之にクロボツク、グル、インドネシヤ、アイヌ、苗族及び小量の漢人種の血を混じたものであるとの說がほゞ學者間に一致を見た。第一ツングース民族とはどんなものか。ツングース民族はツラン民族の一種である。ツラン民族はフン族、トルコ族、モーコ族、ツングース族と分類されてゐる。吾々日本人の六割以上の血はツラン民族の血である。此の血にはジンギスカーンも出た。ローマを震駭させたアッチラ王も出た。印度から歐洲を征服した跛者チムールも出た。ロシャを自分の領土の一部として治めてゐたバズ大王も出た。

◇

朝鮮人はツングース族に漢人種を日本人より多分に混じた民族だ。日本人は朝鮮人より[illegible]の南洋種を餘分に混じた民族だ。滿洲人もツングース族に朝鮮よりも漢人の血を餘分に混じ、且つ蒙古の血を受けてゐる。シベリヤに蟠がるオロチ、エスキモーもツングース族だ。蒙古は漢人種とはあまりに混血しないツングースである。タタール、フン族、彼等は同じツラン河から移動した民族である。ヒツトラーが、歐洲に散在するゲルマン民族を以て一つの國家を建てようとしてゐる。日本がもし同一血族の國家を建てようとすれば、朝鮮、滿洲、シベリヤ、蒙古、中央アジアに亘る廣大な地域に至るのである。地味良好とは言へない。けれども此の地域に吾等と同じ民族が住んでゐて、日本を慕つてゐるのである。日本はこれらの民族を獨立させて、しかも日本を家長とする新國際秩序を造るが良い。

◇

出來大陸政策は直ぐ漢人種を對手とした。しかし漢人種は民族としては白人に屬し、日本人とは違ふ。日本は先づ第一期として日本民族と同血族の範圍に翼を伸べるが良い。第二期は南部支那の地方に吾々と同じ血族がゐる。シャム及び南洋諸島にインドネシヤ族がゐる。これは第二期だ。滿洲事變は第一期への準備だ。滿洲から中央アジアへ出る大鐵道をつけて日本の同血族國家の建設へ、手を延ばさねばならん。（五、二八日）

玄洋社決議録 抜萃

社革新の基礎 始めて成る

『玄洋』の重要掲載事項として今後毎號に前月中の社の日誌、決議録中より必要ある事項を登載するが、本創刊號には便宜上右事項の過去一ケ年分を簡單に一括且つ分類して掲載する

社の組織

△**昭和九年四月廿九日** 總會を開き喜多島社長任期滿了に就き後任社長詮衡委員として左の八名を決定す

美和作次郎、香月恕藏、新開富太郎、柴田繁太郎、富田純之助、本松邦喜、岸本辰三郎、山内惣作

△**五月六日** 臨時總會を開き社長詮衡委員より年長者として月成勲氏を社長に推薦決定の旨報告あり一同之を承認す

△**五月十三日** 委員會を開き社長月成勲、委員大原義剛、美和作次郎、柴田繁太郎、香月恕藏、山崎和三郎、大隈桃三、喜多島淳、本松邦喜、岸本辰三郎、富田純之助、新開富太郎、藤島長和の十三名出席、社の役員を左の如く決定す

（相談役五名） 大原義剛、美和作次郎、喜多島淳、香月恕藏、新開富太郎

（幹事五名） 幹事長山崎和三郎、大隈桃三、山内惣作、藤島長和、吉田慶

（會計監査員二名） 井原勘夫、吉留靖

△**六月二日** 相談役會を開き月成社長、山崎、大隈、山内、藤島の四幹事も出席して社の資産整理完了の後は財團法人組織として社の基礎を強化する事を決議す

△**七月八日** 幹事會を開き今後毎月一回幹事會開催の事に決定す

△**十一月十六日** 臨時總會を開き財團法人組織の件を附議し定款原案を總務審議の結果少修正を加へて原案に決し理事、監事選任を美和、月成、新開、山崎の四氏が詮衡の結果左の如く推薦可決す

（理事七名） 理事長美和作次郎、新開富太郎、香月恕藏、末永節、大隈桃三、山崎和三郎、本松邦喜

（監事三名） 月成元俊、山内惣作、十時惟隆

△**十一月廿六日** 理事監事聯合協議會（月成社長病氣中に就き缺席）を開き藤島幹事より財團法人申請書を明二十七日其筋へ提出する旨の報告後美和理事長より左の諸項提案し大體之を承認す

一、書記一名又は二名を雇用する

一、理事の內一名を常務とする

一、宣傳に就いて九州日報社幹部と本格的に協調する事

一、本社の事業を各部門に類別し各理事に於いて適當に分掌する事、例へば教化宣傳、內政問題、滿洲問題、基金調達並に貨殖、其他

一、滿洲國の主なる新聞、雜誌を購讀する

一、劍道場の增設

一、其他數項

△**十一月廿七日** 藤島幹事、財團法人設立申請書を携へ縣廳に赴き、豫て本件に盡力せる岡田水産課長に閲讀を乞うたる上、係官へ正式提出した

△**十二月七日** 理事監事會を開催東京支社設置に關し美和理事長より頭山翁へ私信として報告依賴した旨を告げ、更に新開理事の提言に依り本問題を今年內に解決するため美和理事長が明後九日上京する事となつた、理事長は二十一日歸福す

△**十二月廿四日** 理事監事會を開き美和理事長より上京の模樣を左の如く報告す

上京中頭山翁、杉山翁、廣田外相、內田良平、中野正剛その他在京玄洋社々員に面談し、社革新の顚末、現狀等を詳細述べて諒解を求め、進んで社將來の發展的方針、方法に就いて意見を交換、更に東京支社設立問題、其他に關し諸氏と意見應答した

△**昭和十年一月七日** 豫て山內監事より社庶務係として推薦中の山田義隆君任用決定

△**四月十三日** 理事監事會開催、二月廿六日上京した美和理事長昨朝歸福出席し左の如く報告あり

東京支社問題は贊成者も多いが反對者もあり且つ杉山翁病氣中に就き廣田外相と會議の結果暫く宿題として觀望する事とした

社の財政

昭和九年五月六日、社長更迭に伴ひ喜多島前社長より月成新社長に引繼がれたる玄洋社財産明細書左の如し

▲土地ノ部

	坪	圓
宅地ノ一	四三一、八六	一三、四四七、四〇
〃 二	一七、一七	五二一、八〇
〃 三	四四一、六七	一、四四〇、一〇
計	四九四、九六	一四、三四八、八〇

▲建物ノ部　（坪當見積り三十圓）

	建坪	見積價格
明道館	五七、三五	一、八八三、八〇
玄洋社（延）	五三、七五	一、三五八、〇〇
寄宿舍（延）	六三、〇〇	一、六〇〇、〇〇
社宅（延）	三六、三五	一、〇〇〇、〇〇
圖書室	八、〇〇	二一〇、〇〇
東公園社宅	一七、五〇	八四五、〇〇
計（延）	二〇一、五五	六、六三三、八〇

▲有價證券ノ部

	株數	時價
東邦電力舊	八一〇	四〇、三二〇圓
九州水力新	一五〇	五、七〇〇
大阪商船舊	五〇	一、四四四
同　新	六	四〇〇
博多トロ	五	四〇
博多灣鐵舊	四〇	八〇三
同　優先	二〇	三、一六七
九州鐵道	五〇	五四〇
五分利公債	一	一〇五
復興債券	八	七三
計		六一、六〇一

▲借款ノ部

對十七銀行	八、五〇〇圓

（備考） 右擔保として東邦電力株三六〇、九州水力株一五〇を提供、日歩一錢九厘の割

△**昭和九年六月二日** 相談役會を開き昭和八年度の資金勘定に現れたる貸付金七千七百五十圓を九年度勘定中より削除せられたる點に就き質問頻發したるも結局該金額は單に記錄に止めて默殺するに決定して九年度歲入出更正豫算を原案通り承認、尚左の諸項を社長の處理に一任した

一、十七銀行の借款八千五百圓を返却の件（擔保物件賣却に據る）

△**六月十日** 臨時總會を開き社長更迭に依る事務引繼ぎの結果、並に九年度豫算を更正するの已むを得ざるに至りたる理由を月成社長報告通り承認したが、貸付金七千七百五十圓の削除に關しては更に善處方を社長並に相談役に一任する事となつた、本日の決議事項左の通り

一、社有宅地の內一部は喜多島淳、小野鴻之助、月成功太郎、安永東之助、河村武道、米澤生三の六氏共有名義なるも內五名は既に死亡せるに依り今回社の名義に變更する事

一、寄宿學生は經費の都合上時機を見て漸次整理の方法を執る事

一、其他

當日の出席者は左の三十五名であつた

柴田繁太郎、大隈桃三、吉田壽、牛島佳次郎、山内惣作、月成勲、香月恕藏、平田與衆、井上秀剛、美和作次郎、牛方大休、富田純之助、妹尾朔吉、中野三之助、藤島長和、吉田慶、新開富太郎、山崎和三郎、牛田大軒、大穗篤雄、大原義剛、横田正木、十時惟隆、谷口通弘、角野正起、月成元俊、本松邦喜、高田儀太郎、鍋島政之助、井原勘夫、武田彝之助、岩永久吉、藤原茂、岡本利三郎、久世庸夫

△**六月三十日** 相談役會を開き月成社長、美和、大原、香川、喜多島の五氏出席、問題の貸付金七千七百五十圓に就いて喜多島氏よりこれが內容を赤裸々に發表して遺憾の意を表し、玆に疑雲一掃釋然として散會した

△**九月一日** 本日の幹事會に於いて豫て十七銀行より借款せる八千五百圓に對する利息額が擔保の東邦電力株の總當額よりも高率なるを以つて八月十三日該株百五十株を六十三圓四十錢替にて賣却し債務を銷却したる旨月成社長より報告す

△**十一月十六日** 臨時總會を開催三十二氏出席、例の貸付金七千七百五十圓問題は去る五月以來種々議論紛糾を見たるも結局一部を除き大部分は回收不可能と判明したので、本日總會に於いて右貸付金に一切帳消しとする事に決議す

△**五月五日** 總會を開催し昭和十年度豫算案を滿場一致議決、尚廣田外相、戸藤愼太郎兩氏より年々寄贈される各一千圓は一般會計に繰入れず、特別會計として機關紙『玄洋』を發刊するに決定した

哀悼

梶原景敏君　五月八日、自宅で鼠を投げ棄てた拍子に急病を起し其のまゝ逝去、六十五歳

富田純之助君　五月二日、ドンタクに久世市長方で大いに活躍して歸宅後倒れて起たず、七十七歳

林重俊君　三月十六日逝去、六十六歳

阿部眞吾君　二月五日、五十六歳

臼井彌市君　二月二十二日七十

題字解説

「玄洋」の文字は孫文氏の書で社の額となつてゐるものから採つた、圖は福岡の書家葛岡年定氏の案で玄洋社を中心とする畫卷が結束を擬つてゐるもの

題字は今後毎號社員の諸氏に揮毫を乞ふ筈で次號は先づ新開理事にお願ひしてゐる

社の基礎！萬代不易の法人化
早くも理事制を實施

我國内外の事象が緊迫、上海事變を契機として頗る複雜性を加へ、東亞の盟主たるの地歩を確立するには非常の覺悟を要する、玆に於て我玄洋社の活動を期待する聲が澎湃として起つたのであるが、此の期待に應ずるには先づ是非の社の基礎を盤石の安きに置かねばならない、從來の事はさて措いて新時代の働きを爲すにはどうしても統制ある新組織に據らねば目的の達成は難かしい、玆にその手段として社の財團法人化が叫ばれ遂に昨年六月二日の相談役會に於いて、先づ財團法人化し社の基礎を強化すべしと決議されるに至つた、それより之が實現への準備工作に押かつたのであるが、さて中々事は面倒だ

社　創設以來數十年を經てゐるので其の間社の財産は種々の人の名儀となつて居り、それが判然しいのになると數人の名儀で然もその殆どが故人になつてゐるのがあり、是等のものを社有に歸一せしめる一方、種々出入ある會員の整理を爲すなど何しろ素人の仕事だから書類を整へる迄が容易でなかつた、かうした苦心は役員總掛かりである、他に池田辯護士にも御苦勞願つたのである、越えて十月一日[illegible]協議會を開き

月成社長、美和、大原、新開の各相談役、山崎、山内、大塚、吉田、藤島の各幹事出席

[illegible]作成の原案に加除訂正を加へて漸く本格的となり、十一月十六日の臨時總會に附議、こゝで更に幾分の修正あり同月二十六日豫て盡力せられる岡田福岡縣[illegible]議長に申請書の閲覽を乞ひ即日其の筋へ提出した

それより向は數回の訂正を命ぜられて目下當局で御査中であるから遠からず設立認可に接すれば、社の基礎も始めて固まり思ひ切つて活躍できるといふもの、又財團法人認可に先立ち昨年十一月十六日(別項決議錄抜萃參照)の臨時總會で社の運用制度を財團法人式に則つた理事、監事制を採用し社長を戴く從來の制度を廢し、之に依り月成社長辭め新役員は十一月末日を以て退き、翌十二月一日美和理事長を首班とする新役員に一切の事務、財産の引繼ぎがあり、爾後此の新陣容の下に着々活潑な歩みをつゞけてゐる

尚　參考の爲め財團法人申請書類中の設立趣意書を左に掲げる

財團法人玄洋社設立趣意書

本社ハ六十年來ノ創立ニ鑑リ一意皇室中心ヲ旨トシ愛國的社會奉仕ニ盡瘁シ來レルカ近年社會制度並ニ慣習ノ複雜化ニ連レ本社從來ノ自由會計法ニテハ經濟ノ基礎確立ト其安定ヲ期スル上ニ於テ聊カ不安ト不便ヲ感スルヲ以テ玆ニ財團法人設立申請ヲ必要トスル次第ニテ趣意書提出仕候

昭和十年　月　日

內務大臣　後藤文夫殿
文部大臣　松田源治殿

素晴らしき明道館の躍進
増築の議起る

明道館最近の活況は玄洋社の更新氣分を反映してか實に素晴らしい、殊に幼少年部の新入者が續々殖えるので道場增築が社幹部の間で議されてゐる程である、從つて技倆も全體的に向上して市內四道場中の随一と評されてゐる、[illegible]日稽古からの練習は正に白熱といふべく何れも渾身の勇を揮つて練磨に怠りない、寫眞は五月下旬の或る日の午後である

創刊早くも五十年 成人した福陵新報
玄洋社との提携強化

『頭山が新聞を出したら西から日が出やう』との冷評に『ヨシそんなら一つ西から日を出して見やう』と、翁が忽ち一萬圓の資金を掻き集めて創刊したのが、いま全國有力新聞の一つに算へられる九州日報の前身『福陵新報』である

事は餘りにも有名である、翻つて市內大黒町の同社では昭和十一年が創刊五十周年に當るといふので、目下記念事業の準備に鋭意努力してゐる、福陵新報は明治二十年八月十一日堂々左の陣容で創刊號を出した

社長頭山滿△副社長[illegible]△主筆川村淳△編輯局[illegible]

斯く玄洋社の手で育て上げ對內的に藩閥打破、對外的に國權擴張の二大旗を高揚してその正論の硬論は全九州を風靡するに至つた、明治三十一年五月十日九州日報と改題今日に至つたが最初の新聞社屋は本町に設け、間もなく濱口町へ移り更に中島町(南側)に新築し次いで同町の北側へ轉じ昭和七年新天神町の現社屋と絶えざる發展を遂げて來た、最初の印刷輪轉機は中島町時代購入されたが、それまでは手廻し機械であつたゝめ、玄洋社の青年社員は毎日午後から夜半まで機械のブリ廻しに扱き使はれたもので、その一人が今でも存命してゐる

現在の社屋は近世式の明快な建物で三階に一千名を收容する講堂と舞臺を備へ、四階にも[illegible]を有し、更に塔屋を始め各室を[illegible]と聳ゆるなど大體メインストリートの偉觀である、又活版工場は大阪以西第一の機械設備を完備し、印刷機は時速十二萬枚の九日式輪轉機二臺の威力を備へてゐる、今日玄洋社の革新と共に九州日報と玄洋社との關係は復古的密接度を加へる事となり期待してゐるが同社では去る五月一日新社長に森田久氏を据え、中野正剛氏が取締役會長の位置に控え定價値下など新機軸を試みつゝある、創立以來の主腦部變遷を左に記載する

▲福陵新報時代
社長　頭山　滿　　主筆　川村　淳
〃　　　　　　　　〃　中島勝義
〃　　　　　　　　〃　淺野陽吉

▲九州日報時代
社長　的野半介　　主筆　古島一雄
〃　宮川　武行　　〃　白河　二郎
〃　　　　　　　　〃　藏內　無隣
〃　福本　日南　　〃　福本　日南
〃　森山　守次　　〃　森山　守次
〃　菊池忠三郎　　〃　西田　鋭吉
〃　大原　義剛　　〃　篠崎昇之助
〃　中野　正剛　　〃　清水芳太郎
〃　河野　二郎　　〃　柳町　精
〃　千倉　豊　　　〃　清水芳太郎
〃　森田　久　　　〃

(附記)　川村主筆在任五ヶ年、古島氏就任明治三十二年、白河氏同三十六年、福本氏三十八年より五年間、森山氏時代の實權は杉山茂丸氏にあつた

同社現在の構成は左の如し

取締役會長中野正剛△取締役社長森田久△常務取締役木村富藏△同中野泰介△取締役王丸代吉△同坂田卯三郎△同藤村源路△同樋口昌弘△同新開富太郎△同清水芳太郎△監査役石田富太郎△同[illegible]藤一馬

戰績
五月の明道館

對警察試合　五月十二日午後一時より東公園武德殿に於いて警察講習所對道場聯盟柔道試合を舉行、明道館關係の勝負左の如し

警宇都宮二段　○明矢野初段
警江崎三段　○明中牟田初段
警古賀三段　×明兒島二段

武德會大會　大日本武德會福岡支部第三十三回演武大會は五月二十五、六の兩日東公園武德殿に於いて熱戰を演じ壯觀を呈した右大會に於ける明道館柔道選士の主なる戰績左の如し

▼有段者ノ部
○明道吉塚　大牟田松原
熊本支竹崎　○明道兒島
警練日野　○明道中牟田
福高西垣　×明道山內
○明道中牟田　勇武濱村
明道中島　×粕屋支佐谷
明道高島　×天眞八幡
福高商前田　×福工山內
京都支上野　○修猷矢野

▼無段者ノ部
福高鎌谷　○明道山下
明道母里　○八青大塚
明道山下　×福師福島
○福工入江　福農吉良
○福中梨田　○明道母里二
明道母里嘉　米中宗
西南李　×明道葉田
明道李　×九醫久保
飯塚蒲江　×明道松井儀
(山內、矢野、入江は明道館)

▼拔勝負ノ部
(無段者)　松井嘉直、玉井勝、渡邊督三の三君は三回戰まで頑張つて倒れ、本田兇君は最後の榮冠を獲得せんず勢ひであつたが是又四回戰で退いたのは返す〴〵も惜しかつた

(有段者)　期待されてゐた中牟田君は不戰一勝で二回戰に進んだが善戰甲斐なく退き、矢野憲一、高島新、兒島相三郎の三君は善戰悪闘三回戰の關門を突破したが四回戰に入るや力闘むなしく枕を並べたのは遺憾であつた

海戰記念大會　五月二十八日箱崎濱に於ける海戰記念會主催武道大會にての成績左の如し

▼個人勝負ノ部
○明道岡田　隻流小金丸
隻流園上　○明道李
○明道木田　海燃金子
○山田安野　明道西島
明道松井　×天眞財部
○明道母里　天眞帆足
○御供所山本　明道石橋
○天眞牟田　明道横山
○明道松井　隻流正木

▼團體ノ部　A組
○明道川原　隻流藤野
○明道添田　隻流瓜生

一回戰
(大名青)　(箱崎青)
松井　×　八尋
○母里二　野田
○萩田　遠藤
○川原　齋藤
○添田　林

二回戰
(大名青)　(簾寧青)
松井　○武井
○母里嘉　原田
○萩田　尾藤
川原　○齋藤
添田　古賀

二回戰は同點となり三回戰に入つて山田青年團と對抗の結果萩田勝ち母里二、川原分、松井添田負のため山田青年團優勝し二等御供所、三等大名であつた(大名青年は明道館)

▼團體ノ部　B組
(明道)　(隻流)
一回戰
木田　×　櫻田
松尾　×　津見
○母里嘉　北島
山下　○齋藤
○美濃部　吉田

二回戰
(明道)　(天眞)
○木田　石野
松尾　○渡邊
母里嘉　○牟田
山下　○帆足
○美濃部　小澤

右にて優勝天眞館、二等明道館、三等隻流館に決定

明道館員入團　波多江正之君(一級)橫山東造君(一級)六月一日佐世保へ▲松尾光次君(一級)七月一日佐世保へ

五十八回招魂祭
四月二十一日

明治十年、國家の難に呼應して起ち遂に斃れた武部、越智など舊社當年の志士の五十八回忌を迎へた去る四月二十一日午前十時より東公園[illegible]地にて招魂祭を執行した、[illegible]、久世市長、高武市助役、美和理事長、新開、月成、井原、山崎、平岡、香月、大熊、清水芳太郎氏等の他明道館の青年百餘名參列

[illegible]宮司、美和理事長の祭文朗讀のあとへ新開氏は當年の戰友から福岡城、[illegible]の襲擊、[illegible]までの壯烈なる戰況を當時の戰跡附近に據つて披瀝し終つて詩吟、演武を奉納した

殺到したドンタク
社玄關の賑ひ

本年のドンタクは、玄洋社として久方振りに郷土氣分を滿喫することが出來たのは愉快だつた、第一日の四月三十日、社の玄關に[illegible]を調へて待つ間に景氣好い囃子、踊りが次から次と[illegible]に這入りなき位の大賑ひ、博多仁輪加の久保田組も乘込んで得意の一場を披露して呉れた、こんな事は社では[illegible]く十數年振りの事で『更生玄洋社』の名が更めて市民の關心を買ひつゝある證左と見られやう、二日目の五月一日は福日[illegible]の中野正剛氏が九州日報新社長森田久氏を顔見せに連れて來、居合はした美和、山崎、新開、月成、十時、山內、平田、隈田、鍋島、大石氏らと歡談したが、中野氏が牛肉をハヅもうといふ事になり玄關のドンチャン騒ぎを鳴物に饗を囲み四食に時をうつした、社の日曜道館の森、松尾、創生會の淸水、谷田他數氏も飛び込じたが語り爭ふところ何れも意氣軒昂萬丈のメートルを上げた

昭和革新の創生會と同居す

漸く火の如き昭和維新論を掲げて不眠、不休の活躍せる九州日報主筆清水芳太郎氏を盟主と仰ぐ創生會の運動に共鳴せる玄洋社では、育英部學生寮廢止のため空家となつてゐた社內の寄宿舍を創生會に提供する事となり去る一月十三日移轉して來た、創生會は膨大な本部を得て創生の講習會、寄宿舍に便宜多く爾來一層活潑なる活動を見せてゐる事は喜ばしい

盛會だつた 聯盟脱退講演
聽衆外に溢る

我社主催の國際聯盟脱退一周年記念講演會を去三月二十七日夜七時より明道館道場に於て開く、降りしきる雨を冒して聽衆六百を算へ場外に溢れ出す盛況である、月成理事開會を宣し國歌合唱、新開理事講師を紹介して講演に入り、櫻井熊太郎少佐は東洋モンロー主義を論じて世界平和に貢獻を力說、次いで創生會幹事清水芳太郎氏は今こそ日本は堂々世界を闊歩する好機を迎へた、然しこの念願を實行に移すには先づ國內改造を斷行して十分の準備を完全にせねばならんと熱辯を揮へ降壇、香月理事の閉會の辭で萬歲三唱九時散會した

表弔制度を改む

社は從來社員の死亡に際し金三圓、家族の際は金二圓を靈前に供へ弔意を表して來たが、昭和九年八月四日の幹事會に於いて社の財政狀態と社員增加に鑑み爾今社員の場合にのみ金三圓を供へ、其の初盆會に金二圓の燈籠代を贈つて表弔する事に內規變更を決議した

極東國策の基礎認識

杉森孝次郎

ドイツは歐洲大戰後山東から手をひき、ロシアは滿洲國出生の結果完全に滿洲から離れ、イギリスにしても、フランスにしても、漸次支那の權益地から足を拔くべく餘儀なくされて居るやうな情勢にある。又ヨーロッパ諸國の全アジアに於ける市場は年々小さなものになりつゝある。南洋諸島に於ても近頃はヨーロッパの製品を以前のやうに文句なしに買ふと云ふ風が頓に減少して來た。

前世紀のヨーロッパは世界の工場であつたが、今日ではその工業がアジアにも成長して、日本がその尖端を切り、支那にも印度にも相次いで工業が起つてゐる。

アジアは自ら世界のアジアとなり、結局ヨーロッパはアジアと云ふ大なる市場を失つたのである。所がアメリカの方はどうかと云ふと、合衆國はその領土がヨーロッパ全體より廣大なる所から、大きな[illegible]目のよい市場を自國內に持つ所から、不景氣だと云つてもヨーロッパより高い勞働賃銀を支拂つて居り、益々南米諸國の市場に進出して、その市場は日に月に擴大されて居る。ヨーロッパは南米に於ても合衆國の爲めに市場から締出しを喰ひ、ヨーロッパは狹い狹いヨーロッパに還る事を強ひられ、然もそのヨーロッパには澤山の國が割據して

十重二十重の國防に汲々とし、政治經濟の不安をより深刻化しつゝある。それに小さな國民主義が跋扈し、國境を護るに血眼となり、內を固めるのに精一杯である。かゝるヨーロッパの趨勢は、ヨーロッパ諸國を淪落へ導くもの以外の何ものでもないのである。

杉森孝次郎氏

現在世界の民族にとつて最も大切な事は、その國家の範圍を出來るだけ大きく持つと云ふ事である。國家の範圍を小さくすれば、現在のヨーロッパの如く立ち行かなくなる。現在のやうにある地域をいくつもの國に仕切り、如何程國家としのぎをけづつても、決してあのやうな小さな國家地域からは大發展が生るべくもない。若しも現在のヨーロッパが、國境を打つて一丸とし、一大ヨーロッパを造つたならば

ヨーロッパは國力を回復し、再びアジアに向つて攻勢に出るかも知れない。ヨーロッパが一大ヨーロッパにする可能性は、今の所考へられないけれども、歷史の必然がそこまで進んだ際の事を豫期して、その爲めアジアの準備をして置くのも決して空事ではないから。

滿洲國の誕生は日本の大陸主義の第一步をなすものである。大なる國家組織は島の上だけには成り立ち得ない。若しも日本が大なる國家組織を持たないでしまふならば、機械文明の結果、地球の小さくなつたと云はれる今日以後、他の民族の大なる組織が日本を併せに來るのは不可避の事に屬する。

吾々は單にアメリカ、ロシア、イギリスと云ふ國々と對立して居るのではない

白人と云ふ大民族組織と政治的に對立して居るのでもあるので、白人は白人同士團結してアジアに迫る可能性をもつてゐるのである。これに具へるものを吾々に於いても等閑には出來ない。

滿洲國三千萬の人口の大部分は支那人即ち漢人であり、滿洲人と云ふものは二百萬人を出ない。そんな多數の漢人が何故に滿洲に集まつたかと云ふと、滿洲に行けば喰へる生活が保證されると云ふ所から、彼等は山東、河北を捨てゝ移住し定住するに至つたものである。滿洲國と北支那の關係は厳然と存在して居る。政治的には兩者は一ではないが、その民族、言語、風習、センチメント等に於ては區別する所を持たない。この點から見ると、滿洲國と北支那の關係と云ふものは甚だ密の濃いものとなるので、

由來國家と云ふものは現在でこそ固定してゐるのだが、歷史的に見れば動いて居るのである。その國家の伸縮につれて變るものである。滿洲國と北支那とは現に實質的には連つて居る。故に兩者は更にその關係を密にすべきである。即ち經濟的に、文化的に、兩者は一體化すべきであると思ふ。そしてその結果、必然的にそこへ新しい政治形態が發生するのである。

滿洲國の出生は日本の大陸國策の第一步、次いで北支那へ、又南支那へと、いよいよ吾々の目は延びなければならない。南西支那の雲南省には、佛領印度支那の地續きと云ふ所から、フランスは先づ經濟をのぼし政治的工作を進めつゝある。

發展すべき日本は、南部支那をより認識し、經濟的に文化的に、この方面へ働きかけるべきであり、更に又南洋の諸島がある。最後に云ひたい事は、日本の國策の論據を認識し、その正しき所以を世界に發表する事である。國際間に大陸國策の理由を示し理解を求める事である。日本が北支那、南支那、南洋にまで發展すべき理由は、ひとつの大なる國家を形成し、他日ヨーロッパが立ちなほり、アジア、殊に日本にせまつて來る將來に具へる爲めに外ならない。その他正しき理由は多々存する筈である。これを恐るゝ事なく世界に披瀝しなければならない。國際聯盟脫退以來、何か國際間題が新らしく起りはしないかと、國民一般ハラハラして居たが、今までの所大した事なく經過して居り、又日本の極東政策は全く合理的なものだと云ふ實際が、今日では反對論者の勢力に對抗し得るまでに高まりつゝある國際狀勢にある。

これ即ち日本の國策を彼等が正しく認識したからである。日本の云ひ分を諒解したからである。而して、國際間の認識と云ふものは日に日に進步して行くものであり、その正を正とし、邪を邪とする判斷はいよいよ明瞭なものになつて行く。この勢ひに乘じて世界に日本を認識せしめる。國策の論據を明かにしらしめる工作を聯にも怠つてはならない。（完）

寄宿學生を歸す

創設以來の出身者百餘名

玄洋社育英部が學生寄宿制度を廢した事は既に一般御承知と思ふが廢止の理由中最も主なるものは經費の關係にあるといへやう、同事業は大正九年四月の社の決議で誕生し、寄宿舍の新築落成を見た十年十月に第一回の寄宿生を入舍せしめ之を中等學校又は上級學校に通學せしめ、爾來の出身者は廢止までに百餘名に達したのであつた、之に要した社費は一萬圓を超えてゐやう、斯學出身者の中には現に相當の社會的地位を得た者もあるが、通信を社に寄せる者極めて寥々、大多數の消息不明なのは甚だ遺憾である、廢止に至る迄の經過を日誌から左に抄錄するが廢止決定はそれ以前の總會で決議されてゐる

△九月廿日　午後五時半寄宿學生の夕食後全部を集め月成社長より本月限り學生は歸宅し寄宿舍を引拂ふ、但し都合にては十月十五日まで延期して良しと言渡す

△九月廿四日　寄宿學生が夕刻には悉皆退散するに決心したので一同に對し本月末に各父兄に閉鎖の理由を話すから其の上解散式を舉げよと諭したるも遂に今夜退散した

△九月廿五日　寄宿生が十人共昨夜歸宅して了い家庭の諒解を得る方が遅れたので吉田、藤島兩氏出向く、遠方の向は手紙を出す

日誌拔萃

昨年五月より本年五月下旬まで一ケ年間に亘る社の日誌より決議錄と抵觸せざる雜件中の主なるものを左に拔萃した、社活動の概況は之に依りて其幾分を窺ふ事が出來やう

▽昭和九年五月廿日　恒例に依り東公園墓地に於いて明治十年役戰歿者招魂祭を執行す

▽五月廿四日　頭山滿翁八十歲、令閨六十五歲に達せられ本日金婚式舉行に就き左の祝電を發す

メデタキキンコンシキヲオイワイマウス

▽五月廿八日　昨日の海戰記念大會柔道試合にて明道館の勇士が優勝杯を獲得せるを以つて凱旋祝の盃を舉ぐ

▽六月三日　廣田外相を後援する弘毅會發會式を午後一時より縣公會堂にて舉行、來會者五百名內社員十數氏出席す

▽六月五日　巨人東鄉元帥國葬日とて敬悼す

▽六月十九日　福岡國際陸上飛行場誘致運動に就き福岡市土木課長より社の應援方依賴あり諾す

▽六月廿二日　牛島君の嗣子妻女の葬式を淨慶寺にて執行

▽六月廿七日　霖雨霽れて暑氣激烈

▽七月一日　在京中野正剛氏令閨逝去の報に接し弔電を贈る

▽七月二日　連日の暑氣激しく稻作旱魃の悲鳴各地に起り雨乞祈禱、水喧嘩隨所に起る

▽七月五日　鞍手郡山口村の木本盤之助氏より故由綿熊三郎氏の小傳を送り來る

▽七月十三日　小幡虎太郎氏滿洲より歸京の途次、伊丹氏同伴にて來社す

▽八月五日　此の夜明道館大會あり百數十名の少年組その他二、三段の猛者活躍して非常の盛會であつた

▽八月七日　森清氏初盆會に就き燈籠料を郵送す

▽八月十五日　森、牛島兩家の初盆に就き月成社長參拜す

▽八月十八日　讚井君來社す、君咽喉を切開して　を挾めて呼吸するの難病に罹りて入院久しきに亘つたが少康を得て退院の由七十五歲の老人誠に氣の毒である

▽八月廿七日　上京中不幸盲腸炎に罹り入院中の久世市長に見舞狀を出す

▽八月卅日　けふ頃に冷氣加はり心氣爽快、寄宿舍の大掃除を學生總動員にて働き饅頭と茶で慰勞す

▽八月卅一日　牛方君久方振りで來社、步行に杖が力で和服に紕は氣の毒に見えた

▽九月八日　午後二時頃より豪雨あり夜に入りて益々激甚を極む旱魃の後とて慈雨には遠く、天帝の惡戲

▽九月十二日　美和、月成、喜多島、吉田、藤島諸氏饅頭を囓りて玄洋社の懷古談あり

▽九月十六日　山內強作氏令弟の葬式に月成社長、各幹事會葬す

▽九日廿一日　昨夜來の風雨にて京阪地方の損害激甚を傳ふる新聞號外頻々と來る

▽九月卅日　故箱田六輔社長の未亡人永逝の電報あり月成社長より弔電を發す

▽十月八日　豫て計畫中の崇福寺境內玄洋社員墓標調查を吉田、藤島兩人にて行うたが其數は百五十一名に上つてゐた

▽十月十一日　井上欽次君來社して東京に於いて南洋青年を敎育しつゝある狀況を語る

▽十月十四日　喜多島前社長本日社宅より病院に轉居せらる

▽十月廿一日　月成社長社宅へ轉居す、本日より警固神社遷座式にて市中賑ふ

▽十月廿二日　崇福寺新住職坂上純外師の晉山式あり社長對金を持行

▽十一月七日　久世市長全快祝賀會を午後五時より商工會議所三階にて開催、藤島氏出席す

▽十一月十一日　午前十時より恒例の崇福寺社員追悼會を催す參會者六十四名、秋晴の好天氣にて盛會裡に午後二時解散

▽十一月十七日　三瀦郡青木村の納戶鹿之助氏より「烈士の面影　鐘崎三郎傳」を送り來る

▽十一月廿三日　明道館範士柔道五段の本松邦喜氏は去る十六日玄洋社臨時總會へ出席の途中、腦溢血にて倒れ入院加療中の處本日午後十時遂に永眠さる誠に哀惜の至りである

▽十一月廿五日　故本松君の葬儀を午後四時より地行西町眞福寺にて營まれ、明道館員その他多數會葬あり、美和、大隈兩氏は弔辭を讀み盛葬であつた

▽十二月十七日　頭山翁より社宛て塩鮭一尾到着、前例に習ひ椎茸を返禮として送る、右の鮭は新年宴會の食膳に供し翁の好意を披露する

▽十二月廿日　社宛て塩鮭一尾到着せるも熊谷驛差立とのみにて荷札紛失の爲め差出人判明せず遺憾乍ら禮狀發信不能

▽昭和十年元旦　舊臘多端なりし吾社も更新第一の新春を迎へたり、切に各位の御奮闘を祈る、午後一時明道館に於いて拜賀式を舉げ館員三十五名出席、屠蘇の盃を舉ぐ

▽一月七日　新年宴會通知狀八十二枚發送、社員名簿二百冊印刷を註文す

▽一月十二日　新年宴會、鼻息凄じき猪突猛進の春に方り吾玄洋社は本日の意義ある新年宴會を舉行した、午前九時より社員續々出社、正午より明道館の勇壯なる演武あり同二時舉式。一、山內監事開會の辭二、西原茂太郎中將の講演三、中野正剛氏の講演四、美和理事長の上京經過報告ありて開宴、六時盛會裡に散會した、出席社員五十六名、來賓九名、明道館員十三名

▽一月十九日　明道館鏡開き

▽一月廿一日　美和理事長より大隈外相を襲擊する一瞬間前の來島恒喜氏に面會されし時の有樣を追想しての談話あり出席者一同感奮して寒夜を辭す

▽一月卅一日　月成勳氏、市內簀切町五〇ノ一大和勝三郎氏方へ移轉さる

▽二月十一日　建國祭、社員阿部眞吾氏逝去

▽三月一日　大學病院入院中の香月春藤氏見舞の爲め山田書記出向す

▽三月五日　月成監事社を代表して中學修猷館卒業式に臨席

▽三月十一日　社員藤村源路氏三女文子氏死亡に就き十三日告別式の旨通知あり

▽三月十二日　香月理事退院出社さる、財團法人申請書不備の爲め差戻され、新開、月成兩氏更に研究す

▽三月廿五日　社員林重俊氏埋骨式に數名參列

▽三月廿六日　明日玄洋社主催、聯盟脫退記念講演會開催に就き宣傳ビラ二千枚を電車內に吊る

▽四月廿一日　十年役殉死者招魂祭を東公園墓地に於て執行す、天候に惠まれて參拜社員四十餘名、遺族を合せて百餘名に達す美和理事長祭文を朗讀し、新開理事十年役沿革史を朗讀、次いで奉納詩吟、劍舞、演武大會にて六時半終了した

▽五月三日　富田氏告別式に山崎新開他十氏參列す、機關紙發行に就き縣高等課及郵便局を訪問

▽五月六日　中野正剛氏歸東に就き山田書記見送る

▽五月九日　機關紙發刊に就き保證金を供託す

▽五月十二日　楢原豪敏氏葬儀を浪人町吉祥寺にて執行され山崎新開他十二氏會葬

▽五月十三日　二十三日東京にて頭山翁、杉山翁金菊式舉行に就き代表として山內強作氏に上京方を交渉するほか祝詞並に御祝品博多織座布團各一枚を贈呈する事に決定

▽五月廿日　新京箱田操六氏尊父死去弔電を發す

▽五月廿五日　杉山翁より金菊式祝品の禮狀到着

餘滴

「玄洋」創刊に就いてお引受けしたものゝ取材の範圍が限定されてゐるので少し苦心しました。

○

清水芳太郎氏には風邪臥床中に執筆の約を果された事を深謝致します。

○

今後は成るべく社友、社員方の寄稿で行きたいと思ふ、此の點錚々の顏觸の多い社の事とて心强く感じます。

○

寄稿は論文、隨筆、詩歌はもとより歡迎、然し無論玄洋社の精神に合致したものでなければなりません。

○

社員、社友の動靜は細大問はず御通知を乞ふ、創刊之辭にもある通り消息交換は本紙の重大使命の一つです（竹）

福岡市西職人町五十七番地
發行兼編輯人　山田義隆
福岡市大字春吉百九十番地
印刷人　開　藤次郎
福岡市西職人町五十七番地
發行所　玄洋社

定價　一部郵稅共金三錢

【資料③】 玄洋社関係史跡一覧

福岡藩医岡家長屋門（糟屋郡須恵町須恵）

＊直接、玄洋社あるいは玄洋社員に関わるもののほかに、筑前勤王運動、明治十年福岡の変、およびそれらに密接に関連する事項についても取り上げた。地域的には福岡都市圏を中心に、一部隣接する地域を含む。〔 〕内⇩数字は、関係写真が掲載されている本文ページ。

（平成二十二年〔二〇一〇〕八月一日現在）

1　「玄洋社跡」碑

福岡市中央区

1　「玄洋社跡」碑（妹尾憲介書）　福岡市中央区舞鶴二丁目▼旧西職人町に面した玄洋社跡で、現在はNTTドコモのビルが建つ。平成九年、（社）玄洋社記念館が建立。

2　「黒田家濱町（はまのまち）別邸跡」碑（黒田長久書）　福岡市中央区舞鶴三丁目▼昭和五十八年建立。廃藩置県後、黒田家が東京に移住したので、福岡に別邸が置かれた。戦災で焼失。土地の収益をもとに、（財）黒田奨学会が奨学金制度をもうけている。

3　頭山満銅像台座（正面に「巨人頭山満翁　詠士題」と刻む）　福岡市中央区赤坂一丁目・明道館▼明道館は西職人町にあった玄洋社の付属道場だったが、戦災で焼失し、戦後、浜町に（財）明道会によって再建される。昭和三十六年現在地に移転。銅像は戦前、明道館に置かれていたが、今は台座のみが残る。書は宮嶋詠士（大八）。米沢藩出身の書家で、清国で書を学ぶ。後、善隣書院を開く。

4　「廣田弘毅先生生誕之地」標柱（出光佐三書）　福岡市中央区天神三丁目▼旧鍛冶町の生家跡に、昭和五十三年、生誕百年・三十回忌を記念して建立された。

5　「水鏡（すいきょう）神社」標柱（廣田弘毅書、明治二十八年建立）　福岡市中央区天神一丁目・水鏡天満宮▼満十七歳の廣田丈太郎（後、弘毅と改名）が書き、石工である父徳平が彫ったもの。鳥居の額が少年時代の廣田の書と言われるのは間違い。「天神」の地名はこの天満宮の祭神菅原道真（神号・天満大自在天神）に由来する。

6　月形洗蔵墓　福岡市中央区天神三丁目・少林寺▼慶応元年（一八六五）、勤王派への弾圧事件（乙丑（いっちゅう）の獄）で斬首となった。

7　「征討総督有栖川宮熾仁（たるひと）親王仮本営阯」碑　福岡市中央区天神四丁目・勝立寺（しょうりゅうじ）▼西南戦争の際、博多湾に入った有栖川宮熾仁親王が一時、本営を置いた。

8　旧福岡県公会堂貴賓館　福岡市中央区西中洲▼明治四十三年建設。国重要文化財（建造物）。中華民国初代臨時大総統を辞任した孫文が、大正二年に福岡を訪れた折に、公会堂で歓迎会が開かれ、貴賓館に一泊した。

9　「東学問所跡・修猷館跡」碑　福岡市中央区赤坂一丁目▼藩校修猷館跡。天明四年（一七八四）に同時に開校した西学問所・甘棠館（かんとうかん）（寛政十年〔一七九八〕廃校）に対し、東学問所と呼ばれた。

10　「緒方竹虎先生屋敷跡」（福岡市長進藤一馬書、昭和五十四年建立）　福岡市中央区赤坂一丁目

15　廣田弘毅銅像

11 **柔道道場天真館**　福岡市中央区渡辺通五丁目▼明治二十三年、内田良平（満十六歳）が博多鰯町に創立（自剛天真流）。昭和七年現在地に移転。講道館柔道を九州で最初に伝えた道場である旨を刻んだ石碑があり（昭和四十四年建立）、「変遷略記」が掲げられている。

12 **福岡城桐木坂**（きりのきざか）　福岡市中央区城内・福岡城跡▼三ノ丸から二ノ丸へ至る三つの坂の一つ。明治十年福岡の変の際、旧福岡士族と鎮台兵が戦火を交えた戦跡である。「桐木坂御門跡」の標石がある。

13 「**招魂社**」**鳥居**（明治二年建立）福岡市中央区六本松一丁目・福岡県護国神社▼東公園から移されたものであろう。東公園に「官祭妙見馬出（まいだし）招魂社遺跡保存地」が残る。

14 「**第十七代福岡市長・福岡市名誉市民進藤一馬氏像**」（銅像、木戸龍一作、平成四年建立）福岡市中央区大濠公園・福岡市美術館▼最後の玄洋社社長。（社）玄洋社記念館初代館長。

15 「**廣田弘毅像**」**標柱・廣田弘毅銅像**（緒方敏雄作）・「**廣田弘毅先生銅像碑銘**」**碑**（進藤一馬撰ならびに書、昭和五十七年建立）　福岡市中央区城内▼廣田弘毅は第三十二代内閣総理大臣、A級戦犯として刑死。

16 「**筑前勤王党首加藤司書公屋敷跡**」**標柱**（昭和三十六年建立）　福岡市中央区桜坂二丁目

17 「**野村望東尼誕生之地**」**標柱**（昭和十年建立）　福岡市中央区赤坂三丁目

18 「**月形洗蔵居宅跡**」**標柱**（平成二年建立）　福岡市中央区赤坂三丁目

19 「**箱田六輔之墓**」（鐵舟山岡高歩（たかゆき）書）［⇩168］・「**筒井家累代之墓**」（頭山満実家）　福岡市中央区今泉二丁目・長圓寺

20 「**頭山家累世之墓**」（明治四十五年、頭山満建立）　福岡市中央区大手門三丁目・圓應寺▼頭山満墓でもある。

21 「**平野二郎国臣像**」（銅像、日展評議員安永良徳作）　福岡市中央区西公園▼平野国臣は元治元年（一八六四）京都六角の獄で謀殺された。戦時中に銅像（国臣の甥・田中雪窓作、大正四年建立）が供出されたため、百年祭にあたる昭和三十九年に再建された。右足をやや踏み出した立ち姿は同じだが、元の銅像と、顔の向きや刀の位置にやや違いがあるようだ。

22 **徳富蘇峰漢詩碑**（蘇峰徳富正敬（しょうけい）書、昭和十六年建立）　福岡市中央区西公園▼表面に漢字二十八文字が刻まれている（推測するに、七言絶句か）。裏面に「為二士気振作一建レ之」とあり、頭山満・廣田弘毅（いずれも自署）ほかの名前が並んでいる。

29　中野正剛銅像

23　吉岡友愛大佐銅像跡　福岡市中央区西公園▼吉岡大佐は玄洋社員で、歩兵第三十三連隊長として日露戦争の奉天会戦で戦死した。銅像は戦時中に供出。福岡県が昭和五十一年に建てた標石がもとあった位置を示す。

24　「加藤司書公銅像」標石・加藤司書銅像台座（司書作〝筑前今様〟を前面に掲げる）・**「加藤司書公略伝」碑**（進藤一馬書、百年祭記念で昭和四十年建立）　福岡市中央区西公園▼加藤司書は慶応元年（一八六五）の乙丑の獄で割腹した。筑前今様は七・五を四回繰り返すのを基本とする歌の形式（黒田節（黒田武士とも）がよく知られている）。徳成（のりしげ）（司書の諱（いみな））書の今様（一箇所が字余りになる）は、

皇（すめら）御国（みくに）の武士（もののふ）はいかなる事をか勤むべき
只身にもてる赤心（まごころ）を君と親とに尽（つく）すまで

25　「中野正剛先生生誕之地」プレート（進藤一馬書、生誕百年記念に昭和六十一年設置）　福岡市中央区荒戸一丁目

26　「西学問所跡　甘棠館（かんとうかん）」碑　福岡市中央区唐人町三丁目▼甘棠館は天明四年（一七八四）開校の藩校。東の修猷館と並び立ったが、寛政十年（一七九八）に焼失し、再建されずに終わった。館長亀井南冥の学統は私塾として伝わり、玄洋社生みの親高場乱（おさむ）も亀井学の流れをくむ。実際の甘棠館跡は石碑の南側、唐人町一丁目で、その名にちなむ甘棠館Show劇場が活動している。

27　桝木屋（ますごや）跡　福岡市中央区唐人町三丁目・唐人町北公園▼桝木屋町（ますごやのちょう）に面して「桝木屋」があり、本来は計量の升を製作するところだったが、幕末から明治にかけて、平野国臣をはじめ、重罪犯を収容する牢屋の役割を果たしていた。慶応元年乙丑の獄では十四人が斬首、明治九年秋月の乱では二人が斬首、同十年福岡の変では五人が斬首となるなど、国事犯の処刑が相次いだ。すぐ北の浜辺に置かれていたと覚しい「舛木屋抱（かかえ）」地の境界石が残されている。

28　「史蹟平野國臣先生誕生地」標柱・「平野國臣君追慕碑」（金子堅太郎撰・興膳駿郎書）・**「平野國臣誕生之地」碑・平野国臣歌碑**（昭和五十八年建立）　福岡市中央区今川一丁目・平野神社▼平野国臣を祭神とする。興膳駿郎は東京府職員の能書家、奈良原至のいとこにあたる。

29　「中野正剛先生碑」（題字緒方竹虎書、碑文蘇峰徳富正敬撰・進藤一馬書）・**中野正剛銅像**　福岡市中央区今川二丁目・鳥飼八幡宮

30　「金子堅太郎先生生誕地」標柱

36「加藤司書公歌碑」

福岡市中央区鳥飼三丁目・埴安神社▼ただし、実際の生誕地（鳥飼三丁目十四―二十五）から動かされている。金子堅太郎は旧福岡藩士出身で、米ハーバード大学に留学。日本法律学校（現日本大学）の初代校長。伯爵・枢密顧問官。

31「**中山紀年碑**」（魏道明書、昭和四十年建立）［⇩279］福岡市中央区南公園▼中山は孫文の号。亡命時の日本名でもある。孫文生誕百周年の記念に九州、特に福岡在住の華僑が建てた碑。

32「**野村望東尼山荘跡**」標柱・「**平尾山荘遺址之碑**」（正二位勲一等伯爵東久世通禧撰・望東尼外孫二川近書、明治四十一年建立）・「**贈正五位野村望東尼の歌**」碑（東久世通禧書）・「**野村望東尼像**」（銅像、胸像、日展審査員原田新八郎作、昭和四十二年建立）福岡市中央区平尾五丁目▼山荘が復元されている。

福岡市博多区

33「**人参畑塾趾**」碑（頭山満書）福岡市博多区博多駅前四丁目▼玄洋社の生みの親といわれる高場乱の私塾・興志塾（地名をとって人参畑塾と通称された）の跡。

34「**玄洋社墓地**」標柱［⇩209］・「**高場先生之墓**」（勝海舟書）・「**頭山満先覚之墓**」（宮川五郎三郎書）、「**来島恒喜之墓**」・「**玄洋社員銘塔**」（銅板、昭和四十七年建立）［⇩15］・「**満洲義軍志士之碑**」（真藤慎太郎書、昭和四十年建立）［⇩209］、「**明道館柔道之碑**」（進藤一馬書、創立八十八周年を記念し昭和五十九年建立）・「**自剛天真流奥儀相伝者銘塔**」（銅板）・「**先亡霊塔**」（合葬の碑）福岡市博多区千代四丁目・崇福寺▼黒田家菩提寺。山門前に「頭山満先生之墓所」標柱、一般墓地に「香月恕経之墓」など玄洋社関係者の墓多数あり。玄洋社墓地を区画する柵石は、元あった玄洋社社員の墓石多数が転用されている。

35「**官祭妙見馬出招魂社遺跡保存地**」標柱・「**招魂社の由来**」碑・「**旌忠祠碑**」（宮本茂任撰）・「**玉砕光存**」碑（宮本茂任撰・高津武人書、明治十七年建立）・「**石心松操**」碑（題額有栖川宮熾仁親王、碑文東久世通禧撰ならびに書）福岡市博多区東公園▼旧招魂社跡（現在の福岡県護国神社に合祀）。乙丑の獄（筑前勤王党弾圧事件）その他の殉難者と戊辰戦争で戦死した福岡藩兵を祀る。明治三十九年、妙見招魂社を馬出招魂社に合祀し、妙見馬出招魂社となる。

36「**加藤司書公歌碑**」福岡市博多区冷泉町・天福寺跡▼東長寺向かい側。

45「博多港修築第一期工事竣工記念碑」

平成元年建立。勤王家加藤司書切腹地。加藤司書作〝筑前今様〟と辞世の歌を刻む。

37「明治二十七八年征清記念之碑」（元帥・小松宮彰仁親王書）福岡市博多区上川端町・櫛田神社▼寄附人名の先頭に平岡浩太郎の名がひときわ大きく刻まれている。

38 万行寺前町より社家町に至る道路拡幅記念碑　福岡市博多区冷泉町▼「博多町家」ふるさと館向かい側。明治三十五年建立。表に平岡浩太郎・大野仁平・児島哲太郎の名を刻む。

39「奈良原家先祖累代之墓」　福岡市博多区博多駅前一丁目・承天寺（じょうてんじ）▼奈良原至の墓である。

40「平岡君之碑」（題額大隈重信書、碑文大原義剛撰）・**「平岡浩太郎墓」**（明治四十年建立、頭山満撰）福岡市博多区御供所町（ごくしょまち）・聖福寺▼平岡家の墓域内にある。大正二年に孫文が墓参に訪れたことがある。

41 廣田弘毅墓　福岡市博多区御供所町・聖福寺▼廣田弘毅夫妻の墓と、弘毅の父・徳平夫妻の墓が並び建つ。

42 加藤司書墓・加藤司書贈位記念碑・加藤司書作〝筑前今様〟碑　福岡市博多区御供所町・節信院▼筑前勤王党のリーダー加藤司書の菩提寺。司書の子で、明治十年「福岡の変」で刑死した加藤堅武（かたむ）の墓もある。

43 子安観音［⇩200］福岡市博多区御供所町・節信院▼閔妃（ミンビ）事件に参加した藤（とう）勝顕が閔妃の顔に似せて制作を依頼したとされる銅像を、戦後石仏として再建。

44「杉山家累祖之墓」（杉山泰道（たいどう）〔夢野久作〕書）福岡市博多区中呉服町・一行寺▼大正五年建立。作家夢野久作は杉山茂丸の子。まさに流麗な筆跡である。

45「博多港修築第一期工事竣工記念碑」（廣田弘毅書）福岡市博多区沖浜町▼脇に解説を書いた副碑がある。

46「贈正五位　望東禅尼墓」　福岡市博多区吉塚三丁目・明光寺▼野村望東尼の墓。

47「奉納」手洗石（廣田弘毅書）福岡市博多区吉塚七丁目・松ノ森稲荷神社▼昭和十九年、中国漢口の田尻洋行田尻治郎夫妻が寄贈したもので、廣田は頼まれて「奉納」の二文字を書いた。

福岡市東区

48「明治九年の変先覚烈士之碑」（進藤一馬書）福岡市東区箱崎一丁目・筥崎宮▼百年目の昭和五十一年に建立。神風連の乱・秋月の乱・萩の乱の顕彰碑。

49「米山辨財天」碑（昭和五年建立）福岡市東区箱崎一丁目▼廣田弘毅の父徳平は箱崎の出身で、福岡鍛冶町の石

53 「頭山満手植之楠」碑

工廣田家の養子となった。「林長右衛門孫、廣田徳平」の名で建てたもの。

福岡市南区

50「**魂**」**碑**〔⇩234〕・**箱田六輔碑**〔題額山岡鐵太郎〔鉄舟〕書、碑文香月恕経撰・宮小路康文〔浩潮〕書、明治二十七年建立〕〔⇩152〕・**舌間慎吾碑**・**松浦愚碑**〔題字頭山満書、碑文益田祐之撰・松浦到書、昭和三年建立〕〔⇩72〕・**福岡党挙兵碑**〔瀧田懋吉(もきち)〔紫城〕撰・関秀麿書、明治十二年建立〕・**香月恕経碑**〔題額副島種臣書、碑文井上哲次郎撰・桂樵(けいしょう)大城谷政書、明治三十四年建立〕・**清水正次郎碑**〔題額「操心純一(じゅんいつ)」枢密院議長公爵山県有朋書、碑文枢密院副議長伯爵芳川顕正撰・陸軍少将大島健一書、福岡玄洋社建設〕 福岡市南区平和四丁目・平尾霊園▼東公園から移された、玄洋社ゆかりの福岡の変・箱田六輔・舌間慎吾・松浦愚・香月恕経・清水正次郎の記念碑群。区域内解説の石碑も建つ。「魂」の碑の正面には、明治十年福岡の変の指導者として死刑になった武部小四郎・越智彦四郎の辞世、周囲の銅板には福岡の変殉難者の氏名と年齢を刻む。清水正次郎は明治四十四年、天皇が陸軍特別大演習に臨んだ折、門司駅構内で回送中の御召列車が脱線した責任を負って自殺した鉄道員。玄洋社はその精神を後世に残そうと建碑した。

51「**海外同胞長逝者招魂碑**」〔外務大臣廣田弘毅書〕 福岡市南区平和四丁目・平尾霊園▼昭和五十五年、東公園から移された。

52 **穴観音** 福岡市南区寺塚二丁目・興宗寺(こうしゅうじ)▼古墳の石室に仏像が彫られた穴観音は、明治十年三月、福岡の変の挙兵密議の場所として利用された。

福岡市城南区

53「**頭山満手植之楠**」**碑**〔題字筒井亀来〔頭山満実兄〕書、柴田文城撰、昭和三年建立〕・「**筒井條之助君記念碑**」〔題字犬養毅書、碑文益田祐之撰ならびに書、大正十一年建立〕 福岡市城南区西新二丁目・西新緑地▼頭山満の本来の生家筒井家は西新岩田屋〔現西新エルモールプラリバ〕の敷地になったため、楠と記念碑が西新緑地に移されている。筒井條之助は頭山満の甥で娘婿。楠は慶応元年〔一八六五〕に十一歳の頭山満が、楠公〔楠正成〕に私淑した記念に苗を植えたもの。頭山満は、帰郷のたびに、成長する幹を抱きしめたという逸話が残る。

54「**カフェあによ**」 福岡市城南区西新一丁目・西新エルモールプラリバ地下二階▼頭山満の生家・筒井家の跡〔地下部分〕、楠のあった位置に当たる。

55「**末永節(みさお)先生頌徳碑**」〔頭山泉書〕

福岡市城南区東油山・油山観音▼光ケ滝の上にあるため、麓から遠望できるが、通常の方法では接近できない。滝上の岩壁に汪兆銘と頭山満の書が刻まれている。また末永の肖像（円形の金属板レリーフ）が岩肌にはめこまれている。油山観音の収蔵庫には「末永節先生米寿祝賀会」記念額（木製、中央に末永節の肖像画あり、昭和三十一年、於二東公園旧武徳殿一）が保管されている。

福岡市早良区

56　修猷資料館（昭和五十一年開館）　福岡市早良区西新六丁目・福岡県立修猷館高等学校▼廣田弘毅・中野正剛・緒方竹虎・安川第五郎・和田三造・夢野久作など、玄洋社員およびその関係者の中に、修猷館高校の前身である中学修猷館の卒業生（中退者も）がいる。修猷資料館には作家夢野久作の学生時代の水彩画も展示されている。

57　野芥櫛田神社絵馬　福岡市早良区野芥四丁目・櫛田神社▼明治十一年奉納の絵馬で、西南戦争福岡の変の戦闘を描く。櫛田神社にたてこもる福岡士族と、周囲から攻める官軍。炎上する周辺の村々が描かれているが、近年、絵の具の剥落・退色が著しい。

58　「高木安吉墓」（高場乱撰・水野流書）・**「遺芳萬古」碑**（題額玄洋社長・前福岡市長進藤一馬書、碑面には高木安吉墓の墓誌を写す）　福岡市早良区田村三丁目・西念寺門脇▼高木安吉は明治十年福岡の変に参加し、懲役二年、堺県預けとなり、一年余りで獄中病死した。享年三十二歳。

59　「山神社」鳥居額（廣田弘毅書、昭和十六年建立）　福岡市早良区曲淵

福岡市西区

60　「贈正五位堀六郎墓・贈正五位斎田要七墓」（尾嵜臻（いたる）書、大正元年建立）　福岡市西区玄界島▼堀六郎・斎田要七は勤王の志士。慶応二年（一八六六）玄界島の浜で処刑される。発起人に頭山満・安川敬一郎らの名が見える。

筑紫野市

61　「月形洗蔵幽閉の地」碑（筑紫野市長楠田幹人書）　筑紫野市古賀▼勤王の志士が弾圧を受けた庚申（こうしん）の獄（万延元年（一八六〇））により、翌文久元年に月形洗蔵はこの地で牢居の身となった。昭和六十二年建立。

62　「東洋の國士杉山茂丸遺跡」標柱　筑紫野市大字山家・個人宅▼若き日の杉山茂丸の住居跡に昭和三十八年建立。

63　「初代谷彦一翁頌徳碑」（運輸大臣中村寅太書、昭和四十一年建立）　筑紫野市・JR二日市駅前▼若き日の頭

62　「東洋の國士杉山茂丸遺跡」標柱

64「谷翁頌徳碑」

山満を金銭的に援助した資産家。明治二十二年、九州鉄道開設の際、駅の敷地を提供するとともに、路線の敷地買収に尽力した。

64「谷翁頌徳碑」（題額男爵千家尊福、節堂井上收撰、桂樵大城谷政書）筑紫野市二日市北一丁目▼63と同じ谷彦一の顕彰碑。文中「頭山満・平岡浩太郎之未㆓雄飛㆒也、有㆑頼㆑君。以養㆓大翮㆒。二氏、後得㆓顕名㆒。」とある（169ページ参照）。明治三十三年没。享年四十七歳。

太宰府市

65「七卿西竄（せいざん）□□（記念カ）碑」（股野琢（宮中顧問官）撰・濱口吉右衛門書、大正二年建立）太宰府市・太宰府天満宮▼延寿王院門脇に建つ。銅板レリーフに「七卿落ち」（雨中、蓑笠姿で三条実美ら七卿が京都から長州へ逃れた）の場面が描かれている。碑文は当時随行の壮士・伯爵土方久元（旧名楠左衛門）の依頼を受けて書かれたもの。文久三年（一八六三）八月十八日の政変から五十周年を記念した。

66「五卿遺蹟」碑（公爵三条公輝（きんてる）書）太宰府市・太宰府天満宮▼慶応元年（一八六五）から同三年まで五卿が滞在した、延寿王院境内に建つ。この間、土方楠左衛門・中岡慎太郎が随従し、西郷隆盛・高杉晋作・坂本龍馬も来訪するなど、京都と並ぶ尊王攘夷派の拠点であった。太宰府市・筑紫野市・糟屋郡宇美町など太宰府市周辺には五卿歌碑が多いが、いずれも略す。

67「神風連　立嶋駿太烈士之碑」（進藤一馬書）太宰府市内山・竈門神社▼神風連の乱に参加し、再挙を図って宝満山まで逃れたところで捕縛されたが、黙したまま食を断って死す。

68「夢想権之助神社」・「神道夢想流杖道発祥之地」碑（昭和五十一年建立）太宰府市内山・竈門神社▼神道夢想流杖術は福岡藩下級士族がたしなんだ古武道で、勤王の志士、玄洋社員に練達した者が多かった。人を傷つけず、殺さない武術で、巡査の警棒（短杖）もこれに由来する。

朝倉市

69「福岡県警部穂波半太郎殉職之趾」碑　朝倉市千手・明元寺▼穂波半太郎は旧福岡藩士、勤王の志士。明治九年、秋月の乱に際し、明治七年佐賀の乱の際の行動をとがめられ、旧秋月藩士に斬殺された。福岡県最初の殉職警官。甘木警察署が昭和十二年に建立。

小郡市

70「彼岸土居古戦場」（説明板、昭和五十五年作成）小郡市乙隈▼明治十年福岡の変参加の旧福岡藩士族の一隊

が秋月に向かう途中、鎮台兵・巡査隊と遭遇し全滅した。別行動を取った、残余の一隊は秋月へ入った。

糸島市

71「野村望東尼像」（銅像、胸像）・**歌碑・「野村望東尼御堂」**（復元獄舎を改築したもの）糸島市志摩姫島▼望東尼は慶応元年（一八六五）乙丑の獄で姫島に流され、獄舎に幽閉された。翌二年、高杉晋作の命を受けた同志により救出され、同三年、三田尻（現山口県防府市）で死去。

宮若市

72「福岡藩犬鳴御別館」跡・「加藤司書忠魂碑」（陸軍大将荒木貞夫書、碑文東洋大学講師中野景雄撰・日下部唯□（鳳ヵ）書、昭和十一年建立）宮若市犬鳴▼犬鳴ダム周回道路の最奥、司書橋のさらに奥に分け入った所にある。福岡藩主黒田斉溥（長溥）の代に、加藤司書によって建設された城館の跡。

73「故陸軍通訳官山崎羔三郎（こうざぶろう）之墓」宮若市山口・円通院▼山崎羔三郎は福岡市白水家に生まれ、当地の山崎家の養子となる。日清戦争時に、軍事探偵として敵地に潜入し、金州で清国兵に処刑された。

74「殉難烈士山崎羔三郎君之碑」（題字頭山満書、碑文陸軍大将・男爵田中義一撰）宮若市山口・山口コミュニティセンター

宗像市

75「五卿西遷之遺跡」碑（陸軍少将・伯爵壬生基義書、昭和六年建立）宗像市赤間六丁目▼慶応元年（一八六五）、長州から太宰府に移される途中、三条実美・四条隆謌・東久世通禧・三条西季知・壬生基修の五卿が赤間宿の御茶屋（藩主の別邸）に滞在した。

76　早川勇銅像

76 早川勇銅像・「維新之志士早川勇顕彰碑」（明治百年記念、昭和四十三年、内閣総理大臣佐藤榮作書）・「明治維新の志士早川勇」（解説板）宗像市吉留・吉武地区コミュニティセンター▼医師として早川養敬の名でも知られている。維新後、奈良県大参事に任じられ、乙丑の獄を生き残った福岡藩出身者の出世頭とも言うべき人物。

朝倉郡筑前町

77「敬止義塾址」碑（杉山茂丸書）朝倉郡筑前町二（ふた）▼大正十四年建立。杉山茂丸の父、三郎平（さぶろべい）灌園の私塾跡。

糟屋郡須恵町

78 福岡藩医岡家長屋門 糟屋郡須恵町須恵［⇩313］▼岡家は本姓高場。代々の眼科医で、高場乱の父正山の生家。現当主は近くで岡医院を開業。

参考文献

＊【増補版】掲載分に、二〇一〇年七月九日現在で追記した。引用・参照した資料のうち、主要なものは本文にその名をあげた。ここでは、玄洋社研究史をふりかえるために、玄洋社をテーマとする論考、あるいは玄洋社研究に意義をもつ論考にしぼって掲げる。▼は再版・復刻・増補・新版（単行本の再刊）、▽は再録（雑誌から単行本その他への収録）を示す。ここにあげていない石瀧の関係論考については、【イシタキ人権学研究所ホームページ】http://www5e.biglobe.ne.jp/~isitaki/ の「著作一覧」を参照されたい（随時更新中）。

『天下之怪傑　頭山満』吉田俊男、成功雑誌社、明治四十五年

『玄洋社史』奈良原至、刊年未詳（大正二年より以前）

※ただし、現存するか否かは不明。

『来島恒喜』的野半介監修、岡保三郎編・発行、大正二年

▼復刻版＝重遠社、昭和五十五年

『玄洋社社史』菊池秋四郎、同編纂会、大正六年

▼復刻版＝明治文献、昭和四十一年

▼復刻版＝近代史料出版会、昭和五十二年

▼復刻版＝葦書房、平成四年

『巨人頭山満翁』藤本尚則、政教社、大正十一年

▼山水社書房、昭和五年

▼頭山翁伝頒布会、昭和七年

▼文雅堂書店、昭和十七年

▼復刻版＝谷口書店、平成三年

※本書のみ「頭山満翁年譜」を収録。

『頭山満翁写真伝』藤本尚則、同刊行会、昭和十年

▼復刻版＝葦書房、昭和六十三年

▼復刻版＝東亜近代史研究会、平成元年

▼復刻版＝『頭山満翁写真伝（頭山満翁没後五十年記念）』頭山満翁顕彰奉賛会・現代思潮新社、平成五年

『頭山精神』藤本尚則、大日本頭山精神会、昭和十四年

▼文雅堂書店、昭和十七年

▼復刻版＝葦書房、平成五年

The Genyosha : A Study in the Origins of Japanese Imperialism E・H・ノーマン（『パシフィック・アフェアズ』誌一七巻三号、昭和十九年）

▽「特別寄稿　日本帝国主義の一源流——玄洋社の研究」E・H・ノーマン（大窪愿二訳。『世界評論』一巻二号、世界評論社、昭和二十一年）

▽「日本帝国主義の一源流――玄洋社の研究」E・H・ノーマン（陸井三郎訳。『日本における兵士と農民』附録、白日書院、昭和二十二年）

▽「日本政治の封建的背景」（第五章・福岡玄洋社）E・H・ノーマン（大窪愿二訳。『ハーバート・ノーマン全集』第二巻所収、岩波書店、昭和五十二年）

「自由民権運動に於ける玄洋社の歴史的評価」馬原鉄男（『日本史研究』二八号、日本史研究会、昭和三十一年）

「福岡における明治中期の部落解放論」馬原鉄男（『部落問題研究』二巻一号、部落問題研究所、昭和三十五年）

「解説　アジア主義の展望」竹内好（『現代日本思想体系9　アジア主義』所収、筑摩書房、昭和三十八年）

「玄洋社の成立とその意義」木村時夫（『社会科学討究』二五号、早稲田大学アジア太平洋研究センター、昭和三十九年）

▽「玄洋社の成立とその意義」（木村時夫著『日本ナショナリズム史論』所収、早稲田大学出版部、昭和四十八年）

「玄洋社の成立に関する一研究――日本におけるナショナリズムの研究序説」木村時夫（『社会科学討究』九巻二号、昭和三十九年）

『福岡県における自由民権運動――その発生と展開を中心に』新藤東洋男、大牟田市立教育研究所、昭和三十九年

『自由民権運動の研究』内藤正中、青木書店、昭和三十九年

『大アジア主義と頭山満』葦津珍彦、日本教文社、昭和四十年

▼改訂版＝日本教文社、昭和四十七年

▼増補版＝日本教文社、昭和五十九年

▼新版＝「昭和を読もう」葦津珍彦の主張シリーズ第五巻、葦津事務所、平成十七年

「頭山満と玄洋社」判沢弘（『中央公論』六月号、中央公論社、昭和四十年）

「頭山満」（特集　日本の黒幕）しまねきよし（『思想の科学』〔第五次〕三七号、思想の科学社、昭和四十年）

「『玄洋社社史』解説」原田勝正（復刻版『玄洋社社史』所収、明治文献、昭和四十一年）

▼復刻版『玄洋社社史』所収、近代史料出版会、昭和五十二年

「自由民権運動と玄洋社」新藤東洋男（『歴史地理教育』一一八号、歴史教育者協議会、昭和四十一年）

「玄洋社の成立について」西尾陽太郎（『九州文化史研究所紀要』一四号、九州大学文学部九州文化史研究施設、昭和四十四年）

『頭山満翁を語る』進藤一馬（述）、尾崎行雄記念財団、昭和四十四年
※明治百年記念講演。
「杉山茂丸の生涯」杉山龍丸（『思想の科学』〔第五次〕十二月号、思想の科学社、昭和四十五年）
▽「杉山茂丸の生涯」杉山龍丸（西原和海編『夢野久作の世界』所収、平河出版社、昭和五十年）
「中江兆民と頭山満」（近代日本と中国　第二二回）松本健一（『朝日ジャーナル』一四巻二七号、朝日新聞社、昭和四十七年）
▽「中江兆民と頭山満」松本健一（竹内好・橋川文三編『近代日本と中国』上巻所収、朝日新聞社、昭和四十九年）
「玄洋社の大陸政策」（特集　日本外交史の諸問題）西尾陽太郎（『歴史教育』一八巻四号、歴史教育研究会、昭和四十五年）
「九州における近代の思想状況」西尾陽太郎（高橋正雄監修・福岡ユネスコ協会編『九州文化論集』第四巻〔日本近代化と九州〕所収、平凡社、昭和四十七年）
「玄洋社その成立と転回――西尾陽太郎氏に聞く」（『暗河（くらごう）』四号、暗河の会、昭和四十九年）
「頭山満・初期玄洋社とアジア」上村希美雄（『伝統と現代』一月号、伝統と現代社、昭和五十年）
▽「初期玄洋社と頭山満」〔改題〕（上村希美雄著『民権と国権のはざま』所収、葦書房、昭和五十一年）
『筑前玄洋社』頭山統一、葦書房、昭和五十二年
「玄洋社形成過程に関する一考察――対外膨脹的国家主義の源流」犬丸昭弘（『近代熊本』一九号、熊本近代史研究会、昭和五十二年）
「玄洋社発掘――福岡近代史のある断面」石瀧豊美（「西日本新聞」夕刊、昭和五十四年五月～五十五年七月／六二回連載）
▽『玄洋社発掘――もうひとつの自由民権』石瀧豊美、西日本新聞社、昭和五十六年
▼『増補版　玄洋社発掘――もうひとつの自由民権』石瀧豊美、西日本新聞社、平成九年
▼『玄洋社・封印された実像』石瀧豊美、海鳥社、平成二十二年
『玄洋』（館報）一号、玄洋社記念館、昭和五十四年
※当初の年四回刊から現在は年三回刊へ。一〇六号まで刊行済み（続刊中）。注目すべき論考多数を掲載（詳細略）。
●「女傑高場乱と弟子たち」石瀧豊美、一～二一号（連載）、昭和五十四～五十九年

●「玄洋社関係史料の紹介」石瀧豊美、五八～一〇六号（連載）、平成六～二十二年
※現在、第四八回（継続中）。
「筑前民権運動についての一考察」福井純子（『立命館史学』一号、立命館史学会、昭和五十五年）
『頭山満翁正伝（未定稿）』同編纂会編、葦書房、昭和五十六年
「杉山茂丸論ノート――政治的黒幕の研究」室井廣一（『東筑紫短期大学研究紀要』一一号、東筑紫短期大学、昭和五十六年）
※平成十一年、三〇号まで二一回連載。内、第二回は『海外事情』二九巻三・四号（拓殖大学海外事情研究所、昭和五十六年）に掲載された。
「『頭山満翁正伝』（未定稿）」第一～四回（英文）、西尾陽太郎解説、大原弓子・福本保信訳（『西南学院大学文理論集』二三巻一・二号、二四巻一・二号、西南学院大学学術研究所、昭和五十七～五十九年）
「筑前地方の自由民権運動について」上田俊美（『九州史学』七八号、九州史学研究会、昭和五十八年）
「千原家文書にみえる炭坑業経営」鳥巣京一（『エネルギー史研究』一二号、九州大学石炭研究資料センター、昭和五十八年）

●「四、千原家と矢野喜平治・頭山満との関係」『明道館史』財部一雄編、明道館、昭和五十九年
「没後四十年頭山満翁追慕特集」（『月刊小日本』五二号、小日本社、昭和五十九年）
「向陽社――筑前共愛公衆会と九州連合会」堤啓次郎（『歴史評論』四一七号、歴史科学協議会編・校倉書房、昭和六十年）
「向陽社の成立」堤啓次郎（『九州史学』九四号、九州史学研究会、昭和六十四年）
「玄洋社の成立時期について」森山誠一（『金沢経済大学論集』二五巻一号、金沢経済大学経済学会、平成三年）
「初期『玄洋社』再考（上）――続・玄洋社の成立時期について」森山誠一（『金沢経済大学論集』二五巻二号、金沢経済大学経済学会、平成三年）
「玄洋社成立年の誤謬を正す」石瀧豊美（『地方史研究』四一巻五号、地方史研究協議会、平成三年）
「明治十年『福岡の変』――『筑紫新聞』に見る福岡士族の反乱」石瀧豊美（『東大陸』三号、ビヒモス、平成五年）
「玄洋社と自由民権運動――今につながる歴史的意義」石瀧豊美（『西日本文化』三〇〇号、西日本文化協会、平成六年）
『福岡県史 近代史料編 自由民権運動』有馬学・石瀧豊

美・江島香編集担当、西日本文化協会編・福岡県、平成七年
「雲に立つ――頭山満の『場所』」松本健一（『文学界』四九巻一一〜一三号／三回連載、文藝春秋、平成七年）
▽『雲に立つ――頭山満の「場所」』松本健一、文藝春秋、平成八年
『「地域ファシズム」の歴史像――国家改造運動と地域政治社会』平井一臣、法律文化社、平成十二年
●「第1章　近代福岡と国家主義」
※本書は全体として北部九州地域（福岡市・玄洋社関係者）を対象に扱っている。
「人ありて――頭山満と玄洋社」（「読売新聞」西部本社版社会面、平成十三年一月〜十四年三月／九二回連載）
▽『人ありて――頭山満と玄洋社』井川聡・小林寛、海鳥社、平成十五年
「後藤・ヨッフェ交渉前後の玄洋社・黒龍会」駄場裕司（『拓殖大学百年史研究』六号、拓殖大学創立百年史編纂室、平成十三年）
「民権擁護と玄洋社」頭山興助（『月刊日本』五巻八号、K&Kプレス、平成十三年）
「玄洋社と久作、そして地域社会」山本巌（『彷書月刊』一九三号、彷徨舎、平成十三年）
『図録　大アジア燃ゆるまなざし――頭山満と玄洋社』読売新聞西部本社編、海鳥社、平成十三年
「黒龍会の成立――玄洋社と大陸浪人の活動を中心に」蔡洙道（『法學新報』一〇九巻一・二号、中央大学法学会、平成十四年）
「右翼運動の原点と『玄洋社』」大山正治（『治安フォーラム』九巻八号、立花書房、平成十五年）
「『玄洋社国権論』への一考察――政治資金源の獲得と明治大陸政策の先兵として」永本義弘（『九州栄養福祉大学研究紀要』一号、九州栄養福祉大学、平成十六年）
「玄洋社と頭山満」泉賢司（『國士舘大學武徳紀要』二一号、國士舘大學武道徳育研究所、平成十七年）
「玄洋社と日本のアジア主義」（特集　亜細亜百年）鈴木邦男（『表現者』三号、西部邁事務所編・イプシロン出版企画、平成十七年）
「特集　大アジア主義と頭山満」（『月刊日本』五月号、K&Kプレス、平成十八年）
●「頭山・葦津の精神継承と現下の危機」田尾憲男
●「一人でいて淋しくない男になれ」松本健一
『近現代戦闘精神の継承――西郷隆盛・頭山満・葦津珍彦の思想と行動　頭山満翁生誕百五十年祭記念誌』頭山満翁生誕百五十年祭実行委員会編・発行、平成十八年

『頭山満と近代日本』大川周明著、中島岳志編・解説、春風社、平成十九年

「平成十八年度日本大学通信教育部公開シンポジウムの記録　アジアは燃えていたか――アジア主義と福岡玄洋社」（『日本大学通信教育研究所研究紀要』二〇号、日本大学通信教育部通信教育研究所、平成十九年）

- 「問題提起　アジア主義と福岡玄洋社」高綱博文
- 「基調講演　孫文と福岡・玄洋社」趙軍
- 「基調講演　福岡玄洋社の歴史と人物」石瀧豊美
- 「シンポジウム当日配布資料　福岡玄洋社の歴史と人物」石瀧豊美
- 「玄洋社をめぐって」山本巌
- 「玄洋社記念館のご案内」浅野秀夫

Revisiting the Globalism of the Periphery : Fukuoka and its 'Asianism' 小川玲子（『九州大学アジア総合政策センター紀要』2号、九州大学アジア総合政策センター、平成十九年）

- 4．Fukuoka and Pan Asianism of Genyosha

「特集グラビア　頭山満 亜細亜的英雄の原像」（特集　論点検証大東亜戦争」（『歴史読本』九月号、新人物往来社、平成二十年）

『アジア主義者たちの声（上）――玄洋社と黒龍会、あるいは行動的アジア主義の原点』頭山満・犬養毅・杉山茂丸・内田良平著、書肆心水、平成二十年

『近代日本の企業家と政治――安川敬一郎とその時代』有馬学編、吉川弘文館、平成二十一年

- 「『興亜』の実践拠点としての〈釜山港〉と玄洋社・黒龍会」永島広紀

「維新・興亜陣営最大のカリスマ頭山満」（日本文明の先駆者 第二七回）坪内隆彦（『月刊日本』二月号、K＆Kプレス、平成二十二年）

「頭山満――自由民権論の根底に流れる『尊王攘夷』」（大アジア主義者の夢と蹉跌　第五回）田原総一朗（『Voice』二月号、ＰＨＰ研究所、平成二十二年）

「『脱亜』か『興亜』か――情に生きた頭山満、理に生きた福澤諭吉」（大アジア主義者の夢と蹉跌　第六回）田原総一朗（『Voice』三月号、ＰＨＰ研究所、平成二十二年）

初出一覧

今なお、虚像がまかり通る玄洋社　＊書き下ろし

玄洋社発掘——福岡近代史のある断面
「西日本新聞」夕刊に六二回連載（昭和五十四年〔一九七九〕五月十一日〜五十五年七月二十五日）
『玄洋社発掘——もうひとつの自由民権』（西日本新聞社、昭和五十六年〔一九八一〕五月二十日）に収録
『増補版　玄洋社発掘——もうひとつの自由民権』（西日本新聞社、平成九年〔一九九七〕八月二十五日）に収録

頭山満と玄洋社——その封印された実像
「読売新聞」西部本社版夕刊に七回連載（平成十三年〔二〇〇一〕九月六〜十四日）
『大アジア　燃ゆるまなざし——頭山満と玄洋社』（海鳥社、平成十三年十月一日）に収録

『近世快人伝』と奈良原至
「西日本新聞」朝刊（平成六年〔一九九四〕三月十五日）
『増補版　玄洋社発掘——もうひとつの自由民権』に収録

選挙干渉と杉山茂丸
「西日本新聞」夕刊（昭和六十三年〔一九八八〕六月九日）

総長室にかかる孫文の書
『九大広報』一〇号（九州大学広報委員会、平成十二年〔二〇〇〇〕一月）

孫文と福岡——生誕一三〇年に寄せて
「西日本新聞」朝刊（平成八年〔一九九六〕十一月十二日）

五十二年後の決算——財団法人玄洋社「解散」に思う　＊改稿
「西日本新聞」朝刊（平成十年〔一九九八〕四月三十日）

中野正剛「戦時宰相論」と発禁処分　＊書き下ろし

孫文と福岡　＊加筆

『福岡地方史研究会会報』二一号（福岡地方史研究会、昭和五十七年〔一九八二〕四月三十日）／原題は「孫文と福岡㈠」だが、㈡以降はなし。

玄洋社関係史跡一覧　＊書き下ろし

あとがき

まず「増補版へのまえがき」から次の一節を引いておこう。「増補版」とは『増補版 玄洋社発掘——もうひとつの自由民権』（一九九七年、西日本新聞社）のことである。

幼い頃から、私は親戚に牛に乗った変わったおばあさんがいたというような話を聞いて育った。だから高場乱（おさむ）の名は早くからなじみがあったはずである。古いノートを見ると、中学生の頃には高場に関する新聞の切り抜きなどもしていた。

しかし、私が高場乱と玄洋社について本格的に調べてみようと思い始めたのは、直接には西日本新聞に連載されていた花田衛「無冠の群像」が高場乱を取り上げたことによる（昭和五十年［一九七五］九月二十日）。これを読んで、玄洋社の頭山満らが高場の弟子だったことを知り、高場乱の生涯は調べる価値があると思い至ったのである。これはやはり出会いだったというしかない。そして、この出会いが私の進むべき道を決定した。

こうして歴史に素人の私が手探りで書き上げたのが「高場乱小伝」であった。その頃の私は、ばくぜんと近代史の意味を問い直したいと考えていたので、内発的な動機につき動かされて、言わば目の前にぶらさがった、玄洋社というテーマに飛びついたと言った方が実感に近い。「高場乱小伝」を書き上げたことが機縁となり、「玄洋社発掘」の新聞連載が実現したのである。

私が最初に書いた文章「高場乱小伝――玄洋社を育てた女傑」は同人誌『暗河（くらごう）』一七号・一八号に分載された（一九七七年十二月・七八年三月、暗河の会発行、葦書房発売）。私は高場乱との縁から玄洋社研究へ導かれた。縁戚をたどると、玄洋社へと延びる線は他にいくつもある。玄洋社は身内同然の立場だ。

研究者としての私が自戒したのは「ミイラ取りがミイラになる」ということだった。玄洋社びいきに陥っては研究の中立性・客観性は保てない。そのために福本日南に注目した。日南の父は福岡藩の勤王家であり、出自だけから言っても玄洋社の系譜に連なっていておかしくない。新聞「日本」に拠って文筆で名声を博した日南は、一九〇五年十一月、頭山満が創刊した「福陵新報」の後身、「九州日報」の主筆兼第四代社長に就任した。玄洋社との縁はますます深まったわけである。しかし、日南はその生涯で、玄洋社員として列したことは一度もなかった。日南がなぜ玄洋社に加盟しなかったのかはわからない。ただ、玄洋社の同伴者日南を鏡として玄洋社を見ることは、私がミイラになることを防ぐことに役立つという思いはあった。

日南にこだわることで、ハーバード大学を最初に卒業した日本人である井上良一（よしかず）を知った。井上は慶応三年（一八六七）、福岡藩が派遣した海外留学生の一人である。井上に続いてハーバード大学を卒業したのが金子堅太郎、栗野慎一郎で、外交官になった栗野に続くのが山座円次郎、廣田弘毅である。山座・廣田はいずれも玄洋社員名簿に名を連ねている。玄洋社員は多様で、異なる人脈が自由に交錯する。共通するのは旧福岡藩士やその子孫であり、そうでない場合でも中学修猷館の卒業生として、旧福岡藩士の子弟に準じる存在だということである。この点で玄洋社と黒龍会を同列視することは間違っているし、玄洋社を大陸浪人のひとことでくくるようなことはできようはずもない。私は従来の玄洋社や頭山満への論究が非常に一面的であることに確信を深めていった。そのことはすでに本文で述べたことなので、ここで繰り返すことはしない。

ただ、言わずもがなのことだが、念には念を入れて次の点を付け加えておこう。「社員名簿」に記載した延べ六百三十人の中に、東京帝国大学出身者が十五人、京都帝国大学出身者が一人（他に一人いると思われる）、九州帝国大学出身者が二人いる。男爵の爵位を持つ者が一人、総理大臣が一人、代議士・貴族院議員が二十人、福岡市長は四人含まれる。これは戦前・戦後を通じての、私が知り得た履歴を元にしてのことだし、玄洋社員であった時期はそれぞれの人生のごく一部分としか重ならない場合もあろう。それにしても、玄洋社の従来のイメージを塗り替えるには十分な事実と言えないだろうか。さらに言えば、官学を私学より重視し、学歴を無学歴より重視して以上のことを述べたのではない。あくまでも、従来の玄洋社像の反証となりそうな事柄を取り出して例示したまでのことである。

同時期に福岡を拠点とした玄洋社と水平社。その代表格である頭山満と松本治一郎をつなぐ架け橋の役割をしていたのが代準介である。頭山と松本の間に面識はなかったが、代は頭山・松本の間を自由に行き来していた。玄洋社と部落問題というテーマがここに浮かび上がってくるが、本書ではそのことにはふれていない。

本書は一九八一年の『玄洋社発掘』、一九九七年の『増補版　玄洋社発掘』に続く第三版に当たる。本書を『玄洋社発掘』の「定本」とし、今後、玄洋社についての私の研究は全く別の角度から新たな史実の発掘に努めることになろう。すでに一つの構想が頭に浮かんでいる。これまで私は玄洋社をマイナスの領域からゼロへと引き戻すことに努力を傾注してきた。偏見なく、ありのままの玄洋社を見るべきだと主張してきた。今度はゼロから積極的にプラスへと評価を進めたいと思っている。玄洋社に対するマイナスの固定観念からすれば、一気にプラスへと反転させることになる。公私の史料が豊富に利用できるようになった今だからそれは可能になった。今、私はミイラになることを恐れる必要はない。

玄洋社・封印された実像

■

2010年10月15日　第1刷発行

2012年9月1日　第2刷発行

■

著者　石瀧豊美

発行者　西　俊明

発行所　有限会社海鳥社

〒810-0072 福岡市中央区長浜3丁目1番16号

電話 092(771)0132　FAX 092(771)2546

印刷・製本　モリモト印刷株式会社

ISBN978-4-87415-787-9

［定価は表紙カバーに表示］

石瀧豊美（いしたき・とよみ）
1949年，福岡市に生まれる。大学は物理学科で，独学で歴史研究の道に入る。イシタキ人権学研究所所長，福岡地方史研究会会長，福岡県地方史研究連絡協議会（福史連）副会長，福岡教育大学非常勤講師。明治維新史学会，教育史学会，軍事史学会に所属。
【主要著書】
『玄洋社発掘――もうひとつの自由民権』1981年
『増補版 玄洋社発掘――もうひとつの自由民権』1997年
（以上いずれも西日本新聞社，絶版）
『解死人の風景――差別があたりまえだったころ』2003年（品切）
『鳥の目と虫の目で見る部落史――部落史再入門 上巻』2003年
『身分が見える，身分がわかる――部落史再入門 下巻』2003年
『部落史は思ったよりおいしい――石瀧豊美講演録』2004年
『筑前竹槍一揆の研究』2004年（品切れ）
『身分としての百姓，職業としての百姓』2007年
『近代福岡の歴史と人物――異・偉人伝』2009年
（以上いずれもイシタキ人権学研究所）
『筑前竹槍一揆研究ノート』2012年（花乱社）
福岡県糟屋郡須惠町『広報すえまち』に「まちの史跡めぐり」（1997年～）を，（社）玄洋社記念館『玄洋』に「玄洋社関係史料の紹介」（1994年～）を連載中。ウェブサイト（イシタキ人権学研究所 http://www5e.biglobe.ne.jp/~isitaki/），ブログ（イシタキ・ファイル http://monokatari.jp/isitaki/）ほかで情報発信中。サイト上には「石瀧豊美の著作一覧」を掲載している。

人名索引

＊外国人の漢字表記も日本語の音により排列した。
＊人名・ページ数のゴシック体は，それぞれ玄洋社社員と巻末社員名簿の掲載ページを表す。
＊〔 〕は別名もしくは旧姓，（ ）は役職・所属など。
＊⇨は同一人物。

お

こ

さ

し

す

せ

そ

た

な

に

ぬ

の

は

ひ

ふ

へ

ほ

ま

【資料④】

玄洋社社員名簿

玄洋社墓地に建つ玄洋社員銘塔
（福岡市博多区・崇福寺内）

この名簿は『増補版 玄洋社発掘』（西日本新聞社，1997）掲載の「玄洋社社員名簿」を補訂したものである。

＊『玄洋社発掘』の初版は昭和56年（1981）5月20日。付載した名簿は原稿段階で進藤一馬，妹尾憲介，矢野憲一，財部一雄の各氏に校訂をお願いした。平成9年（1997）8月25日，増補版刊行の時点で若干の補訂を加えたが，基本的には初版当時のまま踏襲している。

同名簿（延べ582人）では，第一に備考・略歴欄の字数に自ら制限を課したこと（特定の人物のみ字数を費やすことを避けたのと，全体の分量の圧縮を許らざるを得なかったことによる），第二に備考・略歴の根拠とした参考資料・文献を明示していなかったことで，課題を残していた。

本書でも，基本的に『増補版 玄洋社発掘』掲載時の形を残しているが（ただし，縦組みを横組みに変更），新たな資料や事実に気付いた場合は内容を増補・訂正している。

本名簿では，初版・増補版の延べ582人から630人へと社員数が増加している。資料№14としてあげた喜多島家文書（増補版に引用）から補ったことによる。また，以前は縦組みだったものを横組みに変更したことに伴い，各社員名の後には依拠した資料の番号のみを記し，名簿中の○◎△などの区別を廃した。これらについて知りたい方は，初版・増補版の名簿まで溯っていただくよう希望する。

社員名簿を作成するにあたっての私の姿勢は，『増補版 玄洋社発掘』掲載の「玄洋社社員名簿」に付したまえがき・凡例で明らかにしている（後出）。

＊同一人物が姓や名を異にして重複して立項されている場合が少なからずある。明らかに同一人物と分かる場合は，一つの項目だけに説明を付している。その際，資料番号は代表的な項目へ転記し，矢印（→親項目 へ／←子項目 から）で参照関係を指示している。子項目から親項目へ転記された資料番号は○囲み数字としたが，藤島常吉と一造，金子克己と福住克己については転記先にも同番号がある（重複している）ので，□囲みの数字で区別した。

氏名の読みは，正確に分からない場合は一般的な読みにしたがった。幾通りもの読みが可能な場合は，その内の一つを選ぶか，音読みにした。配列は姓の50音順を優先し，同姓の場合は名の50音順とした（配列は『増補版 玄洋社発掘』掲載時の形がくずれている）。

玄洋社社員名簿

昭和56年２月28日作成／平成９年２月28日補訂／平成22年５月20日補訂

ここに掲げる「玄洋社社員名簿」は，編者が個人的に収集した資料を基に，複数の名簿類を勘案して新たに編成し直したものである。

名簿を作成した意図は，ひとえに，玄洋社を歴史的に研究・考察する上での基本的な資料のひとつとして，広く玄洋社に関心を持つ人々の利用に供したいという点にある。先入見にとらわれず，生きた，ありのままの玄洋社を研究の対象にしようとすれば，玄洋社員の名簿は不可欠な資料のひとつであるはずだ。ところが，これまでは，研究の出発点であるべきそれすらもなかった。

玄洋社という「怪物」がいたわけではない。血の通った一人一人の玄洋社員の思想や行動の積み重ねが，歴史における玄洋社の事跡として残っているのである。しかし，これまでの研究では，“玄洋社の三傑”といわれる箱田六輔・平岡浩太郎・頭山満の人間像を基に，玄洋社の本質が論議されてきたのである。したがって「一般の」社員たちは将棋の「歩」のように，無名の「駒」として歴史の闇の中に，ひとしなみに姿を没しているほかなかった。編者はこの「玄洋社社員名簿」において玄洋社員一人一人が，表情もしぐさも異なる，そしてやはりわれわれと同じように，具体的な人生を生きた人間なのだということを示したかったのである。そうした事実を認識することが，当たり前のことだが，玄洋社研究の出発点であるべきだと思うのである。「顔」のない「玄洋社員」はないのだから。

【凡　例】

1）人物名は50音順に配列した。読みを確定できない場合は音読みとするか，一般的な読みに従った。表記の明らかな誤りは，漢字を訂正した場合がある。旧字体の漢字は新字体に改めた。

2）名簿に登載した人物が「玄洋社員」であることを認定するのに使用した資料は，№１～14の数字で示した。すなわち，別表の№１～13，および欄外の№14に対応する。

3）依拠資料は玄洋社自身によって作成・公表されたものを中心とし，他に，明らかに玄洋社関係者の監修を受けていると考えられるものに限定して選んだ。資料名および出典は一覧表を作り名簿の前に掲げた。

4）№１～13の各資料は，ほぼ時代順に配列した。したがって，数字が若いほど活動の時期は古いことになる。

5）簡単に「備考・略歴」を記した。これは公刊された郷土資料を中心に，各種資料を利用して編者がまとめたものである。正確を期したが，同姓同名の異人を混同した場合が全くないとは言いきれない。また，資料によっては同一人物の没年，享年に異同のある場合が少なくなかった。その場合，墓碑・過去帳に確かめ，旧社員や遺族に問い合わせた場合もあるが，資料の信頼度に応じて，いずれかを選択したものもある。没年の次に記した年齢は数え年によっている。

総じて「備考・略歴」は，編者の能力的・時間的制約もあって，疎漏はまぬがれ難い。増補・訂正が必要なことをお断りする。記述方法は，各人によって盛り込むべき情報量の違いが大きく，あえて統一しなかった。

6）「備考・略歴」のうち〔　〕で囲んだ部分は資料№９と10からそのまま転記したもの。《　》は編者による推定または補足。

7）この「名簿」は，玄洋社員のすべてを網羅したものでないことは言うまでもない。あくまで資料によって確定できた人物について登載したのであり，「最も少なく見積っても，ここに挙げた人々は確かに玄洋社員であったこと」を表すものである。したがって，「名簿」に漏れた玄洋社員があるかもしれない。今後さらに権威ある完璧な名簿，列伝が作成されることを期待したい。すべて敬称は略させていただいた。

8）資料№13として利用した「玄洋社員銘塔」には社員名簿の他に，これを建てた(財)明道会の役員名も刻されているので，参考までに掲げる。

昭和四十七年建之　　財団法人 明道会

理事長・安川第五郎

理　事・山内惣作　平賀衡太郎　進藤一馬　妹尾憲介　白川又茂　矢野憲一　中牟田一義　小嶺一正　財部一雄

監　事・岡本利三郎　牟田茂雄

■19ページ表の補足

＊喜多島家文書の「玄洋社員名簿」（総数397人）から48人を新たに追記した。これは資料番号「№14」として次表に準じて扱った。原題は「名簿」。次のまえがきを付す。

法規其他ノ事情ニ依リ，公然名簿ニ列スル能ハサル者アリ。列スト雖トモ事故発生ノ為退社スル者アリ。亦退社ヲ命シタル者アリ。削除シタル者アリ。然ルニ玄洋社創立以来一タヒ名簿ニ列シタル者ハ左ノ如シ。

＊喜多島家文書は，第６代玄洋社長喜多島淳氏の旧蔵したもの。

No.	資　料　・　出　典
1	社員名簿（61人）：明治13年（1880）5月13日付「玄洋社設置届」添付▶『玄洋』第19号（昭和11年〔1936〕11月1日付）所載 そのうちの役員（7人） 入社届（32人）：明治13年10月26日付▶『玄洋』第19号所載
2	玄洋社演説会弁士（11人）：明治13年（1880）12月11日開催▶「福岡日日新聞」（明治13年12月10日付）所載 玄洋社演説会弁士（7人）：明治14年5月28日開催▶「福岡日日新聞」（明治14年5月28日付）所載 玄洋社演説会弁士（7人）：明治14年6月18日開催▶「福岡日日新聞」（明治14年6月17日付）所載 ＊ただし重複があるため実人数は17人
3	届出社員（164人）：明治15年（1882）7月19日現在▶『玄洋』第19号所載 そのうちの役員（18人） 退社社員（19人）：明治15年7月19日までの退社社員（死亡を含む）▶『玄洋』第19号所載
4	『玄洋社改革届』記載社員（24人）：明治20年（1887）3月19日付▶『玄洋』第19号所載 入社社員（9人）：明治23年9月15日までの入社社員▶『玄洋』第19号所載
5	満州義軍参加玄洋社員（13人）：明治37年（1904）▶『玄洋』第20号（昭和11年〔1936〕12月1日付）所載
6	『東亜先覚志士記伝』「列伝」部目次記載「玄洋社員」（31人）
7	玄洋社出身「福岡市会議員および主なる当局者」（34人）▶『玄洋』第36号（昭和13年〔1938〕4月1日付）所載
8	物故玄洋社員名簿（153人）：昭和9年（1934）12月調▶『昭和十年度社員名簿』（財団法人玄洋社発行）
9	財団法人玄洋社員名簿（117人）：昭和9年12月末日現在▶『昭和十年度社員名簿』 そのうちの「財団法人玄洋社理事及監事」（9人） 社員名簿にもれた旧社員登録（10人）▶『玄洋』第17号（昭和11年9月1日付）所載
10	財団法人玄洋社員名簿（150人）：昭和15年（1940）1月20日現在▶『社員名簿』（財団法人玄洋社発行） そのうちの「財団法人玄洋社役員」（33人）
11	社員会費昭和18年度分納入者（93人）▶『玄洋』第108号（昭和19年〔1944〕5月15日付）所載
12	玄洋社新役員（39人）▶『玄洋』第113号（昭和19年10月15日付）所載
13	玄洋社員銘塔記載社員（390人）▶博多区千代4丁目，崇福寺内玄洋社墓地。昭和47年（1972）明道会建設

＊人名記載行末尾の数字は，資料・出典番号を示す

あ

相生　由太郎　　あいおい よしたろう　　8・13・14

生家は魚商を営む。正木昌陽に学ぶ。東京高商卒。大連・福昌公司社長。大連商業会議所会頭。大連市会官選議員。昭和5年1月3日没。年64。

檍　正一　　あおき しょういち　　12・13

九州日報社員。

青木　大十郎　　あおき だいじゅうろう　　8・13・14

大正8年10月25日没。

青木　藤次郎　　あおき とうじろう　　14

青木　恭太郎　　あおき やすたろう　　8・13

柔道家。明道館員。《明道館は玄洋社付属柔道場で，自剛天真流を伝える。》講道館に学ぶ。静岡中学柔道教師。昭和7年5月19日没。

青木　泰太郎　　あおき やすたろう　　14

青柳　嘉毛岐　　あおやぎ かもぎ　　9・10・11・13

明道館員。明大卒。九州日報社員。

青柳　真太郎　　あおやぎ しんたろう　　3・14

青柳　惣太郎　　あおやぎ そうたろう　　9・10・11・13

明道館員。〔三井銀行福岡支店〕小倉市信用金庫専務理事。

青柳　豊太郎　　あおやぎ とよたろう　　8・13・14

大正14年1月30日没。年60。

青柳　義亮　　あおやぎ よしすけ　　8・13・14

旅館「あおやぎ」経営。大正15年9月14日没。年57。

青柳　六輔　　あおやぎ ろくすけ　　10・11・13

明道館員。東京高商卒。貝島鉱業所取締役石炭部長。満州皮革(株)取締役。昭和18年8月16日没。年64。

浅島　久　　あさじま ひさし　　1・3・14

福岡の変に参加（懲役2年・大坂府預け）。

味岡　俊太郎　　あじおか しゅんたろう　　3・8・13・14

高場塾出身。福岡の変に参加（刑名不明・山口県預け）。明治20年2月3日没。

年35。

東　新作　あずま しんさく　3・14

麻生　六三　あそう むつみ　11

(旧姓) 横山。明道館員。大伊万里炭坑。

阿部　源蔵　あべ げんぞう　9・10・13

東京帝大 (法) 卒。〔本富士警察署長〕高知県学務部長。昭和35年福岡市長。昭和49年4月22日没。年73。《福岡市葬が行われた》

阿部　滝次郎　あべ たきじろう　9・13・14

阿部武三郎の弟。高場塾出身。明道館長。昭和10年8月29日没。

阿部　武三郎　あべ たけさぶろう　1・3・8・13・14

高場塾出身。萩の乱連携に参加。筑前共愛会那珂郡委員。第3代玄洋社長。大正11年6月23日没。年71。

阿部　真言　あべ まこと　9・13

早大卒。東方会創立に加わり『東方時論』発行に当たる。大連「泰東日報」(漢字紙) 社長。振東学社総理。昭和10年2月5日没。年52。

阿部　遜　あべ ゆずる　3・14

大久保正名の子。福岡藩洋学館英語教師安部忠吉の養子。千葉県木更津で弁護士開業。

荒木　三郎　あらき さぶろう　1・14

高場塾 (興志塾) 塾監。

有田　篤太郎　ありた とくたろう　8・13・14

明道館員。大正12年12月15日没。年31。

有吉　春太郎　ありよし はるたろう　3・8・13・14

福岡の変に参加 (除族)。明治41年5月没。

い

幾岡　太郎一　いくおか たろういち

山岡鉄舟門下の出身で，玄洋社関係の道場一到館の剣術師範。　14

池　稲蔵　いけ いねぞう　3・8・13・14

牛乳業。博多商業会議所議員。明治42年1月29日没。年51。

池田　純亮　いけだ じゅんすけ　9・10・13・14

明道館員。東京帝大（法）卒。〔弁護士〕

石内　百起　いしうち ももき　14

石田　勉之助　いしだ べんのすけ　3・14

福岡の変に参加（刑名不明・山口県預け）。

石谷　伝兵衛　いしたに でんべえ　9・10・11・13

明道館員。早大（商）卒。〔東京硫化学工業(株)常務取締役〕静岡酸素ＫＫ監査役。

伊地知　卯吉　いじち うきち　1・3・8・13・14

高場塾出身。福岡の変に参加（懲役２年・静岡県預け）。「福陵新報」創刊号発行名義人（「社主兼印刷人」）。昭和４年５月21日没。年69。

石橋　養之助　いしばし ようのすけ　8・13・14

明治36年ごろ崇福寺前で薬店を営む。大正14年４月25日没。年79。

石原　徳　いしはら めぐむ　8・13・14

「福陵新報」・「九州日報」発行名義人（「編輯人」）。明治26年，「福陵新報」記事の内務大臣に対する官吏侮辱罪で筆禍。大正14年６月７日没。年67。

石丸　祐正　いしまる すけまさ　10・11・13

泉　研介　いずみ けんすけ　14

板垣　卯吉　いたがき うきち　1・14

板垣　鉼吉　いたがき □きち　3

市丸　義彦　いちまる よしひこ　3・14

福岡の変に参加（懲役２年・静岡県預け）。

井手　武右衛門　いで ぶえもん　8・13・14

筑紫村助役。御笠銀行(株)取締役。明治19年県議。37年代議士（憲政本党）。大正14年12月13日没。年67。

井手　豊　いで ゆたか　3・14

伊藤　将之輔　いとう しょうのすけ　8・13・14

筑紫郡会議員。昭和６年２月15日没。年78。

伊東　辰次郎　いとう たつじろう　14

伊藤　万吉　いとう まんきち　1・3・14

蔓吉とも書く。高場塾出身。福岡の変に参加（懲役２年・堺県預け）。

伊奈　敦志　いな あつし　9・10・11・13

〔歯科医〕明道館員。(財)明道会理事。

井上　勝喜　　いのうえ かつき　　1・3・14

→井上秀剛

井上　俊一　　いのうえ としかず　　12・13

明道館員。

井上　留吉　　いのうえ とめきち　　8・13・14

若松市，請負業。大野仁平や吉田磯吉と兄弟分の侠客。大正5年7月23日没。年60。

井上　秀剛　　いのうえ ひでたけ　　①・③・9・10・11・13・⑭

（旧名）勝喜。筑前共愛会那珂郡委員。

←井上勝喜

井上　政雄　　いのうえ まさお　　7・10・11・12・13

県立農学校卒。早大（政経）中退。東方会常任理事。昭和4年から福岡市議。31年第45代福岡市議会議長。

井上　安次郎　　いのうえ やすじろう　　1・3・14

保二郎とも書く。

井上　隆介　　いのうえ りゅうすけ　　10・11・13

（旧姓）福田。井上良一（福岡藩海外留学生）の兄敬太郎の女婿で井上家を嗣ぐ。明道館員。昭和25年1月26日没。年71。

猪俣　峯樹　　いのまた みねき　　14

井原　勲夫　　いはら いさお　　9・13・14

宗像郡福間町の旧家に生まる。的野半介とともに八幡製鉄所誘致に奔走。昭和12年12月19日没。年74。

井原　金助　　いはら きんすけ　　3・14

井原　友次郎　　いはら ともじろう　　3・14

今任　亮太郎　　いまとう りょうたろう　　8・13・14

今任旅館経営。明治35年2月26日没。年56。

今見　義男　　いまみ よしお　　1・3・14

萩の乱連携に参加。

今村　為雄　　いまむら ためお　　①・③・8・13・⑭

外園と号す。高場塾出身。福岡の変に参加（懲役2年・大坂府預け）。「福陵新報」記者。九州日報社庶務主任。小説家。昭和6年6月25日没。年74。

←白水為雄

入江　海平　いりえ かいへい　9・13

明道館員。東京帝大（独法）卒。朝鮮総督府理財課長。自動車投資会社社長。満鉄理事。〔拓務政務次官〕昭和13年1月17日没。年59。

岩隈　久兵衛　いわくま きゅうべえ　3・7・8・14

筑前共愛会福岡部委員。明治13年福岡区議。25年市議。博多商業会議所議員。明治40年6月15日没。年61。

岩隈　久兵衛　いわくま きゅうべえ　7・8・13

大正12年福岡市議。昭和7年5月21日没。年48。

岩倉　音熊　いわくら おとくま　7・9・10・11・13・14

高場塾出身。博多駅長（九州鉄道）。大正14年福岡市議。昭和19年3月29日没。年72。

岩倉　光　いわくら ひかる　1・3・14

高場塾出身。

岩崎　茂成　いわさき しげなり　12・13

彦根藩士竹村茂承の四男。明道館員。京都帝大（法）卒。岩崎元次郎をつぐ。竹村茂孝（元九州柔道協会委員長）は実兄。岩崎建設(株)取締役社長。

岩永　周三　いわなが しゅうぞう　9・10・11・13

（旧名）久吉。〔薪炭業〕明道館柔道部長。(財)明道会監事。昭和32年6月14日没。年78。

岩本　利三郎　いわもと りさぶろう　1・3・14

う

上野　新太郎　うえの しんたろう　9・10・11・12・13

明道館員。〔蒲鉾製造業〕

上野　太四郎　うえの たしろう　3・4・14

明治11年筑前第8大区1小区扱所書役。

上野　伍　うえの ひとし　14

卯木　瀑生　うき ばくせい　8・13・14

筑前共愛会志摩郡委員。

牛方　大休　うしかた だいきゅう　9・13・⑭

九州日報社副社長。市政刷新会幹部。嘉穂郡内野村長。昭和12年11月27日没。年75。
←牛方哲介

牛方　哲介　うしかた てつすけ　14
→牛方大休

牛島　伍次郎　うしじま ごじろう　9・13・14
〔特許事務所〕明治25年以来特許事務に従事。福岡市工芸団体連合会副会長。昭和14年8月1日没。年77。

内田　勝夫　うちだ かつお　9・10・11・13・14
明道館員。〔福岡市水道課〕(財)明道会理事。

内田　良五郎　うちだ りょうごろう　3・13・14
武道家。平岡浩太郎の兄。内田良平の父。福岡の変に参加（脱走・潜伏し処刑を免れる)。大正10年9月22日没。年85。

内田　良平　うちだ りょうへい　13
硬石と号す。明道館員。柔道家。福岡に自剛天真流の道場天真館を設立。黒龍会主幹。大日本生産党総裁。天佑俠に参加。『露西亜論』を著して発禁となった。日韓合邦を推進。昭和12年7月26日没。年64。

内海　重雄　うつみ しげお　1・6・14
福岡の変に参加（懲役1年・堺県預け)。明治15年青森県師範学校教員。26年釜山警察署長。明治43年7月12日没。年52。

宇部　三郎　うべ さぶろう　10・13

浦上　勝太郎　うらかみ かつたろう　1・3・14
→浦上正孝

浦上　鮮太郎　うらかみ せんたろう　3・14

浦上　正孝　うらかみ まさたか　①・③・6・8・13・⑭
高場塾出身。福岡の変に参加（懲役2年・静岡県預け)。福陵新報社員。朝鮮木浦で開墾事業に従事。大正9年9月21日没。年59。
←浦上勝太郎

浦田　豊五郎　うらた とよごろう　1・3・14

瓜田　磯起　うりた いそき　8・13・14
磯喜とも書く。

瓜田　磯吉　　うりた いそきち　　4

え

江上　　清　　えがみ きよし　　10・11・13

〔弓道教士〕

江藤　　修　　えとう おさむ　　3・14

→大畠　修

江波　卯八　　えなみ うはち　　3・14

江波　富一郎　　えなみ とみいちろう　　3

江波　富太郎　　えなみ とみたろう　　14

お

王丸　代吉　　おうまる だいきち　　7・9・10・13・14

搾乳業。大正２年福岡市議。12年県議。昭和12年第38代福岡市会議長。九州日報社取締役。昭和24年11月28日没。年78。

大石　多喜夫　　おおいし たきお　　13

炭鉱業。昭和11年２月５日没。年53。

大内　義瑛　　おおうち ぎえい　　②・6・8・13・⑭

（旧名）山崎源三郎。義映とも書く。亀井塾出身。能書家。上海東洋学館幹部。「福陵新報」特派員。筆名・剣俠生。明治38年９月９日没。年50。

←大内源三郎

大内　源三郎　　おおうち げんざぶろう　　2・14

→大内義瑛

大岡　克麿　　おおおか かつまろ　　9・13

〔福岡市有限責任信用組合〕

大岡　九十郎　　おおおか くじゅうろう　　8・13・14

「福陵新報」創刊号発行名義人（「編輯人」）。同紙記者。大正９年10月没。

大賀　初三郎　　おおが はつさぶろう　　3・14

大神　　勲　　おおがみ いさお　　1・3・14

→月成　勲

大楠　菊雄　　おおくす きくお　　9・10・13

明道館員。(財)明道会理事。

大隈　徳三郎　おおくま とくさぶろう　13

福岡の変に参加（懲役1年・神奈川県預け）。明道館員。昭和14年11月19日没。

大隈　桃三　おおくま ももぞう　7・9・13・14

明道館長。福岡市秘書課長，庶務課長。〔日本共立火災保険(株)福岡出張所会社員〕昭和13年福岡市議。昭和13年12月7日没。

大倉　周之助　おおくら しゅうのすけ　8・13・14

高場塾出身。萩の乱連携に参加。明治11年筑前第2大区5小区扱所副戸長。宗像郡長。門司警察署長。明治41年8月19日没。年63。

大塩　操　おおしお みさお　2・3・14

（旧名）和田玄遵。はじめ真宗僧侶。筑前共愛会憲法草案を起草。明治26年朝倉郡三奈木村長。明治34年4月没。年54。

太田　嘉兵衛　おおた かへえ　8・13・14

高場塾出身。明治31年「福陵新報」を管理。博多上東町売薬業ぶんごや当主。《同名の洋画家には父にあたるか？》明治39年6月21日没。年42。

太田　勝米　おおた しょうべい　3・14

大谷　仁助　おおたに にすけ　10・13

大塚　千郷　おおつか せんきょう　9・10・13

明道館員。「九州日報」記者。明治鉱業社員。昭和57年12月12日没。年80。

大塚　多熊　おおつか たくま　9・13・14

大塚千郷の父。昭和26年1月10日没。年81。

大塚　長平　おおつか ちょうへい　13

警察官。明道館師範。

大野　伴三　おおの ともぞう　14

大野　仁平　おおの にへい　8・13・14

博多の侠客。勇敢隊を組織して戊辰戦争に従軍。平岡浩太郎を助けて炭坑事業に従事。大正7年1月1日没。年71。

大庭　弘　おおば ひろし　14

大畠　梅太郎　おおばたけ うめたろう　10・13

大畠修の子。明道館員。昭和18年2月8日没。年55。

大畠　修　おおばたけ おさむ　③・4・8・13・⑭

高場塾出身。福岡の変に参加（懲役１年・預け先不明）。大正13年１月16日没。年73。

←江藤　修

大畠　重次郎　おおばたけ じゅうじろう　3・14

大原　義剛　おおはら ぎこう　③・④・9・10・13・⑭

友吉。高場塾出身。明治21年６月，慶応義塾入社。明道館員。天佑俠に参加。明治35年代議士（憲政本党）。九州日報社長。〔立憲民政党福岡支部長〕昭和20年１月17日没。年81。

←大原友吉

大原　七次郎　おおはら しちじろう　3・14

大原　友吉　おおはら ともきち　3・4・14

→大原義剛

大原　文輔　おおはら ぶんすけ　3・14

岡　　貞吉　おか さだよし　10・11・13

岡喬の子。

岡　清兵衛　おか せいべえ　3・14

筑前共愛会博多部会員総代，副部長。明治13年福岡区議。

岡　　喬　おか たかし　1・3・4・6・8・13・14

初め洋学を修め，のち漢学に転ず。福岡の変に参加（懲役２年・静岡県預け）。北陸民権運動に奔走。玄洋社経営に当たる。晩年は住吉神社祠官。大正13年12月４日没。年67。

岡　保三郎　おか やすさぶろう　9・10・13・14

岡喬の弟。〔東京，殉国社長〕昭和19年１月25日没。

岡崎　精造　おかざき せいぞう　3・14

福岡の変に参加（懲役２年・神奈川県預け）。

岡田　三次郎　おかだ さんじろう　3・14

緒方　竹虎　おがた たけとら　12・13

早大（政経）卒。「東京朝日新聞」主筆，副社長。代議士。吉田内閣副総理。自由民主党総裁代行委員。昭和31年１月28日没。年67。

岡部　喜三郎　おかべ きさぶろう　7・9・10・13・14

〔福岡市役所土木課長〕

岡部　覚　おかべ さとる　7・8・13・14

明治11年県議。13年福岡区議。25年市議。明治10年開業時の第十七銀行支配人。明治44年7月8日没。

岡本　利三郎　おかもと りさぶろう　9・10・11・13

真藤慎太郎の弟。明道館剣道部長。〔粕屋郡新宮村農会・農業技術員〕(財)明道会監事。

小川　丑吉　おがわ うしきち　3・14

小川　斗吉　おがわ ときち　3

「斗」は「牛」の間違いか。その場合,「丑吉」と重記か。

小河　義起　おごう よしき　10・11・13

後に小川清と改名。明道館員。昭和32年5月17日没。

尾崎　臻　おざき いたる　8・13・14

明治21年県議。22年県立中学修猷館長。光雲神社宮司。大正11年9月23日没。年83。

尾崎　甚十郎　おざき じんじゅうろう　3・14

小田　周　おだ あまね　10・11・13

明道館員。〔農業〕

越智　誠之助　おち せいのすけ　11・13

乙藤　一蔵　おとふじ いちぞう　10・13

市蔵。神道夢想流杖術師範。杖道振興会会長。全日本剣道連盟範士,杖道九段。

乙藤　春雄　おとふじ はるお　10・12・13

市蔵の弟。全日本剣道連盟範士,剣道八段・杖道九段。

鬼木　栄次郎　おにき えいじろう　3・14

尾西　方　おにし あたる　1・14

尾西　要太郎　おにし ようたろう　9・10・11・13

進藤喜平太の甥。「福陵新報」発行名義人(「編輯人」,「発行兼印刷人」)。〔立憲民政党福岡県支部会計監督〕昭和19年12月23日没。

小野　熊次郎　おの くまじろう　1・14

→小野卓三

小野　鴻之助　おの こうのすけ　5・6・7・8・13・14

県議小野新路の二男。明道館員。満州義軍に参加して負傷。左脚切断。大正6年

最高点で福岡市議に当選。大正９年３月25日没。年47。

小野　新路　　おの しんじ　　14

小野　卓三　　おの たくぞう　　①・３・⑭

（旧名）熊次郎。卓造とも書く。高場塾出身。福岡の変に参加（懲役２年・神奈川県預け）。

←小野熊次郎

小野　直路　　おの なおみち　　14

小野　義視　　おの よしみ　　14

小野　隆助　　おの りゅうすけ　　８・13・⑭

（旧姓）三木。隆介とも。真木和泉守保臣の甥。筑前共愛会長。各郡長を歴任。明治23年代議士。31年香川県知事。第十七銀行取締役。大正12年９月４日没。年84。

←三木隆介

小野　隆太郎　　おの りゅうたろう　　７・８・13・14

小野隆助の養子。東大教授寺尾亨の弟。司法省法学校に進む。明治21年代言人免許。25年福岡市議。29年県議。34年判事任官。明治42年７月21日没。年46。

か

角野　正起　　かくの まさき　　９・10・11・13・14

明道館員。〔前嘉穂中学校剣道教師，売薬請売営業〕〔マサキール製薬業〕

香椎　源太郎　　かしい げんたろう　　10・12・13

筑紫郡御笠村出身。釜山商工会議所会頭。電力会社社長。御笠銀行会長。昭和21年３月23日没。年80。

梶川　　光　　かじかわ ひかる　　①・③・６・８・13・⑭

（旧姓）月成。また大神とも称した。高場塾出身。専修学校に学ぶ。閔妃事件に参加。明治43年２月４日没。年49。

←月成　光

←本田　光

梶原　景敏　　かじわら かげとし　　９・13・14

〔予備歩兵大佐〕昭和10年５月８日没。年65。

梶原　寅太郎　　かじわら とらたろう　　３・14

梶原　寛　かじわら ひろし　9・10・11・13

明道館員。〔三菱根津鉱山〕(財)明道会理事。

香月　梅外　かつき ばいがい　10・11・13

明道館員。〔福岡農学校支那語教師〕「玄洋社支那語研究所」講師。昭和22年2月17日没。年73。

香月　春蔵　かつき はるぞう　9・13・14

香月恕経の子。〔前三井鉱山(株)〕昭和14年2月28日没。年74。

香月　恕経　かつき ひろつね　8・13・14

秋月藩領の医家に生まる。明治3年，秋月藩校稽古館訓導。6年筑前竹槍一揆，9年秋月の乱で下獄。国会期成同盟に参加。「福陵新報」主幹。23年代議士。明治27年5月18日没。年53。

加藤　直吉　かとう なおよし　1・3・4・8・13・14

向陽社会計係。明治41年11月1日没。

金子　克己　かねこ かつみ　5・13

(旧姓) 福住。長崎県人。長崎亡命中のロシア革命家から火薬製法を学ぶ。満州義軍に参加。

←福住克己

鎌田　正気　かまた まさき　14

鎌田　昌純　かまた まさずみ　9・13

昭和8年，神武会福岡支部を起こす。皇道義塾（11年矯志社と改称）を創設し，農園を営む。昭和13年3月29日没。

亀井　味楽　かめい みらく　10・13

福岡市西新皿山，高取焼第13代窯元。第14代亀井味楽の祖父。大正7年福岡市議。昭和19年，農商務省指定陶芸技術保存作家に指定された。昭和31年12月28日没。年74。

萱野　長知　かやの ながとも　5・13

高知県人。満州義軍に参加。孫文の中国革命に尽力。昭和21年貴族院議員。昭和22年4月14日没。年75。

川島　甚太郎　かわしま じんたろう　1・3・14

後，純幹。東京帝大(法)卒。滋賀，鳥取，福井県知事。大正9年10月25日没。年58。

川庄　　到　　かわしょう いたる　　3・14

河波　荒次郎　　かわなみ あらじろう　　8・13・14

東京専門学校卒。筑紫郡大野村議。筑紫郡会議長。明治36年県議。大正6年代議士。明治38年九州日報社副社長。昭和7年2月21日没。年68。

河野　鍵三郎　　かわの けんざぶろう　　1・14

河野　淳一郎　　かわの じゅんいちろう　　10・11・13

河野半次郎の子。明道館員。九州日報社員。西日本新聞社員。

河野　二郎　　かわの じろう　　8・13・14

河野半次郎の弟。明道館員。昭和4年九州日報社長。昭和7年11月10日没。年49。

河野　直昌　　かわの なおまさ　　9・10・11・13・14

明道館員。〔鉱業〕昭和22年5月29日没。

河野　半次郎　　かわの はんじろう　　8・13・14

（別名）桃太郎。柔道家。明道館長。海産物問屋業。ロシア兵捕虜を投げとばした武勇伝は有名。大正4年1月20日没。年36。

川村　仙司　　かわむら せんじ　　3

河村　武道　　かわむら たけみち　　5・6・8・13・14

初代明道館長。満州義軍参加。明治40年1月31日没。年32。

菅　　新平　　かん しんぺい　　1・3・14

管とも書く。福岡の変に参加（懲役2年・和歌山県預け）。

神崎　潜一郎　　かんざき せんいちろう　　3・14

福岡の変に参加（懲役2年・和歌山県預け）。

き

菊池　秋四郎　　きくち あきしろう　　9・10・11・13

菊地とも書く。宮崎県人。明道館員。大阪朝日新聞社福岡支局主任。『玄洋社社史』著者。〔奉天日報社長〕

菊地　作也　　きくち さくや　　8・13・14

菊池とも書く。高場塾出身。

菊池　六郎　　きくち ろくろう　　3・14

岸本　辰三郎　　きしもと たつさぶろう　　9・10・13・14

大原義剛・平田常次郎の弟。明治23年9月，慶応義塾入社。明道館員。九州日報

社取締役・販売主任。昭和34年７月28日没。年89。

喜多島　淳　　きたじま あつし　　7・9・10・13・14

明治31年福岡市議。九州日報社監査役。第６代玄洋社長。昭和19年１月15日没。年80。

衣笠　景徳　　きぬがさ かげのり　　1・3・4・8・13・14

高場塾出身。昭和６年８月30日没。

木村　　茂　　きむら しげる　　1・3・14

木村　達巳　　きむら たつみ　　3・14

達己とも書く。明治11年筑前第２大区５小区扱所書役。

木本　　貫　　きもと とおる　　3・14

木本　峰次郎　　きもと みねじろう　　8・13

明治21年７月15日没。

行徳　寛忠　　ぎょうとく ひろただ　　13

→森　寛忠

清原　強之助　　きよはら きょうのすけ　　1・3・8・13・14

明治９年に代言人免許。福岡の変に参加（脱走後，関西で捕縛されるが刑名不明）。大正６年８月10日没。年66。

く

櫛橋　　寿　　くしはし ひさし　　3・14

高場塾出身。

葛生　玄晫　　くずお げんたく　　8・13

のち東介。千葉県人。新聞人となり，たびたび筆禍下獄。黒龍会幹事。福岡海軍協会を創立。大正15年２月８日没。年63。

久世　庸夫　　くせ つねお　　7・9・10・13

明道館員。東京帝大（独法）卒。大蔵省那覇税務管理局長。日本生命東京支店長。大正８年福岡市長。14年福岡市議。第34代市会議長。昭和15年県議。昭和20年７月31日没。年70。

久保　才一　　くぼ さいいち　　12・13

久保　武雄　　くぼ たけお　　13

明道館員。警察官。

熊谷　嵱介　　くまがい きんすけ　　9・10・13

明道館員。〔福岡玉屋店員〕

熊沢　勁太郎　　くまざわ けいたろう　　13

明道館員。東京帝大（採鉱冶金）卒。三菱に10年。日鉄に13年勤続。昭和9年日鉄二瀬炭坑坑長で病気退職。昭和13年3月16日没。年59。

熊本　小太郎　　くまもと こたろう　　3・14

倉八　正雄　　くらはち まさお　　1・3・8・13・14

県少参事・大監察の倉八隣の子。明治15年養蚕生徒として県から福島に派遣。同年八県連合共進会でマユ・生糸入賞。翌年マユ入賞。

来島　金三郎　　くるしま きんざぶろう　　13

来島恒喜の弟。屯田兵として北海道に渡る。昭和12年12月8日没。年71。

来島　新三郎　　くるしま しんざぶろう　　8・13・14

来島恒喜の兄。高場塾出身。「福陵新報」発行名義人（「編輯人」）。明治24年，「福陵新報」への投書掲載で官吏侮辱罪に問わる。大正7年1月22日没。年63。

来島　恒喜　　くるしま つねき　　①・③・④・6・8・13・⑭

（旧名）恒記。一時，的野家の養子となる。高場塾出身。条約改正に反対し，大隈外相に爆弾を投じて自刃。明治22年10月18日没。年31。

←的野恒記

こ

合田　毅平　　ごうだ きへい　　3・14

筑紫郡住吉村長。明治31年中洲埋め立てを出願し，承認されている。大正元年10月2日没。年68。

高武　公美　　こうたけ まさよし　　7・10・13

明道館員。東京帝大（独法）卒。宗像郡津屋崎出身。朝鮮総督府中枢院書記官。同忠清南道内務部長。昭和8年福岡市助役。18年5月3日没。年60。

香江　　誠　　こうのえ まこと　　7・8・13・14

明治15年福岡医学校長。28年福岡市議。37年第20代市会議長。大正9年3月3日没。年79。

郡　　　利　　こおり とし　　2・8・13・14

のち葆淙と改む。月成勲・明石元二郎の岳父。郡・区長歴任。筑前共愛会長。明

治13年県議。福岡日日新聞社第2代社長。明治25年代議士。筑紫史談会員。郷土史家。大正7年3月27日没。年72。

郡　元次　こおり もとつぐ　10・13

(旧姓) 月成。郡利の孫。慶大卒。朝日新聞大阪本社営業部。

郡　嬉至　こおり よしのり　14

古賀　九郎　こが くろう　14

古賀　壮兵衛　こが そうべえ　7・14

博多の侠客。大野仁平の弟分。鉱業家。大正2年福岡市議。

児島　哲太郎　こじま てつたろう　13

天佑侠に協力。田川赤池炭礦礦長。昭和11年4月16日没。年72。

児島　俊之助　こじま としのすけ　9・10・11・13

明道館員。〔第一銀行〕

小谷　仁作　こたに にさく　3・14

児玉　昌太郎　こだま まさたろう　8・13・14

昭和7年2月27日没。年54。

児玉　義男　こだま よしお　3・14

義勇とも書く。

後藤　豊心　ごとう ほうしん　3・14

小西　泰助　こにし やすすけ　13

小西　和五郎　こにし わごろう　13

小林　義盛　こばやし よしもり　3・14

福岡の変に参加（懲役2年・静岡県預け）。

小森　茂　こもり しげる　14

古森　善五郎　こもり ぜんごろう　10・13

九州帝大（医）卒。昭和8年九大講師。27年まで久留米大学医学部教授。ドイツ留学中，ドイツ陸軍軍医少佐として独ソ戦従軍。また，大腿切断の重光葵を治療。

近藤　駿　こんどう はやお　3・14

権藤　貫一　ごんどう かんいち　8・13・14

郡長歴任。明治23年代議士。30年長野県知事。大正4年1月10日没。年73。

さ

斎田　磯次郎　さいた いそじろう　3・14

斉田とも書く。

斎田　信之助　さいた しんのすけ　1・3・14

斉田とも書く。福岡の変に参加（懲役2年・神奈川県預け）。

佐伯　武平　さえき ぶへい　11・13

大正10年福岡市議。《明治35年に同名の市議がある。あるいは父親か？》

佐賀　経吉　さが つねきち　13

炭坑界に活躍。昭和11年12月7日没。年70。

坂井　大輔　さかい だいすけ　8・13・14

明道館員。早大（政経）卒。米国遊学。ワシントン会議随行。大正12年代議士（政友会）。昭和7年5月9日没。年46。

坂井　雄次郎　さかい ゆうじろう　1・3・14

福岡の変に参加（懲役2年・神奈川県預け）。

讃井　弥市　さぬい やいち　9・13

福岡の変に参加（懲役2年・神奈川県預け）。昭和10年2月22日没。年76。

佐野　万一　さの まんいち　8・13・14

佐野　泰雄　さの やすお　13

昭和18年6月27日没。

沢木　三郎　さわき さぶろう　9・10・11・13・14

（旧名）吉三郎。明治18年5月，慶応義塾入社。黒田侯爵家家令。昭和19年4月22日没。年80。

し

鹿田　鞆二　しかだ ともじ　8・13

大正5年12月21日没。年53。

重松　隆輔　しげまつ りゅうすけ　10・13

明道館員。〔三菱筑豊鉱業所〕

篠崎　昇之助　しのざき しょうのすけ　9・10・13・14

明治29年5月，慶応義塾入社。明道館員。「九州日報」主筆。相談役。大正7年

寺内内閣退陣要求の九州新聞記者大会座長。〔釜山日報社副社長兼主筆〕昭和26年7月12日没。年73。

柴田　一俊　　しばた かずとし　　10・13

柴田繁太郎の子。〔東拓支店〕

柴田　駒次郎　　しばた こまじろう　　6

明治27年東学党偵察。天佑俠の企図に加わるも病で断念。明治28年2月没。《29歳か？》

柴田　駒太郎　　しばた こまたろう　　8・13

明治28年2月8日没。《柴田駒次郎と同人か？》

柴田　繁太郎　　しばた しげたろう　　9・13・14

正木昌陽塾で山座円次郎と同期。豊国炭坑採炭部長。ガス爆発で引責辞任。大正4年福昌公司苦力配給所長。昭和12年10月23日没。年70。

柴田　常三郎　　しばた つねさぶろう　　9・13

昭和11年1月1日没。

柴田　徳雄　　しばた とくお　　12・13

早大卒。九州日報社員。東方会員。

柴田　又十郎　　しばた またじゅうろう　　8・13・14

明治29年県議。筑紫郡安徳村長。昭和2年8月13日没。

柴田　麟次郎　　しばた りんじろう　　5・9・10・13・14

又十郎の弟。満州義軍に参加。昭和31年9月17日没。年80。

＊『増補版 玄洋社発掘』346ページで「鱗次郎」としているのは誤植。

島　養三郎　　しま ようざぶろう　　8・13・14

（旧姓）立花。亀井塾出身。医者。大正15年5月7日没。年80。

島田　経一　　しまだ けいいち　　8・13・14

生家は博多に旅館を営む。上海製靴店で中国事情を研究。天佑俠に加わろうとして発覚，下獄（懲役1年）。私財を投じて中国革命を援助。昭和2年12月18日没。年62。

清水　駿太郎　　しみず しゅんたろう　　9・10・13

東京帝大（東洋史）卒。沖縄・滋賀県立中学校長。京都視学。〔元京都市庁学務部勤務〕明道館長。昭和16年5月19日没。年61。

白石　入作　　しらいし にゅうさく　　9・10・11・12・13

明道館員。東京高商卒。〔横浜正金銀行借款部長〕

白石　好夫　しらいし よしお　9・13

明道館員。大化会員。昭和11年１月31日没。年45。

白石　芳一　しらいし よしかず　7・9・10・11・13

明道館員。〔福岡市役所戸籍課長〕

白洲　十平　しらす じっぺい　14

調　円助　しらべ えんすけ　9・10・11・13

明道館員。〔(株)菅原電気商会取締役〕

白水　濯　しろうず あろう　3・14

白水　為雄　しろうず ためお　1・3・14

→今村為雄

新開　秋三郎　しんかい あきさぶろう　9・10・13

新開富太郎の弟。明道館員。昭和20年９月20日没。年65。

新飼　為吉　しんかい ためよし　4

→新飼為義

新飼　為義　しんかい ためよし　①・③・④・9・10・11・13・⑭

高場塾出身。〔大倉組・木村同族(株)重役〕

←新飼為吉

←中村為吉

新開　富太郎　しんかい とみたろう　9・10・11・13・14

竹雨と号す。歌人。九州日報社重役。〔博多株式取引所監査役・醤油醸造業〕昭和21年７月25日没。年73。

進藤　一馬　しんとう かずま　9・10・11・12・13

進藤喜平太の子。早大（政経）卒。九州日報北九州支社長。東方会総務部長。第10代玄洋社長。昭和33年代議士。通産，法務政務次官。明道館長。(財)明道会理事長。玄洋社記念館長。47年福岡市長。平成４年11月28日没。年89。

進藤　喜太郎　しんとう きたろう　14

進藤　喜平太　しんとう きへいた　1・3・4・6・8・13・14

高場塾出身。萩の乱連携に参加。第２・５代玄洋社長。明治38年福岡市長候補。39年代議士（憲政本党）。大正14年５月11日没。年76。

真藤　清　しんとう きよし　1・14

高場塾出身。福岡の変に参加（刑名不明・山口県預け）。

真藤　驍　しんとう ぎょう　3・14

→真藤利就

真藤　慎太郎　しんとう しんたろう　5・9・10・11・12・13

明道館員。満州義軍に参加。大正８年ベーリング漁業(株)創立。昭和13年日魯漁業(株)副社長。17年代議士。明道館顧問。昭和46年１月11日没。年89。

進藤　龍馬　しんとう たつま　9・10・13・14

進藤喜平太の子。進藤一馬の兄。明道館員。第一銀行伏見支店長。昭和18年７月４日没。

真藤　利就　しんとう としなり　③・8・13・⑭

進藤とも書く。（旧名）驍。旧藩馬廻役・馬術師範で，大隈言道の門人であった真藤利明の子。福陵新報社員。

←真藤　驍

進藤　守康　しんとう もりやす　9・10・13

（旧名）善太郎。進藤喜平太の甥で，一時養子となる。明道館員。アララギ派歌人。〔鉄道省運輸局〕昭和33年11月６日没。年72。

真藤　義丸　しんとう よしまる　9・13

真藤利就の弟。明治31年３月，慶応義塾入社。〔国士館専門学校・国士館理事〕昭和12年12月17日没。年60。

す

末田　金三郎　すえだ きんざぶろう　8・13

高場塾出身。昭和８年５月18日没。年68。

末田　金次郎　すえだ きんじろう　14

末田　墾　すえだ こん　9・10・11・13

明道館員。〔西部電気工業所会社員〕

末田　民次郎　すえだ たみじろう　1・3・14

高場塾出身。

末次　繁光　すえつぐ しげみつ　11・13

信国一門の刀匠。大日本刀剣協会審査員。昭和31年11月３日没。年69。

末永　一三　すえなが かずみ　9・10・11・13・14

高場塾出身。明道館員。大正製麻社長。

末永　賢次　すえなが けんじ　12・13

末永節の子。東亜同文書院卒。

末永　　環　すえなが たまき　8・13・14

筑前共愛会那珂郡委員。糸島郡雷山村長。大正13年6月7日没。

末永　　節　すえなが みさお　9・10・13・14

明道館員。「福陵新報」特派員。九州日報社友として武昌革命軍中で通信を送る。孫文援助。中国革命同盟会機関誌『民報』責任者。遼東新報社長。昭和35年8月18日没。年92。

末村　　宏　すえむら ひろし　10・11・13

明道館員。〔大正鉱業(株)〕昭和27年1月9日没。年65。

杉原　速水　すぎはら はやみ　3・14

杉本　伊平　すぎもと いへい　3・14

杉山　茂丸　すぎやま しげまる　13

号は其日庵。杉山泰道（夢野久作）の父。また杉山龍丸の祖父。日韓合邦を推進。台華社主宰。昭和10年7月19日没。年72。《玄洋社葬が行われた》

薄　　氏郎　すすき しろう　3・14

せ

関屋　斧太郎　せきや おのたろう　8・13

石川県人。加賀盈進社員。上海製靴店で中国事情を研究。天佑俠に加わろうとして発覚，下獄。明治31年7月28日没。年30。

妹尾　憲介　せのお けんすけ　10・11・13

早大（政経）卒。〔日魯漁業(株)函館支店〕昭和30年福岡市議。42年第49・50代市議会議長。(財)明道会理事。平成8年10月16日没。年85。

妹尾　朋吉　せのお ともきち　9・13・14

妹尾憲介の父。昭和13年3月6日没。年70。

千田　魁身　せんだ かいしん　3・14

福岡の変に参加（懲役2年・大坂府預け）。

そ

宗　時次郎　　そう　ときじろう　　14

宗　　夢也　　そう　ゆめや　　3・14

福岡の変に参加（「脱走之賊徒」に数えられているが，刑名など不明）。

副田　直規　　そえだ　なおき　　12・13

昭和８年福岡市議。34年第46代市議会議長。

た

高木　藤次郎　　たかぎ　とうじろう　　12・13

（旧姓）芳賀。明道館柔道部長。盈進商業，大濠高校柔道教師。昭和52年９月27日没。年77。

高木　幹夫　　たかぎ　みきお　　3・14

福岡の変に参加（刑名不明・山口県預け）。

高島　一祐　　たかしま　かずすけ　　10・13

〔博多織物業〕

高田　真太郎　　たかだ　しんたろう　　9・10・11・12・13・14

慎太郎とも書く。高田友三郎の子。明道館員。九州帝大（法文）卒。九州日報社経済部長。荒津商店調査部長。大博証券社長。福岡協栄証券社長。九州証券業協会長。

高田　友三郎　　たかだ　ともさぶろう　　8・13・14

高場塾出身。明治40年１月14日没。年39。

高田　芳太郎　　たかだ　よしたろう　　1・3・4・8・14

高場塾出身。萩の乱連携に参加。書店主。出版業者。明治11年代言人免許。明治13年福岡区議。明治37年７月５日没。年54。

高野　増雄　　たかの　ますお　　8・13・14

明道館員。明治37年３月15日没。年32。

高場　　乱　　たかば　おさむ　　3・8・13・14

女医（眼科）。亀井暘洲に学ぶ。興志塾主。男装で通し「玄洋社生みの親」の評がある。明治24年３月31日没。年61。

高場　　応　　たかば　こたう　　1・3・4・8・13・14

高場乱の養子（実は甥）。眼科医。明治43年11月26日没。年59。

高場　損蔵　　たかば　そんぞう　　10・11・13

高場応の子。乱の孫。明道館員。陸大卒。陸軍歩兵大佐。小倉連隊区司令官。関東軍司令部付顧問。銃剣道範士。剣道教士。福岡県銃剣道連盟会長。昭和43年6月9日没。年85。

高橋　道　たかはし おさむ　8・13・14

福岡の変に参加（刑名不明・神奈川県預け）。明治41年4月没。

高橋　吉之助　たかはし きちのすけ　8・13・14

大正10年9月30日没。

高村　守太郎　たかむら もりたろう　1・3・14

高邨とも書く。高場塾出身。

高山　喜六　たかやま きろく　13

宗像郡勝浦出身。昭和2年神道夢想流杖術，一心流鎖鎌，一達流捕縄の第25代宗家。神器当流抱大筒も伝える。昭和13年4月13日没。年45。

財部　吉三郎　たからべ きちさぶろう　14

多久　信太郎　たく しんたろう　3・4・14

（旧姓）木村。のち隆之助と改む。大正7年3月6日没。年65。《編者石瀧豊美の祖父石瀧義男の長兄》

多久　虎作　たく とらさく　1・14

乕作とも書く。福岡の変に参加（懲役2年・堺県預け）。

武井　忍介　たけい おしすけ　8・13・14

安場知事時代，県庁に勤む。昭和2年1月7日没。

武内　惣左衛門　たけうち そうざえもん　3・14

惣右ヱ門とも書く。「福陵新報」発行名義人（「編輯人」）。

武内　与七郎　たけうち よしちろう　1・3・4・7・8・13・14

高場塾出身。福岡の変に参加（懲役2年・大坂府預け）。明治34年福岡市議。大正2年5月16日没。年57。

竹岡　誠次　たけおか まさつぐ　13

玄洋社機関紙「玄洋」編輯主任。

竹下　篤次郎　たけした とくじろう　6・8・13・14

明治19年小笠原島開墾。21年カリフォルニアに農園経営。滞米8年。満州独立論者。昭和5年4月22日没。年67。

竹田　乙麿　たけだ おとまろ　13

明道館柔道師範。宮相撲（しこ名・谷響）。ほねつぎ「谷響」。大正７年11月17日没。年68。

竹田　禄之助　たけだ ろくのすけ　9・10・11・13

竹田乙麿の子。明道館員。昭和38年３月５日没。年63。

武谷　次郎　たけや じろう　2・14

筑前共愛会憲法草案を起草。明治15年県議。

多田　勇雄　ただ いさお　11・13

代議士多田作兵衛の甥。明道館員。酒造業。甘木銀行監査役。弥寿銀行頭取。朝倉軌道(株)社長。大正８年県議。昭和３年代議士（政友会）。

谷口　通弘　たにぐち みちひろ　9・10・11・13

〔鉱業〕昭和32年９月５日没。年85。

谷山　志摩之助　たにやま　しまのすけ　1・3・8・13・14

志麻之助とも書く。福岡の変に参加（刑名不明・山口県預け）。昭和６年８月20日没。年74。

玉ノ井　騰一郎　たまのい　とういちろう　3・4・8・13・14

玉之井とも書く。福岡の変に参加（懲役１年・預け先不明）。須恵焼販売業。明治26年福岡市参事会員。明治40年１月19日没。

田村　仙司　たむら せんじ　2・14

田村　耐輔　たむら たいすけ　3・14

ち

千賀　環　ちが たまき　6・8・13・14

小学校教師から玄洋社に入り，選挙干渉では相手を傷つけるとともに自身も負傷。晩年，中野正剛を後援。大正７年３月21日没。年60。《『東亜先覚志士記伝』では姓を「せんが」と読み，イロハ順の「せ」の項に上げるが，「ちが」と判断したのでここに置いた》

筑紫　準之助　ちくし じゅんのすけ　3・14

明治４年福岡藩士族隊小隊長。福岡の変に参加（懲役１年・預け先不明）。

筑紫　辰五郎　ちくし たつごろう　8・13・14

明治４年福岡藩士族隊小隊長。福岡の変に参加（除族）。大正６年５月２日没。年73。

筑紫　昌門　　ちくし まさかど　　9・10・11・12・13

明道館員。〔満蒙緬羊公司〕

つ

月成　　勲　　つきなり いさお　　①・③・6・7・9・13・⑭

月成元雄の弟。明石元二郎の義兄。高場塾出身。明治20年福陵新報社員。34年福岡市議。博多米穀取引所理事長。第7代玄洋社長。昭和10年12月16日没。年76。

←大神　勲

月成　功太郎　　つきなり こうたろう　　8・13・14

広田弘毅の岳父。高場塾出身。大正2年3月5日没。年55。

月成　左門　　つきなり さもん　　9・13

月成功太郎の四男。〔福岡市役所学務課・市書記〕昭和29年12月4日没。年61。

月成　重三郎　　つきなり じゅうざぶろう　　1・8・13・14

明治11年筑前第6大区調所書役。

月成　鼎輔　　つきなり ていすけ　　9・10・11・13

月成功太郎の長男。

月成　　光　　つきなり ひかる　　3

→梶川　光

月成　英雄　　つきなり ひでお　　10・13

（旧姓）永島。明道館員。〔満州国錦州省満州炭鉱(株)阜新鉱業所〕昭和22年3月28日没。

月成　　麓　　つきなり ふもと　　3

→月成元義

月成　仁彦　　つきなり まさひこ　　10・13

〔満州国錦州省満州炭鉱(株)阜新鉱業所〕

月成　元雄　　つきなり もとお　　13

福岡の変の指導者の一人。明治10年4月1日戦死。《玄洋社設立以前に死んでおり，もとより玄洋社員ではない。誤認か？》

月成　元気　　つきなり もとき　　10・11・13

月成勲の子。明道館員。〔三井物産(株)小樽支店〕昭和22年6月25日没。年56。

月成　元忠　　つきなり もとただ　　10・11・13

月成元俊の子。〔全羅南道・東拓農場〕

月成　元俊　つきなり　もととし　9・10・11・13・14

月成元雄の子。明道館員。〔共同製氷会社会社員〕昭和20年12月20日没。年75。

月成　元義　つきなり　もとよし　①・③・4・8・13・⑭

月成元雄の弟。福岡の変に参加（懲役2年・堺県預け）。明治37年10月5日没。

←月成　麓

←疋田　麓

津田　幾次郎　つだ　いくじろう　7

大正5年福岡市議。昭和10年10月18日没。年67。

津田　喜太郎　つだ　きたろう　6・8・13・14

明治21年1月。慶応義塾入社。「福陵新報」・「九州日報」記者。崇福寺にこもって写経三昧，仏学研究に従った玄洋社中の異色の人。大正12年10月31日没。年57。

津田　健次郎　つだ　けんじろう　10・11・13

津田幾次郎の子。明道館員。陸軍主計中尉。昭和19年10月8日南方戦線で戦死。年46。

土屋　直幹　つちや　なおもと　9・10・12・13

明道館員。長崎高商卒。(株)正興電機製作所社長。明道館顧問。(財)明道会理事。昭和43年6月19日没。年82。

筒井　　筧　つつい　かけい　1・14

筒井　亀来　つつい　かめき　3・8・13・14

頭山満の兄。昭和8年4月22日没。年83。

筒井　楠雄　つつい　くすお　10・13

筒井條之助の長男。頭山満の孫。早大（商）。九州日報社員。満州国牡丹江省総務科勤務。

筒井　條之助　つつい　じょうのすけ　8・13・14

筒井亀来の長男。頭山満の甥で娘婿。「九州日報」記者。大正10年10月19日没。年43。

筒井　　力　つつい　つとむ　1・3・4・8・13・14

常岡　秀太郎　つねおか　ひでたろう　14

て

寺田　栄　　てらだ さかえ　　3・14

内閣総理大臣鳩山一郎の岳父。内閣総理大臣鳩山由紀夫の曾祖父。福岡の変に参加（懲役2年・神奈川県預け）。明治15年明治法律学校卒。司法官登用試験合格。東京・横浜・高崎などの裁判所判事。大正6年衆議院書記官長。貴族院議員。大正15年1月13日没。年68。

と

藤　勝顕　　とう かつあき　　①・③・④・6・8・13・⑭

（幼名）規矩太郎。高場塾出身。福岡の変に参加（懲役2年・静岡県預け）。舌間道場師範代（柔術・双水執流）。明治13年県会記録係として令名。閔妃殺害事件に参加。大正5年11月12日没。年58。

←藤規矩太郎

藤　規矩太郎　　とう きくたろう　　1・3・4・14

→藤　勝顕

頭山　泉　　とうやま いずみ　　10・11・12・13

頭山満の二男。平成8年3月6日没。年92。

頭山　立介　　とうやま たつすけ　　9・10・13・14

頭山満の長男。東亜同文書院卒。昭和16年7月3日没。年51。

頭山　秀三　　とうやま ひでぞう　　10・13

頭山満の三男。農大卒。天行会主宰。5・15事件民間側被告。汪政権顧問。昭和27年7月21日事故死。年45。

頭山　満　　とうやま みつる　　1・2・3・9・10・13・14

（旧姓）筒井。高場塾出身。萩の乱連携に参加。福陵新報社長。玄洋社の最長老で「巨人頭山満翁」と仰がれた。昭和19年10月5日没。年90。

頭山　要人　　とうやま ようじん　　10・11・13

明道館員。

遠山　克良　　とおやま かつよし　　3・14

明治41年5月29日没。

徳重　英助　　とくしげ えいすけ　　11・13

明道館員。新潟高校教諭。津上製作所重役。

徳末　楯雄　とくすえ たてお　3・14

楯夫とも書く。福岡の変に参加（懲役3年・堺県預け）。明治28年12月14日没。

徳永　仁三郎　とくなが にさぶろう　8・13・14

徳永　泰次　とくなが やすじ　10・11・13

泰治とも書く。明道館員。〔日本航空会社〕

徳永　吉次　とくなが よしつぐ　3・14

米商仲買。博多商業会議所議員。

戸田　順吉　とだ じゅんきち　9・13・14

明道館員。柔道家。作家夢野久作の従兄。〔外務省情報部閣史〕静岡県見附農学校教師。昭和14年7月16日没。

十時　惟隆　ととき これたか　9・10・12・13

柳河藩家老十時惟治の孫。〔前明治鉱業(株)〕〔直方鉱山学校講師〕明道館長。(財)明道会監事。昭和38年1月8日没。

富田　強之助　とみた きょうのすけ　14

富田　純之助　とみた じゅんのすけ　3・9・13

〔前日本生命保険会社〕昭和10年5月2日没。年77。

富田　積　とみた つもる　7・10・13

〔福岡市役所秘書課長・文書課長〕

友枝　英三郎　ともえだ えいざぶろう　8・13・14

平岡浩太郎の上海製靴店員。黒龍会同人。朝鮮通信社長。大正4年6月2日没。年49。

友枝　新治郎　ともえだ しんじろう　9・10・11・13

友枝新平の子。明道館員。〔福岡貯金支局〕

友枝　新平　ともえだ しんぺい　8・13・14

大神熊平の二男。一時，剣客浜与四郎の養子。福陵新報社で機械方担当。発行停止の「福陵新報」の身代わり紙「玄洋新報」の編輯人（明治26年）。大正15年4月3日没。年76。

な

中上　中　なかがみ あたる　3・13・14

昭和２年７月23日没。年64。

中川　左馬人　なかがわ さまと　9・10・13・14

（旧姓）牛方。

中沢　勇雄　なかざわ いさお　3・14

中島　　翔　なかしま かける　①・③・④・6・8・13・⑭

（旧姓）野村。福岡の変に参加（懲役２年・大坂府預け）。福陵新報社員。大野仁平らの金剛党を率いる。昭和８年１月６日没。年76。

←野村　翔

中島　　来　なかしま きたる　1・3・14

永末　晋太郎　ながすえ しんたろう　1・14

「福陵新報」発行名義人（「編輯人」）。

長瀬　武七郎　ながせ たけしちろう　14

永田　　豊　ながた ゆたか　2・3・14

筑前共愛会志摩郡委員。郡会議員。糸島郡周船寺村長。博多商業会議所議員。明治32年９月６日没。年39。

中谷　虎雄　なかたに とらお　3・14

乕雄とも書く。

中谷　満雄　なかたに みつお　1

中富　福太郎　なかとみ ふくたろう　10・13

三潴郡出身。〔歯科医〕

中野　敬三郎　なかの けいざぶろう　7・8・13・14

大正２年福岡市議。昭和５年11月25日没。年54。

中野　江漢　なかの こうかん　10・13

〔著述業〕昭和14年支那満蒙研究会機関誌として『江漢雑誌』を創刊。

中野　三之助　なかの さんのすけ　9・10・11・13

中野和四郎の子。明道館員。〔国民同盟福岡支部〕東亜同文書院学監。

中野　震太郎　なかの しんたろう　3・14

福岡の変に参加（懲役２年・静岡県預け）。

中野　正剛　なかの せいごう　9・10・13・14

早大（政経）卒。「東京朝日新聞」記者。東方時論社長。東方会総裁。大正９年代議士。九州日報社長。昭和18年10月27日自決。年58。

中野　太三郎　なかの たさぶろう　9・10・13

中野正剛の従兄。明道館員。東京帝大（法）卒。伊藤韓国統監秘書。平安北道知事。〔東洋拓殖(株)理事〕昭和16年11月10日没。年62。

中野　泰介　なかの やすすけ　7・9・10・13

中野正剛の弟。早大卒。九州日報社常務。昭和８年福岡市議。

中野　和四郎　なかの わしろう　7・8・13・14

中野正剛の叔父。明治25年福岡市議。博多商業会議所議員。明治42年11月18日没。年60。

永野　見龍　ながの けんりょう　11・13

明道館員。大通寺住職。

長野　重実　ながの しげざね　1・3・4・8・13・14

福岡の変に参加（懲役１年・預け先不明）。筑前共愛会博多部委員。明治13年福岡区議。

長浜　竹次郎　ながはま たけじろう　3・14

永松　陽一　ながまつ よういち　9・10・11・13

明道館員。〔東京営林局長〕

永見　忠四郎　ながみ ただしろう　14

中村　確　なかむら あきら　3・14

中村　耕介　なかむら こうすけ　14

向陽社議長，筑前共愛会連合本部副部長，共愛会会長などを歴任。明治12年から21年まで県会議長。明治21年10月２日没。年45。

中村　作次郎　なかむら さくじろう　14

中村　鹿三郎　なかむら しかさぶろう　3・14

明治15年福岡区議。

中村　茂八郎　なかむら しげはちろう　1・14

福岡の変に参加（懲役２年・神奈川県預け）。

中村　為吉　なかむら ためよし　1・3・14

→新飼為義

中村　政次郎　なかむら まさじろう　1・3・14

後，博。明道館員。

中村　道生　なかむら みちお　9・10・13・14

明道館員。〔在華日本紡績同業会青島支部〕 昭和16年10月没。

中山　繁　なかやま しげる　3・14

高場塾出身。福岡の変に参加（懲役２年・和歌山県預け）。

鍋島　政之助　なべしま まさのすけ　9・10・13

明道館員。〔前横浜護謨製造(株)，自動車用品商〕

奈良崎　八郎　ならさき はちろう　6・8・13・14

明治18年福岡養鋭学校に学ぶ。日清・日露戦争に軍事探偵として従軍。明治40年５月20日没。

楢崎　久治　ならさき ひさじ　10・13

明道館員。〔福岡男子高等小学校訓導〕昭和51年５月没。

奈良原　至　ならはら いたる　1・2・8・13・14

高場塾出身。萩の乱連携に参加。筑前共愛会常務員。大正６年４月６日没。年61。

奈良原　時雄　ならはら ときお　3・14

高場塾出身。奈良原至の弟。明治20年３月９日没。

成井　亀三郎　なりい かめさぶろう　1・3・8・13・14

高場塾出身。昭和４年12月20日没。

に

西川　九郎　にしかわ くろう　2・3・14

明治14年12月28日没。

西本　勇夫　にしもと いさお　4・8・13・14

福岡の変に参加（懲役２年・大坂府預け）。

丹羽　哲郎　にわ てつろう　8・13・14

明治10年に代言人免許。福岡の変に参加（懲役２年・神奈川県預け）。大正11年２月28日没。

ぬ

貫　龍雄　ぬき たつお　1・14

福岡の変に参加（懲役２年・堺県預け）。明治19年中学修猷館書記。

の

南畝　素行　　のうねん　もとゆき　3・4・8・13・14

野崎　寮造　　のざき　りょうぞう　8・13・14

明治11年筑前第8大区7小区扱所戸長。県議。15年福岡区議。

野村　　翔　　のむら　かける　1・3・4・14

→中島　翔

野村　祐雄　　のむら　すけお　7・8・13・14

妻は月成元雄の姉。明治19年筑陽社社長。22年福岡市議。29年県議。大正5年1月9日没。年68。

は

箱田　三吉　　はこだ　さんきち　1・3・14

函田とも書く。箱田仙蔵の養子。六輔の義弟。旧姓塩川。向陽社代言局に属す。明治12年代言人免許。昭和3年1月13日没。年75。

箱田　琢磨　　はこだ　たくま　9・14

箱田仙蔵の養子。六輔の義兄弟。〔新京日報社長〕

箱田　達磨　　はこだ　たつま　9・10・11・12・13・14

藤崎彦三郎の子。箱田六輔の死後，養子に。明道館員。明治34年5月，慶応義塾入社。のち英オックスフォード留学。帰国後は大日本精糖(株)勤務。昭和22年2月23日没。年69。

箱田　哲太郎　　はこだ　てつたろう　1・14

(旧姓）山崎。箱田六輔の養子。大正元年8月20日没。年56。

箱田　六輔　　はこだ　ろくすけ　1・3・4・8・13・14

(旧姓）青木。箱田仙蔵の養子。高場塾出身。萩の乱連携に参加（懲役1年)。向陽社長。第4代玄洋社長。筑前共愛会長。明治21年1月19日没。年39。

秦　喜四郎　　はた　きしろう　8・13・14

高場塾出身。福岡の変に参加（懲役2年・大坂府預け)。

波多江　磯吉　　はたえ　いそきち　1・3・14

波多江　実　　はたえ　みのる　10・13

〔福岡県産業奨励館上海支部長〕昭和15年から玄洋社上海支局長。サンフランシスコ波多江商会。

畑島　三郎　　はたしま　さぶろう　13

福岡の変に参加（懲役２年・預け先不明)。大正９年10月15日没。年72。

八田　龍見　　はった たつみ　　3・4・8・13・14

福岡の変に参加（懲役２年・和歌山県預け)。明治30年10月17日没。年53。

服部　利明　　はっとり としあき　　8・13・14

明治44年１月没。

花房　庸夫　　はなぶさ つねお　　8・13・14

福岡の変に参加（懲役10年・神奈川県預け)。明治24年３月18日没。年43。

馬場　源一郎　　ばば げんいちろう　　3・14

馬場　庸太郎　　ばば ようたろう　　3・14

浜　勇吉郎　　はま ゆうきちろう　　1・3・14

高場塾出身。大正11年11月２日没。

早川　純三　　はやかわ じゅんぞう　　9・13

早川勇（勤王家，医師）の孫。宗像郡吉武村出身。明道館員。長崎医専卒。昭和５年宗像郡医師会長。昭和12年４月30日没。年57。

林　斧介　　はやし おのすけ　　1・3・4・7・8・13・14

斧助とも書く。萩の乱連携に参加。書店磊落堂店主。明治13年福岡区議。22年市議。筑前共愛会福岡部委員。明治41年７月31日没。年58。

林　角太郎　　はやし かくたろう　　9・10・11・13

林貢の子。明道館員。大正14年福岡県農会販売斡旋部主任技師。昭和11年福岡青果(株)。昭和31年３月４日没。年72。

林　熊吉　　はやし くまきち　　3・14

林　重俊　　はやし しげとし　　9・13

県議林寛一郎の長男。明治23年明治学院入学。28年米国留学。34年帰国し，商船会社を経営。黒龍会員。昭和10年３月16日没。年66。

林　貢　　はやし みつぐ　　13

（旧姓）本郷。西南戦争では近衛第一連隊に属し，城山攻撃に参加。大正元年８月17日没。年59。

葉山　俊一郎　　はやま しゅんいちろう　　1・3・14

福岡の変に参加（刑名不明・山口県預け)。

原　干城　　はら たてき　　3・14

原　義雄　　はら よしお　　14

原口　初太郎　　はらぐち はつたろう　　11・13

明治40年陸大卒。陸軍中将。駐米大使館付武官。第５師団長。ワシントン会議随員。立憲政友会総務。昭和７年代議士。昭和24年４月30日没。年74。

原田　篤久　　はらだ あつひさ　　11・13

原田　　到　　はらだ いたる　　14

半田　謙次　　はんだ けんじ　　4・8・13・14

高場塾出身。明治37年９月25日没。年50。

半田　吾老　　はんだ ごろう　　1・8・13・14

明治11年筑前第２大区５小区扱所副戸長。

半田　大軒　　はんだ だいけん　　7・9・10・11・13

明道館員。大正12年福岡市議。昭和27年２月13日没。年80。

ひ

疋田　　麓　　ひきた ふもと　　1・3・14

→月成元義

樋口　　競　　ひぐち きそう　　8・13・14

各郡長歴任。筑前共愛会参謀。明治31年８月13日没。年52。

樋口　喜走　　ひぐち きそう　　10・11・12・13

（後に）喜壮。樋口満の子。早大（政経）卒。〔日魯漁業(株)函館支店〕昭和19年三幸建設(株)副社長。三陽(株)取締役社長。

樋口　憲吉　　ひぐち けんきち　　9・10・13

明道館員。山口高商卒。〔九州日報社編輯局〕〔連合通信社〕

樋口　新平　　ひぐち しんぺい　　8・13・14

明治23年８月26日没。

樋口　種雄　　ひぐち たねお　　3・14

明治15年福岡区議。

樋口　昌弘　　ひぐち まさひろ　　7・9・10・13・14

大正10年福岡市議。昭和４年第36代市会副議長。九州日報社監査役。民政党常任幹事。福岡市収入役。

樋口　　満　　ひぐち みつる　　5・8・13・14

樋口競の子。赤池鉱山学校卒。明治炭坑勤務。満州義軍参加。福昌公司設立に関

与。明治43年順華公司創立。大正８年10月６日没。年40。

樋口　六郎　ひぐち ろくろう　1・3・14

福岡の変に参加（懲役２年・大坂府預け）。

久田　　全　ひさだ ぜん　1・2・4・7・8・13・14

高場塾出身。福岡の変に参加（懲役２年・神奈川県預け）。明治25年福岡市長候補。28年市議。31年「福陵新報」を管理。明治39年10月24日没。年56。

久永　芳太郎　ひさなが よしたろう　1・14

久野　吉三郎　ひさの きちさぶろう　1・3・14

久野　藤次郎　ひさの とうじろう　1・2・3・8・13・14

福岡の変に参加（刑名不明・山口県預け）。筑前共愛会早良郡委員。大正７年３月20日没。年63。

日下　藤吾　ひのした とうご　12・13

東京帝大（経）卒。元専修大学，青山学院大学教授。関東学園大学学長。平成19年５月20日没。年99。

平石　安太郎　ひらいし やすたろう　14

平岡　浩太郎　ひらおか こうたろう　1・3・6・8・13・14

内田良五郎の弟。高場塾出身。福岡の変に参加，西郷軍に加わる（懲役１年・東京市ケ谷監獄で服役）。初代玄洋社長。赤池・豊国炭坑経営。明治27年代議士。九州日報社資本主。憲政党創立委員。明治39年10月24日没。年56。

平岡　小太郎　ひらおか こたろう　9・10・11・13・14

明道館員。重慶在住。九州日報社友。明治44年の武昌革命に際し，「九州日報」に通信を送る。

平岡　専治　ひらおか せんじ　9・10・13

平岡浩太郎の二男。豊国炭坑経営。

平岡　常次郎　ひらおか つねじろう　9・10・13・14

内田良五郎・平岡浩太郎の弟。昭和19年12月４日没。年75。

平岡　徳次郎　ひらおか とくじろう　6

内田良五郎・平岡浩太郎の弟。福岡の変では良五郎の身代わりとして投獄された。浩太郎を助けて炭坑経営に助力。天真正伝神道夢想流杖術の奥義に達す。明治44年11月13日没。

平岡　良介　ひらおか りょうすけ　7

良助。平岡浩太郎の長男。明治25年３月，慶応義塾入社。豊国炭坑経営。43年福岡市議。大正８年４月２日没。年44。

平賀　衡太郎　ひらが こうたろう　9・10・12・13

明道館員。早大（商）卒。福岡高商設立に尽力。〔東邦電力(株)福岡支店〕(株)電気ビル。(財)明道会理事。

平田　倶集　ひらた ぐしゅう　9・13・14

〔前朝鮮総督府〕昭和13年12月４日没。

平田　大軒　ひらた だいけん　14

平田　知夫　ひらた ともお　6

宗像郡池野村出身。明道館員。東京帝大（法）卒。外交官。大正７年３月15日没。年39。

広田　弘毅　ひろた こうき　9・10・11・12・13・14

明道館員。東京帝大（法）卒。外交官。昭和８年外務大臣。11年総理大臣。昭和23年12月23日，Ａ級戦犯として刑死。年71。

ふ

福沢　伝次郎　ふくざわ でんじろう　10・11・13

明道館員。〔農場経営〕

福島　熊次郎　ふくしま くまじろう　5

埼玉県人。二松学舎に学ぶ。「台湾日日新聞」，「東洋日の出新聞」（長崎）を創刊。満州義軍参加。大正13年４月15日没。年56。

福住　克己　ふくずみ かつみ　13

→金子克己

福田　喜太郎　ふくだ きたろう　9・10・13・14

皆山と号す。「福陵新報」・「九州日報」記者。

藤井　種太郎　ふじい たねたろう　4・5・6・8・13・14

高場塾出身。明治23年10月，慶応義塾入社。福陵新報社員。30年穂波炭坑運炭部長。満州義軍に参加。立憲同志会福岡支部幹事。大正３年11月21日没。年45。

藤崎　展宏　ふじさき のりひろ　13

藤崎　彦三郎　ふじさき ひこさぶろう　1・2・3・4・8・13・14

明治26年11月23日没。年58。

藤島　一造　　ふじしま いちぞう　　①・[3]・4・8・13・⑭

高場塾出身。福陵新報社員。明治24年1月17日没。年35。

←藤島常吉

藤島　熊次郎　　ふじしま くまじろう　　13

藤島　熊太郎　　ふじしま くまたろう　　1・8・13・14

高場塾出身。八木和一の世話で兵庫県庁に勤務。明治33年1月11日没。年49。

藤島　震四郎　　ふじしま しんしろう　　14

藤島　常吉　　ふじしま つねきち　　1・3・14

→藤島一造

藤島　長和　　ふじしま ながかず　　9・10・13

藤島熊太郎の弟。藤島勇三郎の死後，その後を継ぐ。明治22年10月，慶応義塾入社。明道館員。玄洋社史研究家。昭和17年1月12日没。年73。

藤島　勇三郎　　ふじしま ゆうざぶろう　　6・8・13・14

（旧姓）木原。高場塾出身。向陽義塾・同志社に学ぶ。東京専門学校卒。明治21年秘密出版で下獄。24年「福陵新報」への投書で筆禍（官吏侮辱罪）。明治27年2月11日没。年30。

藤村　勝弥　　ふじむら かつや　　1・14

後，篠原。

藤村　源路　　ふじむら げんじ　　7・9・10・11・12・13・14

明道館員。大正10年福岡市議。〔前・九州日報社取締役，農業〕

藤原　　茂　　ふじわら しげる　　9・10・11・13

明道館員。〔砂糖粉類卸商〕(財)明道会理事。

淵上　幸三郎　　ふちがみ こうざぶろう　　10・13

明道館員。〔物品販売業〕昭和17年3月5日没。

淵上　　保　　ふちがみ たもつ　　3・14

福岡の変に参加（放罪）。筑前共愛会那珂郡委員。明治14年県議。

船越　正次郎　　ふなこし しょうじろう　　3・14

福岡の変に参加（刑名不明・山口県預け）。

船曳　　享　　ふなびき あきら　　8・13・14

舟曳亨とも書く。大正14年5月18日没。年66。

古崎　武作　　ふるさき たけさく　　3・14

古屋　勝太郎　ふるや かつたろう　9・13

明道館員。〔前三菱商事(株)〕昭和14年12月9日没。

不破　国雄　ふわ くにお　7・8・13・14

郡・区長を歴任。明治22年福岡市議（初代市会議長）。県議，県会副議長。25年福岡市長候補。大正8年2月12日没。年72。

へ

戸次　鉄麿　べっき てつまろ　1・3・14

ほ

堀尾　彦六郎　ほりお ひころくろう　8・13・14

明治14年県議。15年県会常置委員。26年福岡市参事会員。大正12年1月6日没。年78。

堀川　義七郎　ほりかわ ぎしちろう　14

本城　安太郎　ほんじょう やすたろう　6

高場塾出身。西南戦争に加わり東京で下獄。新聞「日本」記者。高島炭坑問題で活躍。黒龍会同人。大正7年7月4日没。年59。

本田　一郎　ほんだ いちろう　5・14

満州義軍に参加。

本田　一郎祐　ほんだ いちろうすけ　9・10・11・13

〔牧場〕昭和23年7月7日没。年74。

本田　光　ほんだ ひかる　1・14

→梶川　光

ま

前田　辰　まえだ たつ　3・14

明治13年福岡区議。22年市議。28年県議。福岡市参事会員。博多商業会議所議員。

蒔田　礒　まきた いそ　3・14

蒔田　悦太郎　まきた えつたろう　13・14

（旧姓）吉田。高場塾出身。昭和2年9月24日没。年64。

増岡　精一　ますおか せいいち　3・14

益田　祐之　　ますだ すけゆき　14

秋月の乱で刑死した益田静方の甥。中学修猷館漢文教師。昭和20年4月10日没。年79。

増永　元也　　ますなが げんや　9・10・11・12・13

代議士中村彦次の孫。筑後出身だが中学修猷館に進む。明道館員。東京帝大（電気工）卒。鉄道省電気局長。昭和12年代議士。昭和31年7月5日没。年76。

松井　幸吉　　まつい こうきち　13

警視庁柔道教師松井百太郎（黒龍会員）の伯父。自剛天真流道場師範。明治40年9月22日没。年57。

松井　泰吉　　まつい やすきち　3・14

後，弥久。

松井　林太郎　　まつい りんたろう　3・14

松浦　小輔　　まつうら こすけ　8・13

松尾　梓　　まつお あずさ　14

松尾　新九郎　　まつお しんくろう　3・14

松隈　全　　まつくま ぜん　9・13

高場塾出身。東京法学院卒。各地の税務署長を歴任。福岡日日新聞社会計主任。昭和13年10月29日没。

松崎　儀三郎　　まつざき ぎさぶろう　14

松田　沃　　まつだ そそぐ　14

松原　小助　　まつばら こすけ　1・3・14

筑前共愛会早良郡委員。明治11年筑前第9大区2小区扱所書役。

松村　玄三郎　　まつむら げんざぶろう　2・3・14

松本　隆次　　まつもと たかつぐ　10・13

〔歯科医〕

松本　俊之助　　まつもと としのすけ　1・14

俊之輔とも書く。福岡の変に参加（懲役2年・静岡県預け）。

松本　豊次郎　　まつもと とよじろう　9・13・14

昭和14年12月22日没。

的野　薫　　まとの かおる　1・3・4・14

→的野半介

的野　恒記　　まとの つねき　　1・3・4・14

→来島恒喜

的野　半介　　まとの はんすけ　　①・③・④・6・8・13・⑭

(旧名) 薫。平岡浩太郎の義弟。筑前共愛会遠賀郡書記。明治41年代議士。九州日報社主。門司新報社長。八幡製鉄所誘致に尽力。大正6年11月29日没。年60。

←的野　薫

み

三木　隆介　　みき りゅうすけ　　14

→小野隆助

水野　元直　　みずの もとなお　　6・8・13・14

疎梅と号す。牟田常儀の娘婿。漢詩人。韓国政府顧問。玄洋社史研究家。大正10年10月6日没。年58。

溝部　信孝　　みぞべ のぶたか　　14

三苫　恐三　　みとま きょうぞう　　14

簑原　強太郎　　みのはら きょうたろう　　9・10・11・13

宮内　六合太　　みやうち ろくごうた　　3・14

六合彦とも書く。福岡の変に参加 (懲役2年・静岡県預け)。

宮川　一貫　　みやがわ いっかん　　9・10・11・13

宮川太一郎の子。早大 (政経) 卒。早大講師。昭和3年代議士 (政友会)。昭和19年3月25日没。年60。

宮川　五郎三郎　　みやがわ ごろうさぶろう　　9・10・11・12・13・14

奈良原至の弟。宮川武行は長兄。高場塾出身。明道館員。「九州日報」記者。天佑俠支援。平壌日日新聞社を創設。平壌電気(株)社長。昭和24年12月23日没。年82。

宮川　太一郎　　みやがわ たいちろう　　8・13・14

高場塾出身。萩の乱連携に参加。武道家。汲心流・自剛天真流達人。大正9年6月28日没。年73。

宮川　武行　　みやがわ ぶこう　　6・8・13

(旧名) 轍次。明治11年「平仮名新聞」創刊。福岡県警部。32年九州日報社長。39年韓国統監府警視, 次いで全羅北道警察部長。明治45年2月15日没。年59。

三宅　栄　みやけ さかえ　8・13・14

高場塾出身。

宮崎　逸人　みやざき はやと　14

宮崎　保太郎　みやざき やすたろう　2・3・14

宮原　篤三郎　みやはら とくさぶろう　1・2・3・8・13・14

徳三郎とも書く。高場塾出身。福岡の変に参加（懲役2年・堺県預け）。明治44年10月6日没。

宮村　敏郎　みやむら としろう　8・13・14

大正10年7月没。

美和　作次郎　みわ さくじろう　9・10・13・14

明道館員。第8代玄洋社長。国民党幹事。昭和18年1月25日没。年78。

む

牟田　常儀　むた つねのり　4・6・8・13・14

（旧名）止戈雄。秋月の乱に参加。明治20年佐賀新聞社員。明治37年11月8日没。年54。

村井　一英　むらい かずひで　2・14

司法省法学校に学ぶ。明治13年2月，筑前共愛会第2期会人民総代委員。

村上　辰五郎　むらかみ たつごろう　8・13・14

明治23年1月，慶応義塾入社。昭和6年1月23日没。年65。

村上　初三郎　むらかみ はつさぶろう　1・14

村嶋　丈夫　むらしま たけお　10・13

明道館員。〔福岡市書記〕昭和17年7月20日没。年59。

村瀬　雄　むらせ たけし　3・14

村山　庸三郎　むらやま ようざぶろう　10・11・13

明道館員。〔陸軍軍医中佐〕

も

本松　邦喜　もとまつ くにき　8・13・14

国喜とも書く。明道館師範。昭和9年11月23日没。年53。

元満　寛三郎　もとみつ かんざぶろう　3・14

元満　末次郎　　もとみつ すえじろう　14
→元満鉄樹

元満　槌五郎　　もとみつ つちごろう　8・13・14
昭和4年3月1日没。年75。

元満　鉄樹　　もとみつ てつき　8・13・⑭
（旧名）末次郎。鉄城とも称す。河野半次郎・青木恭太郎と並ぶ明道館の後目録奥義相伝者。明治35年4月9日没。年31。
←元満末次郎

森　清　　もり きよし　8・13・14
昭和9年3月27日没。年66。

森　左門　　もり さもん　7・9・10・13
明道館員。〔長崎市役所水道課長〕

森　祠火　　もり しか　2・14

森　茂蔵　　もり しげぞう　12・13

森　祠忠　　もり しちゅう　3

森　久　　もり ひさし　1・14

森　寛忠　　もり ひろただ　8・⑬
行徳とも称す。福岡の変に参加（懲役10年・大坂府預け）。明治36年6月18日没。
←行徳寛忠

森岡　熊彦　　もりおか くまひこ　10・11・13
書籍商「博文社」。福岡市書籍商組合組合長。京阪各新聞取次業。

森岡　義晴　　もりおか よしはる　13

森田　新七郎　　もりた しんしちろう　1・3・14

守田　泰久　　もりた やすひさ　8・13・14
九州日報社員。昭和8年6月16日没。年60。

守田　義輝　　もりた よしてる　9・10・11・13
守田泰久の子。〔陸軍歩兵中佐〕昭和19年12月15日，大佐・歩兵第211連隊長としてモロタイ島（インドネシア）で戦死（少将に昇任）。年50。

森田　善巳　　もりた よしみ　3・14
善己とも書く。

森部　清蔵　　もりべ せいぞう　11・13

昭和24年博多祇園山笠振興期成会創設に参加，山笠振興に尽くす。博多の祭りの生き字引と言われた。博多総鎮守櫛田神社名誉総代。昭和56年４月14日没。年84。

門司　仙次郎　　もんじ　せんじろう　　1・3・14

門司　　軌　　もんじ のり　　3・14

明治13年福岡区議。21年県議。24年筑紫銀行支配人。博多商業会議所議員。大正11年12月１日没。

や

八木　虎之輔　　やぎ とらのすけ　　11・13

安井　惣吉　　やすい そうきち　　3・14

安川　敬一郎　　やすかわ けいいちろう　　13

撫松と号す。慶応義塾に学ぶ。明治鉱業(株)社長。大正３年代議士。13年貴族院議員。男爵。明治専門学校創立。昭和９年11月30日没。年86。

安川　第五郎　　やすかわ だいごろう　　12・13

安川敬一郎の子。明道館員。東京帝大（工）卒。安川電機会長。東京オリンピック組織委員長。(財)明道会初代理事長。昭和51年６月25日没。年91。

安川　泰弼　　やすかわ やすすけ　　9・10・11・13・14

泰輔とも書く。明道館員。〔粕屋郡宇美公民学校教員〕

安河内　弘　　やすこうち ひろし　　9・10・11・13・14

安田　俊一郎　　やすだ しゅんいちろう　　3・14

安永　乙吉　　やすなが おときち　　9・13・14

高場塾出身。明道館員。〔農業〕昭和14年８月12日没。

安永　東之助　　やすなが とうのすけ　　5・6・8・13・14

明道館員。東京美術学校入学。明治34年「九州日の出新聞」，36年「九州日報」記者。満州義軍に参加。日露戦争後，満州で暗殺された。明治38年11月17日没。年34。

安永　　徳　　やすなが めぐむ　　8・13・14

昭和２年11月26日没。

安見　辰之助　　やすみ たつのすけ　　1・3・14

矢野　憲一　　やの けんいち　　13

明道館員。福岡市中央区選挙管理委員。(財)明道会理事。平成元年11月８日没。

矢野　庄助　　やの しょうすけ　　11・13

博栄防水(株)。

山内　亀三郎　　やまうち かめさぶろう　　10・13

明道館員。〔大夕張三菱鉱業所〕昭和33年12月22日没。年66。

山内　物作　　やまうち そうさく　　9・10・11・12・13・14

(旧姓) 笠。明道館員。早大卒。〔横浜海上火災保険(株)〕昭和45年福岡市選管委員長。(財)明道会理事。

山内　武明　　やまうち たけあき　　13

山内　義雄　　やまうち よしお　　13

高場塾出身。福岡の変に参加 (懲役2年・和歌山県預け)。福岡日日新聞社員。鼓松と号し，漢詩・画を能くした。昭和19年7月5日没。年87。

山口　弾正　　やまぐち だんじょう　　10・13

〔著述業〕昭和18年5月9日没。

山座　円次郎　　やまざ えんじろう　　8・13・14

山坐とも書く。東京帝大 (法) 卒。外務省政務局長。ポーツマス会議随行。駐支公使。大正3年5月28日北京に客死。年49。

山座　三郎　　やまざ さぶろう　　10・11・12・13

山座円次郎の甥。明道館員。早大 (政経) 卒。福岡県遠賀地方事務所長。昭和28年筑紫郡山口村長。31年筑紫野町教育長。

山座　龍太郎　　やまざ りゅうたろう　　3・14

山坐とも書く。山座円次郎の兄。福岡税務署勤務。

山崎　銀之吉　　やまさき ぎんのきち　　13

昭和17年3月5日没。年75。

山崎　羔三郎　　やまさき こうざぶろう　　6・8・13・14

東京に遊学し，英語を学ぶ。明治21年漢口楽善堂に投ず。日清戦争の軍事探偵。清国兵により処刑さる。明治27年10月31日没。年31。

山崎　辰巳　　やまさき たつみ　　1・3・8・13・14

辰已とも書く。高場塾出身。福岡の変に参加 (懲役2年・神奈川県預け)。

山崎　登　　やまさき のぼる　　3・14

出版業。山崎和三郎の叔父。

山崎　和三郎　　やまさき わさぶろう　　9・10・11・12・13・14

代議士山崎拓の祖父。明道館員。読売新聞社高田早苗襲撃事件に参加。〔中島鉱業(株)〕 鉱業家。昭和25年11月7日没。年78。

山路　為吉　やまじ ためよし　8・13・14

大正5年2月25日没。

山田　義隆　やまだ よしたか　10・11・12・13

玄洋社書記。「玄洋」発行責任者。明道館幹事長。昭和34年3月14日没。年72。

大和　徳太郎　やまと とくたろう　10・11・12・13

明道館員。鉄道工業(株)専務取締役。昭和21年7月4日没。年69。

山中　立木　やまなか たてき　7

明治22年初代福岡市長。昭和6年4月18日没。年87。

山本　健次郎　やまもと けんじろう　9・10・13

〔九州日報社〕

山本　倬也　やまもと たくや　10・11・13

〔頭山満翁秘書〕

ゆ

結城　虎五郎　ゆうき とらごろう　6・14

玄洋社の財政確立に功あり，杉山茂丸とともに「頭山の両翼」と呼ばれた。福陵新報社経営の重鎮。朝鮮で漁場開拓に従事。日露戦争中に樺太海馬島を占領。鉱業家。大正10年9月22日没。年63。

よ

横井　　豊　よこい ゆたか　1・3・14

福岡の変に参加（懲役2年・大坂府預け）。

横大路　一　よこおおじ はじめ　12・13

糟屋郡新宮町の旧家に生まる。火災後の九州劇場を再建。博多タクシー(株)取締役。東方会青年隊長。福岡市議。新宮町長。平成2年9月15日没。年93。

横田　正米　よこた しょうべい　9・10・13

明道館員。自剛天真流師範。〔大同商会九州出張所・経営機械工具工業用品商〕(財)明道会理事。昭和47年11月20日没。年79。

横田　虎之助　よこた とらのすけ　5・9・10・13・14

高場塾出身。明治24年９月，慶応義塾入社。満州義軍に参加。〔西鮮合同電気(株)社長〕昭和17年12月10日没。年70。

横山　雄偉　　よこやま ゆうい　　13

（本名）勇。糟屋郡勢門村出身。明治37年11月，信濃毎日新聞社入社。独ソ和平を画策，スパイ容疑で検挙された。戦後，Ａ級戦犯容疑者。蔣介石と親しかったという。

吉浦　英之助　　よしうら えいのすけ　　1・4・8・13・14

高場塾出身。福岡の変に参加（懲役２年・静岡県預け）。福陵新報社員。

吉岡　友愛　　よしおか ともなる　　1・14

山座円次郎の義弟。陸大卒。陸軍中佐・歩兵第33連隊長。日露戦争中の明治38年３月７日奉天会戦で戦死（大佐に昇任）。年43。

吉住　勉造　　よしずみ べんぞう　　1・3・8・13・14

福岡の変に参加（懲役１年・預け先不明）。明治32年10月21日没。年54。

吉田　熊八郎　　よしだ くまはちろう　　1・14

吉田　庾　　よしだ こくら　　5・9・10・11・12・13・14

「大吉田」といわれた福岡藩家老の吉田家14代にあたる。諱は悠年。高場塾出身。明治23年９月慶応義塾入社。満州義軍に参加。大正５年九州日報社営業部長。15年取締役。第９代玄洋社長。明道館長。昭和36年10月31日没。年93。

吉塚　熊雄　　よしづか くまお　　1・3・14

吉留　桂　　よしとめ かつら　　7

安倍流剣道師範。明治40年福岡市議。

吉留　桂輔　　よしとめ けいすけ　　8・13・14

明道館員。大正15年８月19日没。年53。

吉留　靖　　よしとめ やすし　　9・13

吉留桂の長男。明道館員。剣道家。刀剣鑑定家。本阿弥の高足。鴻ノ巣炭鉱顧問。昭和14年２月３日没。年68。

嘉見　忠四郎　　よしみ ただしろう　　3

吉村　桜太郎　　よしむら おうたろう　　3・14

吉村　直吉　　よしむら なおきち　　14

吉村　発興　　よしむら のぶおき　　14

吉村　英彦之助　　よしむら ひこのすけ　　9・10・12・13

参議院議員吉村剛太郎の父。明道館員。早大卒。九州日報社員。〔ハルビン，福岡県産業奨励館分館長〕昭和45年7月26日没。年65。

吉本　慶十郎　よしもと けいじゅうろう　3・14

吉本　藤次郎　よしもと とうじろう　3

米沢　生三　よねざわ せいぞう　8・13・14

福岡の変に参加（懲役2年・静岡県預け）。明治18年中学修猷館書記。発行停止の「福陵新報」身代わり紙「玄洋新報」の発行人兼印刷人（明治26年）。明治44年10月3日没。

り

笠　玉雄　りゅう たまお　8・13・14

福岡の変に参加（懲役2年・神奈川県預け）。

笠　彦十郎　りゅう ひこじゅうろう　3・14

わ

和田　三造　わだ さんぞう　9・10・11・13

兵庫県生野町の生まれ。中学修猷館に進む。明道館員。〔洋画家〕東京美術学校卒。日本標準色協会を創立。東京美術学校教授。文化功労者。昭和42年8月22日没。年85。

渡辺　源太郎　わたなべ げんたろう　1・3・14

渡辺　定　わたなべ さだむ　3・14

福岡の変に参加（懲役2年・大坂府預け）。

渡辺　友太郎　わたなべ ともたろう　14

→渡辺素剛

渡辺　素剛　わたなべ もとたけ　6・8・13・⑭

（旧名）友太郎。大連・福昌公司で埠頭監督に従う。大正5年9月19日没。年52。

←渡辺友太郎

（以上，630人）